Sascha Neumann · Philipp Sandermann (Hrsg.)

Kultur und Bildung

Sascha Neumann
Philipp Sandermann (Hrsg.)

Kultur und Bildung

Neue Fluchtpunkte für die
sozialpädagogische Forschung?

VS VERLAG FÜR SOZIALWISSENSCHAFTEN

Bibliografische Information der Deutschen Nationalbibliothek
Die Deutsche Nationalbibliothek verzeichnet diese Publikation in der
Deutschen Nationalbibliografie; detaillierte bibliografische Daten sind im Internet über
http://dnb.d-nb.de abrufbar.

1. Auflage 2009

Alle Rechte vorbehalten
© VS Verlag für Sozialwissenschaften | GWV Fachverlage GmbH, Wiesbaden 2009

Lektorat: Monika Mülhausen

VS Verlag für Sozialwissenschaften ist Teil der Fachverlagsgruppe
Springer Science+Business Media.
www.vs-verlag.de

Das Werk einschließlich aller seiner Teile ist urheberrechtlich geschützt. Jede Verwertung außerhalb der engen Grenzen des Urheberrechtsgesetzes ist ohne Zustimmung des Verlags unzulässig und strafbar. Das gilt insbesondere für Vervielfältigungen, Übersetzungen, Mikroverfilmungen und die Einspeicherung und Verarbeitung in elektronischen Systemen.

Die Wiedergabe von Gebrauchsnamen, Handelsnamen, Warenbezeichnungen usw. in diesem Werk berechtigt auch ohne besondere Kennzeichnung nicht zu der Annahme, dass solche Namen im Sinne der Warenzeichen- und Markenschutz-Gesetzgebung als frei zu betrachten wären und daher von jedermann benutzt werden dürften.

Umschlaggestaltung: KünkelLopka Medienentwicklung, Heidelberg
Druck und buchbinderische Verarbeitung: Krips b.v., Meppel
Gedruckt auf säurefreiem und chlorfrei gebleichtem Papier
Printed in the Netherlands

ISBN 978-3-531-16193-8

Inhalt

Vorwort der Herausgeber 7

Einleitung

Sascha Neumann & Philipp Sandermann
Die kulturellen Bedingungen der Bildung und
die Bildungsbedingungen der Kultur – eine Einleitung 9

Teil I: Soziale Arbeit – kultur- und bildungstheoretisch beobachtet

Rainer Treptow
Kultur der Sozialen Arbeit und Erinnerungskultur 27

Fabian Kessl
Soziale Arbeit als Grenzbearbeiterin.
Einige grenzanalytische Vergewisserungen 43

Petra Jung
Bildung als Biografisierung von Lebensaltersordnungen.
Über die ‚Regionalisierung' von Bildungsansprüchen im Kindergartenalltag... 63

Georg Cleppien
Kulturen der Bewährung – Vom Bewährungsmythos und dem
Mythos der Bewährung 87

**Teil II: Beobachtungen des Beobachtens –
Kultur- und Bildungstheorie der Sozialen Arbeit**

Bernd Dollinger
Wie die Sozialpädagogik vom Sozialen spricht.
Oder: Weshalb der ‚Cultural Turn' in der Sozialpädagogik nicht stattfindet... 113

Sascha Neumann & Philipp Sandermann
Turning again? Kritische Bestandsaufnahmen zu einer neuerlichen
‚Wende' in der sozialpädagogischen Forschung 137

Teil III: Kultur und Bildung – sozialpädagogisch beobachtet

Bettina Hünersdorf
Reflexionstheorie des Hilfesystems als Kulturtheorie?
Über Möglichkeiten einer kulturtheoretisch fundierten
systemtheoretischen Weiterentwicklung einer Theorie der Sozialen Arbeit.... 171

Florian Baier
Surviving Culture: Kulturphänomenologie am
Beispiel Sozialer Arbeit in Schulen... 191

Christian Haag
Die Wirklichkeit von Bildung? Erfahrungswissenschaftliche Erkundungen
vor dem Hintergrund sozialpädagogischer Bildungsforschung....................... 215

AutorInnenverzeichnis 237

Vorwort der Herausgeber

Der vorliegende Band ist auf Grundlage der Diskussionen und Ergebnisse einer Arbeitsgruppe entstanden, die im März 2008 von den Herausgebern im Rahmen des 21. Kongresses der Deutschen Gesellschaft für Erziehungswissenschaft (DGfE) „Kulturen der Bildung" an der TU Dresden organisiert wurde. Die Arbeitsgruppe stand damals unter dem Titel „Die kulturellen Bedingungen der Bildung und die Bildungsbedingungen der Kultur. Neue Fluchtpunkte für die sozialpädagogische Forschung?". Einige der in diesem Band vertretenen AutorInnen garantierten mit ihren Vorträgen und Kommentaren den Erfolg jener veranstalteten AG 24, wofür wir ihnen an dieser Stelle noch einmal gesondert danken möchten.

Nachdem der VS Verlag für Sozialwissenschaften im Anschluss an den Kongress mit der Frage an uns herantrat, ob es in unserem Interesse sei, die Ergebnisse der zu unserer großen Freude gut besuchten AG zu veröffentlichen, entschlossen wir uns, den Kreis der AutorInnen für den nun geplanten Band noch etwas zu erweitern. Dies geschah, um eine, wenn auch sicherlich keineswegs erschöpfende, so doch wenigstens umfassendere Behandlung der beiden Thematiken und ihres Zusammenhanges zu ermöglichen, als dies im Rahmen jener Kongressarbeitsgruppe seinerzeit möglich war. Den im Zuge dessen noch hinzu gestoßenen Autoren danken wir für ihr aufrichtiges Interesse und ihre spontane Bereitschaft, am Band mitzuwirken. Den AutorInnen, die bereits in Dresden beteiligt waren, danken wir für die durchweg umfassenden und gewissenhaften Überarbeitungen und Ergänzungen ihrer ursprünglichen Vorträge.

Buchpublikationen, zumal Anthologien, sind nie das Werk von einzelnen, sondern Ergebnisse einer wie auch immer gearteten Form der Kooperation. Dies gilt auch mit Blick auf die Beteiligten ‚hinter den Kulissen'. Unser ausdrücklicher Dank gilt daher nicht zuletzt *Stephanie Brouwer* und *Nicole Kahnt*, beide studentische Hilfskräfte an der Pädagogischen Hochschule Ludwigsburg, die uns mit ihren eifrigen Händen bei der umsichtigen Erstellung der Druckvorlage und der redaktionellen Überarbeitung der Beiträge eine äußerst hilfreiche und liebenswerte Unterstützung waren.

Ludwigsburg und Berlin, im Januar 2009
Sascha Neumann und Philipp Sandermann

Die kulturellen Bedingungen der Bildung und die Bildungsbedingungen der Kultur – eine Einleitung

Sascha Neumann & Philipp Sandermann

Anders als ‚Hilfe', ‚Erziehung' oder ‚Gesellschaft' gehörten Begriffe wie ‚Bildung' und ‚Kultur' lange nicht oder nicht mehr zum semantischen Inventar der sozialpädagogischen Forschung. Beruft man sich auf zwei Autoren, deren Denken die Entwicklung der Sozialwissenschaften im 20. Jahrhundert maßgeblich bestimmt hat, so wäre dies offenbar alles andere als ein Verlust. „Der Begriff der ‚Kultur' ist einer der schlimmsten Begriffe, die je gebildet worden sind", schreibt Niklas Luhmann (1995a: 398). Nicht minder eindeutig – wenn auch sachlicher – nimmt sich das Urteil Pierre Bourdieus zum Begriff ‚Bildung' aus. In einer Fußnote seines frühen Textes „Strukturalismus und soziologische Wissenschaftstheorie", in dem er zum Ende hin in das Habituskonzept einführt, formuliert er an dessen Adresse: „Liefe dieser überbestimmte Begriff nicht Gefahr, falsch verstanden zu werden, und ließen die Bedingungen seiner Gültigkeit sich vollständig bestimmen, so wäre ‚Bildung' (culture) [...] dem Begriff ‚Habitus' vorzuziehen" (Bourdieu 1970: 41).[1]

Was Bourdieu und Luhmann mit ihrer aversiven Haltung gegenüber ‚Bildung' und ‚Kultur' zu bedenken geben, ist mindestens, dass beide Begriffe sich in ihrer semantischen Überladenheit[2] verbraucht haben und normativ wie moralisch hochgradig infektiös sind. Als gegenstandstheoretische Konzepte scheinen sie denn auch vermeintlich wenig zu taugen, werden sie doch kaum jenen Erwartungen an empirische Ergiebigkeit und Prägnanz gerecht, denen sich wissen-

---

1 Interessanterweise wird der Begriff ‚Bildung' in Klammern von Bourdieu mit dem französischen Wort ‚culture' übersetzt. Dies zeigt wiederum nochmals, dass der Begriff von Bourdieu weder im Sinne von Ausbildung (formation) noch im Sinne von Bilden bzw. Erziehen (éducation) oder Wissensvermittlung bzw. Unterricht (enseignement), sondern durchaus in seiner klassischen Bedeutung aufgegriffen wird; nämlich als Bezeichnung für den individuellen Prozess und das individuelle Vermögen, in dem und mit dem ein Selbst- und Weltverhältnis eingegangen wird. Es zeigt aber genauso, wie eng die beiden semantischen Traditionen miteinander zusammenhängen, und zwar auch jenseits des deutschen Sprachraums, wo sie bisweilen gar zu einem einheitlichen „Deutungsmuster" verschmolzen sind (Bollenbeck 1994).
2 Wenn es darum geht, Beispiele für sogenannte ‚Container-Wörter' zu finden, die durch beliebigen Gebrauch hoffnungslos zur In- oder Überdeterminiertheit neigen, so rangieren sowohl ‚Kultur' als auch ‚Bildung' sicher an der Spitze. Vgl. in diesem Sinne für ‚Bildung' bereits: Lenzen (1997: 949) sowie für ‚Kultur' etwa: Allemann-Ghionda/Reichenbach (2008: 2).

schaftliche Begriffsbildungen gewöhnlich ausgesetzt sehen.³ Heißt das nun aber in der Konsequenz, dass die beiden Begriffe ‚Bildung' und ‚Kultur' sowohl als Gegenstände wie auch als Perspektiven einer wissenschaftlichen Wirklichkeitsbeobachtung verzichtbar sind, ja vielleicht sogar mehr Schaden anrichten als sie nützen? Oder anders gefragt: Ist zu Bildung und Kultur nicht schon alles und vielleicht sogar zu viel gesagt worden? Im zeitlichen Umfeld der ‚sozialwissenschaftlichen Wende' der 1970er Jahre hätte man dies aus sozialpädagogischer Sicht womöglich einhellig bejaht. Inzwischen gibt es jedoch deutliche Verdachtsmomente dafür, dass sich der Wind gedreht haben könnte. Nicht einmal Bourdieu und Luhmann wären wohl mit ihren Einschätzungen derzeit noch auf der Höhe des Zeitgeistes anzusiedeln. Mit Blick auf den Begriff und Gegenstand ‚Kultur' ist es vor allem der vielbeschworene ‚Cultural Turn', wie er am Beginn des neuen Jahrtausends auf breiter Linie für die Geistes- und Sozialwissenschaften ausgemacht worden ist, in dessen Windschatten sich eine regelrechte Renaissance von Kulturwissenschaft und Kulturtheorie auszubreiten scheint. Mit ihm kam es zur Entstehung einer ganzen Reihe transdisziplinärer Forschungsfelder, die um einen semiotischen, sinntheoretischen und konstruktivistisch geprägten Kulturbegriff gravitieren (vgl. Nünning/Nünning 2003: 6), welcher gegenüber einem klassischen Verständnis von Geltung auf Genese, von Rationalität auf Historizität und von Teleologie auf Kontingenz umstellt (vgl. Reckwitz 2004). Ironischerweise ist dabei zu beobachten, dass Bourdieu und Luhmann im Zuge des ‚Cultural Turn' derweil selbst in den vermeintlichen „Culture Club" aufgenommen worden sind, wie dies gleichnamige Veröffentlichungen verraten (vgl. etwa Hofmann/Korta/Niekisch 2004; siehe auch Moebius/Quadflieg 2006). Das zeigt nicht nur, wie virulent sich der ‚Cultural Turn' ausnimmt. Es zeigt darüber hinaus auch, dass diejenigen, die diesen ‚Turn' proklamieren, nicht davor zurückschrecken, alles, was noch irgendwie als avanciert gelten darf, als kulturwissenschaftlich zu vereinnahmen, bis schließlich der Eindruck entsteht, die gesamte relevante Theorieentwicklung in den Sozial- und Geisteswissenschaften seit der zweiten Hälfte des 20. Jahrhunderts sei als Ausdruck des sich entfaltenden und differenzierenden kulturwissenschaftlichen Paradigmas zu lesen.

Damit stellt sich nicht zuletzt die Frage, inwieweit inzwischen auch die Soziale Arbeit vom so genannten ‚Cultural Turn' erfasst worden ist. Eine Antwort darauf ist auf den ersten Blick schwer auszumachen. Zwar zeigt sich ein spezifisches sozialpädagogisches Interesse an ‚Kultur' durchaus in aktuellen Kontroversen. Dazu gehören etwa jene Debatten, in denen es um den pädagogischen Umgang mit der so genannten ‚neuen Unterschicht' geht, um Gruppierungen

---

3 Vgl. für den Kulturbegriff in diesem Sinne insbesondere auch Luhmann (1995b: 32).

also, denen weniger materielle als kulturelle ‚Verarmung' nachgesagt wird. In diesem Kontext wird dann z.b. dafür plädiert, ‚Kultur' als ein individuelles Vermögen zur gesellschaftlichen Teilhabe anzuerkennen, das wiederum auf Bildung beruht (vgl. hierzu etwa Brumlik 2007; Winkler 2007). ‚Bildung' und ‚Kultur' werden damit in einen Problemzusammenhang gestellt, der auf Ursachen für die (Re)Produktion sozialer Ungleichheit und auf Fragen sozialer Gerechtigkeit verweist. Sind dies aber schon Reflexionen, die dem Anspruch des für die Erziehungswissenschaft vorgeschlagenen Programms einer „kritischen Kulturwissenschaft" (Brumlik 2006) entsprechen?

Ganz ähnlich wie mit der Debatte um den ‚kulturwissenschaftlichen Gehalt' der Forschung zur Sozialen Arbeit verhält es sich mit Blick auf die Wirkmächtigkeit des aktuell beobachtbaren Bildungsdiskurses für die sozialpädagogische Forschungslandschaft. Mit der Debatte um ‚PISA' und die Krise des deutschen Bildungswesens haben das Nachdenken und Forschen über Bildung einen nachhaltigen Aufschwung erfahren. Viele FachvertreterInnen der Erziehungswissenschaft und nicht zuletzt auch der Sozialen Arbeit beteiligen sich inzwischen an dieser Diskussion. Ein Grund dafür mag auch sein, dass – wie Klaus Prange es für die erziehungswissenschaftliche Gesamtdebatte formuliert hat – die Beschäftigung mit ‚Bildung' und das semantische Segeln unter ihrer Flagge allemal „eine Art Reputationsvorsprung" verspricht (Prange 2006: 5). Dies gilt vor allem im Vergleich zu Begriffen und Praxen wie ‚Helfen', ‚Erziehen', ‚Betreuen' oder ‚Pflegen', also solchen Phänomenen, die kaum Assoziationen wecken, welche mit der schillernden Aura der Bildungssemantik konkurrieren könnten. Liegt schon deshalb die Vermutung nahe, dass sich an den semantischen Aufstieg zur ‚Bildung' auch ein disziplinäres Aufstiegsprojekt anknüpfen lassen könnte, so ist es wenig überraschend, dass sich die Soziale Arbeit in dieser Diskussion durchaus einflussreich zu Wort meldet. Dabei fallen vor allem Beiträge auf, die sich gegen ein schul- und unterrichtstheoretisch verengtes Bildungsverständnis richten (vgl. etwa Deinet/Reutlinger 2004). Letztlich ist es der Sozialen Arbeit aber vor allem mit der schlagkräftigen Begriffstrias von ‚formaler', ‚non-formaler' und ‚informeller' Bildung gelungen, sich selbst neben der Schule als gleichermaßen bildungsbedeutsame Instanz ins Gespräch zu bringen (vgl. Rauschenbach u.a. 2004; Otto/Rauschenbach 2004). Dies ist keineswegs selbstverständlich. Sieht man einmal von dem Nischenbereich der außerschulischen Jugendbildung ab, so kannte die Soziale Arbeit lange Zeit insbesondere die schulisch institutionalisierte Bildung – man erinnere sich an Gertrud Bäumers berühmte Definition – nur als ihre eigene Negation. Damit ist aber schon angedeutet, dass es bei dem sozialpädagogischen Engagement innerhalb der aktuellen Bildungsdiskussion um mehr geht, als nur um einen spezifischen sozialpädagogischen Beitrag zu ihr. Auf dem Spiel steht zum einen, was

Bildung überhaupt bedeuten soll (vgl. in diesem Sinne Winkler 2006), zum anderen korreliert dies mit einer veränderten Akzentuierung in der Selbstbeschreibung der Sozialen Arbeit, die nunmehr als eine Praxis erscheint, die vor allem Bildungsprozesse ermöglicht. Bildung wird also nicht einfach nur zum Thema und zum Gegenstand, Bildung ist vielmehr auch der Gesichtspunkt, von dem ausgehend das ‚Sozialpädagogische' des eigenen Feldes neu bestimmt wird. So gesehen ist – analog zur Frage nach der Bedeutung des ‚Cultural Turn' – auch in Hinsicht auf die Konjunktur des Bildungsbegriffes in der sozialpädagogischen Wissenschaftsdebatte die Frage zu stellen, inwieweit damit zugleich Verschiebungen in der Einstellung des ‚sozialpädagogischen Blick' (vgl. Rauschenbach/Ortmann/Karsten 1993) einhergehen.

‚Bildung' und ‚Kultur' als Fluchtpunkte: Zur Konzeption des Bandes

Die oben angesprochenen Hinweise auf die aktuelle Prominenz der Begriffe ‚Bildung und Kultur' allein sagen noch wenig darüber aus, wie sie in diesem Band zum Gegenstand einer Auseinandersetzung gemacht werden sollen. Erkundigt man sich – wie Paul Natorp dies mit seiner berühmten Formulierung von den „sozialen Bedingungen der Bildung" und den „Bildungsbedingungen des sozialen Lebens" (Natorp 1920 [1899]: 94) angedeutet hat – statt nach dem ‚Sein' von etwas nach den Ermöglichungsbedingungen von *etwas als etwas*, so tritt an die Stelle der Unbezweifelbarkeit des Gegebenen ein Bewusstsein für die kontingente Relationalität des Wirklichen (vgl. analog dazu Luhmann 1981: 202). In der Frage nach den Bedingungen der Möglichkeit äußert sich also der Verzicht, einen Gegenstand als immer schon bestimmt anzusehen; zugleich verlagert sich das Interesse darauf, wie dieser Gegenstand zu seiner Bestimmung gelangt. Dies schließt dann Fragen nach seiner Bestimmbarkeit ausdrücklich ein und veranlasst zu Beobachtungen, die auf ihre eigenen gegenstandskonstituierenden Leistungen aufmerksam werden. Die Anleihe bei der Formulierung Natorps im Titel dieser Einleitung verweist in diesem Sinne – noch viel eher als auf die Komplementarität von Kultur und Bildung – auf die epistemologische Akzentuierung, die mithilfe dieses Bandes vorgenommen werden soll. Von seiner Grundidee bezieht der Band also gleichermaßen, die Frage nach den Ermöglichungsbedingungen etwaiger Gegenstände wie auch diejenige nach den Bedingungen der Möglichkeit ihrer Erkenntnis mit ein. ‚Kultur' und ‚Bildung' firmieren hier entsprechend nicht nur als bloße Gegenstände oder Themen, die neben anderen eine sozialpädagogische Betrachtung wert sind, sondern ebenso als spezifische Sichtweisen auf die ‚Wirklichkeit'. Erst diese spezifischen Sichtweisen machen beobachtbar, was sie als solches beobachten wollen. Dadurch werden sie in gewisser Weise als unabhängig von dem aufgefasst, was jeweils als konkretes Objekt adressiert wird. Als ‚Bildung' und ‚Kultur' kann vieles beschrieben werden, so dass Bildung und Kultur im herkömmlichen Sinne – etwa eingeschränkt als Kunst oder Unterricht verstanden – selbst nur noch als zwei denkbare unter vielen anderen möglichen Gegenständen erscheinen. Begreift man Kultur und Bildung in diesem Sinne als gleichermaßen gegenstandstheoretische wie epistemologische Ressourcen, so verliert auch die Annahme an Plausibilität, dass eine bildungstheoretische oder kulturtheoretische Beschreibung von Sozialer Arbeit ihr ‚Objekt' verunstaltet. Stattdessen kann man dann fragen, was man über die Soziale Arbeit erfährt, wenn sie in dieser Weise beschrieben wird. Zugleich stößt man in gleichsam umgekehrter Richtung auf die Frage, was die Soziale Arbeit sieht, wenn sie ihre Erfahrung einer für sich noch unbestimmten Wirklichkeit im Medium einer kultur- und bildungstheoretischen Perspektivität organisiert.

Genau vor dem Hintergrund dieser doppelten Fragerichtung gewinnt die Metapher von den *Fluchtpunkten* im Titel dieses Buches ihren spezifischen Sinn. Der Zugriff auf ‚Kultur' und ‚Bildung', der in diesem Band unternommen wird, ist demnach nicht kategorialer, er ist aber auch nicht einfach nur assoziativer Art. ‚Bildung' und ‚Kultur' figurieren hier weder als für sich bestimmte und empirisch prägnante Wirklichkeitsbezirke, die sich substanziell gegen andere abheben, noch werden sie einfach als „fungierende Ontologien" (Fuchs 2004: 11) angesprochen, mit denen die Phänomenalität der Welt erfolgsicher auf ihre universale Bestimmtheit hin ausgelegt werden kann. Sie kommen vielmehr gleichermaßen als *Ausgangs- und Bezugspunkte* ins Spiel. Von diesen her wird Gewusstes in Frage gestellt, oder aber: von ihnen ausgehend an vermeintlich Selbstverständliches angeknüpft, um Möglichkeiten für eine alternative Beschreibung des Gewussten zu öffnen. Interpretiert man die unterschiedlichen Stoßrichtungen der aktuellen Bezugnahmen auf ‚Kultur' und ‚Bildung' innerhalb der Sozialen Arbeit in diesem Sinne, so wird es möglich, sie in einer Ebene abzubilden, um dabei solche theoretischen Reflexionen und empirischen Forschungszugänge in eine gemeinsame Betrachtung einzubeziehen, die aus ganz unterschiedlichen thematischen und fachlichen Kontexten stammen. Die übergeordneten Leitfragen dabei lauten dann – erstens: Wie verändert sich der Blick auf die Soziale Arbeit, wenn ‚Bildung' und/oder ‚Kultur' zum Ausgangspunkt einer Beobachtung von Sozialer Arbeit gemacht werden? Sowie zweitens: Wie verändert sich der Blick auf ‚Bildung' und ‚Kultur', wenn diese Gegenstände sich in einer sozialpädagogischen Betrachtung materialisieren. An diese beiden Fragen lassen sich weitere anschließen, die jenseits der einzelnen Beiträge auf die Konsequenzen für die disziplinäre Entwicklung der Sozialen Arbeit und ihr Selbstverständnis als Wissenschaft zielen: An welchen Stellen der aktuellen

Diskussionen um ‚Bildung' und ‚Kultur' tritt die Soziale Arbeit in welcher Rolle auf? Wo tritt sie etwa als rezipierende wissenschaftliche Disziplin auf, die sich von einem disziplinübergreifenden Trend innerhalb der Geistes- und Sozialwissenschaften ‚anstecken' lässt? Wo tritt sie als Professionsprojekt auf, das nach Anschlussoptionen für die eigene(n) Projektidee(n) im Feld der Wissenschaft sucht? Wo zuletzt versucht sie möglicherweise sogar beides? Und was bedeutet dies alles für ihr sozialwissenschaftlichen Selbstverständnis?

Dieser Konzeption versuchen die Struktur des Bandes und die Kompilation seiner Beiträge zu entsprechen. Die insgesamt drei Hauptabschnitte des Buches teilen sich dabei wie folgt auf. *Der erste Teil* versammelt Beiträge, die es sich zur Aufgabe machen, den Blick auf die Soziale Arbeit unter Nutzung von bildungs- und/oder kulturtheoretischen Beobachtungsperspektiven zu erhellen. Dies geschieht teils in systematischer, teils in exemplarischer Weise. Die Beiträge stehen damit im Horizont der übergeordneten Frage dieses Bandes, wo und in welcher Weise kultur- und bildungstheoretisch anschließende Beobachtungen von Sozialer Arbeit einen Beitrag zur wissenschaftlichen Erschließung des sozialpädagogischen Terrains leisten. *Im zweiten Teil* dieses Bandes finden sich sodann zwei Beiträge, die sich aus jeweils unterschiedlicher Metaperspektive systematisch der Frage des Bandes nach einer bildungs- und kulturtheoretischen ‚Wende' in der sozialpädagogischen Forschung stellen, und dabei insbesondere nach der Bedeutung dieses vermeintlichen ‚Turn' für die Soziale Arbeit fragen. *Der dritte Teil* ‚Kultur und Bildung: sozialpädagogisch beobachtet' fasst wiederum Beiträge zusammen, die in je besonderer Weise darauf fokussieren bzw. beobachtbar werden lassen, wie sich der Blick auf ‚Bildung' und ‚Kultur' verändert, wenn man ihre Beobachtung sozialpädagogisch qualifiziert, und was eine ‚Anwendung' kultur- und bildungstheoretischer Vokabulare auf das Feld der Sozialen Arbeit über diese Bezugstheorien selbst aussagt. Damit schließt sich der Kreis in Bezug auf die unterschiedlichen Teilfragestellungen dieses Bandes.

Eröffnet wird der erste Teil durch *Rainer Treptow*. Er erkundigt sich ausgehend von den möglichen Implikationen der an Natorp anschließenden Formulierung im Titel dieser Einleitung nach einer angemessenen Bestimmung des Verhältnisses von Kultur und Sozialität. Mit Blick auf das theorie- und professionsgeschichtlich verbürgte Selbst- und Aufgabenverständnis der Sozialpädagogik, so kann man Treptow verstehen, könne es dabei kaum darum gehen, das ‚Soziale' einfach durch ‚Kulturelles' zu ersetzen. Seine zentrale These lautet vielmehr: Kultur und Sozialität müssen in ein Ergänzungsverhältnis zueinander gebracht werden. Für die Bestimmung der Aufgabe der Sozialen Arbeit ergibt sich daraus wiederum, dass sie nicht als Kulturpädagogik oder als ‚Soziale Kulturarbeit', sondern vielmehr als ‚Kulturelle Sozialarbeit' zu verstehen ist, die jene kulturellen Voraussetzung für die individuelle Teilhabe an Gesellschaft stiftet, von deren überindividueller Gültigkeit sie bei der Legitimation ihrer eigenen Praxis ebenfalls profitiert und auf die sie zurückgreift, wenn sie Unterstützung in schwierigen Lebenslagen leistet. Das Ergänzungsverhältnis von Kultur und Sozialität legt Treptow sodann bildungstheoretisch aus: Kulturelles Wissen erscheint dabei gleichermaßen als Ziel wie auch als Voraussetzung einer sozialen Bildung und einer Bildung des Sozialen, wie sie sich im Medium des Kulturellen ereignet und als Aufgabe ‚Kultureller Sozialarbeit' aufgefasst werden kann. Die sich daraus ergebenden Gestaltungserfordernisse im Kontext von Bildungsprozessen, die als Selbstbildungsprozesse codiert werden, versucht Treptow mit Hilfe des kulturtheoretischen Konzepts des „kulturellen Gedächtnisses" zunächst analytisch einzuholen, um sie anschließend auch institutionell zu vermessen. Bildung als Moment der Teilhabe und Aneignung von Erinnerungskultur ist in diesem Sinne nicht an spezielle Sonderwelten gebunden, in denen es explizit um Bildung geht. Damit stellt Treptow auch ein Bildungsverständnis in Frage, das sich auf bloße Informations- und Wissensvermittlung beschränkt und das derzeit tendenziell die politische Bildungsreformdiskussion dominiert. Folgerichtig denkt er dabei auch nicht an Bildungseinrichtungen, sondern an ‚Bildungslandschaften', welche dadurch bestimmt sind, dass sie die unterschiedlichsten Formate von Bildungsgelegenheiten – formale wie nonformale und informelle – miteinander verschränken. Auch wenn Treptows Überlegungen mehr um die Sozialpädagogik als „Aufgabe" denn als „Tatsache" kreisen[4], so lockern sie auf der gegenstandstheoretischen Ebene doch jedes bereichsspezifische Verständnis von ‚Kultur' und ‚Bildung' deutlich auf. Erst damit gerät eine kultur- und bildungstheoretische Bestimmung Sozialer Arbeit überhaupt in Reichweite. Eine der Konsequenzen davon ist, dass ‚Bildung' und ‚Kultur' in ihrem wechselseitigen Bedingungsverhältnis zueinander in den Blick geraten.

Fabian Kessl beginnt seinen Entwurf zu einer analytischen Neubestimmung Sozialer Arbeit als „Grenzbearbeiterin" mit einer Problematisierung unterschiedlicher Auffassungen von ‚Grenze'. Anknüpfend an Kindheitserinnerungen dekonstruiert er die Vorstellung, Grenzen seien gleichsam handgreifliche Markierungen einer territorialen Einfriedung und setzt an deren Stelle einen symboltheoretischen Grenzbegriff, der auf die Notwendigkeit des Verzeichnens von Grenzen verweist, und zwar sowohl als Bedingung der Möglichkeit ihrer Existenz wie auch als Bedingung ihrer Beobachtbarkeit. Grenzen sind sodann nicht mehr mit sich selbst identisch, genauso wenig fallen sie mit dem zusam-

---

4 Vgl. zu dieser im Anschluss an Aloys Fischers Diktum von der „Erziehung als Tatsache" und der „Erziehung als Aufgabe" (Fischer 1950 [1914]: 5) naheliegenden Unterscheidung: Niemeyer (1998: 114).

men, was sie begrenzen. Vielmehr bilden sie phänomenal nichts anderes als eine Differenz, die nicht das Differente ist, aber ohne das Differenzierte auch wiederum nichts; etwas, das verbindet, was es trennt und durch das bestimmt ist, was es nicht ist: eben ein „Nicht-Ort". Realitätscharakter kommt der Grenze insoweit zu, als sie realisiert wird, wahrgenommen, verwirklicht, bekräftigt oder auch verschoben und abgebaut. Grenzen stellen für den/die BeobachterIn somit präziser ein Grenzgeschehen dar, das zugleich der Schauplatz ist, an dem Grenzziehungen zu studieren sind. Diese analytische Sicht hat u.a. den Vorzug, dass Grenzen nunmehr auch als gestaltbar oder veränderbar begriffen werden können. An diesem Punkt von Kessls Argumentation tritt die Soziale Arbeit auf den Plan. Die Frage nach der Bestimmung Sozialer Arbeit stellt sich auf der Folie der grenzanalytischen Vergewisserungen als die Frage danach, ob sich Soziale Arbeit aktiv oder passiv an der zuvor dargelegten Logik des Grenzgeschehens beteiligt. In diesem Sinne geht es Kessl um eine analytisch begründete normative Theorie Sozialer Arbeit. Methodologisch gesehen zeigt Kessls grenzanalytischer Ansatz zur Beschreibung und Begründung Sozialer Arbeit „als Grenzbearbeiterin" deutliche Gemeinsamkeiten mit Ansätzen, die gewöhnlich einem ‚kulturtheoretischen Forschungsparadigma' zugeordnet werden: Relationalität, Relativität, Kontingenz, Vollzugshaftigkeit, Zeichencharakter – alles Aspekte, die von Kessl produktiv und unter direkter Bezugnahme auf ‚kulturtheoretische IdeengeberInnen' aufgegriffen werden. Deswegen aber – und auch dies zeigt der Beitrag – muss man den Begriff ‚Grenze' keineswegs durch den der ‚Kultur' ersetzen und sich damit auch die Gefahr einhandeln, ihn zu entschärfen. Vielmehr müssten vielleicht umgekehrt je spezifische ‚Kulturen' selbst noch als Artefakte von Grenzgeschehen dechiffriert werden.

Im Unterschied zu den vorangehenden Beiträgen von Treptow und Kessl argumentiert *Petra Jung* weniger systematisch oder analytisch, sondern baut ihre Argumentation empirisch auf. Im Lichte einer ethnographischen Studie zum Kindergartenalltag setzt sie sich gleichsam dekonstruktiv mit dem Konzept einer „Sozialpädagogik der Lebensalter" auseinander. Ihr geht es dabei um die Frage, wie in den Alltagsroutinen einer pädagogischen Praxis jene Lebensaltersordnungen hervorgebracht werden, die diese Praxis immer schon als vor- und aufgegeben voraussetzt. Man könnte auch sagen: Im Mittelpunkt stehen die ‚Lebensalter' einer „Sozialpädagogik der Lebensalter". Petra Jung verfolgt dieses Ansinnen im Kontext einer Beobachtung, die auf Prozesse der ‚Regionalisierung von Bildungsambitionen' fokussiert. Die Autorin fasst darunter jene Vorgänge, mit denen in der Gestalt von Routinen eine bestimmte, vermeintlich ‚äußerliche' Erwartungsstruktur – wie sie sich mit den Bildungsansprüchen an den Kindergarten verknüpft – in „situiertes Geschehen" überführt wird. Während der Bezugspunkt der Untersuchung in der professionellen pädagogischen

Praxis und ihren Bildungsambitionen liegt, ist der heuristische Ausgangspunkt der Untersuchung, Lebensaltersordnungen an ihrem unmittelbaren Vollzug studieren zu wollen, in methodologischer Hinsicht einem kulturwissenschaftlichen Zugang mindestens eng verwandt. Der kulturtheoretisch relevante Akzent besteht darin, dass die Kontextbedingungen einer sozialpädagogischen Praxis gleichsam am ‚Text' sichtbar gemacht werden, auch wenn dieser hier als Geschehen ‚gelesen' wird. Insofern schließen die Überlegungen an ein zentrales Erkenntnisinteresse des kulturwissenschaftlichen Forschungsprogramms an. Die Autorin gelangt dabei zu irritierenden, aber gerade dadurch erhellenden Einblicken in die Logik (sozial)pädagogischer Praxis. Zum einen wird dabei folgendes deutlich: Betrachtet man ‚Lebensaltersordnungen' im Lichte der Simultanität, in der sie sowohl vorausgesetzt als auch hervorgebracht werden, so erscheint die Biografisierung in der Form der Bearbeitung lebensaltersspezifischer Herausforderungen nicht als ein Prozess, der durch die Pädagogik unterstützt wird, sondern als einer, den sie den Zu-Erziehenden abverlangt. Zum anderen zeigt sich: (Sozial)Pädagogik greift immer schon auf eine ‚Wirklichkeit' der Lebensalter zu, indem sie sie als Bedingung ihrer Möglichkeit selbst erst herstellt.

Der Beitrag von *Georg Cleppien* bildet den Abschluss des ersten Teils dieses Bandes. Anknüpfend an die von Hans Thiersch aufgeworfene Frage, was im sozialpädagogischen Geschäft „zählt", fragt Cleppien nach den Möglichkeiten eines Orientierungshorizonts für die Soziale Arbeit unter den Bedingungen widersprüchlicher Anforderungen an das professionelle Feld. Im Mittelpunkt der Auseinandersetzung steht dabei die These von Thiersch, Orientierung sei nur dergestalt zu gewinnen, dass man Soziale Arbeit grundsätzlich als ein Wagnis begreife. Die Aufgabe professioneller Akteure und sozialpädagogischer Institutionen wäre es dann, die bestehenden Unsicherheiten produktiv zu handhaben, sie auszubalancieren, ohne sie dabei vollständig auflösen zu können. In einer analytisch mehrdimensionalen und grundbegrifflich vielschichtigen Problematisierung dieser Position zeigt Cleppien nun, dass in Thierschs Umgang mit dem Orientierungsproblem gerade jene Kontingenz vernichtet wird, deren Anerkennung er selbst als adäquate Lösung stilisiert. Cleppien erschließt diese Paradoxie von Thierschs Lösungsversuch auf der Folie unterschiedlicher analytischer Implikationen eines krisentheoretischen Konzepts von „Bewährung". Die Kehrseite einer prinzipiellen Unabschließbarkeit von Bewahrungsprozessen besteht, so Cleppien im Anschluss an Oevermann, in „Bewährungsmythen". Sie suggerieren bereits Bewährtheit, ohne dass die Nicht-Finalisierbarkeit von Bewährungsprozessen je suspendiert werden könnte. Einen solchen Bewährungsmythos sieht Cleppien bei Thiersch am Werke, wenn die von ihm aufgeworfene Offenheit gleichsam vorausschauend geschlossen wird. Anders gesagt: Das Problem soll gelöst werden können, indem es in seiner Unlösbarkeit erwogen wird. Gewusst werden kann dies aber nur, wenn man es als immer schon gelöst betrachtet. Die proklamierte Offenheit bleibt damit prinzipiell so ambivalent, wie sie es von Anfang an war; sie ist zugleich Defizit wie Potential. Das bedeutet aber: Die Art, in der die Frage von Thiersch angegangen wird, nimmt bereits die Antwort vorweg. Der Beitrag von Cleppien führt damit nachdrücklich zweierlei vor Augen. Einerseits stellt er unter Beweis, dass eine kontingenzsensible Lesart sozialpädagogischer Selbstthematisierungen durchaus ohne kulturtheoretisch ambitionierte Vokabulare auskommt. Andererseits macht er deutlich, dass sozialpädagogische Reflexionen – auch wenn sie von ihren Ausgangsannahmen her der Kontingenzperspektive der Kulturtheorie nahe stehen – sich nahezu zwangsläufig in einen Selbstwiderspruch verstricken, wenn sie aufgrund ihrer Hingabe an die Profession dem Rückhalt einer universalistischen Begründung ihrer selbst nicht entraten können, dies auch, wenn sie darin inhaltlich letztlich unbestimmt bleiben. An diese Beobachtung knüpfen die Beiträge im zweiten Teil des Bandes an, indem sie unter anderem die Frage stellen, inwiefern mit Blick auf die Soziale Arbeit tatsächlich von einem ‚Cultural Turn' die Rede sein kann.

Bernd Dollinger eröffnet diesen zweiten Teil mit seinen analytischen Ausführungen zur Frage, ob es überhaupt Sinn macht, von einem ‚Cultural Turn' in der Forschungsdebatte – und dort insbesondere der Theoriediskussion – der Sozialen Arbeit zu sprechen. In diesem Zusammenhang zeigt Dollinger, wie sich die Soziale Arbeit traditionell und auch weiterhin im Rahmen einer spezifischen „artikulatorischen Praxis" ein kritisch-objektivistisches ‚Soziales' konstruiert. Hierdurch bereitet sie sich selbst ein Fundament für spezifisch sozialpädagogische Anschlussargumente. Durch diese Strategie, „hegemoniale Projekte der Gewissheitskonstruktion zu implementieren" und sich selbst dazu in Stellung zu bringen, gelingt es der Sozialen Arbeit systematisch, sich eine Idee vom Objektiven und damit auch „Richtigen" zu verschaffen, an dem sie sich normativ orientieren und gleichzeitig legitimieren kann. Dollinger konzentriert sich in seinem Beitrag jedoch nicht nur darauf, unter Verweis auf die relativistischen Implikationen, die eine weitergehende kulturtheoretische Umstellung sozialpädagogischer Theorie mit sich brächte, präzise zu zeigen, inwieweit es zweifelhaft ist, in der Sozialen Arbeit aktuell von einem tatsächlichen ‚Cultural Turn' auszugehen. Er unterbreitet darüber hinaus ein Erklärungspanorama dafür, warum in der sozialpädagogischen Theoriedebatte eher von einer „‚halbierten' kulturellen Orientierung" zu sprechen ist. Abschließend lotet Dollinger sodann die Chancen aus, die der sozialpädagogischen Theorie aus einer sowohl Relativismen als auch Objektivismen abgeneigten „relationalen Sichtweise" entstehen könnten.

Auch *Sascha Neumann* und *Philipp Sandermann* stellen in ihrem Beitrag systematisch die Grundsatzfrage, ob die sozialpädagogische Forschungslandschaft derzeit tatsächlich eine bildungs- und kulturtheoretische Wendung durchläuft, welche sich auf mehr als eine reine Begriffsanreicherung des angestammten Diskurses stützt und gleichsam einen paradigmatischen Charakter aufweist. Dazu analysieren sie exemplarisch die Argumentationsstruktur zweier zentraler Schauplätze des sozialpädagogischen Diskurses, an denen ausgewiesenermaßen bildungs- und kulturtheoretische Verortungen vorgenommen werden. Aus der Diagnose der beiden Schauplätze ergibt sich für sie die strukturelle Hypothese, dass es zumindest solange durchaus zweifelhaft ist, von einer kultur- und bildungstheoretischen Wende der sozialpädagogischen Forschung zu sprechen, wie man davon ausgeht, dass dieser ‚Turn' sich auch erkenntnistheoretisch vollzieht. Neumann und Sandermann zeigen entgegen einer solchen Einschätzung, dass die von der sozialpädagogischen Forschung rezipierten kultur- und bildungstheoretischen Semantiken einen Transformationsprozess durchlaufen, den die Autoren als „sozialpädagogische Überformung" bezeichnen und der – so ihre weiterführende These – einen Anhaltspunkt für eine strukturelle Analyse dessen bietet, was man als „sozialpädagogisches Argumentieren" bezeichnen kann.

Den dritten Abschnitt des Bandes eröffnet *Bettina Hünersdorf*. Ihr Beitrag liefert einen ersten Baustein zur Vervollständigung des gedanklichen Kreises, der mit der Konzeption dieses Bandes entworfen wurde. Mit Blick auf die verschiedenen Leitfragen zeigt Hünersdorf im Laufe ihrer Argumentation gleichsam nebenbei, dass eine kulturtheoretische Beschreibung Sozialer Arbeit selbst in einer Irritation des kulturtheoretischen Vokabulars münden kann. Hünersdorf verortet ihre Überlegungen im Rahmen des Versuchs einer Weiterentwicklung der Theorie Sozialer Arbeit, die hier dezidiert als ‚Reflexionstheorie des Hilfesystems' ausgewiesen wird. Erreicht werden soll dies auf dem Wege einer kulturtheoretischen Fundierung der Systemtheorie. Zunächst erkundigt sie sich daher nach den Spuren kulturtheoretisch relevanter Elemente in der systemtheoretischen Theoriearchitektur. Auf diese stößt sie über eine systemtheoretisch instrumentierte Rekodierung der Selbstbeschreibungen des Hilfesystems, anhand derer sie wiederum Momente einer ‚Kultur' des Hilfesystems herauspräpariert, die sich auch als die gleichermaßen praktische wie semantische Vergegenwärtigung eines ‚Denkstils' oder einer ‚Wissensformation' beobachten lässt. Darauf begründet sich seine Autonomie, die allerdings ständig (re)produziert werden muss in einer Praxis der unablässigen Konstitution und Repräsentation zu verändernder (weil in ihrem Verhalten abweichender) Personen. Hünersdorf zeigt im Zuge ihrer Argumentation, dass die Systemtheorie über ihre kulturtheoretische Fundierung erst sensitiv wird für eine Vollzugswirklichkeit, in der sich eine ‚gepflegte' in eine ‚praktizierte' Semantik transformiert. Die Soziale Arbeit kann dabei nicht nur etwas über die Brechungsstärke des eigenen professionellen Feldes lernen, sondern auch etwas darüber, inwiefern sie die (Re)Produktion wie Verhinderung sozialer Ungleichheit bewirkt. Nachvollziehbar wird an diesem Beitrag aber nicht zuletzt, dass auch eine kulturtheoretische Perspektive ihrerseits von einer systemtheoretischen Fundierung durchaus profitieren, zumindest aber von ihr herausgefordert werden kann. ‚Kultur' kann dann nämlich – etwa am Beispiel der Reflexionstheorie des Hilfesystems – als ‚Kultursystem' beschrieben werden, dass mit einer eigenen ‚Systemkultur' ausgestattet ist. Dieses Eigene erweist sich als solches erst im Lichte eines Kontextes, der im operativen Vollzug als das andere erst vollständig konstituiert wird. Das Andere ließe sich auch einholen als das Gesellschaftliche, und zwar ohne dass dabei auf ein andersartiges Außen der Gesellschaft referiert werden muss. Dies bedeutet aber, dass das Gesellschaftliche nicht einfach in ‚Kultur' aufgeht, sondern kulturtheoretische Beschreibungen die ‚Kultur' von ‚Kultursystemen' nur in Gegenwart einer in kulturellen Praktiken vergegenwärtigten Gesellschaftlichkeit antreffen.

Florian Baier fragt in seinem Beitrag danach, wie eine kulturtheoretische Perspektive beschaffen sein könnte, die es vermag, neue Erkenntnisse zu bildungsrelevanten Aspekten zu generieren. Dafür unternimmt er im ersten Teil seiner Ausführungen theoretische Reflexionen, in deren Rahmen er die beiden Konstrukte ‚Bildung' und ‚Kultur', die den Fokus dieses Bandes ausmachen, konsequent verbindet und seine Überlegungen zu einem „kulturphänomenologischen Ansatz" zusammenführt. Diesen Ansatz konkretisiert Baier im zweiten Teil seiner Analyse, um ihn daran anschließend an einem Forschungsbeispiel zu „Sozialer Arbeit in Schulen" zu veranschaulichen. Hier wird mithin ein kulturtheoretisch aufgeklärter, empirischer Blick auf ein Handlungsfeld institutionalisierter Bildung vorgestellt. Abschließend diskutiert der Autor das Potenzial eines kulturphänomenologischen Ansatzes für die Reflexion Sozialer Arbeit (in Schulen) und stellt dabei auch die Grundsatzfrage, inwieweit der Kultur- wie auch der Bildungsbegriff zwar zum „heuristischen Klammerbegriff" empirischer Forschung taugen, sich aber im Zuge einer forschungsbedingten Operationalisierung als unbrauchbar erweisen.

Im Mittelpunkt des abschließenden Beitrags von *Christian Haag* stehen Gegenstand, theoriegeschichtliche Begründung und nicht zuletzt das Erkenntnisversprechen des Programms einer sozialpädagogischen Bildungsforschung. Haag traktiert damit mindestens eine doppelte Fragestellung. Einerseits: Wie kann Bildungsforschung sozialpädagogisch qualifiziert werden und was unterscheidet sie dann von erziehungswissenschaftlicher Bildungsforschung oder auch Bildungssoziologie? Andererseits: Wie kann es gelingen, den Gegenstand ‚Bildung' aus einer sozialpädagogisch relevanten Perspektive heraus so beobachtbar zu machen, dass mit prägnanten Empirizitäten gerechnet werden kann? Die Überlegungen des Autors zielen auf Anknüpfungspunkte für eine Forschungsstrategie und gehen damit bereits wesentlich über die rein thematische Vermessung eines solchen Programms hinaus. Sie greifen zunächst zwei derzeit paradigmatische Orientierungen auf, die in Diskussionen um die Programmatik der sozialpädagogischen Bildungsforschung eine zentrale Rolle spielen, und verorten sie systematisch in der sozialpädagogischen Theorie- bzw. Disziplingeschichte. Haag diskutiert vor diesem Hintergrund zum einen jene erweiterte Konzeptualisierung von Bildung in der Trias von ‚formaler', ‚non-formaler' und ‚informeller' Bildung, mit der die Vielgestaltigkeit von Bildungsprozessen empirisch für eine Bildungsberichterstattung handhabbar gemacht werden soll. Zum anderen bezieht er sich auf einen Zugang, der nicht auf der Folie eines – via Nohl und vor allem Bäumer traditionsfähig gewordenen – bereichsorientierten Verständnisses von Sozialpädagogik operiert, sondern – an Natorp anknüpfend – Bildung als Form wie auch als Voraussetzung des Sozialen begreift und auf die wechselseitige Verschränkung von Individuierung und Vergesellschaftung hinblickt. Diese ‚Wirklichkeitsperspektive' wird anschließend daraufhin befragt, wie sie in einem erfahrungswissenschaftlichen Zugang umgesetzt werden kann und welche Einsichten sich dadurch eröffnen. Dies geschieht am Beispiel des durch die Forschungen Pierre Bourdieus inspirierten Bildungsmilieuansatzes. Im Horizont der Komplementarität von Individuierung und Vergesellschaftung arbeitet Haag heraus, dass die Möglichkeit von Bildung empirisch mit der Verwirklichung sozialer Ungleichheit korreliert. Die Bildungsbedeutsamkeit des Sozialen erweist sich darin als ein Moment der sozialen Bedeutsamkeit von Bildung. Haag wertet diese Einsicht abschließend als Argument dafür, dass die Empirisierbarkeit von Bildung davon abhängt, inwieweit eine Empirisierung des Sozialen gelingt. Dies wiederum verweist darauf, dass das Soziale selbst nicht nur Gegenstand, sondern Bedingung der Möglichkeit der Beobachtung von Sozialität ist. In diesem Sinne hätte dann eine sozialpädagogische Bildungsforschung damit zu beginnen, die wissenschaftliche Beobachtung der Sozialität von Bildung selbst sozialtheoretisch zu reflektieren. Ein normativer, sich rein an den besseren Möglichkeiten bemessender, und an gesellschaftlichen Erwartungshorizonten orientierter Bildungsbegriff kann dann nicht mehr der Ausgangspunkt von Untersuchungen der ‚Wirklichkeit' von Bildung sein. Bestenfalls ist er noch gegenständlicher Bezugspunkt einer Dekonstruktion präkonstruierter Wirklichkeitsperspektiven, welche dazu dient, sich Erfahrungsmöglichkeiten zu erschließen.

Literatur

Allemann-Ghionda, Cristina/Reichenbach, Roland (2008): Einleitung in den Thementeil ‚Kulturen der Bildung'. In: Zeitschrift für Pädagogik 54, 1-4

Brumlik, Micha (2006): ‚Kultur' ist das Thema. Pädagogik als kritische Kulturwissenschaft. In: Zeitschrift für Pädagogik 52, 60-68

Brumlik, Micha (2007): Soll ich je zum Augenblicke sagen... Das Glück: Beseligender Augenblick oder erfülltes Leben? In: Kessl, Fabian/Reutlinger, Christian/Ziegler, Holger (Hrsg.): Erziehung zur Armut? Soziale Arbeit und die ‚neue Unterschicht'. Wiesbaden: VS Verlag für Sozialwissenschaften, 81-96

Bollenbeck, Georg (1996): Bildung und Kultur. Glanz und Elend eines deutschen Deutungsmusters. Frankfurt am Main: Suhrkamp Verlag

Bourdieu, Pierre (1970): Strukturalismus und soziologische Wissenschaftstheorie. In: Ders.: Zur Soziologie der symbolischen Formen. Frankfurt am Main: Suhrkamp Verlag, 7-41

Deinet, Ulrich/Reutlinger, Christian (Hrsg.) (2004): ‚Aneignung' als Bildungskonzept der Sozialpädagogik. Beiträge zur Pädagogik des Kindes- und Jugendalters in Zeiten entgrenzter Lernorte. Wiesbaden: VS Verlag für Sozialwissenschaften

Fischer, Aloys (1950) [1914]: Deskriptive Pädagogik. In: Ders.: Aloys Fischer. Leben und Werk. Band 2 (hrsg. v. K. Kreitmair): Arbeiten zur allgemeinen Erziehungswissenschaft und Berufserziehung. München: Bayerischer Schulbuch-Verlag, 5-30

Fuchs, Peter (2004): Der Sinn der Beobachtung. Begriffliche Untersuchungen. Weilerswist: Velbrück Verlag

Hofmann, Martin L./Korta, Tobias F./Niekisch, S. (Hrsg.) (2004): Culture Club. Klassiker der Kulturtheorie. Frankfurt am Main: Suhrkamp Verlag

Lenzen, Dieter (1997): Lösen die Begriffe Selbstorganisation, Autopoiesis und Emergenz den Bildungsbegriff ab? In: Zeitschrift für Pädagogik 39, 949-967

Luhmann, Niklas (1981): Wie ist soziale Ordnung möglich? In: Ders.: Gesellschaftsstruktur und Semantik. Studien zur Wissenssoziologie der modernen Gesellschaft. Band 2. Frankfurt am Main: Suhrkamp Verlag, 195-285

Luhmann, Niklas (1995a): Die Kunst der Gesellschaft. Frankfurt am Main: Suhrkamp Verlag

Luhmann, Niklas (1995b): Kultur als historischer Begriff. In: Ders.: Gesellschaftsstruktur und Semantik. Studien zur Wissenssoziologie der modernen Gesellschaft. Band 4. Frankfurt am Main: Suhrkamp Verlag, 31-54

Moebius, Stephan/Quadflieg, Dirk (Hrsg.) (2006): Kultur. Theorien der Gegenwart. Wiesbaden: VS Verlag für Sozialwissenschaften

Natorp, Paul (1920 [1899]): Sozialpädagogik. Theorie der Willenserziehung auf der Grundlage der Gemeinschaft. 4., durchges. Auflage. Stuttgart: Frommann

Niemeyer, Christian (1998): Klassiker der Sozialpädagogik. Einführung in die Theoriegeschichte einer Wissenschaft. Weinheim/München: Juventa Verlag

Nünning, Ansgar/Nünning, Vera (2003): Eine multiperspektivische Einführung in einen in einen interdisziplinären Diskussionszusammenhang. In Dies. (Hrsg.): Konzepte der Kulturwissenschaften. Theoretische Grundlagen – Ansätze – Perspektiven. Stuttgart/Weimar: Metzler, 1-18

Prange, Klaus (2006): Erziehung im Reich der Bildung. In: Zeitschrift für Pädagogik 52, 4-10

Otto, Hans-Uwe/Rauschenbach, Thomas (Hrsg.) (2004): Die andere Seite der Bildung. Zum Verhältnis von formellen und informellen Bildungsprozessen. Wiesbaden: VS Verlag für Sozialwissenschaften

Rauschenbach, Thomas/Leu, Hans Rudolf/Lingenauber, Sabine/Mack, Wolfgang/Schilling, Matthias/Schneider, Kornelia/Züchner, Ivo (2004): Non-formale und informelle Bildung im Kindes- und Jugendalter. Konzeptionelle Grundlagen für einen nationalen Bildungsbericht. 2. Auflage. Berlin: BMBF

Rauschenbach, Thomas/Ortmann, Friedrich/Karsten, Maria-E. (Hrsg.) (1993): Der sozialpädagogische Blick. Weinheim/München: Juventa Verlag

Reckwitz, Andreas (2004): Die Kontingenzperspektive der ‚Kultur': Kulturbegriffe, Kulturtheorien und das kulturwissenschaftliche Forschungsprogramm. In: Jaeger, Friedrich/Rüsen, Jörn (Hrsg.): Handbuch der Kulturwissenschaften. Band III: Themen und Tendenzen. Stuttgart/Weimar: Metzler, 1-20

Winkler, Michael (2006): Bildung mag zwar die Antwort sein – das Problem aber ist die Erziehung. Drei Thesen. In: Zeitschrift für Sozialpädagogik 4, 182-201

Winkler, Michael (2007): S' Lebbe iss doch, wie's iss. Unterschicht, Kultur und Soziale Arbeit. In: Kessl, Fabian/Reutlinger, Christian/Ziegler, Holger (Hrsg.): Erziehung zur Armut? Soziale Arbeit und die ‚neue Unterschicht'. Wiesbaden: VS Verlag für Sozialwissenschaften, 103-134

Teil I:

Soziale Arbeit
—
kultur- und bildungstheoretisch beobachtet

Kultur der Sozialen Arbeit und Erinnerungskultur

Rainer Treptow

1 Wechselseitiges Ergänzen, Primat des Gesellschaftlichen

„*Die kulturellen Bedingungen der Bildung und die Bildungsbedingungen der Kultur*" – wenn diese Formulierung[1] anspielt auf Paul Natorps berühmte Aufgabenbestimmung der Sozialpädagogik, die „*sozialen Bedingungen der Bildung und die Bildungsbedingungen des sozialen Lebens*" (Natorp 1894: 86) zu untersuchen –, tritt das Kulturelle an die Stelle des Sozialen. Bereits hier läge der Ausgangspunkt für Streit. Soll nämlich die Attribuierung ‚Soziales' durch ‚Kulturelles' ersetzt werden, so hätte es der sozialpädagogische Diskurs mit einer zwar wortspielerisch vergnüglich eingefädelten, aber in der Folge ernsthaften Substitution wichtiger Theorie- und Empirie-Elemente zu tun. Dies hätte eine weitaus größere Tragweite als es ein Denkspiel vermuten ließe, wenn es die Blickrichtung von den sozialen auf die kulturellen Bedingungen einfach mal wechselt. Warum auch nicht, könnte man meinen: den sozialpädagogischen Diskurs über das eigene Aufgabenverständnis vom ‚Cultural Turn' der Sozialwissenschaften her in Drehung zu versetzen, würde die Szene ein wenig aufmischen. Mit anderen Worten: es geht um nichts Geringeres als um das Primat des Gesellschaftlichen, das allem Eigensinn kultureller Konstruktionen voraus läuft und dennoch von diesem kategorial zugerichtet wird.

Noch erstaunlicher wäre es, sollte Sozialpädagogik durch Kulturpädagogik ausgetauscht werden. Kulturpädagogik ist spezifiziert auf den pädagogischen Umgang mit ästhetischen Praktiken im Horizont darstellender und bildender Künste, wie er seit einiger Zeit mit dem Begriff der ‚kulturellen Bildung' konnotiert ist (vgl. Deutscher Bundestag 2007: 377f.). Dieser Schwerpunkt unterscheidet sich erheblich von Auftrag und Selbstverständnis der Sozialpädagogik. Zwar lassen sich Überlappungen oder Kooperationen erkennen, wie sie beispielsweise im Bereich der Kinder- und Jugendkulturarbeit existieren (vgl. Treptow 2008). Aber in ihrer typischen Verbindung zwischen der Analyse der Sozialstruktur und ihrer subjektiven Bewältigung im Lebenslauf der Adressaten,

---

[1] Der Autor bezieht sich hier auf den Titel der diesem Buch vorausgehenden Arbeitsgruppe beim 21. Kongress der Deutschen Gesellschaft für Erziehungswissenschaft (DGfE) in Dresden 2008 sowie auf den Titel der Einleitung zu diesem Band.

sowie der normativen Folgerungen für praktische Unterstützung in Fragen alltäglicher Lebensbewältigung handelt es sich um ein anderes Feld. Monetäre, strukturelle und psychosoziale Unterstützungsformen für Menschen in schwierigen Lebensverhältnissen zu analysieren, zu planen und im Horizont rechtlicher Rahmenbedingungen z.b. des Sozialgesetzbuches VIII durchzuführen, verlangt eine andere und besondere Gestaltung sozialstrukturell gerahmter Interaktionen als kulturpädagogische Ausdrucksformen z.B. durch Theater oder Musik anzubieten, um z.b. auf diese Lebensverhältnisse aufmerksam zu machen, Kulturförderungsprogramme zu entwickeln oder umzusetzen (vgl. Wrentschur 2004; Hill/Josties 2007; Josties 2008). Um es an weiteren Beispielen deutlicher zu machen: die Entwicklung von Hilfeplänen und die nachhaltige Bereitstellung erzieherischer Hilfen, ja die Kinder- und Jugendhilfeplanung einer ganzen Region hat es mit anderen Herausforderungen zu tun als dies gemeinhin im Horizont von Kulturpädagogik und Kulturverwaltung vorgesehen ist. Auch der Vorschlag, eine ‚Kultur der Achtsamkeit' im Jugendamt zu entwickeln (vgl. Böwer 2008), ist von Aufgaben und Aufgabenzuschreibungen her begründet, die sich von anderen Behörden unterscheiden. Sicherlich mag es etwa im Koordinierungskontext sogenannter ‚Bildungslandschaften' zu interessanten Verbindungen kommen und die Potentiale nonformalen bzw. informellen Lernens mögen dort sichtbar werden (vgl. Coelen/Otto 2008); aber die Unterscheidung zwischen Kultur und Sozialem hat nicht ohne Grund einen – administrativen – Sinn: „Wer Kultur sagt, sagt auch Verwaltung" (Adorno 1972: 122).

Soziale Arbeit greift auf die kulturellen und normativen Bestände einer an Prinzipien sozialer Unterstützung von Menschen in schwierigen Lebenslagen orientierten demokratischen Zivilgesellschaft zurück. Sie zehrt von jenen kulturellen Grundlagen zivilgesellschaftlicher Geltungs- und Wissensbestände, die auf Teilhabe, Ausdruck und Verständigung über Differenz bereit liegen und einem Wandel ausgesetzt sind. Kulturarbeit greift auf die sozialen Konfigurationen gegebener Gesellschaften zurück und entwickelt sie nach der Seite der ästhetischen Aneignungs- und Ausdrucksformen. Sie muss weder durch einen Unterstützungsauftrag noch durch Prinzipien sozialer Gerechtigkeit legitimiert sein, sondern diese Begründung erst dann leisten, wenn die Zugangschancen, die Befähigungen (capabilities) zum kulturellen Leben ungleich verteilt sind und die sich um einen Ausgleich bemüht, z.B. indem sie Armut und Kulturarbeit thematisiert (vgl. Bundesministerium für Familie, Senioren, Frauen und Jugend 2000). Dann wird sie zur Sozialen Kulturarbeit. Zur Kulturellen Sozialarbeit wird sie hingegen, wenn sie kulturelle Praxis im Interesse der Unterstützung von Menschen bei der Bewältigung und Gestaltung ihres Lebens fördert, anbietet und sichert. Dabei werden nicht selten Menschen in ähnlichen Belastungslagen (z.B. Sucht, Krankheit, Lebenskrisen) angesprochen (vgl. Treptow 1988/2001).

Die Differenz der Praxis hängt auch mit dem wissenschaftlichen Referenzrahmen zusammen. Denn das mit dem ‚Sozialen' bezeichnete Feld des sozialwissenschaftlichen Denkens, das sich semantisch und methodisch auf die Klärung „sozialer Orte" (Bernfeld 1974), also sozialer Lebenslagen und struktureller, belastender Rahmenbedingungen bezieht, verweist auf sozial- und bildungspolitische sowie auf davon geprägte administrativ-rechtliche Prozessstrukturen. Zu ihnen mögen kulturpolitische hinzutreten, aber auch hier, in disziplinärer Sicht, bedeutet sie eine Verankerung in anderen Theorie-, Daten- und Begründungskontexten als sie das Feld des kulturpädagogischen oder gar des kulturwissenschaftlichen Denkens aufweist (vgl. Warneken 2008).

So ist der Wechsel der Blickrichtung auf die kulturellen Bedingungen von Bildung dann sinnvoll, wenn er sich mit der Perspektive auf die sozialen Bedingungen in ein gut begründetes Ergänzungs-, nicht aber in ein Ersetzungsverhältnis bringt. Jene Formulierung von den kulturellen Bedingungen der Bildung soll im Folgenden also nicht als eine semantische Substitution (vgl. Luhmann 1993a), sondern als eine die Sozialpädagogik *ergänzende* Aufgabenbeschreibung verstanden werden, die einer ebenso gründlichen Programmatik entspricht, wie sie Paul Natorp einst formulierte. Übrigens ließe sich dieser Traditionsstrang einer kulturellen Begründung der Sozialpädagogik auf die Relation der „Geistesbildung und die von ihr abhängende(n) Kultur" (Pestalozzi 1826/2008) und damit auf eine Reihe sozialpädagogischer Klassiker ausweiten: auf Friedrich Adolph Wilhelm Diesterweg, Paul Bergemann, Klaus Mollenhauer und schließlich – zugespitzt in der Beobachtung, sozialpädagogisches Handeln habe auf die „Schaffung kultureller Tatsachen" zu achten – Siegfried Bernfeld (vgl. dazu Treptow 2000; 2002).

Dass jener Blickwechsel vom Sozialen auf das Kulturelle im gegenwärtigen zeitgeschichtlichen Kontext eine wachsende Bedeutung einnimmt, lässt sich nicht zuletzt an der Betonung der engen wechselseitigen Abhängigkeit erkennen, in der Bildung und Kultur zueinander gesehen werden (vgl. Schlutz 1999: 213f.). Dazu tragen neben der deutlichen Stärkung der Kulturpolitik (in Deutschland) seit der Wende ins 21. Jahrhundert (vgl. Scheyett 2008) auch empirische Befunde bei, die, in der Traditionslinie der Arbeiten Pierre Bourdieus, beispielsweise zu einer kulturellen Milieudifferenzierung Jugendlicher führen, in der ihnen eine durchgehend starke Orientierung an (Waren)Ästhetik nachgewiesen wird (vgl. Sinus Milieustudie 2007). Einerlei, ob die Jugendforschung die Beziehung zwischen Bildungsniveau und sozialer Lage untersucht und sich veranlasst sieht, jugendliche Lebensstile in traditionelle, bürgerliche, konsum-materialistische, postmaterielle, hedonistische, performance-orientierte oder experimentalistische Mileus zu sortieren, die „Ästhetik, das Streben nach dem Schönen, spielt in allen Milieus eine entscheidende Rolle" (ebd.). Jene, in den späten achtziger Jahren des vergangenen Jahrhunderts erstellte Trenddiagnose von der „Ästhetisierung der Lebenswelt" (Bubner 1989), die sich bis in die Milieudifferenzierung der „Erlebnisgesellschaft" (Schulze 1992) hindurch zieht, findet in den durch Computer- und Handydesign, durch die Gestaltung virtueller Welten und durch die mediale Inszenierung ästhetisierter Auswahl-Wettbewerbe (‚Superstar', ‚Top-Model') geprägten Lebenswelten eine anhaltende Aktualität. In welcher Beziehung indessen die Orientierung an ästhetischen Formidealen zu Bewältigungsaufgaben in sozialen Konfigurationen steht – ob als Abgrenzung, Inklusion, Distinktion – lässt sich auch durch noch so fein ziselierte Milieudifferenzierungen allein nicht erklären.

2 Auch Bildung und Kultur stehen im Wechselverhältnis

„Bildung ist nichts anderes als Kultur nach der Seite ihrer subjektiven Zueignung" – so fasst Theodor W. Adorno den Kern der humanistischen Bildungsidee zusammen. Es ist das Angewiesensein des sich selbst bildenden Subjekts auf kulturelle Substrate seiner Umwelt, deren Gestalt es geformt vorfindet und selbst formt. Adorno zweifelt jedoch daran, in der Widersprüchlichkeit der Moderne noch von Bildung in des Wortes ganzem Umfange reden zu dürfen, geschweige sie noch vorfinden zu können (vgl. Adorno 1998: 94). Wo Kultur, insbesondere ihr ethischer Kern, von schier unendlicher Zersplitterung, in ihr Gegenteil verkehrt, ja von Barbarisierung gezeichnet ist, gelingt den Subjekten nur noch, sich selbst als Fragmente zu ergreifen, die in „Halbbildung" (ebd.) verharren.

Wer Adornos Befund nicht beipflichten mag, wird dennoch das Grundmodell einer wechselseitigen Angewiesenheit von gestalteter Welt und gestaltenden Menschen kaum aufgeben, und zwar auch dann nicht, wenn machtanalytische Untersuchungen auf der Linie Foucaults zwar nicht auf den ‚Tod des Subjekts', so aber doch auf den Tod der Idee von seiner souveränen Urteils- und Handlungsfähigkeit schließen. Die Bildung der ‚Kräfte' (Wilhelm von Humboldt) des Subjekts fügt dem menschlichen Gemeinwesen (und der Natur) Gestaltungsformen hinzu. Diese wirken als ‚Kultur' auf ihre Urheber zurück, sei es als Kultivierung, sei es als Zivilisierung, gar als Disziplinierung und als deren Opposition (vgl. Elias 1992). Auch unter Bedingungen von Fragmentierung, Informationsfülle und Wissensexpansion ereignen sich also Bildungsprozesse. Bildung und Kultur lassen sich nur um den Preis einer Verflachung ihres Sinngehalts auf Lernprozesse und Kompetenzzuwachs verengen, einer Verflachung, die dem empirischen Interesse an Operationalisierung, nicht aber der Idee eines *Entkommens aus eben dieser Engführung* geschuldet ist. Vielmehr entwickeln sich Bildungsprozesse als reflexive Vergewisserung von Selbstbildung, Begründung, Sinnkonstitution und normativer Rechtfertigung:

- *Selbstbildung*, indem der Ort der eigenen Person in sozialen Gefügen Thema wird und verändert werden kann, und zwar nach Maßgabe sozialer Gerechtigkeit und sozialer Teilhabe in wichtigen Handlungsrahmen;
- *Begründungen*, indem nach der Legitimation von Lerninhalten, Lernmethoden und Ergebnissen gefragt wird und die Antworten nachvollzogen werden;
- *Sinnkonstitution*, indem für die eigenen Lebensentwürfe in lebensgeschichtlicher und zukunftskonstituierender Hinsicht hinreichende Ressourcen bereit gestellt sind;
- *normative Rechtfertigung*, indem die moralische Dimension von Lern- und Kompetenzerwerb sowie der Anwendung beobachtet und entwickelt werden kann.

„Kulturelle Bedingungen der Bildung" sind diejenigen, die Menschen in je gegebenen sozialen Lebenslagen in Form von Aneignungs- und Gestaltungsmöglichkeiten vorfinden, um ihre eigenen Lernprozesse reflexiv zu befragen und es ihnen ermöglichen, ihrem Prozess der Selbstbildung eine eigene Richtung zu geben. Die allgemeine Aufgabe der Sozialpädagogik besteht, diesem Verständnis folgend, darin, in sozialräumlichen Milieus zu beobachten, worin solche kulturellen Bedingungen der Selbstbildung bestehen, ja einer empirischen Forschung zugänglich zu machen, die den Umfang des Bildungsgedankens nicht instrumentalistisch verkürzt. Von hier aus sind Möglichkeiten für eine vergrößerte Teilhabe an und Gestaltung des kulturellen Lebens zu entwickeln. Konkretisiert würde dies auf eine empirische Forschung von Sinnzusammenhängen in sozialen Milieus hinauslaufen, wie dies in der Tradition der ‚Cultural Studies' begonnen wurde (vgl. Clarke 1979; Willis 1979), weitergeführt über Fallstudien zu kulturellen Praktiken von Kindern, Jugendlichen und Erwachsenen, und zugespitzt – aber nicht reduziert – auf die Entwicklung von sozial zugänglichen Orten kultureller Bildung, und zwar in der ganzen Spannweite ästhetischer und alltagspraktischer Sinnkonstitution. Dies setzt die frühere Unterscheidung zwischen Sozialer Kulturarbeit und Kultureller Sozialarbeit der Herausforderung aus, sich zu ihren jeweiligen Zwecksetzungen neu zu verhalten, indem sie sich empirischer Forschung stellt, ohne sich ihren Ergebnissen einfach zu unterwerfen.

3 Semantische Felder und Verwendungskontexte des Kulturbegriffs

Es gibt Argumente, die Semantik des *Kulturellen* aus Zusammenhängen der *Sozialen* Arbeit herauszuhalten. Und es gibt Argumente, tradierte Semantiken des Kulturellen aufzugreifen oder weiter zu entwickeln. Beide Argumentationen haben ihren je eigenen Verwendungskontext und es könnte sein, dass die Ablehnung im einen Fall die Zustimmung in einem anderen nicht ausschließt. Wer meint, den Begriff Kultur nicht in Zusammenhängen der Sozialen Arbeit verwenden zu müssen, wird beispielsweise nicht zwingend einer Kulturinitiative ablehnend gegenüberstehen, die die Fähigkeit von Kindern stärkt, miteinander zu kooperieren, indem sie musikalische Angebote wahrnehmen.

Um also zu verstehen, welchen Stellenwert das semantische Feld ‚Kultur in der Sozialen Arbeit' einnimmt, sind die jeweiligen Verwendungsweisen zu unterscheiden, in denen Kultur – als Begriff und als Kontext – Reflexionen über und Konzeptionen von Sozialer Arbeit beeinflusst. Um Beispiele zu nennen: es macht einen Unterschied, ob Kultur im Rahmen der historischen Vergewisserung der Rolle Siegfried Bernfelds oder Walther Benjamins in der Jugendkulturbewegung zu Beginn des 20. Jahrhunderts thematisiert wird, einschließlich der Bedeutung der Kulturkritik eines Kurt Hahn, Gustav Wynekens oder August Aichhorn –, oder ob die semantische Funktion von Kultur als Festschreibung von Unterschieden zwischen Migrantengruppen und ihren Herkunfts- bzw. Einwanderungsländern zum Gegenstand der Kritik wird, die heute darin eine auf klassische Anfänge der Kulturtheorie (Herder) rückführbare problematische Entwicklung sehen (vgl. Bollenbeck 1996; Radtke 2005). Wenig hilfreich wäre es auch, das historische Faktum des Kulturbegriffs zu leugnen, auch wenn Zweifel an seiner Verwendung in wissenschaftsprogrammatischer oder gar politischer Hinsicht anzumelden sind. Es macht weiterhin einen Unterschied, ob die historische Begründung der Sozialpädagogik als Teildisziplin der Erziehungswissenschaft ohne jene Bestimmung des kulturellen Substrats von Bildung überhaupt auskommen kann, also Kultur als Trägerin von symbolisierten Bedeutungsformen nicht immer schon voraussetzen und zugleich gestalten muss (Natorp 1899; Henseler/Reyer 2000), oder ob sich die Theorien Sozialer Arbeit des Kulturbegriffs via Systemtheorie im Sinne Niklas Luhmanns – „Kultur ist einer der schlimmsten Begriffe, die je gebildet worden sind" (Luhmann 1993: 398; vgl. auch: Burkhart/Runkel 2004) – entledigten oder ihn durch Lebensweltheorie auf dem Umweg über Wissenssoziologie im Sinne Alfred Schütz' verfeinerten (vgl. dazu Thiersch 2005). Wenig hilfreich wäre es auch, die enge Relation von Bildungstheorie und Kulturtheorie zu leugnen und die damit gedachten Inhalte auszuschließen, weil andere Semantiken sie verabschieden oder dort sogar noch intensiver ins Blickfeld nehmen (z.b. Ethnomethodologie, narrative Forschung).

Es macht weiterhin einen Unterschied, ob die besondere Beziehung zwischen einem Verständnis von Kultur als Lebenswelt und ästhetischen Vergegenständlichungsformen durch Kunst sich der Semantik des Kulturellen bedient (z.B. Jugendkultur – Jugendästhetik, Kulturelle Bildung) oder ob man sich für die Frage interessiert, wie der Allgemeine Soziale Dienst seine Aufgabe erfüllen kann, wenn er eine ‚Kultur der Achtsamkeit' ausbildet (s. o.) und sich dabei des entsprechenden semantischen Feldes bedient, im Sinne eines „Management[s] des Unerwarteten" (Weick/Suttcliffe 2007). Entsprechend anschlussfähig sind Konzepte, wie sie z.b. als ‚Kultur des Sozialen' entwickelt worden sind und (kulturelle) Ethikbestände bezeichnen, also offensichtlich nicht auf das Element des Kulturellen verzichten, sondern auch einen normativen Orientierungsrahmen beanspruchen, um zwischen Vergemeinschaftung und Individualisierung intermediär zu vermitteln. Schließlich: es wäre wenig hilfreich, die faktische Verwendung des Kulturbegriffs in Zusammenhängen der Jugendförderung durch Kulturverwaltung oder Kulturpolitik zu leugnen und der Bemühung eine Absage zu erteilen, einen Thematisierungshorizont zur Debatte zu stellen, der ohne den Kulturbegriff verloren ginge. Das sei an einem Beispiel, nämlich an dem Konzept der ‚Erinnerungskultur', verdeutlicht.

4 Erinnerungskultur als Grundlage Sozialer Kulturarbeit

Der Begriff ‚Erinnerungskultur' unterstellt, dass Menschen eine Art gemeinsames Gedächtnis aufbauen (vgl. Assmann 2006), und so gegen das Vergessen mit Institutionen und besonderen Praktiken Vorsorge treffen. Er unterstellt ferner, dass die Menschen eine Übereinkunft darüber finden können, was nicht vergessen werden soll. Erinnerungskultur enthält Vereinbarungen auch darüber, in welcher Weise das nicht zu Vergessene erhalten, also konserviert wird und in welchen Formen man sich dem Nicht-zu-Vergessenen zuwendet. Darüber hinaus gibt es aber noch dauerhaft präsent gehaltene Zeichen, Rituale, Monumente, die zwischen dem eigenen individuellen Leben eine Verbindung zu geschichtlichen, allgemeinen Ereignissen schlagen, also eine überindividuelle Bedeutung bekommen. Dazu zählen die Sammlungen der Museen, dazu zählt eine Einrichtung, die mit der Bezeichnung ‚Weltkulturerbe' erkennen lässt, was gemeint ist: das in der Vergänglichkeit Stehende und Besondere für alle, für die Menschheit zu erhalten und es zu zeigen. Zeigen als Teil einer sozialen Kulturarbeit – aber nicht nur weil es sehenswürdig, sondern weil es erinnerungswürdig ist. Dies den Menschen zu vermitteln und zwar über das Kommen und Gehen der Generationen hinweg – darin besteht die Bildungschance des ‚Zeigens' (vgl. Prange 2005). Ob die Entwicklung einer Erinnerungskultur auch als Auftrag vorgesehen ist, hängt davon ab, welche Anerkennung sie in einer regionalen Bildungslandschaft genießt.

Mit dem Begriff Erinnerungskultur wird also nicht nur beschrieben, wie die Menschen in unterschiedlichen Gesellschaften und in unterschiedlichen historischen Epochen die Erinnerung an Vergangenes gestalten – beispielsweise wie und welche Gedenktage, Gedenkstätten, Feiern und andere Anlässe für ausgewählte Ereignisse – Niederlagen, Siege, Verdienste, Greueltaten – sie eingerichtet haben und welche nicht. Beschreibung ist nämlich nur die eine Seite. Die andere besteht darin, Erinnerungskultur als eine beständige Aufgabe zu begreifen: Erinnerung zu erneuern, Ereignisse nicht vergessen zu wollen und sich selbst darüber im Klaren zu halten, wie stark sie von der Kraft der alltäglichen Sorge um Gegenwart zurückgedrängt und wie leicht sie von völligem Vergessen überlagert werden kann. Vergessenkönnen kann zwar klug sein – ‚Kaum ist über eine Sache Gras gewachsen, schon kommt ein Esel daher, und frisst es herunter', heißt das Sprichwort –; aber abgesehen davon, dass der Gleichsetzung des Esels mit Dummheit nicht zuzustimmen ist, kann dieser lebenskluge Satz ins Zynische kippen. Das ist dann der Fall, wenn Erinnerung an geschehenes Unrecht an denen, die keine Sprache mehr haben, um Gerechtigkeit einzufordern, aus der Welt geschafft werden soll. Indem einfach ‚Gras darüber wachsen soll' – eine andere Formulierung für ‚Schlußstrich ziehen' – soll in der Aufforderung zu vergessen, ein zweites Mal symbolisch und imaginär zum Verschwinden gebracht werden, was bereits durch Tat und Gewalt zum Verschwinden gebracht wurde. Erinnerung daran bekommt eine andere Qualität. Erinnern wird zum Gedenken, das gegebene soziale Verhältnisse transzendiert. Mehr noch: Erinnerungskultur, die sich dem Gedenken verpflichtet, will beitragen, dass sich das Grausame nicht wiederholt, Erinnerung wird zur Mahnung, zur ständigen Ermahnung:

„Es ist geschehen, und folglich kann es wieder geschehen: darin liegt der Kern dessen, was wir zu sagen haben" (Levi 2002) – mit diesen Worten hat ein Überlebender des Holocaust, der italienische Schriftsteller Primo Levi, zusammengefasst, was unter gar keinen Umständen dem Belieben anheimgestellt werden kann. Zur Erinnerungskultur gehört daher die Verständigung darüber, über welche Ereignisse auf gar keinen Fall ‚Gras wachsen' darf, die Verständigung darüber, wie zur Erinnerung motiviert werden und warum erinnert werden muss. Erinnerungskultur habe sogar darüber hinaus zu gehen. In den Worten des Philosophen Dieter Henrich: „Der Kultur der Erinnerung gerade in diesem Land sollte anzumerken sein, dass sie sich nicht darin erschöpft, einer unabweisbaren Pflicht genügt zu haben" (Henrich 2008: 29). Der Anspruch mancher, man möge sich ihrer doch öffentlich erinnern, besonders aber derer, die keine Stimme haben, gar der Namenlosen und Ausgeschlossenen – er fordert öffentliche Anerkennung: Anerkennung durch Erinnerung an das von ihnen Geleistete oder dem ihnen Widerfahrenen. Sie, die Namenlosen, sind auf stellvertretende Deutung derer angewiesen, die ihrer gedenken, das Gedenken wach halten. Erinnerungskultur ‚sichert' dieses Gedenken, auch indem es Dinge sichert, Gegenstände, Symbole, Briefe, Bilder. Manchmal kommt die Sicherung einer Rettung gleich. Erinnerungskultur sollte daher nicht trivialisiert, die Ebenen auseinandergehalten werden.

Wenn man die Unterschiede in den Ereignissen respektiert, wird klar: das uns vertraute Erinnern im Alltäglichen macht noch keine Erinnerungskultur im umfassenden Sinne aus. Zwar besteht ein beträchtlicher Teil der kulturellen Vielfalt einer Gesellschaft aus jenen privaten Erinnerungskulturen, die sich beispielsweise in Familien oder Vereinen herausgebildet haben – Geburtstage oder Jubiläen oder Trauerfeiern als Erinnerungsanlässe etwa. Doch hier ist eine andere, vor allem Privates und Öffentliches verbindende Aufgabe angesprochen, besonders wenn sich privates Erinnern mit öffentlichem überschneidet. Diese Verbindung zwischen Einzelnen und Öffentlichen gelingt jedoch nicht immer, zum Beispiel wenn die öffentliche Erinnerungskultur sehr wenig mit einer privaten zu tun hat: ‚Was hat das mit mir zu tun?', wird dann gefragt und dann kommen öffentlicher Anlass und Erinnerung auf nur noch oberflächliche Weise zusammen oder aber die öffentliche Erinnerungsaufforderung bleibt gänzlich unbeachtet. Genau hier liegt die Chance der regionalen Erinnerungskultur: den regionalgeschichtlichen Ereignissen ein Forum zu verschaffen, eine Beziehung der Menschen zu ihren Räumen zu ermöglichen, die sich über die Vergewisserung des Vergangenen bildet, Räume, die unter dem Druck der Mobilität keineswegs mehr sichere Orte sind, Zeiten, die die Kurzfristigkeit von Aufenthalten wahrscheinlicher machen, die Bindung flüchtiger, das Bleiben unkalkulierbarer. Regionale Erinnerungskultur reagiert also auf das Bedürfnis der Menschen, sich der Vergangenheit zugehörig zu wissen, Halt zu finden in einer sich beschleunigenden Gesellschaft (Rosa 2007), Gewissheit zu finden, von wo man kommt, ob und wo man vielleicht bleiben will, aber nicht bleiben kann, von wo man aber auch weggehen möchte, aber bleiben muss. Mit der Zu- und Abwanderung von Menschen verweist das Regionale immer auch auf das Transregionale (vgl.: Johler/Thiel/Schmid/Treptow 2007; Leiprecht 2008). Die inzwischen gut entwickelte Tradition einer sozialpädagogischen Biographie- und Lebenslaufforschung unterstützt jenen Aspekt der Erinnerungskultur, der durchaus nicht allein spektakuläre Namen, sondern Verläufe in belasteten Lebensverhältnissen nachzeichnet (vgl. Jens/Thiersch 1987; Finkel 2004; Fürstenau/Niedrig 2007; Hamberger 2008). Wenngleich die Anlässe für entsprechende empirische

Forschungen auch unterschiedliche sind – etwa diagnostisch-fallverstehend, strukturkritisch oder theorie-rekonstruktiv: sie sind zugleich Bestandteile einer kasuistisch verankerten Erinnerungskultur, ohne die die sozialpädagogische Disziplin sich selbst blind machte. Dies gilt selbstverständlich ebenso für die Aufarbeitung von Vergangenheit der eigenen Profession (vgl. Wensierski 2006) wie für die zivilgesellschaftliche Jugendbildung, die die Vergangenheit der Gesellschaft zu vergegenwärtigen hat.

5 Bildung ist ohne Erinnerungskultur nicht möglich

Bildung ist ohne Erinnerungskultur nicht möglich. Obwohl sich Menschen in erheblichem Maße Informationen und Wissen, aneignen, so meint Bildung doch immer und vor allem Eines: die eigenständige und auch kritische Auseinandersetzung des Individuums mit bekanntem und überliefertem Wissen ebenso wie mit Fremdem, Neuem, Ungewohntem. Man spricht insbesondere dann von Bildung, wenn sich das Individuum selbst auf eine Spannung zwischen Bekannten und Unbekanntem einlässt, wenn es sich herausgefordert sieht – auch in der Transzendierung des Alltäglichen – und sich dadurch selbst ‚erweitert'.

Bildung besteht in der lebenslang dauernden Auseinandersetzung jedes Einzelnen mit kulturellen, sozialen, technischen und personalen Gegebenheiten. Die meisten der neueren Bildungsdebatten laufen darauf hinaus, dass dies nicht verengt werden darf auf die Vermittlung von Wissen und Information. Schon gar nicht darf Bildung auf Unterricht oder Training reduziert werden. Weil sie also nicht nur Schul- oder Ausbildung ist, richtet sich der Blick auf sämtliche Bildungsorte des Gemeinwesens und des gesellschaftlichen Lebens. Er reicht von den Bildungsorten des Spielens in der Frühen Kindheit über die Bildungsprozesse der Familien, in den Vereinen, den Nachbarschaften über das weite Feld der freiwilligen Gesellung von Kindern und Jugendlichen, die außerschulische Jugendarbeit und die Fort- und Weiterbildung Erwachsener bis hinauf in die Angebote der kulturellen Bildung durch Museen, Medien, Theater und Literatur, nicht zuletzt auf Kulturarbeit mit alten und hoch betagten Menschen. Erinnerungstätigkeit ist gleichsam in diese Bildungsbereiche hinein gegliedert. Kinder erinnern anderes und anders als Jugendliche oder Erwachsene. Bei aller Unterschiedlichkeit führt Erinnerung sie aber doch immer wieder zusammen, z.B. wenn Familien ihre Geschichte erinnern, Jugendcliquen, Jahrgangsklassen – sie alle finden sich in der Gemeinsamkeit des Rückblicks und individuieren sich in der Differenz ihrer Bewertungen.

Wenn es zutrifft, dass Bildungsprozesse immer aus der aktiven Auseinandersetzung mit der Spannung zwischen dem Gewohnten und dem Neuen und

Fremden bestehen, so entscheidet der/die Einzelne in hohem Masse selbst, ob und auf welche Weise dies geschieht. Ob, wann und auf welche Weise man sich erinnern, gar praktische Folgerungen ziehen will, liegt daher nicht selten im subjektiven Ermessen. In Abwandlung des Liedes von Schiller ließe sich singen, wie die Gedanken, so sind auch die Erinnerungen ‚frei'. Sie folgen eben nicht immer den offiziell vorgesehenen Anlässen – dies zeigen die unterschiedlichen Konjunkturen, in denen mancher Ereignisse mal sehr intensiv, mal eher schwach oder gar nicht gedacht wird. Damit Erinnerungskultur ‚lebt', ist eine breite Verständigung nötig, die ihr zustimmen und sie in Praxis umsetzen kann. Dazu gehört auch die Anerkennung, woran man sich gern erinnern möchte, aber auch, woran man sich ungern erinnert. Es gehört die Entscheidung dazu, dass man zur Erinnerung in mehr als nur formaler Weise verpflichtet ist. Dazu gehört schließlich die Bereitschaft, das Alte unter veränderten Gegebenheiten von ‚heute' als Neues erfahren zu wollen, aber auch, Gefühle zu haben, sei es der Freude, sei es der Trauer.

Selbstbildung bedarf der Unterstützung durch eine Erinnerungskultur, die vielfältiges Wissen bereithält. Für den Prozess der Selbstbildung stellt Erinnerungskultur eine zwar wandlungsfähige, aber auf Dauer angelegte strukturelle Grundlage dar. Diese hält Wissen, Symbole und Dinge ebenso wie Praktiken des Erinnerns bereit, Rituale und Formen, die den Einzelnen Auseinandersetzungsmöglichkeiten bieten. Dazu gehört auch, Erinnerung als ein von solchen Ritualen weitgehend unabhängiges Tun zu pflegen, unverkrampft und unaufgeregt, aber nicht weniger intensiv. Selbstbildung ist auch nicht mit einer einsamen Tätigkeit zu verwechseln; vielmehr verschränken sich die Interessen Einzelner mit denen Anderer, es kommt zu gemeinsamen Vergewisserungen. Indem sich Menschen auf diesen Bildungsprozess einlassen, bestimmen sie in Eigenregie die Auswahl und den Zeitraum, ja manchmal auch die Dauer und Nachhaltigkeit des zu Erinnernden. Manchmal stimmen sie mit ‚offiziellen' Anlässen überein, manchmal wandeln sie sie ab, manchmal wenden sie ihnen den Rücken zu. Das Individuum entscheidet auch, ob es sich überhaupt selbst verstehen möchte als jemand, der sich selbst erweitern, das Bekannte überhaupt mit dem Neuen, Fremden, Unvertrauten in ein Verhältnis setzen will. Es steht also auch in einem durchaus kritischen Verhältnis zu den Angeboten, die Museen, Heimatbücher, Ausstellungen oder Literatur etc. machen. Kulturelle Bildung sieht sich so zwischen Desinteresse, der Pflicht zur Erinnerung und der Lust, sich in Erinnerung zu begeben. Selbstbildung kann entdecken, dass die Erinnerungskultur nicht zu allen Fragen Wissen gesammelt hat und Antworten geben kann. Dann entsteht eine Lücke, die geschlossen werden kann, indem sich Erinnerungskultur besinnt und erweitert. Ein solcher Entwurf von sich selbst, ein solcher Bildungsentwurf, eröffnet große Chancen zur Selbsterweiterung, aber er kann auch Angst machen. Denn der/die Einzelne setzt sich dabei auch dem Risiko aus, durch das Neue verstört und irritiert zu werden. Darum geht es auch um „Neugier auf Differenz" (Beilharz 2008; vgl. auch: Treptow 2005). Selbstbildung ist also wie eine Suchbewegung zu verstehen, in der zweierlei geschieht. Sie sucht und findet Wissensbestände, Dinge, Deutungen, die bereits seit langer Zeit zu einer Tradition geworden und anerkannt sind, und sie kann als Erinnerungsprozess gestaltet werden, in der das Wissen noch nicht fertig und vollständig vorliegt und nur noch abgerufen werden braucht.

Bildungslandschaft und Erinnerungskultur miteinander zu koordinieren ist eine Aufgabe vorausschauender Regionalentwicklung: ‚Bildungslandschaft' – das klingt wie eine schöne blühende Welt unterschiedlicher Bildungsorte, Bildungsgelegenheiten. Die bekannte Rede von ‚Landschaft' soll den Eindruck einer zusammenhängenden, also integrierten, aufeinander abgestimmten Vielfalt erwecken. Zugleich ist ‚Bildungslandschaft' auch eine Programmformel, die den Rückschluss erlaubt, dass eben diese Integration aller Bildungsorte noch nicht erreicht, aber anzustreben ist (vgl.: Mack/ Harder/Kelö/Wach 2007). In der Tat meint Bildungslandschaft vor allem eine regionale Kooperation und Koordinierung von formellen, manchmal auch von informellen- und nonformalen Bildungseinrichtungen. Beispiele dafür sind die Zusammenarbeit zwischen Schulen, aber auch zwischen Schulen und den Einrichtungen der Kinder- und Jugendhilfe im Zuge der Ganztagsschulentwicklung. Gleichwohl muss man sich auch klar machen, dass der Begriff der Bildungslandschaft eine Bezeichnung für das Interesse regionaler ‚stakeholder' ist, welches darin liegt zu vernetzen, zu optimieren und auch Einsparungseffekte zu erzielen. Diese ökonomische Sprache passt wenig zu den Inhalten, um deretwillen es Erinnerungskultur gibt. Dass Erinnerungskulturen immer auch für Zwecke instrumentalisiert werden können, für die sie nicht vorgesehen sind, sollte den Blick jedoch nicht verstellen.

Doch abgesehen davon: die Region als Bildungslandschaft zu betrachten, öffnet auch den Blick auf bisher übergangene, gering geschätzte Bildungsorte. Gemeint ist nicht, dass jeder Waldpfad mit lehrreichen Beschilderungen versehen werden muss – im Übrigen eine lobenswerte Initiative, auch die Natur als Bildungsraum zu betrachten. Gemeint ist vielmehr, Vergewisserung auf Dauer zu stellen, die auch dort Erinnerung sucht, wo sie nicht in Hochglanz-Prospekte und Feierlichkeiten umgesetzt wird. Dann werden diejenigen Dinge und Straßen und Treffpunkte und Menschen gezeigt und vielleicht zur Sprache gebracht, die nicht durch die Aufnahme in den Bildungskanon geadelt werden, aber wichtig waren. Dann werden Verbindungen zwischen Alltag und Geschichte eröffnet, es werden Zusammenhänge sichtbar und Brüche, es entsteht neues Wissen über den eigenen Ort in der beschleunigten Welt und es entsteht – vielleicht – Zukunft: aus der Reflexion von Herkunft.

6 Nachbemerkung

Vor mehr als hundert Jahren hat Max Weber die Befürchtung geäußert, die Entwicklung der modernen Gesellschaft führe dazu, dass das Zusammenleben zunehmend geprägt werde durch „Fachmenschen ohne Geist und Genussmenschen ohne Herz" (Weber 1904/2008: 204). Dies verweist auch auf das Verflachen eines Bildungspotentials, das sich in der bloßen Bewältigung von Tagesaktualität erschöpft, das keine Erinnerung an die Einbettung des Geschehens in historische Verweisungen mehr sucht, keinen Sinn für einst entwickelte Möglichkeiten mehr hat. Getrieben von der Beschleunigung der Moderne (vgl. Rosa a.a.O.) halten „Fachmenschen ohne Geist und Genussmenschen ohne Herz" Erinnerung für Zeitvergeudung. Vergessen ist ökonomischer, sofern es nicht dem eigenen Nutzen dient. Sie entledigen sich der Besinnung, des Gedenkens, vielleicht der Demut. Sie arbeiten an der Nicht-Erinnerung, an einer Normalität des Vergessens. Ob Max Webers Diagnose noch heute als treffend gelten kann, soll hier nicht erörtert werden; indessen bleibt herausfordernd, dass die ‚Geistlosigkeit' der Fachmenschen etwas mit Ignoranz der Vergangenheit, mit dem Verlust von Erinnerung zu tun haben könnte. Bleiben wir im Weberschen Sprachgebrauch, so wären Menschen ‚mit Geist' wohl kaum noch auf ihr Fachmenschen- und Genussmenschentum zu reduzieren. Vielleicht wären sie sogar als Gebildete zu bezeichnen. ‚Ohne Geist' hingegen sind Menschen lediglich ausgebildet, sicherlich qualifiziert, aber ohne jenen Horizont, der sich durch kluge Gestaltung von Zukunft und eben auch durch kluge Gestaltung von Erinnerungskultur auszeichnet.

Literatur

Adorno, Theodor W.: Theorie der Halbbildung (1998) [1959]; in: Ders.: Gesammelte Schriften. Band 8. Darmstadt: Wissenschaftliche Buchgesellschaft, 93-121
Adorno, Theodor W. (1972): Kultur und Verwaltung, in: Gesammelte Schriften Band 8. Soziologische Schriften I. Frankfurt am Main: Suhrkamp Verlag, 122–146
Assmann, Aleida (2006): Der lange Schatten der Vergangenheit. Erinnerungskultur und Geschichtspolitik. München: Beck
Beilharz, Manfred (2008): Neugier auf Differenz. In: Forschung&Lehre 15, H. 11, 733
Bernfeld, Siegfried (1974) [1929]: Der soziale Ort und seine Bedeutung für Neurose, Verwahrlosung und Pädagogik. In: Ders.: Antiautoritäre Erziehung und Psychoanalyse. Band 2. Hrsg. von Lutz von Werder und Reinhart Wolff. Frankfurt am Main/Berlin/Wien: Ullstein, 209-244
Bollenbeck, Georg (1996): Bildung und Kultur: Glanz und Elend eines deutschen Deutungsmusters. Frankfurt am Main: Suhrkamp Verlag

Böwer, Michael (2008): Das achtsame Jugendamt. Ansatzpunkte und Rezeption des Achtsamkeitskonzepts im Kindeswohlschutzdiskurs. In: Neue Praxis 38, 349-370

Bubner, Rüdiger (1989): Ästhetisierung der Lebenswelt. Frankfurt am Main: Suhrkamp Verlag

Bundesministerium für Familie, Senioren, Frauen und Jugend (Hrsg.) (2000): Kulturarbeit und Armut. Konzepte und Ideen für die kulturelle Bildung in sozialen Brennpunkten und mit benachteiligten jungen Menschen. Bonn

Burkhart, Günter/Runkel, Gunter (Hrsg.) (2004): Luhmann und die Kulturtheorie. Frankfurt am Main: Suhrkamp Verlag

Bourdieu, Pierre (1987): Die feinen Unterschiede. Kritik der gesellschaftlichen Urteilskraft. Frankfurt am Main: Suhrkamp Verlag

Clarke, John (1979): Jugendkultur als Widerstand. Milieus, Rituale, Provokationen. Frankfurt am Main: Syndikat

Coelen, Thomas/Otto, Hans-Uwe (Hrsg.) (2008): Grundbegriffe der Ganztagsbildung. Das Handbuch. Wiesbaden: VS Verlag für Sozialwissenschaften

Deutscher Bundestag (2007): Schlussbericht der Enquete-Kommission „Kultur in Deutschland", Berlin (dip21.bundestag.de/dip21/btd/16/070/1607000.pdf; Zugriff am 07.04.08)

Elias, Norbert (1992) [1939]: Über den Prozeß der Zivilisation. Soziogenetische und psychogenetische Untersuchungen. 2 Bde., 17. Auflage. Frankfurt am Main: Suhrkamp Verlag

Finkel, Margarete (2004): Selbständigkeit und etwas Glück. Einflüsse öffentlicher Erziehung auf die biografischen Perspektiven junger Frauen. Weinheim/München: Juventa Verlag

Fürstenau, Sara/Niedrig, Heike (2007): Transnationale Migration und Jugend. In: Johler,Reinhard/Thiel, Ansgar/Schmid, Josef/Treptow, Rainer, a.a.O., 109-127

Henrich, Dieter (2008): Was hat es auf sich mit diesem Leben? In: Schwäbisches Tagblatt. Tübingen 28.05.08, 29

Henseler, Joachim/Reyer, Jürgen (Hrsg.) (2000): Sozialpädagogik und Gemeinschaft. Historische Beiträge zur Rekonstruktion eines konstitutiven Verhältnisses. Baltmannsweiler: Schneider Verlag Hohengehren

Hill, Burkhard/Josties,Elke (Hrsg.) (2007): Jugend, Musik und Soziale Arbeit. Weinheim/München: Juventa Verlag

Hornstein, Walter (1998): Erziehungswissenschaftliche Forschung und Sozialpädagogik. In: Rauschenbach, Thomas/Thole, Werner (Hrsg.): Sozialpädagogische Forschung. Gegenstand und Funktionen. Weinheim/München: Juventa Verlag, 47-80

Jens, Walter/Thiersch, Hans (1987): Deutsche Lebensläufe in Autobiographien und Briefen. Weinheim/München: Juventa Verlag

Johler, Reinhard/Thiel, Ansgar/Schmid, Josef/Treptow, Rainer (Hrsg.) (2007): Europa und seine Fremden. Die Gestaltung kultureller Vielfalt als Herausforderung. Bielefeld: Transcript Verlag

Josties, Elke (2008): Szeneorientierte Jugendkulturarbeit. Unkonventionelle Wege der Qualifizierung Jugendlicher und junger Erwachsener. Ergebnisse einer empirischen Studie aus Berlin. Berlin: Schibri Verlag

Leiprecht, Rudolf (2008): Eine diversitätsbewusste und subjektorientierte Sozialpädagogik. Begriffe und Konzepte einer sich wandelnden Diszipin. In: Neue Praxis 38, H. 4, 427-439

Levi,Primo (2002): Die Untergegangenen und die Geretteten. 5. Auflage. München. Carl Hanser Verlag

Luhmann, Niklas (1993a): Gesellschaftsstruktur und Semantik. Bd. I-IV. Frankfurt am Main: Suhrkamp Verlag

Luhmann, Niklas (1993b): Die Kunst der Gesellschaft. Frankfurt am Main: Suhrkamp Verlag

Mack, Wolfgang/Harder, Anna/Kelö, Judith/Wach, Judith (2006): Lokale Bildungslandschaften. Projektbericht. München: DJI-Verlag

Natorp, Paul (1894): Religion innerhalb der Grenzen der Humanität. Ein Kapitel zur Grundlegung der Sozialpädagogik. Freiburg/Leipzig: Mohr Verlag

Natorp, Paul (1899): Sozialpädagogik. Theorie der Willenserziehung auf der Basis der Gemeinschaft. Stuttgart: Frommann Verlag

Pestalozzi, Johann-Heinrich (2008) [1826]: Schwanengesang (http://www.heinrich-pestalozzi.de/de/dokumentation/zeit_leben_werke/level2/level_3/pestalozzis_schwanengesang_textauszug/index.htm; Zugriff am 01.08.2008)

Prange, Klaus (2005): Die Zeigestruktur der Erziehung. Grundriss der Operativen Pädagogik. Paderborn: Schöningh

Radtke, Franz-Olaf (2005): Transnationalismus und sprachliche Hybridität – Neue theoretische und empirische Herausforderungen für den pädagogischen Umgang mit ‚Ethnizität' in der modernen Einwanderungsgesellschaft (http://www.sowi-online.de/journal/2005-1/editorial_radtke.htm; Zugriff am 01.08.2008)

Rosa, Hartmut (2007): Beschleunigung. Die Veränderung der Zeitstrukturen in der Moderne. Frankfurt am Main: Suhrkamp Verlag

Scheytt, Oliver (2008): Kulturstaat Deutschland. Plädoyer für eine aktivierende Kulturpolitik. Bielefeld: Transcript Verlag

Schlutz, Erhard (1999): Weiterbildung und Kultur, in: Tippelt, Rudolf (Hrsg.): Handbuch der Erwachsenenbildung, 2. Aufl., Wiesbaden: VS Verlag für Sozialwissenschaften, 213-226

Schulze, Gerhard (1992) Die Erlebnisgesellschaft. Kultursoziologie der Gegenwart. Frankfurt am Main: Campus Verlag

Sinus Milieustudie (2007): Wie ticken Jugendliche? Lebenswelten von katholischen Jugendlichen und jungen Erwachsenen. Grundorientierung, Vergemeinschaftung, Engagement, Einstellung zu Religion/Kirche vor dem Hintergrund der Sinus-Milieus 2007. Hrsg. v. BDKJ & Misereo. Düsseldorf: Verlag Haus Altenberg (Zusammenfassung: http://www.bdkj.de/index.php/165/0/?&tx_ttnews[pS]=1226140156&tx_ttnews[tt_news]=60&tx_ttnews[backPid]=129&cHash=e4b39f8913; Zugriff am 01.05.2008)

Thiersch, Hans (2005) [1992]: Lebensweltorientierte Soziale Arbeit. 6. Auflage. Weinheim/München: Juventa Verlag

Treptow, Rainer (2001) [1988]: Kulturelles Mandat. Soziale Kulturarbeit und Kulturelle Sozialarbeit. In: Ders.: Kultur und Soziale Arbeit. Münster: Votum Verlag, 184-208

Treptow, Rainer (2000): Sozialpädagogik, Kulturpädagogik und Kulturwissenschaft. Erinnerung an verstreute Perspektiven. In: Henseler, Joachim/Reyer, Jürgen (Hrsg.): Sozialpädagogik und Gemeinschaft. Historische Beiträge zur Rekonstruktion eines konstitutiven Verhältnisses. Baltmannsweiler: Schneider Verlag Hohengehren, 55-72

Treptow, Rainer (2001): Kultur und Soziale Arbeit. Gesammelte Aufsätze. Münster, Votum Verlag

Treptow, Rainer (2002): ‚Schaffung kultureller Tatsachen'. Bernfelds Beitrag zur pädagogischen Struktur- und Prozessreflexivität. In: Liegle, Ludwig/Treptow, Rainer (Hrsg.): Welten der Bildung in der Pädagogik der frühen Kindheit und in der Sozialpädagogik, Freiburg: Lambertus, 167-180

Treptow, Rainer (2005): Vor den Dingen sind alle Besucher gleich. Kulturelle Bildungsprozesse in der musealen Ordnung, In: Zeitschrift für Pädagogik 51, H. 6, 797-809

Treptow, Rainer (2008): Kunst und Kultur. In: Coelen, Thomas/Otto, Hans-Uwe (Hrsg.): Grundbegriffe der Ganztagsbildung. Das Handbuch. Wiesbaden: VS Verlag für Sozialwissenschaften, 263-271

Warneken, Bernd-Jürgen (2006): Die Ethnographie popularer Kulturen. Eine Einführung. Wien: Böhlau-Verlag

Weick, Karl E./Suttcliffe, Kathleen M. (2007): Das Unerwartete Managen. Wie Unternehmen aus Extremsituationen lernen. Stuttgart: Klett/Cotta

Wensierski, Peter (2006): Schläge im Namen des Herrn. Die verdrängte Geschichte der Heimkinder in der Bundesrepublik. Hamburg. Spiegel-Buchverlag.

Weber, Max (2008) [1902]: Die protestantische Ethik und der Geist des Kapitalismus. In: Max Weber: Ausgewählte Schriften. Potsdamer Internet-Ausgabe (PIA), 1-236 (http://141.89.99.185:8080/uni/professuren/e06/a/a/ha/inhalt; Zugriff am 1.08.2008)

Willis, Paul (1979): ‚Profane Culture'. Rocker, Hippies: Subversive Stile der Jugendkultur, Frankfurt am Main: Syndikat Verlag

Wrentschur, Michael (2004) Theaterpädagogische Wege in den öffentlichen Raum. Zwischen struktureller Gewalt und lebendiger Beteiligung. Hannover: Ibidem Verlag

Soziale Arbeit als Grenzbearbeiterin. Einige grenzanalytische Vergewisserungen

Fabian Kessl

Prolog: Was ist eine Grenze? Eine stilisierte Erinnerung zum Einstieg

Der Grenzübertritt ist eine Kindheitserinnerung, mit der sich eine deutliche Aufregung verbindet. Schließlich schienen Grenzübergänge aus Kindersicht doch bestimmt von Sperranlagen und bewaffneten Uniformierten. Zugleich aber schienen sie auch das Tor ins Ausland, in eine ‚andere Kultur', die sich den (klein)bürgerlichen Kinderaugen vor allem durch eine andere als die gewohnte Sprache, andere Straßenschilder und anderes Geld zu präsentierten. Die besondere Qualität dieser anderen Welt markierte nicht zuletzt die Anwesenheit der uniformierten Grenzhüter. Schien doch ihre allmächtige Entscheidungskompetenz, symbolisiert in der lässigen Handbewegung des Durchwinkens oder des Stoppgebots für die GrenzgängerInnen, darauf hinzuweisen, dass es keine Selbstverständlichkeit ist, die (Staats)Grenze überqueren zu dürfen. Mystisch wirkte auf Kinderaugen daher auch die weiße Linie auf dem Asphalt, weil man von einem Moment zum anderen ‚das Ausland' erreicht hatte, sobald man sie passierte. Nur diese Linie trennte das eigene vom fremden Land und ‚die eigene' von ‚der anderen Kultur'.

Grenzen re-produzieren, konstruieren und markieren die angenommene Einheit eines Innen(raums), symbolisiert in der Figur des nationalstaatlichen Raumes als prägender politischer Größe der Moderne: „Die Nation wird als begrenzt vorgestellt, weil selbst die größte von ihnen mit vielleicht einer Milliarde Menschen in genau bestimmten, wenn auch variablen Grenzen lebt, jenseits derer andere Nationen liegen" (Anderson 1993: 16). Georg Simmel (1903) hat die Grenze in seinen Überlegungen zu einer *Soziologie des Raumes* daher auch als zentrale gesellschaftstheoretische Bestimmungsgröße moderner Gesellschaften bezeichnet. Mit ihr wird die soziale Ordnung markiert und realisiert, werden die Normmuster zur Regulierung und Gestaltung sozialer Zusammenhänge fixiert: „So ist eine Gesellschaft dadurch, dass ihr Existenzraum von scharf bewussten Grenzen eingefasst ist, als eine auch innerlich zusammengehörige charakterisiert, und umgekehrt: die wechselwirkende Einheit, die funktionelle Beziehung jedes Elementes zu jedem gewinnt ihren räumlichen Ausdruck in der einrahmenden Grenze" (a.a.O.: 226). Simmel ist es denn auch, der darauf verweist, dass Grenzen willkürliche Setzungen, also keine absoluten Größen darstellen, weshalb es „überall gestattet (sei), eine solche subjektiv festzulegen" (a.a.O.: 227) – ohne dass Simmel damit die Wirkmächtigkeit von Grenzziehungen aus dem Blick verliert: „der Raum erhält durch die Gliederung seiner Grundfläche oft Einteilungen, die die Beziehungen der Bewohner untereinander und zu den draußen Stehenden in einzigartiger Weise färben" (ebd.). Simmel verdeutlicht aber vor allem, dass das Verständnis von Grenzen als Trennlinien, wie es in der Eingangsepisode im Bild der weißen Grenzlinie am Grenzübergang symbolisiert ist, für sozialtheoretische Überlegungen analytisch unzureichend ist. Allerdings kann uns die Alltagserfahrung auch Hinweise auf diese notwendig erweiterte Perspektive anbieten, wie eine weitere stilisierte Kindheitserinnerung in Bezug auf den Grenzübertritt von der Bundesrepublik Deutschland in die Schweiz am Grenzort Schaffhausen verdeutlichen kann.

Nach der genehmigten Durchfahrt an der Kontrolle auf bundesdeutscher Seite fuhr das elterliche Auto dort nämlich mehrere hundert Meter Strecke, die hinter der Grenze lagen, an der das bundesdeutsche Territorium endete, aber zugleich noch vor der Schweizer Kontrollstelle – und somit vor einer zweiten Trennlinie. Erst diese markierte den Eintritt in das Schweizer Territorium. Man war also auf diesem Zwischenstück im ‚Niemandsland', wie einem die Eltern erklärten. ‚Niemandsland', das leuchtete dem kindlichen Verstand nicht so recht ein und faszinierte doch zugleich: ‚Niemandsland' – ein Land, das weder der einen Seite noch der anderen gehört? Aber wem gehört es dann? ‚Niemandsland' – ein Land, das ‚gar nicht ist', aber was war dann mit den Bäumen, den Wiesen, die die Straße umgaben, auf der man zwischen den beiden Grenzstreifen fuhr? ‚Niemandsland' – ein Land, das niemandem zugänglich ist? Doch auf den Wiesen sahen die Kinderaugen einen Traktor fahren, von dem man sich fragte, wie er dann dahin kam. Wenn hier ‚Niemandsland' ist, wo ist dann die ‚eigentliche' Grenze? An der ersten oder der zweiten Linie, die man überfahren musste? Oder ist das ganze ‚Niemandsland' die Grenze – die Grenze also ein ganzes Stück Land, das zugleich ‚Nicht-Land' ist?

1 Was ist eine Grenze? Einige systematisierende Überlegungen

Alltagstheoretisch, aber auch sozialwissenschaftlich werden Grenzen zumeist als örtlich-territoriales Phänomen erfasst. Die Grenze wird – wie in der stilisierten Kindheitserinnerung – als die überfahrene ‚weiße Linie' (oder eben die beiden weißen *Linien* auf der Straße am Deutsch-Schweizer Grenzübergang) begriffen. Analytisch erweist sich diese Vorstellung deshalb als verkürzt, weil

Grenzen zwar existente räumliche Formate darstellen, aber solche, die nicht *in sich selbst* bestimmt, sondern nur in Bezug auf die umgebenden Räume und (sozial)räumlichen Symbolisierungen *indirekt* bestimmbar sind. Nicht die weißen Linien selbst sind die Grenzen, diese stellen ‚nur' einen symbolischen Ausdruck dessen dar, was Grenze ist: *eine territoriale Markierung politischer Macht- und Herrschaftsverhältnisse*. Grenzen markieren und realisieren sich also in dem räumlichen Phänomen der Trennung von Gebieten und Territorien, fallen aber nicht mit diesem in eins. Grenzen als räumliche Abschlüsse zu begreifen, ist zwar die Grundlage ganzer Wissenschaftszweige, beispielsweise der Landvermessung als Teilbereich der Geodäsie. Sozial- und erziehungswissenschaftlich sollte aber nicht die Strecke zwischen bestimmten Punkten und die Bestimmung von deren exaktem Verlauf interessieren, sondern vielmehr die Tatsache, dass diese Strecke mehr oder weniger schwer zu überwindende Hindernisse, Differenzierungen und Markierungen symbolisiert und inszeniert. Hindernisse, die den stilisierten bürgerlichen Kinderaugen nicht in den Blick kommen, welche die Migrantin ohne Visum unter Umständen aber brutal erfährt. Differenzierungen, die von der Touristin als Brücke in eine anregende Fremde erfahren werden, während sie für die Bürger „mit Migrationshintergrund" dauerhaft ein Symbol der Andersheit darstellen. Markierungen schließlich, die dem Geschäftsreisenden eine entnervte Grimasse entlocken, weil er sich an der Passkontrolle auch dieses Mal wieder in die Schlange einreihen muss, dem Staatenlosen aber seinen Einschluss im Ausschluss verdeutlicht.

Die Symbolisierung in Form von – primär nationalstaatlichen – Grenzziehungen ist existentiell wirkmächtig, weil sich der Prozess der Konstruktion und Re-Produktion von gesellschaftlicher Einheit in ihr markiert und darüber ontologisiert wird – die Grenze wird zum scheinbar gegebenen Umstand, zur scheinbar unveränderlichen Hürde, wie das Beispiel der nationalstaatlichen Grenzziehungen für die Moderne zeigt: „Staaten sind deshalb souverän, weil sie die Integrität ihres Territoriums garantieren und dessen Grenzen überwachen" (Anderson 1993: 16). Grenzanlagen sind der bauliche Ausdruck dieser symbolischen Markierung von Territorien, aber eben auch der sogenannten ex-territorialen Gebiete. Ex-territorial sind beispielsweise spezifische Lagerformationen, die als Orte jenseits der als gültig anerkannten Gebiete konzipiert sind – Formationen, wie sie im Camp Delta im kubanischen Guantanamo ihren symptomatischen Ausdruck gefunden haben. Giorgio Agamben (2004) bezeichnet sie daher auch als Räume des *Ausnahmezustands*.

Obwohl die territoriale Markierung Räume voneinander trennt, Herrschaftsbezirke fixiert und gesellschaftliche Einheiten konstruiert, fallen Grenzen aber nicht mit den territorialen Trennlinien in eins. Michael Hardt und Antonio Negri (2002) sprechen in Bezug auf das nationalstaatliche Souveränitätskonzept daher auch davon, dass die „moderne Souveränität genau *auf* der Grenze angesiedelt ist" (a.a.O.: 179; Hervorhebung d. Verf.).

Raumtheoretisch gesprochen stellen Grenzen daher eigentlich Nicht-Orte dar, *Räume der Differenz*. Sie markieren die Differenz zu unbekannten und fremden Räumen, und damit auch zum Unsichtbaren. Grenzen sind Marker ins aktuell Nicht-Erreichbare oder zumindest schwer Erreichbare. Damit sind sie aber auch Symbol für potenzielle Öffnungen und Erweiterungen der bestehenden Raumformationen und der damit verkoppelten Begrenzungen, das heißt der bisherigen Handlungsoptionen der Begrenzten. Dieser Sachverhalt symbolisiert sich gerade in den immensen Migrationsanstrengungen von zehntausenden von Menschen aus zentral- und westafrikanischen Staaten, die an den Südgrenzen des so genannten Schengen-Areals, beispielsweise auf der italienischen Mittelmeerinsel Lampedusa, zu beobachten sind. Diese Migrationsversuche lassen sich mit Verweis auf menschenrechtliche Vereinbarungen und Überzeugungen nicht nur als manifester humanitärer Skandal beschreiben, sondern sind zugleich auch ein Hinweis auf die Infragestellung bestehender Grenzsetzungen und damit ist die oft verdeckte und ignorierte Migration als aktives Akteurshandeln (*aktive Migration*) auch ein Hinweis auf die konstitutive Relationalität von Grenzen.

Die Grenze existiert als Trennlinie, sie wird aber erst im Moment des Grenzübertritts oder des Versuchs von Akteuren, sie zu verschieben oder zu bearbeiten, wirkmächtig. Grenzmarkierungen sind wirkmächtig – manches Mal in martialischer, in brutaler und sogar häufig in existentieller Weise, wie die vielfältigen Grenzmarkierungs- und -kontrollbeispiele vom kongolesischen Flüchtlingslager über das so genannte Schengen-Gebiet der Europäischen Union bis hin zur territorialen Grenzmarkierung zwischen Süd- und Nordkorea zeigen können. Dennoch ist das Phänomen der Grenze in Form einer Trennlinie als territoriale Markierung sozialwissenschaftlich nicht angemessen zu erfassen: Nicht die Grenze als räumliches Phänomen ist martialisch, brutal und existentiell, sondern die darin zum Ausdruck kommende Materialisierung politischer Herrschaftsverhältnisse.

Grenzen symbolisieren sich in Trennlinien und werden dadurch markiert, sie sind aber zweierlei anderes: Erstens ein Raum des Unbekannten und Fremden, des Unsichtbaren und aktuell Nicht-Erreichbaren (Wockart 1995: 280), da sie vom hegemonialen Zentrum unterschieden werden, ja den größtmöglichen Unterschied zu diesem darstellen sollen. Erst diese scharfe Unterscheidung, die symbolische Markierung zu einem Außen – dem ‚Ausland', der ‚Ausländerin', dem ‚Aussiedler' oder dem ‚Aussätzigen' – stabilisiert das Hegemoniale, das Umgrenzte, das damit erst konstruierbare Innen. Doch die Grenze ist „nicht nur anders", sie ist – zweitens – „auch eine Begegnung mit Anderem" (ebd.). Wie Dieter Lamping (2001: 13) schreibt, existiert „(k)eine Grenze ohne Grenzübertritt. Ohne ihre eigene Überwindung, ihre eigene Aufhebung ist sie kaum zu denken". Doch diese Überschreitungsmöglichkeit, die in der Grenze auch angelegt ist, wollen die für die Grenzziehung Verantwortlichen im Unsichtbaren lassen. Die existierenden Grenzlinien sollen vielmehr symbolisieren, dass direkt dahinter das ganz Andere beginnt, die Outgroup verortet ist, nicht das ‚faszinierend-Fremde' oder das ‚Fremd-gemachte'. Daher sind Zonenrandgebiete eher No-Go-Areas, latent gefährliche Gebiete, die die Bevölkerungsangehörigen eher von der Grenze fernhalten sollen. Grenzziehungen funktionieren nur so lange die als solche gegebenen Trennungslinien akzeptiert sind. Fällt dieser Respekt, fällt zwar nicht unbedingt die Grenze, mindestens aber wird ihre Verschiebung und Veränderung möglich (*Grenzgängertum*). Der Raum lässt sich dann öffnen – eine Entwicklung, die GrenzzieherInnen durch den Akt des Grenzenziehens zu verhindern suchen.

Grenzen werden für eine sozial- und damit auch eine erziehungswissenschaftliche Perspektive analytisch also erst erfassbar, wenn wir diese Innen-Außen- oder In- und Outgroup-Konstruktioen als das begreifen, was sie sind: Räumliche Formate des Ausdrucks politischer Macht- und Herrschaftsverhältnisse. Grenzen sind somit analytisch nur unzureichend als Trennlinien beschrieben. Wir sollten sie vielmehr als Nicht-Orte, als Räume der Differenz und der Erweiterung des Bestehenden begreifen. Sozialwissenschaftlich erfassen wir das Phänomen der Grenzen also nur dann angemessen, wenn wir sie als relationale Phänomen konzipieren, und das heißt, sie nicht nur in Bezug auf das sie Umgebende, sondern selbst als Relation, als Verbindung, in den Blick nehmen (vgl. Latour 2007). Eine Grenze ist also nicht dadurch gekennzeichnet, dass „an diesem Ende [...] die Sphäre eines anderen ansetzt und mit ihrer eigenen Grenze die des ersten merkbarer festlegt" (Simmel 1903/1995: 228). Vielmehr stellt die Grenze „eine ganz eigenartige Wechselwirkung [dar]. Jedes der beiden Elemente wirkt auf das andere, indem es ihm die Grenze setzt, aber der Inhalt dieses Wirkens ist eben die Bestimmung, über diese Grenze hin, also doch auf den anderen, überhaupt *nicht* wirken zu wollen oder zu können" (ebd.). Die Grenze stellt eben keine „räumliche Tatsache" dar, sondern eine soziologische, „die sich räumlich formt" (a.a.O.: 229).

Der damit angedeutete grenzanalytische Horizont – als Nachdenken über ‚Grenzziehungen', ‚Grenzräume' und ‚Grenzbearbeitungen' – stellt eine äußerst hilfreiche Systematisierungsfolie für ein angemessenes theorie-systematisches Verständnis Sozialer Arbeit dar, so die These des vorliegenden Beitrags. Diese Behauptung soll im weiteren Text anhand einer ersten Bestimmungsskizze Sozialer Arbeit als *grenzbearbeitende Wissenschaft* und als *(sozial)pädagogischer*

Grenzbearbeiterin begründet werden.[1] Mit dem Vorschlag, Soziale Arbeit als grenzbearbeitende Wissenschaft zu bestimmen, eröffnet eine grenzanalytische Perspektive die Möglichkeit, theoriesystematische Bestimmungsversuche Sozialer Arbeit[2] (weiter) an die kulturtheoretischen Re-Lektüren allgemeiner sozialwissenschaftlicher Theoriebildung anzubinden und in diese einzubinden – Überlegungen, wie sie im deutschsprachigen Raum in den vergangenen Jahren in wachsender Zahl vorgelegt werden (vgl. Reckwitz 2008; für die Soziale Arbeit vgl. unter anderem Lamp 2007; Schütte-Bäumner 2007; Maurer 2001; Plößer 2005 sowie Beiträge in diesem Band).

Neben dieser *methodologischen* Perspektive verweist die vorgelegte Bestimmungsskizze mit ihrem Plädoyer für die Konzeptualisierung Sozialer Arbeit als (sozial)pädagogische Grenzbearbeiterin auf eine *methodische* Perspektive. Sozialer Arbeit als (sozial)pädagogischer Grenzbearbeiterin kommt dann die Aufgabe zu, permanent das Gefüge der Macht zu dechiffrieren und zu problematisieren, um die Grenzen des Bestehenden zu erweitern, zu vervielfältigen oder auch zu unterwandern – mit dem Ziel, die Handlungsoptionen von Nutzerinnen und Adressaten zu erweitern oder überhaupt erst andere als die gegebenen zu eröffnen.

2 Soziale Arbeit als eine grenzbearbeitende Wissenschaft

Zentrale theoriesystematische Bestimmungsversuche der Moderne lassen sich als analytische Grenzziehungsversuche charakterisieren. Ziel ist die Beschreibung existenter gesellschaftlicher Grenzziehungen: die „Theorie beginnt mit einer Differenz", also verschiedenen systematisch voneinander abgegrenzten Systemen (Luhmann 2002: 67). Mit diesen Worten beginnt Niklas Luhmann die vierte seiner Bielefelder Vorlesungen zur ‚Einführung in die Systemtheorie'. Zentrale Motivation zur Entwicklung solcher systemfunktionaler bzw. systemtheoretischer Ansätze ist die Kritik an holistischen gesellschaftstheoretischen Entwürfen, die nach Ansicht von Luhmann für die analytische Beschreibung moderner Gesellschaften nicht mehr ausreichen, da diese von dem Prinzip einer

---

1   Die Idee, Soziale Arbeit als ‚Grenzarbeiterin' zu bestimmen, baut auf Überlegungen von Susanne Maurer auf, die in zwei gemeinsame Texte eingeflossen sind (vgl. Kessl/Maurer 2005; Kessl/Maurer 2009 i.E.). Die nachfolgenden Überlegungen zu den methodischen Konsequenzen einer grenzanalytischen Bestimmung Sozialer Arbeit stammen in weiten Teilen aus einem dieser Texte (vgl. Kessl/Maurer 2005: 123f.).

2   ‚Soziale Arbeit' wird im Folgenden als Integrationsbegriff verwendet, der disziplinäre, professionelle und andere (sozial- wie bildungs)politische Akteure zusammenfasst, ohne deren Heterogenität verschleiern zu wollen (vgl. dazu ausführlicher Kessl/Otto 2009 i.E.).

funktionalen Differenzierung und eben nicht einer einheitlichen Struktur- und Handlungslogik bestimmt seien. Setze man diesen Sachverhalt einer funktionalen Differenzierung der modernen Gesellschaften für theoriesystematische Bestimmungen voraus, geraten – so Luhmanns Überzeugung – die Teilsysteme der Gesellschaft in den Blick, die durch ihre Differenz zur Umwelt gekennzeichnet seien: „das System (zieht) sich mit eigenen Operationen Grenzen" (a.a.O.: 92). Luhmann will mit seiner Theorie der sozialen Systeme nicht weniger als eine Neubegründung und Gesamtbestimmung der Soziologie, also „zahlreiche Denkgewohnheiten" durchschneiden, indem er – eben systemtheoretisch – die soziale Welt auf die „eine bzw. die andere Seite dieser [systemischen] Grenzlinien verteilt" (Luhmann 2005: 7; Einfügung des Verf.). Soziale Systeme versteht Luhmann dabei also als real-existent, beispielsweise in Form des Rechts- oder des Erziehungssystems (vgl. Luhmann 1987: 30ff.). Die Inblicknahme der System-Umwelt-Differenzierungen, das heißt die Inblicknahme der Prozesse systemischer Grenzziehung ist eben nicht nur Kern differenzierungstheoretischer Perspektiven, sondern nach Luhmann auch Ausdruck der funktionalen Selbsterhaltung der existenten Systeme: „*Grenz*erhaltung (boundary maintenance) [ist] Systemerhaltung" (a.a.O.: 35).

Innerhalb der Debatten um eine theoriesystematische Bestimmung Sozialer Arbeit fand diese differenzierungstheoretische Sicht vor allem in den 1990er Jahren eine Aufnahme – und zwar vor allem hinsichtlich der Frage, ob Soziale Arbeit als ein eigenständiges Funktionssystem zu bestimmen sei (vgl. Baecker 1994; Merten 1997: 86ff.; Kleve 2007: 172ff.; kritisch dazu: Bommes/Scherr 2000).

Gegenüber solchen systemfunktionalen Perspektiven argumentieren jüngere kulturtheoretische Ansätze für eine praxistheoretische Perspektive, die „soziale Differenzierung nicht im Sinne einer strikten Funktionslogik und einer Existenz sozialer ‚Systeme' mit fixen Sinngrenzen" voraussetzt, sondern stattdessen „das exakte Verhältnis unterschiedlicher spezialisierter Praktikenkomplexe, ihr(en) Zusammenhang und ihre Grenzziehung als offene Frage" konzipiert, wie der Konstanzer Soziologe Andreas Reckwitz in seiner *Theorie der Subjektkulturen* schreibt (Reckwitz 2006: 51). Reckwitz schließt damit an Pierre Bourdieus Theorie sozialer Felder an, die zwar einerseits deutliche Strukturanalogien zu differenzierungstheoretischen Perspektiven à la Luhmann aufweist, da sie Felder ähnlich wie Systeme als die prägenden Muster des sozialen Raums (*Gesellschaft*) versteht und auch deren gegenseitige Verwiesenheit – analog zu Luhmanns System-Umwelt-Verkopplung – betont. Dementsprechend sind ja auch für Luhmann die Grenzen der Funktionssysteme keineswegs unveränderliche Gegebenheiten, sondern flexible Gebilde – Bourdieu spricht in Bezug auf das Feld vom „Spiel-Raum mit *dynamischen Grenzen*" (Bourdieu/Wacquant 2006:

135). Andererseits beansprucht Bourdieu für seine Feldtheorie, dass diese eben gerade keine systemfunktionale Theorie darstelle: Die „Produkte eines Feldes" seien eben gerade nicht „Produkte eines Systems [...], dessen Merkmale gemeinsame Funktionen, interne Kohäsion und Selbstregulierung (darstellen)" (a.a.O.: 134). Insofern unterscheidet sich auch Luhmanns Verständnis der Grenzflexibilität – die auf der Annahme eines operationsfähigen Systems beruht (vgl. Luhmann 1987: 242ff.) – von Bourdieus feldtheoretischem Konzept der dynamischen Grenzen, die nach Bourdieu ein Feld umschließen, das nicht als eigene Aktantin verstanden werden kann, sondern als Kräfteverhältnis. Während Luhmann das Prinzip der Selbstreferentialität absolut setzt, und damit Systeme in einer „autopoietischen Abkapselung" konstruiert (Zima 2000: 342), beansprucht Bourdieu, soziale Felder als menschliche Praxiszusammenhänge zu verstehen.

Damit rückt praxistheoretisch die „Zusammenballung von sozialen Praktiken" in den Mittelpunkt der Analyse (Reckwitz 2006: 51) und nicht die Rekonstruktion der Funktionslogiken einzelner sozialer Systeme. Aus grenzanalytischer Perspektive gesprochen, lässt sich diese Perspektivverschiebung als Ausrichtung der Analyseperspektive(n) auf die Grenzen selbst beschreiben: In den Blick gerät die (Re)Produktion der Grenzen, die Analyse der Wechselwirkungen zwischen den verschiedenen Elementen, aus deren Wechselwirkung(en) sich erst diese territorialen und kulturellen Differenzmarkierungen und Trennlinien herstellen – und nicht die Dechiffrierung und Überprüfung einzelner Systemfunktionen. Luhmann beansprucht zwar für seine Theorie sozialer Systeme, dass die System-Umwelt-Verkopplung auf *flexiblen* Grenzen beruhe. Dennoch kann es systemtheoretisch nicht gelingen, den analytischen Blick auf die *Grenzziehungsprozesse* selbst zu richten, weil sich Luhmanns Blick nicht auf die – symbolischen, räumlichen, kulturellen, und damit politischen wie pädagogischen – Prozesse der Grenzproduktion und -reproduktion richtet. Entscheidend und konstitutiv für die soziale Welt sind in Luhmanns systemtheoretischen Augen vielmehr die Logiken der Einzelsysteme als system-funktionaler Ausgangspunkt. Aus grenzanalytischer Perspektive gerät dagegen in den Blick, wie die bestehenden Grenzen *als* Fixierung historisch-spezifischer Macht- und Herrschaftsverhältnisse entstanden sind, welche Ausschließungslogiken sie verfestigen und wie sie bestehende In- und Outgroup-Zuschreibungen verstetigen. Grenzfixierungen und -veränderungen werden damit als historisch-spezifische Macht- und Herrschaftsverhältnisse zum Analysegegenstand grenzanalytischer Perspektiven. Forschungsarbeiten im Feld Sozialer Arbeit in diesem Sinne grenzanalytisch zu konzipieren, hieße dann, den sozialpädagogischen Anteil an den historisch-spezifischen Grenzziehungsprozessen, die sich in den dominanten wie subversiven Rationalitäts- und Lebensführungsmustern widerspiegeln, in einer kultur- und praxistheoretischen Wissenschaft Sozialer Arbeit zu analysieren: die bestehenden symbolischen, räumlichen und kulturellen Grenzen als Marker des aktuell Nicht- oder zumindest schwer Erreichbaren zu verstehen, und damit zugleich als Symbol potenzieller Öffnungen und Erweiterungen.

Die ausschließliche Markierung bestehender Milieugrenzen und der damit verbundenen Kulturtechniken wäre für eine Soziale Arbeit als grenzbearbeitende Wissenschaft daher unzureichend. Das ausschließliche Kartografieren bestehender Grenzen gerät nämlich allzu leicht in die Gefahr, zu strukturalistischen Schlussfolgerungen zu führen, die in der Annahme verankert sind, dass diese Grenzziehungen als die gegebenen (Ausgangs)Bedingungen zu akzeptieren seien – egal, ob daraus dann reaktionäre, konservative, progressive oder radikalreformatorische Konsequenzen gezogen werden. Soziale Arbeit als grenzbearbeitende Wissenschaft müsste demgegenüber Grenzanalysen realisieren, die sich der Dechiffrierung und Dekonstruktion der dominanten Grenzziehungsprozesse widmen – das heißt beispielsweise jugendlichen und professionellen Alltagskulturen in sozialpädagogischen Wohngruppen. Damit könnte dann ein kritisch-reflexives Wissen für die beteiligten Akteure – die direkten (Jugendlichen, Familien) und indirekten NutzerInnen (Leistungsträger, Öffentlichkeit) – bereitgestellt werden.

3 Zwischenspiel: Soziale Arbeit als Grenzbearbeiterin, aber nicht als Grenzort

Bernhard Waldenfels (2008) hat in seinen normalisierungstheoretischen Überlegungen den Bildungsort ‚Universität' als einen ‚Grenzort' bestimmt: Zwar habe die ‚Universität'[3] als Institution Außenbezüge, „in dem sie öffentliche Aufgaben übernimmt" und auch eine „interne Normalität, wozu auch ein Forschungs- und Lehralltag gehör[e]", zugleich sei ihre grundlegende Prägung aber die der „*Infragestellung* vorgegebener Wissensbestände, fertiger Methoden und Regeln, der *Abweichung* vom Bewährten, der *Überschreitung* vorhandener Grenzen" (a.a.O.: 291; Einfügung des Verf.): Wer der Institution Universität angehöre sei

---

3   Das Wort ‚Universität' wird hier bewusst in Anführungszeichen gesetzt, um zu verdeutlichen, dass Waldenfels' Überlegungen nicht notwendigerweise auf das institutionelle Format ‚Universität', wie es beispielsweise im bundesdeutschen Kontext in Differenz zu anderen Bildungs- und Ausbildungsorten definiert wird, beschränkt werden müssen. Auch das institutionelle Format ‚Fachhochschule' oder ‚Berufsakademie' kann prinzipiell im Waldenfelsschen Sinne ‚Grenzort' sein – und das institutionelle Format ‚Universität' entspricht keineswegs automatisch den Waldenfelsschen Bedingungen eines ‚Grenzortes'. Allerdings erschweren spezifische institutionelle Bedingungen, beispielsweise der Grad einer Scholarisierung von Bildungsorten, die Bedingungen der Möglichkeit einer Realisierung von Grenzorten.

daher „niemals völlig drinnen noch völlig draußen" (ebd.). Die Universität verorte sich eben selbst, als ein „Übergangsort", wo „Grenzen gezogen und verschoben werden" (ebd.). Mit Bezug auf dieses Verständnis der ‚Universität' als Grenzort diskutiert Waldenfels aktuelle hochschul- und bildungspolitische Entwicklungen. Diese bedrohen die Universität als Grenzort zunehmend, das heißt sie führten zu deren Eingemeindung, und damit der Normalisierung der ‚Universität', der Ausbreitung eines „Schlummer[s] des Normalen" (a.a.O.: 303; Einfügung des Verf.). Eine solche falsch verstandene gesellschaftlich-funktionale Effizienz gerate aber zur systematischen Unterhöhlung der ‚Universität' als Bildungsort.

Auch die Soziale Arbeit[4] stellt einen öffentlichen Bildungsort dar. Allerdings ist sie im Unterschied zur ‚Universität' im Waldenfelsschen Sinne kein Grenzort, da sie nämlich weder auf eine grundrechtlich garantierte Freiheitskonstruktion im Handlungsvollzug bezogen werden kann (*Freiheit von Forschung und Lehre*), noch in der gleichen Weise relativ unabhängig von der sozialen Ordnung ist – für Waldenfels das zweite Charakteristikum des Grenzorts ‚Universität'.

Allerdings sollte Soziale Arbeit als disziplinäre Instanz am und für den Grenzort ‚Universität' engagiert sein, da die Grenzbearbeitungswissenschaft ‚Soziale Arbeit' hier institutionell anzusiedeln ist. Insofern ist aktuellen Bemühungen um die weitere Etablierung einer wissenschaftlichen Sozialen Arbeit und Sozialpädagogik durchaus zuzustimmen (vgl. Schweppe/Sting 2006). Wenn sie diese allerdings in Form einer Forderung nach einer „objektivierungskritischen Wissenschaft" mindestens latent neo-positivistisch präsentieren (vgl. Neumann/Sandermann 2007), geraten sie in die Gefahr, selbst „objektivistisch" zu werden, das heißt sich losgelöst von praktischen Interessen inszenieren zu wollen. Zwar wird eine wissenschaftliche Etablierung der Sozialen Arbeit nur in strategischer Bezugnahme auf die Logiken des bestehenden Wissenschaftssystems gelingen können – insofern ist eine pragmatische Relationierung der Bemühungen auf die Logiken der bestehenden disziplinären Strukturierungen strategisch, und damit explizit disziplinpolitisch, einsichtig. Die Einschätzung, die bisherigen Theoriebemühungen im Feld der Sozialen Arbeit seien „dysfunktional", ist m. E .in diesem Sinne als disziplin*politisches* Statement zu verstehen (a.a.O.: 23): „Ihre wissenschaftliche Autorität innerhalb des akademischen Fel-

---

4 Von ‚der Sozialen Arbeit' zu sprechen, ist empirisch wie systematisch waghalsig, weil gerade die theorie-systematischen Auseinandersetzungen um ‚eine Theorie' der Sozialen Arbeit oder der Sozialpädagogik immer wieder gezeigt haben und zeigen, dass ein einheitliches Verständnis nicht vorliegt. Dennoch lässt sich, wie bereits Michael Winkler (1988) in seiner *Theorie der Sozialpädagogik* zeigt, von einem Diskurs, einer gemeinsamen Bezeichnungspraxis oder einem Praktikenkomplex sprechen, der als ‚sozialarbeiterisch' und ‚sozialpädagogisch' adressiert wird.

des begründet sich gerade nicht wissenschaftlich und bleibt damit stets prekär" (ebd.). Allerdings ist vor diesem Hintergrund die generelle Abgrenzung gegenüber politischen Positionierungen nurmehr wenig einsichtig: Arbeiten zur Theorie Sozialer Arbeit und der Sozialpädagogik gäben sich nämlich nur, so Neumann und Sandermann, „den Anstrich des Theoretischen", ihr Antrieb sei aber „durch und durch politisch" (a.a.O.: 22) – sie erhielten ihre disziplinäre Einschlägigkeit nur „auf dem Wege der Abhängigkeit und Nützlichkeit für eine sich als berufsförmig organisierende Praxis" (a.a.O.: 23). Warum diese Abgrenzung nicht überzeugen kann, lässt sich an den Überlegungen des zentralen Bezugsautors von Sascha Neumanns (2008: v. a. 191ff.) Grundlegung einer objektivierungskritischen Theorie der Sozialpädagogik, den feldtheoretischen Überlegungen Pierre Bourdieus zeigen.

Die von Neumann und Sandermann im Anschluss an Bourdieus Bestimmung der Machtlogiken im akademischen Feld in Anschlag gebrachte Notwendigkeit eines „interesselosen Interesses" (Bourdieu 1998: 27) für die Theoriebildung Sozialer Arbeit lässt meines Erachtens nämlich zwei feldtheoretische Perspektiven unterbelichtet. Erstens changiert Bourdieu in seiner Bestimmung des akademischen Feldes massiv zwischen der Präferenz eines Ideals der Autonomie des wissenschaftlichen Feldes, das vor Eindringlingen geschützt werden, eigene Sanktionsmöglichkeiten aufweisen und nur der „Entdeckerlogik" verpflichtet sein soll (Bourdieu 1998: 30ff.), und der – empirisch gesättigten – Überzeugung, dass eine solche Autonomie „niemals vollständig" sein könne (a.a.O.: 36), und dies auch keineswegs sein müsse, da die Arbeitsteilung zwischen dem Einfluss politisch-weltlicher Macht (*Heteronomie*) und rein wissenschaftlicher Macht (*Autonomie*) zu beiderseitigem Vorteil sein könne, ja eine Koexistenz zum Wohl gemeinsamer Unternehmungen hervorbringen könne. Diese Ambivalenz lassen Neumann und Sandermann sowohl unthematisiert als auch unproblematisiert und schlagen sich stattdessen auf die Seite des Bourdieuschen Idealmodells: „Je autonomer wissenschaftliche Felder sind, desto eher entwinden sie sich externen sozialen Grenzen" (a.a.O.: 26). Damit verschenken sie aber nach meiner Überzeugung die Aufklärungspotenziale, die gerade für die Soziale Arbeit im Bourdieuschen Analyseinstrumentarium bereit liegen, wenn man es nicht nur hinsichtlich dessen Idealtypisierung liest. Fragen wie diejenige, ob es zu einer Koexistenz zum Wohl gemeinsamer Unternehmungen im Spannungs- und Konfliktfeld von „Theorie und Praxis" (Adorno 1969) Sozialer Arbeit kommt oder nicht, und was eine solche sinnvolle Arbeitsteilung verhindert, bleiben damit ungestellt, obwohl genau diese die Bemühungen um eine (weitere) Etablierung einer Wissenschaft Sozialer Arbeit dynamisieren würden. Zweitens kann die Gegenüberstellung einer „durch und durch politischen" Perspektive – mit der Neumann und Sandermann auf die Verwiesenheit theoriesystematischer Arbeiten zur Sozialen Arbeit auf „die (sich) berufsförmig organisierende Praxis" anspielen (Neumann/Sandermann 2007: 23) – einerseits, und einer Argumentation für eine strategische Ausrichtung der Theorie Sozialer Arbeit auf die bestehenden disziplinären Logiken andererseits nicht überzeugen. Weder kann nämlich überzeugen, dass Anwendungsbezüge „durch und durch politisch" sind, aber eine disziplinstrategische Ausrichtung, wie sie die beiden Autoren einnehmen, nicht, noch wird diese Gegenüberstellung m. E. einer notwendigen machtanalytischen Dimensionierung, beispielsweise im Sinne der Bourdieuschen Feldtheorie, gerecht, an die anschließend die Rekonstruktion der Macht- und Herrschaftsverhältnisse als disziplinäre Politiken der Akteure im Spiel um theoriesystematische Beiträge zur Sozialen Arbeit und zur Sozialpädagogik zu leisten wäre. Diese disziplinär-idealtypische Fokussierung in Neumanns und Sandermanns Argumentation führt dann auch zu einer entscheidenden Blindstelle hinsichtlich der Wahrnehmung von mindestens zwei zentralen Entwicklungslinien, welche die Wissenschaft Sozialer Arbeit und die Sozialpädagogik prägen – Blindstellen, die auch in anderen Teilen der aktuellen Diskussionen um die Etablierung einer Wissenschaft Sozialer Arbeit wie einer Sozialarbeitsforschung oder einer Disziplin der Sozialpädagogik weitgehend unterbelichtet bleiben.

Zum einen ist die Soziale Arbeit von Beginn an von einer Verschränkung von disziplinären und professionellen Akteuren und deren gesellschaftspolitischen Bemühungen geprägt. Diese Entwicklung wird sowohl aus Sicht eines traditionellen Theorieverständnisses (Vorwurf der fehlenden Distanz zu den Handlungsvollzügen und Organisationsformen Sozialer Arbeit) als auch aus einer Sicht einer rein anwendungsbezogenen Forschungskonzeption (Vorwurf der Distanzierung zu den Handlungsvollzügen und Organisationsformen Sozialer Arbeit) als hinderlich beschrieben. Sie kann aber auch als Potenzial und Spezifikum einer wissenschaftlichen Beschäftigung mit der Sozialen Arbeit verstanden werden – ein Spezifikum, das keineswegs nur die Wissenschaft Sozialer Arbeit und der Sozialpädagogik charakterisiert, sondern auch andere wissenschaftliche Bemühungen, wie die Sozialpolitik, die Gender- und Queer-Studies oder die Rassismusforschung.

Der Verweis auf diese ‚Hybriddisziplinen', die gesellschaftspolitischen Bewegungen nicht nur eng verbunden sind, sondern zu beachtlichen Anteilen aus diesen heraus erst entstanden sind und daher immer wieder auf diese rückverwiesen werden (vgl. für die feministische Theorie: Hark 2005; für die Soziale Arbeit: Maurer 1996) deutet zugleich die zweite Entwicklungslinie an, die mindestens ebenso wenig Aufmerksamkeit erfährt: Sowohl die Etablierung Sozialer Arbeit als einer wohlfahrtsstaatlichen Instanz, als auch die frühen theoriesystematischen Bestimmungsversuche der Sozialen Arbeit (Kessl/Otto 2009: i.E.) bzw. der „socialen Pädagogik" (Dollinger 2006), sind geprägt von dem

Bemühen gesellschaftspolitischer Akteurinnen, die wohlfahrtsstaatliche Aufgabenstellung einzufordern, zu legitimieren, weiterzuentwickeln, zu hinterfragen, in Frage zu stellen oder zu verteidigen. Diese Akteurinnen können nachträglich als Kämpferinnen für die Institutionalisierung, Professionalisierung und politische Legitimierung Sozialer Arbeit kategorisiert werden, also als Kämpferinnen für die wohlfahrtsstaatliche Aufgabenstellung einer aktiven Beeinflussung und geplanten Unterstützung alltäglicher Lebensführungsmuster, die als sozial problematisch identifiziert werden.

An dieser Stelle kann die Bourdieusche Idealisierung von Wissenschaft als einer Bemühung der reinen „Erfüllung ihrer praktischen Autonomie" (Bourdieu 1998: 37) für eine grenzanalytische Perspektive zwar ebenso als utopischer Maßstab dienen, wie die Waldenfelsche Bestimmung der ‚Universität' als ein sich selbst verortender Ort (Waldenfels 2008: 291), daraus eine „objektivierungskritische" Position abzuleiten, überzeugt m. E. aber nicht. Vor allem aber ist für eine Konzeptualisierung Sozialer Arbeit als grenzbearbeitender Wissenschaft die Realisierung oder Nicht-Realisierung der „strukturale(n) Zwiespältigkeit" des akademischen Feldes (Bourdieu 1998: 36) sehr viel hilfreicher. Damit können beispielsweise „fragwürdige Trends" in Forschung und Lehre markiert und problematisiert werden (Waldenfels 1998: 292) , die sich innerhalb der Wissenschaft Sozialer Arbeit und der Sozialpädagogik unter anderem als Tendenzen realisieren, forscherische Tätigkeiten auf ein evaluatives Maß zu verkürzen, womit sie sich dann darauf beschränken, spezifischen sozialpädagogischen Vorgehensweisen Legitimation zu verleihen.

4 Soziale Arbeit als (sozial)pädagogische Grenzbearbeiterin

Soziale Arbeit als wohlfahrtsstaatliche Instanz lässt sich systematisch als die Organisation einer aktiven Unterstützung und geplanten Beeinflussung von alltäglichen Lebensführungsweisen und damit von Subjektivierungsweisen bestimmen. Soziale Arbeit als (sozial)pädagogische Grenzbearbeiterin zu konzipieren und zu realisieren, meint daher die damit verbundenen Prozesse der ambivalenten Gleichzeitigkeit von Unterwerfung und Subjektwerdung mit Blick auf die Eröffnung und Erweiterung von Handlungsoptionen, als Subjektwerdungspotenzialen, zu bearbeiten (vgl. Kessl/Otto 2009: i.E.). Soziale Arbeit als (sozial)pädagogische Grenzbearbeiterin stellt sich diese Aufgabe hinsichtlich der gegebenen Grenzen der Zugangs- und Verwirklichungsmöglichkeiten, der Möglichkeiten und Unmöglichkeiten sozialer Teilhabe für die direkten NutzerInnen – in Relation zu den Anforderungen der indirekten NutzerInnen. Wenn Sozialer Arbeit als wissenschaftlicher Grenzbearbeiterin die Aufgabe der rekonstruktiven Analyse, der genealogischen Kontextualisierung und der problematisierenden Reflexion sozialpädagogischer Handlungsvollzüge zukommt – das heißt die Aufgabe, die bestehenden hegemonialen Grenzziehungen aufzudecken – dann verweist eine solche Sichtbarmachung auch auf den Kern einer professionellen Grenzbearbeitung durch sozialpädagogische Akteure in den Feldern Sozialer Arbeit, die in professionstheoretischer Perspektive mit Stichworten wie der situativen Gestaltung offener Anfänge (vgl. Hörster/Müller 1997) bzw. der situativen Ermöglichung des Anderen (vgl. Dewe/Otto 2001) symbolisiert werden.

Soziale Arbeit als (sozial)pädagogische Grenzbearbeiterin ist in diesem Sinne dazu aufgefordert, ein sozial situiertes, kontextuiertes ‚Wissen' und Agieren zu realisieren, das seiner Gespaltenheit, seiner Vieldeutigkeit und Instabilität immer wieder gewahr wird: „Wir müssen [...] die Offenheit des Sozialen als konstitutiven Grund beziehungsweise als ‚negative Existenz' des Existierenden ansehen sowie die verschiedenen ‚sozialen Ordnungen' als prekäre und letztlich verfehlte Versuche, das Feld der Differenzen zu zähmen" (Laclau/Mouffe 2000: 142). Die Konzeptualisierung Sozialer Arbeit als (sozial)pädagogischer Grenzbearbeiterin markiert insofern Versuche der (Re)Artikulations-Ermöglichung (vgl. Hall 2000). Das aktuell Sichtbare verbindet sich historisch immer in einer bestimmten Weise zu einem Diskurs (a.a.O.: 65). Soziale Arbeit als (sozial) pädagogische Grenzbearbeiterin kann in diesem Zusammenhang Antwortversuche auf die Frage bereitstellen, wie „man gegen den Strom der historischen Formation schwimmt", um einige der genannten historischen Grenzziehungen zu unterlaufen, zu vervielfältigen oder zu erweitern (vgl. a.a.O.: 67). Die bestehenden Topographien des Sozialen, die historisch-spezifischen konkreten Kontroll- und Hilfelandschaften sind die Ausgangspunkte für diese politischen Kämpfe und sozialen Gestaltungsprozesse. Soziale Arbeit als (sozial)pädagogische Grenzbearbeiterin ist daher aufgefordert, permanent das Gefüge der Macht zu dechiffrieren und zu dekonstruieren.

Eine solche Konzeption Sozialer Arbeit als Grenzbearbeiterin kann an frühere kulturtheoretische Perspektiven anschließen, wie sie beispielsweise Paul Willis in seiner berühmten Studie ‚Learning to Labour' vorgelegt hat. Ende der 1970er Jahre schlägt Willis eine für grenzanalytische Überlegungen sehr hilfreiche Unterscheidung vor: „Differenzierung" versus „Integration" (Willis 1979: 62ff.). Willis Untersuchungsgegenstand in ‚Learning to Labour' sind die kulturellen und räumlichen Praktiken von Schülern aus dem Arbeitermilieu und deren institutionelle (Re)Produktion durch die Schule bzw. die Lehrer dieser Schule (vgl. Amos 2008). Dabei spielen seines Erachtens zwei Strategien eine zentrale Rolle, die er mit den Begriffen der „Differenzierung" versus „Integration" kategorisiert: *Differenzierung* sei ein Prozess der Reinterpretation, der Separierung und der Diskriminierung von typischen Erwartungen, die formale Institutionen wie die Schule vermitteln. Die Differenzierungen analysiert Willis also eher mit Blick auf die Schüler, denn die dabei vonstatten gehenden Umdeutungen geschehen in Bezug auf die Interessen der Arbeitermilieus. Als gegensätzlichen Prozess beobachtet Willis *Integrations*strategien. Integration meint dabei die Umdefinierung, das Stutzen und das Abschneiden von milieuspezifischen Haltungen und Deutungsweisen innerhalb vorherrschender institutioneller Zusammenhänge. Die Integrationsbewegung geht also eher von der Institution Schule aus. Differenzierung beschreibt das Eindringen der Informalität in die Formalität und Integration die Überführung des Informellen in das Formale.

Willis Studie lässt sich mit Bezug auf diese Unterscheidungskriterien als frühe Studie zur (sozial)pädagogischen Grenzbearbeitung lesen, denn Willis weist darauf hin, dass die Grenze zwischen Schule und Haushalt oder Schule und Peer-Group oder zwischen Lehrer und Schüler als nicht als Trennlinie zu begreifen ist, sondern als ständig (re)produzierte *Verbindung*, in der sich die Ein- (*Integration*) und Ausschließungen (*Differenzierung*) vollziehen. Differenzierung und Integration sind insofern nichts anderes als spezifische Formate, wie sich diese Verbindung ausprägt, Formate als Grenzziehung, wie sie von Schülern, Lehrern und der Institution realisiert und (re)produziert wird. Mit ihren Integrations- wie Differenzierungsstrategien konstruieren und reproduzieren SchülerInnen wie LehrerInnen in ‚Hammertown' (wie Willis die von ihm untersuchte mittelenglische Kommune fiktiv nennt) Räume des Bekannten wie des Unbekannten und Fremden, des Sichtbaren wie des Unsichtbaren, des Erreichbaren wie des Nicht-Erreichbaren. Mit der Dimension des Nicht-Erreichbaren, die von den SchülerInnen durch ihre Differenzierungen selbst (re)produziert werden, verweist Willis auf das, was er seine pessimistische Schlussfolgerung nennt (a.a.O.: 174): Die Jugendlichen verurteilen sich sozusagen selbst zu einem Leben als Fabrikarbeiter. Hier lässt sich Willis Rekonstruktion also als negative Seite des von Bourdieu beschriebenen Passungsverhältnisses von Feld und Habitus lesen: „Solange der Habitus der sozial-räumlichen Ordnung entspricht, bleiben die inhärenten sozialen Strukturen des [...] Raumes weitgehend unsichtbar und können als natürliche oder neutrale erscheinen" (Manderscheid 2008: i.E.). Und eben diese Anpassung geschieht durch die kulturellen und räumlichen Praktiken der Jugendlichen in Bezug auf ihr Herkunftsmilieu. Zugleich differenzieren sie sich damit gegenüber den Logiken der Institution Schule – und geraten damit in die Rolle der Widerständler – was der deutsche Titel der Studie markiert: Spaß am Widerstand. Doch grenzanalytisch lässt sich Willis Beobachtung eben auch hinsichtlich der Strategien, Ansatzpunkte und Hindernisse für eine Öffnung und Erweiterung bestehender Räume, begrenzter Orte also, lesen. Auch diese zweite Lesart deutet Willis bereits an, und zwar mit also, lesen. Auch diese zweite Lesart deutet Willis bereits an, und zwar mit seiner zweiten, bildungsoptimistischen Schlussfolgerung (a.a.O.: 175). Dabei weist er darauf hin, dass die beteiligten Akteure aktive GestalterInnen in der Reproduktion, aber damit auch bei der möglichen Veränderung bestehender Zusammenhänge sind. Differenzierungsstrategien, so meint Willis, können als aktive Auseinandersetzungsstrategien verstanden werden und damit als Ansatzpunkt pädagogischer Interventionen. Und damit argumentiert Willis m.E. höchst sozialpädagogisch – zumindest wenn wir Soziale Arbeit als Grenzbearbeiterin konzipieren. Eine solchermaßen grenzanalytisch bestimmte Soziale Arbeit hätte nämlich die Integrations- wie Differenzierungsstrategien in der Auseinandersetzung zwischen Jugendlichen, Lehrern und institutionellen Formierungen analytisch zu erfassen, sie zu kontextualisieren und zu problematisieren, um sich aktiv mit diesen Grenzziehungsprozessen auseinanderzusetzen, um also letztlich (sozial)pädagogische Grenzbearbeitung zu ermöglichen.[5]

Wenn sich (sozial)pädagogische Tätigkeiten auf Kulturvermittlungsarbeiten reduzieren, nimmt Soziale Arbeit die Aufgabe der Grenzkontrolleure höchstens vorweg oder bereitet auf die Anerkennung der Logiken der Grenzmarkierungen und damit verbundenen -kontrollen vor. Sie vermittelt ‚Einsichten in die Existenz des Anderen' und reproduziert damit ausschließlich gegebene Grenzsetzungen. Begreift man Soziale Arbeit dagegen als (sozialpädagogische) Grenzbearbeiterin und grenzbearbeitende Wissenschaft im Sinne des hier vermittelten Vorschlags, ist (sozial)pädagogische Arbeit selbst Kulturentwicklungsarbeit oder besser noch, um damit die missverständliche entwicklungstheoretische Konnotation zu vermeiden: Kulturbildungsarbeit – und diese ist nicht in der (Re)Produktion der bestehenden Grenzmarkierungen zu realisieren, sondern nur in der aktiven Gestaltung gerade der Nicht-Orte, die sich als Grenzen der Bedingungen der Möglichkeit in den Alltagen der direkten NutzerInnen sozialpädagogischer Angebote alltäglich zeigen. Eine entsprechende grenzbearbeitende Wissenschaft Sozialer Arbeit wäre in diesem Sinne ein auf „praktische Interessen" (Honneth 2006: 230; vgl. Horkheimer 1937) verwiesene Rekonstruktions- und Problematisierungsinstanz.

---

5   Zugleich sind die Erkenntnisse, die Paul Willis in *Learning to Labor* in Bezug auf die Herkunftsmilieus der Schüler trifft, nur mehr teilweise auf heutige Milieustrukturen zu übertragen (vgl. dazu MacDonald 1997).

Literatur

Adorno, Theodor W. (1969): Marginalien zu Theorie und Praxis. In: Adorno, Theodor W.: Stichworte. Kritische Modelle 2. Frankfurt am Main: Suhrkamp Verlag, 169-191

Agamben, Giorgio (2004): Ausnahmezustand. Homo sacer. Teil II. Band 1. Frankfurt am Main: Suhrkamp Verlag

Amos, Karin (2008): Learning to Labour – Paul Willis als Vordenker einer kulturtheoretischen Perspektive in der Sozialraumforschung. In: Kessl, Fabian/Reutlinger, Christian (Hrsg.): Schlüsselwerke der Sozialraumforschung. Wiesbaden: VS Verlag für Sozialwissenschaften, 136-154

Anderson, Benedict (1993): Die Erfindung der Nation. Zur Karriere eines folgenreichen Konzepts. 2. Auflage. Frankfurt am Main/New York: Campus Verlag

Baecker, Dirk (1994): Soziale Hilfe als Funktionssystem der Gesellschaft. In: Zeitschrift für Soziologie 23. 2. 93-110

Bommes, Michael/Scherr, Albert (2000): Soziologie der Sozialen Arbeit. Eine Einführung in Formen und Funktionen organisierter Hilfe. Weinheim/München: Juventa Verlag

Bourdieu, Pierre (1998): Vom Gebrauch der Wissenschaft. Für eine klinische Soziologie des wissenschaftlichen Feldes. Konstanz: UVK Verlag

Bourdieu, Pierre/Wacquant, Loic (2006): Reflexive Anthropologie Frankfurt am Main: Suhrkamp Verlag

Dewe, Bernd/Otto, Hans-Uwe (2001): Profession. In: Otto, Hans-Uwe/Thiersch, Hans (Hrsg.): Handbuch Sozialarbeit Sozialpädagogik. 2. überarbeitete Auflage. Neuwied/Kriftel: Luchterhand Verlag, 1399-1423

Dollinger, Bernd (2006): Die Pädagogik der Sozialen Frage. (Sozial-)Pädagogische Theorie vom Beginn des 19. Jahrhunderts bis zum Ende der Weimarer Republik. Wiesbaden: VS Verlag für Sozialwissenschaften

Hall, Stuart (2000): Cultural Studies: ein politisches Theorieprojekt. Ausgewählte Schriften 3. Hamburg: Argument Verlag

Hark, Sabine (2005): Dissidente Partizipation: eine Diskursgeschichte des Feminismus. Frankfurt am Main: Suhrkamp Verlag

Hardt, Michael/Negri, Antonio (2002): Empire. Die Neue Weltordnung. Frankfurt am Main/New York: Campus Verlag

Hörster, Reinhard/Müller, Burkhard (1996): Zur Struktur sozialpädagogischer Kompetenz. Oder: Wo bleibt das Pädagogische der Sozialpädagogik? In: Combe, Arno/Helsper, Werner (Hrsg.): Pädagogische Professionalität. Frankfurt am Main: Suhrkamp Verlag, 614-648

Honneth, Axel (2006): Traditionelle und kritische Theorie. In: Honneth, Axel (Hrsg.): Schlüsseltexte der Kritischen Theorie. Wiesbaden: VS Verlag für Sozialwissenschaften, 229-233

Horkheimer, Max (1937): Traditionelle und kritische Theorie. In: Zeitschrift für Sozialforschung 6, 245-292

Kessl, Fabian/Maurer, Susanne (2005): Soziale Arbeit. In: Kessl, Fabian/Reutlinger, Christian/Maurer, Susanne/Frey, Oliver (Hrsg.): Handbuch Sozialraum. Wiesbaden: VS Verlag für Sozialwissenschaften, 111-128

Kessl, Fabian/Maurer, Susanne (2009): Soziale Arbeit als Grenzbearbeitung. In: Kessl, Fabian/Plößer, Melanie (Hrsg.): Differenzierung, Normalisierung, Andersheit: Soziale Arbeit als Arbeit mit den Anderen, Wiesbaden: VS Verlag für Sozialwissenschaften, i.E.

Kessl, Fabian/Otto, Hans-Uwe (2009): Soziale Arbeit. In: Albrecht, Günther/Groenemeyer, Axel (Hrsg.): Handbuch Soziale Probleme. Wiesbaden: VS Verlag für Sozialwissenschaften, i.E.

Kleve, Heiko (2007): Postmoderne Sozialarbeit. Ein systemtheoretisch-konstruktivistischer Beitrag zur Sozialarbeitswissenschaft. Wiesbaden: VS Verlag für Sozialwissenschaften

Laclau, Ernesto/Mouffe, Chantal (2000): Hegemonie und radikale Demokratie. Zur Dekonstruktion des Marxismus. Wien: Passagen

Lamp, Fabian (2007): Soziale Arbeit zwischen Umverteilung und Anerkennung. Bielefeld: Transcript Verlag

Lamping, Dieter (2001): Die Literatur der Grenze. Einleitung. In: Lamping, Dieter (Hrsg.): Über Grenzen. Eine literarische Topographie. Göttingen: Vandenhoeck & Ruprecht, 7–18

Latour, Bruno (2007): Eine neue Soziologie für eine neue Gesellschaft. Frankfurt am Main: Suhrkamp Verlag

Luhmann, Niklas (1987): Soziale Systeme. Grundriß einer allgemeinen Theorie, Frankfurt am Main: Suhrkamp Verlag

Luhmann, Niklas (2002): Einführung in die Systemtheorie. Heidelberg: Carl-Auer-Systeme

Luhmann, Niklas (2005): Identität – was oder wie? In: Luhmann, Niklas: Soziologische Aufklärung 5. Konstruktivistische Perspektiven 3. Auflage. Wiesbaden: VS Verlag für Sozialwissenschaften, 15-30

MacDonald, Robert (Hrsg.) (1997): Youth, the ‚underclass', and social exclusion. London: Routledge

Manderscheid, Katharina (2008): Pierre Bourdieu. Ein ungleichheitstheoretischer Zugang zur Sozialraumforschung. In: Kessl, Fabian/Reutlinger, Christian (Hrsg.): Schlüsselwerke der Sozialraumforschung, Wiesbaden: VS Verlag für Sozialwissenschaften, 155-171

Maurer, Susanne (1996): Zwischen Zuschreibung und Selbstgestaltung. Feministische Identitätspolitik im Kräftefeld von Kritik, Norm, Utopie. Tübingen: Edition Diskord

Maurer, Susanne (2001): Das Soziale und die Differenz. Zur (De-) Thematisierung von Differenz in der Sozialpädagogik. In: Lutz, Helma/Wenning, Norbert (Hrsg.): Unterschiedlich verschieden. Differenz in der Erziehungswissenschaft. Opladen: Leske + Budrich, 125-142

Merten, Roland (1997): Autonomie der Sozialen Arbeit. Zur Funktionsbestimmung als Disziplin und Profession. Weinheim/München: Juventa Verlag

Neumann, Sascha (2008): Kritik der sozialpädagogischen Vernunft. Feldtheoretische Studien. Weilerswist: Velbrück Verlag

Neumann, Sascha/Sandermann, Philipp (2007): Uneinheitlich einheitlich: über die Sozialpädagogik der sozialpädagogischen Theorie. In: Schweizerische Zeitschrift für Soziale Arbeit 3, 9-26

Plößer, Melanie (2005): Dekonstruktion – Feminismus – Pädagogik. Vermittlungsansätze zwischen Theorie und Praxis. Königstein/Taunus: Ulrike Helmer

Reckwitz, Andreas (2006): Das hybride Subjekt: eine Theorie der Subjektkulturen von der bürgerlichen Moderne zur Postmoderne. Weilerswist: Velbrück Verlag

Reckwitz, Andreas (2008): Unscharfe Grenzen: Perspektiven der Kultursoziologie. Bielefeld: Transcript Verlag

Schütte-Bäumner, Christian (2007): Que(e)r durch die Soziale Arbeit. Professionelle Praxis in den AIDS-Hilfen. Bielefeld: Transcript Verlag

Schweppe, Cornelia/Sting, Stefan (Hrsg.) (2006): Sozialpädagogik im Übergang – Neue Herausforderungen für Disziplin, Profession und Ausbildung. Weinheim/München: Juventa Verlag

Simmel, Georg (1995): Soziologie des Raumes [1903]. In: Simmel, Georg: Schriften zur Soziologie.Eine Auswahl. Frankfurt am Main: Suhrkamp Verlag, 221-242

Waldenfels, Bernhard (2008): Grenzen der Normalisierung. Studien zur Phänomenologie des Fremden 2. Frankfurt am Main: Suhrkamp Verlag

Willenbücher, Michael (2007): Das Scharnier der Macht: Der Illegalisierte als homo sacer des Postfordismus. Berlin: B-Books

Willis, Paul (1979): Spaß am Widerstand. Gegenkultur in der Arbeiterschule. Frankfurt am Main: Athenaeum

Winkler, Michael (1988): Eine Theorie der Sozialpädagogik. Stuttgart: Klett-Cotta

Wokart, Norbert (1995): Differenzierungen im Begriff ‚Grenze'. Zur Vielfalt eines scheinbar einfachen Begriffs. In: Faber, Richard/Naumann, Barbara (Hrsg.): Literatur der Grenze – Theorie der Grenze. Würzburg: Königshausen & Neumann, 275-289

Zima, Peter (2000): Theorie des Subjekts. Subjektivität und Identität zwischen Moderne und Postmoderne. Tübingen et al: UTB Wissenschaft Verlag

Bildung als Biografisierung von Lebensaltersordnungen. Über die ‚Regionalisierung' von Bildungsansprüchen im Kindergartenalltag

Petra Jung

1 Zur Verknüpfung von Wissen und Praktiken in einer Pädagogik der Lebensalter: Einleitung und Problembezug

In modernen Gesellschaften stellt die Verknüpfung von humanwissenschaftlichem Wissen und professioneller Praxis ein zentrales Organisationsmoment des Erziehungs- und Bildungssektors dar. Angesichts der wachsenden Zahl von Publikationen, in denen das Lebensalter als zentrale Organisationskategorie der Lebensführung thematisiert wird, scheint es daher nicht gerade ein Zufall zu sein, wenn die Sozialpädagogik, die Soziale Arbeit, aber auch die Pädagogik der Kindheit Anschluss dazu herstellen, indem sie den Zusammenhang von Biografie und lebensalterspezifischen Herausforderungen zur disziplinären Erkenntnisperspektive und zum praxeologischen Professionalisierungsmotiv erheben.

Allerdings verbinden sich mit dem Lebensalterbezug sehr unterschiedliche Forschungsperspektiven. Die meisten Publikationen beziehen sich nicht auf *die*, sondern auf *einzelne* Lebensalter, vor allem auf Kindheit, Jugend oder das Alter. Einige Publikationen greifen den Zusammenhang von Lebensalter und sozialer Ungleichheit auf, andere verfolgen das Thema Lebensphasen unter dem Aspekt der Vergesellschaftung von Lebenszeit und sozialem Wandel, wieder andere stellen zwar einen allgemeinen Zusammenhang zur Pädagogik her, indem sie den Bildungsaspekt in der Längsschnittperspektive fassen (Bildung über die Lebenszeit). Versuche, den Wissensstand über das Thema ‚Lebensalter' zu bündeln und als curriculares Organisationsprinzip auf das Lehrgebiet der Sozialpädagogik bzw. der Sozialen Arbeit (und implizit der Pädagogik der Kindheit) zu beziehen, stellen die „Sozialpädagogik der Lebensalter" des Erziehungswissenschaftlers Lothar Böhnisch (2008) dar[1] sowie die von Hanses/Homfeldt (2008) herausgegebene sechsbändige Sammelschrift „Lebensalter und Soziale Arbeit". Sie stellen eine Art materialisierten Status Quo des Wissens dar, der den biografischen Ansatz als praxeologischen Erkenntnisperspektive der Sozia-

---

1 Erste Ausgabe 1997.

len Arbeit bzw. Pädagogik bestimmt und legitimiert. In vorliegendem Beitrag wird das Verhältnis von lebensaltersspezifischen Aufgaben und Biografisierung aus der methodologischen Perspektive einer Theorie der Strukturation (Giddens 1997) in der Logik der Praxis untersucht. Im Rahmen meines ethnografischen Zugangs zum Kindergarten analysiere ich die Alltagsroutinen im Hinblick auf die Herstellung von Lebensaltersordnungen im Prozess der Regionalisierung von Bildungsambitionen. Die Befunde lassen sich zu der These verdichten, dass die ‚feldlogische' Verknüpfung von Wissen und Praktiken nicht rational erfolgt, sondern paradox.

2 Biografie als Erkenntnisperspektive einer Pädagogik der Lebensalter

Ausgehend vom Phänomen der Risikogesellschaft und dem Individualisierungstheorem (Dürkheim 1897/1973, Beck 1986) definiert Böhnisch (2008) das Lebensalter als „historisch gewordene Bewältigungskonstellation der Moderne" (Böhnisch 2008: 81). Individualisierung (Beck 1986) hingegen wird als *soziologische* Strukturkategorie bestimmt, die – wie die einzelnen Kapitel zeigen – jeweils ein Set von biografisch zu bewältigenden Herausforderungen und Problemstellungen aktualisiert. Von der Tradition der Lebenslagen- (Hradil 1992) und Lebenslaufforschung (Kohli 1991) ausgehend, die „sehr wohl zu unterscheiden [weiß] zwischen dem, was mit den Menschen geschieht und [...] wie sie in ihrem Verhalten und Bewusstsein damit umgehen" (Beck 1986: 2007), zielt das Konzept der biografischen Lebensbewältigung dann auf die Wiederherstellung von Handlungsfähigkeit, die auf einem physiologisch-psychologischen Theoriebaustein fußt, der Copingtheorie (vgl. dazu Haan 1977; Oerter 1985). Hierzu entwickelt Böhnisch ein sozialwissenschaftliches Bezugssystem, in dem das Zusammenwirken von sozialstrukturellen und psychosozialen Einflussfaktoren thematisiert wird. Daraus soll dann abgeleitet werden können, wie aus Bewältigungserfahrungen soziale Schlüsselkompetenzen (Kommunikations- und Konfliktfähigkeit, Aushalten von Differenzen, Empathie, Selbstkontrolle etc.) hervorgehen. Den Ausgangspunkt der Sozialpädagogik der Lebensalter bildet das Spannungsfeld von Lebenslauf als sozial geregelter Abfolge von Ereignissen und Biografie als deutungsabhängiger Binnenperspektive des Subjektes (Schefold 1994). Die Biografie stellt dabei „[...] eine Art selbstständige Integrationsinstanz von vielfältig zerstreuten Lebenssequenzen" (Schmechtig 1996: 28) dar, bei der das biografisch Gewordene und die im Zuge des Werdens entwickelten Schlüsselkompetenzen die entscheidende Dimension des Bewältigungshandelns darstellen. Im Gegensatz zu Bewältigung zeugt Bildung von einer gelingenden Verknüpfung zwischen individueller Autonomie und sozialer Integration.

In der Publikation von Hanses/Homfeldt (2008) tritt demgegenüber die soziale Konstruiertheit von Lebensaltern in den Vordergrund, die – besonders im ersten Beitrag von Andreas Hanses[2] – dann allerdings als hergestellte Struktur in ihrem gesellschaftlich-historischen Herausforderungscharakter gegenüber dem Subjekt auch auf die individuelle Bearbeitung im Prozess der Biografisierung fokussiert. Die Erkenntnisperspektiven, die hier mit dem biografischen Ansatz verbunden werden, sind aus verschiedenen Theoriekomplexen zusammengetragen und lassen sich aus diesen heraus jeweils als Dualismen skizzieren, die im Prozess der Biografisierung der Lebenszeit bearbeitet werden. Die erste Dualität ergibt sich aus dem Spannungsfeld von Subjekt und Struktur. Sie greift methodisch einerseits auf die von Fritz Schütze begründete Form narrativer Interviews zu, innerhalb dessen die soziale und narrative Konstruktion von Biografie nicht aus der sozialen Struktur abgeleitet, sondern durch den Eigensinn der Akteure gebrochen und moderiert wird. Andererseits ist dieser Eigensinn der Akteure auch nicht individualistisch, vielmehr liegt den Erzählungen das inkorporierte Soziale zugrunde. Die zweite Dualität ergibt sich aus dem Verhältnis von Individuum und Institution/Organisation. Obwohl Institutionen/Organisationen symbolisch für das Apersonale stehen, das dem Individuum vorausgeht und seine Deutungs- und Aneignungsmuster bestimmt, wird ihre Relation zum Individuum nicht hierarchisch gedacht, weil sie erst durch die Aneignungsprozesse der Subjekte zu einem produktiven Nutzen führen (Oelerisch/Scharschuch 2005). Die dritte Dualität liegt zwischen den Polen Erfahrungsaufschichtung und Biografizität. Einerseits basiert Biografie auf der Gesamtheit der sequentiell aufgeschichteten Erfahrungen. Als solche stellen sie ein implizites Wissen von Akteuren dar, das in Giddens Begriff des praktischen Bewusstseins aufgehoben ist. Demgegenüber bedeutet Biografizität, „dass wir unser Leben in den Kontexten, in denen wir es verbringen, immer wieder neu auslegen und dass wir diese Kontexte ihrerseits als ‚bildbar und gestaltbar' erfahren" (Alheit 1995: 360).

Dieser biografische Ansatz wird im Kontext von Foucaults Machttheorie und Giddens Dualität von Struktur und Handlung entwickelt. Kerngedanken dabei sind, dass Macht nicht negativ, sondern als Konstituens des Sozialen betrachtet wird (Foucault) und dass die Verhältnisse von Individuum und Gesellschaft sowie Handlung und Struktur nicht als Gegensätze, sondern als sich wechselseitig rekonstituierend (Giddens 1997) konzeptualisiert werden.

---

2 Andere Beiträge der Einführung in den Zusammenhang von „Lebensalter und Soziale Arbeit" fokussieren auf andere Kategorien der Lebensalter, wie z.B. Körper/Leib, Geschlecht, Institutionen etc.

3 Das Wechselverhältnis zwischen Herstellung und Herausforderung von Lebensalterordnungen

Unausgesprochen umreißen die genannten Publikationen die praxeologische Aufgabe Sozialer Arbeit bzw. der Sozialpädagogik und bilden gewissermaßen den didaktisch-methodischen Ausgangspunkt der Professionalisierung im Rahmen entsprechender Studiengänge. Indem sie die Herausforderungen, die sich aus der Zugehörigkeit zu einer Altersgruppe ergeben, als Voraussetzung (und Professionswissen) definieren und Biografie als Antwort des Subjekts auf diese, werden Spannungsfelder eröffnet von besserer und schlechterer individueller Bearbeitung (Biografisierung). Soziale Arbeit, Sozialpädagogik und auch die Pädagogik der Kindheit siedeln ihre Aufgabe dann als Unterstützung in diesem Spannungsfeld an. Mit dieser Selbstpositionierung werden implizit Settings und Organisationsprinzipien festgelegt, die einerseits Unterstützungs-/Hilfe-/Nutzungs-/Bildungspotentiale bereitstellen und andererseits die mit den Lebensalterordnungen verknüpften (durchaus kontingenten) Herausforderungen normativ festschreiben. Zweifelsohne fügt sich eine so sich selbst positionierende professionelle Praxis in vorhandene Settings sozialer Hilfe und Bildung ein, so etwa in jene der Kinder- und Jugendhilfe (z.B. Hilfeplanung als biografische Perspektive[3]). Auf der Seite der Bildung wären hier etwa Verknüpfungen zu den anvisierten und z.T. entwickelten Formen der Bildungs- und Entwicklungsdokumentationen in der Frühpädagogik möglich, die z. T. in differentielle Bildungslandschaften eingebettet sind (vgl. z.B. das Konzept der Bildungshäuser in Baden-Württemberg).

Der blinde Fleck einer so konstruierten Pädagogik über die Lebensalter besteht allerdings darin, dass der mit Giddens formulierte Anspruch, Struktur und Kommunikation in ihrer Wechselwirkung zu betrachten, Gefahr läuft, gleichsam beim Übergang zur Applied Science auf der Strecke zu bleiben. Als wissenschaftlicher (rationaler) Wissensbezug legitimierte er dann zwar die Praxis. Sofern sich die praktische Erkenntnisperspektive dann allerdings auf die biografische Bearbeitung einer vorgegebenen gesellschaftlichen Herausforderungsstruktur reduziert, reproduziert sie das strukturelle Problem der Pädagogik, gesellschaftliche Chancen und Problemlagen zu individualisieren. Wenn man hingegen mit Giddens den Anspruch, Struktur und Kommunikation in ihrer Wechselbeziehung zu betrachten, als praktische Erkenntnisperspektive ernst nimmt, dann werden die Herausforderungen, welche im Lebensaltersbezug wirksam sind, nicht als Ausgangspunkt (Professionswissen) vorausgesetzt, sondern als mögliche Antwort auf die Frage konzeptualisiert, wie Lebensverhältnisse und

---

3   Vgl. hierzu z.B. Mollenhauer/Uhlendorff (1997).

Lebensweisen mit individuellen Bildungs-/Biografisierungsprozessen zusammenhängen. Aus dieser Perspektive betrachtet wäre der Akteurbezug, wie er implizit im Konstruktionsmodell der Lebensalter bei Hanses/Homfeldt (2008) angelegt ist, auf die Ebene einer Analyse gebracht, die dem professionellen Handeln nicht vorausgeht, sondern sich erst handelnd (und zwar im Rahmen einer institutionalisierten Praxis) vollzieht und zwar auf der Ebene der Begegnung von Akteuren. Sie richtet ihre Aufmerksamkeit nicht auf die individuelle Bearbeitung einer vorgängigen strukturellen Erwartung, sondern auf die Herstellung von Lebensalterordnungen durch die beteiligten Akteure, nicht zuletzt durch Professionelle. Eine solche Analyse will herausfinden, wie Lebensverhältnisse durch den Altersbezug gestaltet bzw. eingeschränkt werden, welche Ordnungen, Machtmittel und Ressourcen dabei in Gebrauch genommen werden und welche irrationalen Normierungen nicht nur die Lebensmöglichkeiten und -chancen von Menschen einschränken, sondern ebenso ihre individuellen Ressourcen als Potentiale sozialer Partizipation ausschließen. Daraus ergeben sich andere Settings und andere Organisationsprinzipien einer Applied Science der Lebensalter als im biografischen Bezug. Für diese Problemstellung möchte ich in Anknüpfung an Siegfried Bernfeld (Bernfeld 2000) den Begriff der Instituetik verwenden.

Eine Instituetik der Lebensalter schafft sich einen Bezug zu den lebensweltlich-sozialräumlichen Kontexten, in denen jene Lebensalterordnungen prozessiert werden, welche sich den Subjekten als Herausforderungen in der Biografisierung ihrer Lebenszeit gegenüber sehen[4]. Sie erarbeitet Strategien, durch welche die Sozio-Logik des Altersbezuges, deren sich Akteure in der Strukturation ihrer Begegnungen mit anderen bedienen, in ihrer Wirksamkeit erst einem bewussten Zugang möglich gemacht wird. Dazu gehört nicht nur die Entdeckung ihrer strukturierenden und normierenden Kraft, die qua Anwendung durch die Akteure immer wieder erneuert wird, sondern die Rekonstruktion ihrer umfasserenden Bedingungen.

4 Routinen als Gegenstand der Analyse des Zusammenhangs von Lebensalterordnung und Biografisierung

Exemplarisch für dieses Vorgehen wird im Folgenden die Altersphase der frühen Kindheit aufgesucht. Welche Herausforderungen stellen sich im Zuge der Institutionalisierung der Kindergartenkindheit und auf welche Aufgaben hin lässt sich die Frage nach dem Besser oder Schlechter der Biografisierung der

---

4   Auf diese Art und Weise muss sie nicht zwangsläufig das pädagogische Besser oder Schlechter vor Augen haben, sondern setzt prinzipiell auf Gestaltbarkeit.

lebensalterspezifischen Aufgaben beziehen. Dass auch bereits im Kindergarten die Zugehörigkeit zu vordefinierten Altersgruppen mit spezifischen normativen Vorstellungen verknüpft und mit spezifischen Aufgaben aufgeladen ist, erweist sich schon in der kindergarteninternen Einteilung der Kinder in ‚Kleine‘, ‚Mittlere‘ und ‚Große‘ (vgl. Jung 2004). Obwohl der deutsche Kindergarten, in Abgrenzung zu anderen europäischen frühpädagogischen Institutionen, die mehr am Schulsystem orientiert sind, keine Einteilung der Kinder in Altersklassen vornimmt, lassen sich Altersunterscheidungen und -gradierungen als Strukturation der Begegnung der Kinder untereinander (a.a.O.) und als Organisationskategorie professioneller Arbeit (a.a.O.) identifizieren. Das Programm für die Großen besteht beispielsweise in der aktiven Vorbereitung auf die Schule und während die Kleinen noch mehr Betreuung und Unterstützung benötigen, geht es bei den Mittleren darum, schon zu lernen, ohne die Erwachsenen zurechtzukommen und sich in der Gruppe der Gleichaltrigen zu bewähren. Das sozialpädagogische Interesse daran, dass und wie diese Herausforderung individuell biografisch bearbeitet wird, erweist sich in den aktuell vielfältig entstehenden Dokumentationsverfahren individueller Lern-, Entwicklungs- bzw. Bildungsprozesse. Sie sollen genau jene ‚Diagnostiken‘ bereitstellen, auf deren Grundlage, die Förderung individueller Lern- und Bildungsprozesse und damit ein ‚Besser‘ der Biografisierung lebensaltersspezifischer Bewältigungsaufgaben ermöglicht/erzielt werden soll. In den Hintergrund tritt dabei allerdings die Frage nach der Herstellung jener Sozialität der Kinder, vor deren Hintergrund die sozialen Kompetenzen der Kinder in den Blick geraten. Auf welche Regeln und Ressourcen greifen die Akteure zu, um jene Kultur der Gleichaltrigen herzustellen, vor deren Hintergrund die Bewältigung der „institutionalisierten Entwicklungsaufgaben der Gleichaltrigen" (Krappmann 1993: 365ff.) zum Beobachtungsgegenstand der Pädagogik wird?

Das Interesse für diese Problemstellung ist der Sozialpädagogik keineswegs fremd und in einem lebensweltlich-sozialräumlichen Ansatz kultiviert worden, dessen Geschichte auf den Lebensweltbegriff Edmund Husserls zurückgeht. Husserl (2007) setzte mit diesem eine Abgrenzung zur wissenschaftlichen – also durch Zweifel gekennzeichneten – Erkenntnis. Die Lebenswelt, so Husserl, sei der selbstverständliche unbefragte Boden jeglichen alltäglichen Handelns und Denkens sowie auch jeden wissenschaftlichen Theoretisierens und Philosophierens. Schütz und Luckmann (Schütz/Luckmann 1979) haben später das Erleben von Lebenswelt als „vorgefunden" und daher „fraglos" und „unproblematisch" charakterisiert (Schütz/Luckmann 1979: 25). Der Begriff der Lebenswelt hat zwei Aspekte, die beide zunächst in eine Sackgasse führten, bevor der Begriff weiterentwickelt wurde. Der eine der beiden genannten Aspekte akzentuiert eine erkenntnistheoretische, im Subjekt angesiedelte Vorstellung von Lebensweltlichkeit (also die Unterscheidungen, die jemand ganz automatisch trifft). Der andere Aspekt akzentuiert ein sozialräumliches Verständnis von Lebenswelt. Unter entankerten, enttraditionalisierten Bedingungen der Moderne kann das Erkenntnissubjekt aber nicht mehr als unzweifelhafte und beständige Letztgewissheit gelten. Das ‚Ich denke, also bin ich' weicht einer Vorstellung vom Subjekt, die es als hybrid, diskontinuierlich und stets in Abhängigkeit zu Subjektkulturen sieht. (Reckwitz 2006). Lebenswelt auf der anderen Seite als vorgängig ortsbezogene oder dann mit Habermas[5] als gruppenmäßige Zugehörigkeit zu denken (Habermas 1981: 226), übersieht die globalisierten, über die unmittelbar situierte Praxis hinausweisenden Voraussetzungen des Sozialen. Unter den Bedingungen der Moderne ist situierte Praxis weniger Voraussetzung als eine Herstellungsleistung der Akteure, ihre Horizonte sind nicht in der Sonderwelt selbst zu suchen. Diese sind vielmehr multireferentiell und multifunktional (Honig/Joos/Schreiber 2004). Gleichwohl spielen aber die Kopräsenz, die unmittelbare sinnliche Wahrnehmung und die körperbezogenen Begegnungen der Akteure für das Empfinden von Seinsgewissheit eine bemerkenswerte Rolle, nicht nur für Kinder. Diese Überlegungen rechtfertigen m. E. die Reformulierung des Lebensweltbegriffes im Begriff der Routinen. Ihnen kommt – mit Giddens (1997) – jene intermediäre Funktion zu, die das Handeln der Akteure mit den hinter dem Rücken wirkenden Strukturen verknüpft. Sie konstituieren in ihrer raum-zeitlichen Ausdehnung einen Fluss erwartbarer Geschehnisse. Diese müssen keineswegs fraglos und unproblematisch erlebt werden, aber sie stiften dennoch ontologische Sicherheit und Seinsgewissheit. Ein solcher Praktik- bzw. Routinebegriff verknüpft die Sozialintegration von Subjekten auf der Ebene von Kopräsenz mit einer Systemintegration von Subjekten auf der Ebene überzeitlicher und überörtlicher Systeme (Netzwerke; vgl. hierzu auch Bourdieus Begriff des sozialen Raumes (Bourdieu 1985)). Routinen zu ethnografieren heißt daher nicht lediglich zu beschreiben, was an einem gegebenen Ort geschieht, sondern vielmehr die globalen Bedingungen und Herausforderungen in der Lebensweltlichkeit der alltäglichen, verselbstverständlichten Praktiken zu studieren. Wie konkretisiert sich nun der Zusammenhang von globaler Erwartungsstruktur und situierter Bewältigung, wenn man sich auf Kindertageseinrichtungen bezieht? Mit welchen Praktiken und Routinen korrespondieren die strukturellen Herausforderungen der Kindheit in Tageseinrichtungen für Kinder?

---

5 Die Habermas'sche Lebensweltkonzeption bindet die sozialwissenschaftliche Lebensweltforschung an „die Binnenperspektive von Angehörigen sozialer Gruppen und verpflichtet dazu, das eigene Verständnis an das Verständnis der Teilnehmer anzuschließen" (Habermas 1981: 226).

Kindergartenkindheit in ihrer Herausforderungsstruktur an Kinder zu analysieren heißt, nicht lediglich Kinder in Kindertageseinrichtungen aufzusuchen und zu beschreiben, was sie tun, es heißt vielmehr die alltäglichen Routinen als kontingente Formen einer zwischen Staat, Markt und Familien vergesellschafteten Kindheit in den Blick zu nehmen. Diese kontextieren das Kinderleben, stellen ihm Aufgaben und vermitteln Erfahrungen. In der Institutionalisierung der Kindheit ist der generationale Bezug zwischen Älteren und Jüngeren vergesellschaftet. Seine pädagogische Organisation überführt die primäre Reziprozität zwischen Eltern und Kindern in Formen beidseitig regulierter Praktiken, die die Begegnungen zwischen Kindern und Erwachsenen komplementarisieren und die Begegnungen unter Peers aus pädagogischen Gesichtspunkten heraus institutionalisiert. Die sozialen Beziehungen der Gleichaltrigen sind daher nicht lediglich eine autonome Kultur (Corsaro 1992; Krappmann 1993, 1998), sondern institutionalisiertes Arrangement von Generationenverhältnissen. Sie verweisen auf einen Sinn, der nicht zwangsläufig von den Kindern selbst in Anspruch genommen wird. Daher hat ein kulturanalytischer Zugang auch die rahmenden Interaktionen der Erwachsenen bzw. der Erwachsenen mit den Kindern in den Blick zu nehmen, die ihrerseits auf den Sinn verweisen, der Art und Einsatz von Ressourcen für die pädagogischen Arrangements legitimiert. Wie sind dieser Sinn und diese Ressourcen mit dem Sinn und den Ressourcen verflochten, die den Praktiken der Kinder innewohnen? Giddens definiert soziale Routinen gerade in der Verschmelzung von Sinn, Regeln, Ressourcen und Legitimation (Giddens 1997: 84). Er unterscheidet drei institutionelle Ordnungen, die als Strukturmomente sozialer Interaktion eine zentrale Rolle in der Systemreproduktion spielen. Das sind symbolische/diskursive Ordnungen, politische und ökonomische Institutionen und rechtliche Institutionen, die jeweils in Praktiken aktualisiert werden. Diese Strukturprinzipien stellen in der Interaktion Strukturmomente dar, auf die Akteure in der Strukturation ihrer Begegnungen mit anderen zugreifen und damit (eigentlich nicht vorhandene) Strukturen in situierte Praxis überführen.

Suchen wir vor der Analyse dieses Zusammenhanges in einer ausgewählten Szene im Kindergarten also zunächst den Ort des Geschehens auf, um ihn auf seinen pädagogischen Sinn und den ihm inhärenten kulturell definierten Begriff des Lernens hin zu befragen: den Rollenspielbereich. Als Standardelement des deutschen Kindergartens ist er nicht nur ein Areal, in dem sich Kinder aufhalten und spielen, vielmehr ist er eine Ikone der deutschen Kindergartenpädagogik, die die Idee der Bildung als einen vom Subjekt ausgehenden selbsttätigen Prozess der Auseinandersetzung mit der Umwelt schlechthin verkörpert. Die Rollenspielecke ist Teil der Transformation dieser Idee in alltagsorganisatorische Konzepte – nämlich diejenigen des Offenen Kindergartens und des Situationsansatzes. In ihnen ist der Wertbezug des autonomen und selbstständigen Lernens, der Kinder als Akteure ihrer Entwicklung sieht, in die offene Gestaltung von Tageseinrichtungen für Kinder überführt. Raum, Material und Strukturierungen vonseiten der Erzieherinnen sollen den Bildungsprozessen der Kinder Raum lassen, so wie es die sog. fünf Freiheiten für das Freispiel vorsehen. Kinder sollen wählen können, mit wem, wo, womit, wie lange und was sie spielen. In diese Gestaltung des Kindergartens gehen legitimierend auch theoretische Kontexte ein, welche die Bedeutung der Beziehungen unter Gleichaltrigen unterstreichen und dies aus vielfältigen theoretischen Perspektiven (z.b. entwicklungs- und sozialisationstheoretischen, psychoanalytischen, ko-konstruktiven etc.) untermauern. Dem entspricht, dass der Rollenspielbereich als didaktisches Element dem Sozialen Lernen gewidmet ist. Selbsttätigkeit im Lernprozess und Eigenständigkeit gegenüber den Erwachsenen sind daher zentrale Wertbezüge, die symbolisch an Orte wie die Rollenspielecke gebunden sind und die durch Alltagsregeln über deren Nutzung geschützt werden sollen. Den pädagogischen Professionellen kommt die Rolle von Vorbereitern entsprechend bildungsanregender Räume zu sowie die von Beobachtern, die das Geschehen im Hinblick auf die anvisierten Ziele bewerten und den Interaktionen der Kinder jene Themen und Bildungsinteressen entnehmen, die Anlässe und Fragestellungen zur Organisation von Projekten stiften. Insgesamt betrachtet stellt diese Bildungsidee und die mit ihr verknüpften Organisationsprinzipien des Kindergartenalltags keinen Gegensatz zu den aktuellen neuen Bildungsideen dar, sondern bilden gewissermaßen den laufenden, selbstverständlich gewordenen Hintergrund für neue spezifische Angebote. Zu ihnen gehören auch jene Bildungs- bzw. Entwicklungsbeobachtungen und -dokumentationen, die der Individualität des Lernens Rechnung tragen und die den pädagogischen Professionellen, hier den Erzieherinnen, eine zentrale Rolle bei der Begleitung und Förderung von Biografisierungsprozessen zuschreiben. Die Idee, Bildung vom Subjekt aus zu denken, wird in diesen Beobachtungs- und Dokumentationspraktiken der Bildungsprozesse der Kinder noch stringenter zu Ende verfolgt. War sie bis vor wenigen Jahren eher ein anthropologisches Hintergrundwissen, das Konzepte legitimierte, so soll die Steigerung von Bildung durch gezielte Unterstützung nun linear an die nachhaltige Dokumentation dergleichen anknüpfen. Wie lässt sich eine solche professionelle Förderung von Biografisierungsprozessen denken, wenn man sie exemplarisch auf die sozialen (Schlüssel)Kompetenzen bezieht, die an Orten wie der Rollenspielecke beobachtet und zugleich gefördert werden sollen.

Nähern wir uns mit dieser Frage einer kleinen Vignette des Materials, das im Rahmen des ethnografischen Teilprojektes der Trierer Kindergartenstudie (vgl. Honig/Joos/Schreiber 2004; Jung 2005; Jung 2009 i.E.) entstand. Die Ethnografin hatte als überwiegend passiv teilnehmende Beobachterin in einer Rollenspielecke des Kindergartens S über einige Beobachtungstage hinweg eine gleichsam in den Ort eingeschriebene Aufforderung ernst genommen und das Geschehen von einem dort aufgestellten Erwachsenenrequisit – einem Schaukelstuhl – beobachtet. Vergleichbare Arrangements finden sich auch als Anregung für die Raumgestaltung von Kindergärten (vgl. Beek/Buck/Rufenach 2001). Sie kultivieren die Idee, Erwachsenen, insbesondere den Erzieherinnen eine Gelegenheitsstruktur herzustellen, das Geschehen, in dem sie sonst Manager, Organisatoren, Schlichter, Vermittler, Moderatoren sind, zwischendurch aus einer gleichsam absichtslosen Perspektive zu beobachten. Über den ethnografischen Forschungszeitraum von eineinhalb Jahren wurde nicht festgestellt, dass sich eine Erzieherin tatsächlich dort niedergelassen hat, um entsprechende Beobachtungen anzustellen. Dahingegen war die Implementierung einer Beobachterrolle durch die Ethnografin mit einigen strategischen Manövern verbunden, denn die Kinder versuchten immer wieder, sie in das Geschehen hineinzuziehen, ihre Aufmerksamkeit auf sich zu lenken, sie von ihrem Stuhl herunter zu locken, um ihr eine Rolle im Spiel der Kinder zuzuweisen („Willst du heute mal die Hundemutter spielen?"), ihr spezifische Aufgaben zuzuweisen oder mit ihr gemeinsam Buchstaben und Zahlen in ihr Heft zu schreiben – einer zwischen Kindern und Ethnografin häufig praktizierten Routine. Allein die vertiefte Aufmerksamkeit der Ethnografin für das, was sie im Zuge war, in ihr Forschungstagebuch zu schreiben, ohne dass die Kinder wussten, dass sie das laufende Geschehen protokollierte, war ein geeignetes Mittel, Unsichtbarkeit durch Sichtbarkeit zu erzielen und dafür zu sorgen, dass die Kinder nach und nach ihre Bemühungen als aussichtslos empfanden und ihre Aufmerksamkeit dann wieder den Gleichaltrigen schenkten. Durch diese Methode war es möglich, über längere Zeit den Beobachtungsstandort beizubehalten und gleichsam selbst als eine Art belebtes Requisit des Raumes zu beobachten, wie dieser im Laufe eines Vormittags von verschiedenen ‚Populationen' von Kindern bevölkert, ihren Themen belegt und ihren Aktivitäten in Besitz genommen wurde, um schließlich wieder verlassen zu werden und damit Raum für etwas anderes zu schaffen. Das folgende Protokoll ist nur Teil einer kleinen Serie von Einzelprotokollen, die an einem Vormittag entstanden. Die Protokolle sind mit zwei Vorbemerkungen kommentiert, die sich auf die kontextierende ‚Stimmung' an diesem Morgen beziehen. Es wird explizit darauf hingewiesen, wie unruhig und ‚laut' es an diesem Vormittag in der Gruppe war und dass die Erzieherin, Frau K., die alleine im Dienst war, diesbezüglich immer wieder intervenierte, indem sie Kinder aus den Spielbereichen verwies, in denen sie sich aufhielten, sie zum Abbruch ihrer Spiele und zum Aufräumen aufforderte, ihnen drohte, sie von ihren Freunden zu isolieren und ihnen andere Spiele zum Ausführen gab, als die, die sie sich wünschten. Die überwiegend kleineren und mittleren Kinder, die sich am Maltisch befanden, hatte sie aufgefordert, brav zu sein. Da dies allerdings nicht funktionierte, hatte Frau K. die Kinder aufgefordert, Mandalas zu malen, für deren exakte Fertigstellung sie mit einem Stempel belohnt werden sollten. Diese Anerkennung sollte später im Sitzkreis mit einer Süßigkeit öffentlich gewürdigt werden – aber erst, wenn insgesamt 5 Stempel angesammelt worden seien. Die Kinder waren allerdings frustriert darüber, dass sie den Stempel nicht mehr persönlich von der Erzieherin auf die Hand bekommen sollten. Sie verstanden nicht, dass der Stempel jetzt auf ein ‚Plakat hinter der Eingangstür' auf ein für jedes Kind reserviertes und mit ihrem Symbol gekennzeichnetes Feld eingetragen würde.

Vom Beobachtungsstandpunkt der Ethnografin war der Maltisch nicht einsehbar, da durch einen Vorhang vom übrigen Raum abgetrennt. Sie konnte die Gespräche der Kinder und Interventionen allerdings akustisch mitverfolgen. Zwei Geschehenskategorien wechselten sich dabei ab: Die Phasen des Mandalamalens, die von der Erzieherin immer wieder neu ‚eingeläutet' wurden und die Phasen, in denen die Kinder unter sich waren. Während der Mandala-Malphasen war es hinter dem Vorhang immer sehr still, man hörte ausgedehnte Phasen, in denen die Erzieherin den Kindern die Malstifte spitzte, währenddessen die Kinder im Duktus artiger Kinder, z.T. unterwürfig mit der Erzieherin sprachen, überwiegend Fragen hinsichtlich der vorgesehenen Geschehens an diesem Vormittag stellten (z.B. „Bekommen alle Kinder gleich viele Stifte?", „Wo kommen die Stempel denn jetzt hin?"). Während der Abwesenheit der Erzieherin unterhielten sich die Kinder über alles Mögliche, u.a. über Popgruppen, bei denen sie gerne mitsingen würden, z.B. Madonna („Bah, eine Gruppe mit nur Männern is cool!"), dann begannen sie selbst zu singen („Life is life, da daa, da da daa!"), was von der Erzieherin allerdings mit der Drohung abgebrochen wurde, die Kinder als Gruppe ‚auseinanderzunehmen'. Schließlich provozierten die Kinder die Erzieherin, indem sie laut und skandierend „Meine Oma fährt im Hühnerstall Motorrad" gröhlten.

Ähnlich ‚belebt' war der Rollenspielbereich an diesem Vormittag. In den Vorbemerkungen zu den Protokollen wird darauf hingewiesen, dass unterschiedliche Kindergruppen darin gespielt haben, zuerst die Mädchen und dann die älteren Jungen. Ausdrücklich wird darauf hingewiesen, dass jeweils ein Kind der beiden Gruppen einen besonderen kommunikativen Bezug zur Erzieherin Frau K. hat. Zum Zeitpunkt des Eintritts der Ethnografin herrschte ‚viel Durcheinander'. Stühle, Kissen und Geschirr standen und lagen herum, Frau K. hatte von draußen hereingerufen, dass jetzt aufgeräumt würde und Lena[6], jenes

---

6   Sämtliche Namen sind pseudonymisiert.

Mädchen, das eine besondere Kooperationsbeziehung zu Frau K. unterhielt, hatte deren Aufforderung immer wieder gegenüber den anderen Mädchen, die sich noch in der Spielecke befanden, wiederholt. „So, jetzt wird hier aufgeräumt!", während sie sich allerdings selbst immer wieder vom Aufräumen ablenken ließ. Sie sorgte auch dafür, dass zwischenzeitlich nicht noch andere Kinder hereinströmten, um so das Aufräumen derer, die vorher hier gespielt hatten und den Neubeginn eines anderen Spiels durch andere Kinder zu verhindern. (Sie baut sich vor ihnen auf und sagt *„So, alle die wo jetzt nicht hier gespielt haben, bleiben jetzt mal draußen!"*). Der Ethnografin berichtet sie, dass die Kinder, die hier gespielt haben, sich nicht hatten einigen können, wer welche Rolle spielen darf und deshalb Streit bekommen hätten.

Nachdem die Ethnografin danach für eine kurze Zeit ihre Aufmerksamkeit auf eine andere Sache gelenkt hatte, stellte sie fest, dass sich die Verhältnisse in der Rollenspielecke plötzlich verändert hatten.

> Rollenspielecke: Jetzt ist die Rollenspielecke völlig aufgeräumt und die Mädchen, die hier vorhin waren, sind alle draußen. Zwischenzeitlich ist jedoch Lars hereingekommen und hat die Holzmöbel [Tische und Stühle] rangiert. Er hat sie alle in eine Reihe gestellt. Während ich auf dem Schaukelstuhl sitze und Notizen mache, strömen plötzlich noch einige andere Kinder herein: Olaf, Jonas und Lukas sowie Tugay und Oksana. Lars stellt sich vor sie und sagt: „Ihr habt hier nichts zu suchen! Raus mit euch!" Olaf kommt zu mir herübergelaufen, stützt sich auf meine Knie, sagt halb fragend: „Wir müssen jetzt hier raus, gell?" Ich zeige mich unwissend, achselzuckend, auch fragend. Durch einen Spalt im Vorhang, der die Rollenspielecke vom übrigen Gruppenraum abtrennt, schaut die Erzieherin, Frau K., die eben, nachdem die Kinder hier lärmend hereingeströmt sind, schon angesetzt hatte, zu intervenieren. Sie sieht Lars und die in eine Reihe gerückten Kindermöbel und sagt sich verbessernd: „Ach, das war hier der Lars." Sie sagt es so, als sei das dann nicht so schlimm, wenn Lars das gewesen ist. Dann sagt sie etwas halblaut nur zu ihm, was ich nicht verstehe. Lars scheint sich daraufhin zu korrigieren. Er besteht nicht mehr darauf, dass alle raus müssen, sondern stellt sich vor die Kinder. Direkt vor ihm stehen Olaf, Jonas und Lukas. Weiter hinten stehen Oksana und Tugay. Er tippt die drei Jungen, die direkt vor ihm stehen, an und sagt: „Du, du und du darfst hier spielen." Die anderen Kinder drehen sich daraufhin um und gehen hinaus. [...] Die vier Jungen verteilen sich im Raum. Jeder hantiert mit irgendetwas, was sich anbietet. Olaf nimmt das Telefon, wählt und spricht mit jemandem. Dann kommt er zu mir und schlägt mir vor, mir wieder Buchstaben und Zahlen zu diktieren, die ich in mein Heft schreiben soll. Während dieser Zeit will Tugay mit einem Stuhl in den Raum kommen. Aber Lars schreit ihn an: „Raus!" Tugay geht aber nicht. Da kommt Frau K. und stellt ihn zur Rede. Sie verbietet ihm den Stuhl hereinzubringen und den Raum zu betreten. Tugay geht. Dann ruft Lars ein, was gespielt wird. Er schiebt den Tisch geräuschvoll hin und her. Dann schreit er in den Raum: „So! Alle essen kommen!" Die Jungen strömen herbei und setzen sich an den Tisch, während

Lars noch mal zum Schränkchen eilt, Töpfchen und Tellerchen herausholt und den anderen Kindern zuschreit: „Noch nicht anfangen! Wartet! Noch nicht essen!" Am Tisch beginnt Olaf mit den anderen zu singen. „Wir haben Hunger, Hunger, Hunger, haben Hunger, Hunger, Hunger, haben Durst!" Kurz danach sitzen alle da und essen aus den kleinen Töpfchen und Tellerchen. Von draußen hört man, wie Frau K. mit Tugay schimpft. Gleich darauf steht Lars wieder am kleinen Herd und ruft: „Jetzt ist Kochzeit! Alle herkommen und kochen!" Die Jungen stehen auf und begeben sich sofort zu der Küchenzeile, wo sie sich anschicken zu tun, was Lars ihnen befohlen hat. Als sie damit fertig sind, sitzen sie wieder am Tisch und essen. Sie geben sich grobschlächtig und fangen an, ein Reaktionsspiel zu spielen, bei dem sie wechselseitig Angreifer und Verteidiger sind. Einer muss jeweils seine Hand auf den Tisch legen und darf sie erst dann wegziehen, wenn sein Gegner diese mit seiner geballten Faust zu treffen versucht. Wer nicht schnell genug reagiert, erhält einen kräftigen Faustschlag auf die Hand, ist er aber schneller als sein Gegner, bekommt dieser die Wucht seines Faustschlages selbst zu spüren. „Eh!", schreit Lars Jonas an, „leg noch mal die Hand auf den Tisch!" Lars versucht darauf zu boxen, aber Jonas hat seine Hand schon weggezogen. „Du Alter!", ruft Lars nochmal, steht auf und fällt mit beiden Händen über Jonas her. Nach einem kurzen Gewitter von Hieben und Boxschlägen sitzen aber wieder alle am Tisch und spielen das Spiel weiter. Kurz danach schreit Jonas plötzlich auf. Er beschuldigt Lukas, ihn geschlagen zu haben. Das dürfe man nicht. Jonas beugt sich, beide Arme auf den Tisch gestützt, drohend zu Lukas hinüber. Olaf steht auf und kommt zu mir zum Schaukelstuhl. Er sagt, er würde mit mir viel lieber Zahlen und Buchstaben in mein Heft schreiben [wie wir es schon oft gemeinsam getan haben, die Verf.] als sich an diesem Spiel zu beteiligen. Da ich ihm allerdings zeige, dass ich beschäftigt bin, begibt er sich widerwillig wieder zu den anderen Jungen.

Dann schreit Lars plötzlich ganz laut in den Raum: „Kommt, wir spielen Feuerwehr!" Auf sein Kommando hin strömen die Jungen alle durcheinander und dröhnen „Tatü, tata, tatü, tata, ..." Es ist sehr laut! Frau K. kommt herein. Sie ist aber lange nicht so aufgebracht, wie es die Lage der Situation (z.B. die Lautstärke, die aggressiven Übergriffe der Kinder) und der Vergleich zu anderen Interventionsanlässen an diesem Morgen erwarten lassen. Sie sagt nur zu den Kindern, dass sie übertreiben und sie nicht so laut sein dürften. Erklärend fügt sie hinzu, dass die wirkliche Feuerwehr auch nicht so laut sei und verlässt schon wieder den Raum. Die Viererguppe löst sich dann wieder auf. Lars spielt jetzt mit Jonas. Er gibt ihm genaue Spielanweisungen, dieser auch exakt ausführt. Jonas scheint über diese Zuwendung von Lars sehr froh zu sein.

Betrachtet man das Protokoll vor dem Hintergrund der kontextierenden Beschreibung über das Problem, die Situation zu beherrschen, dann lassen sich die beobachteten Geschehnisse in der Rollenspielecke als Versuche verstehen, die Lage kooperativ in den Griff zu bekommen. Dabei werden in den unterschiedlichen Phasen des Spiels jeweils verschiedenartige Ressourcen benutzt, differenzierte Regeln befolgt, um die spezifische Idee des Ortes zu sanktionieren und geschehen zu lassen, was für diesen Ort vorgesehen ist: Rollenspiel. Interaktionen der Kinder und Interaktionen zwischen Kindern und Erwachsenen lassen sich in den unterschiedlichen Phasen des ‚Spiels' aufeinander beziehen und stabilisieren in der zeitlichen ‚Verschränkung' einzelner Phasen Erfahrungswelten, die m.E. für die Kinder orientierende Funktion haben. Allerdings sind die Akteure in unterschiedlicher Weise daran beteiligt, sie haben nicht alle die gleichen Interessen, noch verfügen sie annähernd über gleiche Ressourcen und Situationskenntnisse, derart, dass sie sie als „implizites Wissen" (Polanyi 1985) zur strategischen Beeinflussung der Geschehnisse einsetzen könnten. Ohne bereits mit näheren Betrachtungen begonnen zu haben lassen sich Manager des Spiels, Spieler und Nicht-Mitspieler unterscheiden. Die Kategorie der Spieler enthält Führer, Mitspieler und Quertreiber. Die Personen können mehreren Kategorien zugeordnet werden. Die anwesende Ethnografin versucht, sich nicht in das Geschehen hineinziehen zu lassen.

Zunächst zur zeitlichen Struktur: Das sog. Spiel hat eine Allokations- und Personalisierungsphase und eine Phase des eigentlichen gemeinsamen Spiels der Kinder. Ein Schluss des Spiels wird nicht explizit protokolliert, obwohl es ihn gibt. Die Schilderungen enden mit der überstandenen Bedrohung des Spiels vonseiten der Erzieherin. Das Fortdauern des Spiels ließe sich als positiver Ausblick interpretieren – eine Art Happy Open End –, da es nicht aufgrund nicht eingehaltener Regeln oder der Überschreitung des zugelassenen Lautstärkelimits abgebrochen werden muss.

Die Allokations- und Personalisierungsphase beinhaltet den Zugang und die Vereinnahmung des spezifischen Areals der Rollenspielecke durch bestimmte Kinder, dabei haben zwei Akteure entscheidende Bedeutung für die Initiierung und den weiteren Verlauf des Spiels. Es sind Lars und Frau K.. Sie sind mehr oder minder Manager der Situation, schon deswegen, weil sie offensichtlich über erhebliche autoritative Macht verfügen. Frau K.s Macht basiert auf ihrer Position als Erzieherin und pädagogische Professionelle, Lars' Macht basiert einerseits auf seiner Anerkanntheit (Beliebtheit) unter den Kindern, andererseits auf der verdeckten Delegation von Sonderrechten und autoritativen Befugnissen durch die Erzieherin. Durch die Kombination von beidem ist er in der Lage, für andere Kinder sowohl Gelegenheitsstrukturen zur Teilhabe an Spielen zu schaffen als auch diese zu verteidigen. Seine besonderen Befugnisse dürfen dabei allerdings nicht willkürlich sein, sie müssen sich im Spielraum des Legitimen bewegen. Die Alltagsregeln mit den an sie geknüpften Rechten und Pflichten dürfen nicht verletzt werden.

Schon der Beginn des Spiels weist auf die Verknüpfung der einen Macht, die der Erzieherin, mit der des Kindes hin. Lars hat es offensichtlich verstanden, in einer Situation den Raum zu betreten, in der der Vorgang des Aufräumens abgeschlossen war. Der Raum stand daher grundsätzlich für andere Kinder zur Disposition, um dort nun andere Spiele durchzuführen. Nicht einmal die Ethnografin hat bemerkt, wie Lars den Raum betrat. Sie beschreibt rückblickend, dass er die Stühle rangiert hat. Ob dieses Rangieren bereits eine Vorbereitung auf ein neues Spiel oder noch ein Aufräumen der vorangegangenen Aktivität und damit gewissermaßen ein zu frühes Eintreten in den Raum war, geht nicht aus dem Protokoll hervor. Für die Situation bleibt dies irrelevant, denn wo kein Kläger ist, können auch keine anderweitigen Ansprüche eingefordert werden. Für den weiteren Verlauf des Geschehens bedeutet dies aber, dass Lars damit, dass er als Erster den Raum betreten hat, Sonderrechte im Hinblick auf die weitere ‚Personalisierung' des Spielareals hat. Die Alltagsregel lautet, dass Kinder, die bereits einen Raum eingenommen haben und dort spielen, von Kindern, die hinzukommen wollen, gefragt werden müssen, ob sie mitspielen dürfen. Grundsätzlich dürfen die bereits Anwesenden, um das begonnene Spiel zu schützen, die Anfragenden zurückweisen. Dies gilt allerdings nicht explizit für einzelne Kinder, vielmehr ist dabei an kleinere Gruppen zwischen drei und fünf Kindern gedacht. Daher ist es eher kritisch zu sehen, dass Lars anfänglich alle Kinder, die zu ihm in den Rollenspielbereich wollen, derart brüsk zurückweist. Bemerkenswert ist dann aber, wie widerspruchslos die zurückgewiesenen Kinder dies entgegennehmen. Lediglich Olaf versucht sein Verhältnis zur Ethnografin für eine vergewissernde und verdeckt problematisierende Rückfrage zu nutzen („Gell, wir müssen jetzt hier raus?"), die aber aufgrund der Neutralitätsbekundung ihrerseits erfolglos bleibt.

Dass offensichtlich auch für die Erzieherin der Alleinanspruch Lars' auf den Rollenspielbereich nicht tragbar ist, lässt ihre Intervention gegenüber Lars vermuten. Allem Anschein nach hat sie ihn unter Ausschluss der Öffentlichkeit angeregt, sein Verhalten zu ändern, denn nach ihrer halblauten, für andere unverständlichen Mitteilung korrigiert er sich. Allerdings ist die Auswahl der Spielpartner, die Lars dann vornimmt, ebenso brüsk, wie ihre vorherige völlige Ablehnung. Sie erweist sich jedoch als überaus erfolgreich, denn nicht nur, dass die zugeteilten Rollen als Mitspieler und Draußenbleiber von den Kindern tatsächlich sofort realisiert werden, die Rollenspieler also beginnen, mit etwas zu hantieren, was sich im Rollenspielraum befindet, und Tugay und Oksana sich unmittelbar hinaus begeben. Lars' Verfügungsgewalt wird dadurch gestärkt, dass er von Frau K. im Augenblick seiner Bedrohung durch Tugays erneuten Versuch, sich mit einem Stuhl Zugang zum Raum zu verschaffen, unterstützt wird. Sie stellt den Jungen zur Rede und verweist ihn des Ortes. Damit stärkt sie auch Lars' autoritative Macht über die anderen Kinder, sodass das eigentliche Spiel nun beginnen kann.

Struktur- und systemtheoretisch betrachtet greifen hier Regelkenntnisse[7] im Sinne von „implizitem Wissen" (Polanyi 1985) über Legitimationsstrukturen (Lars) sowie deren Anwendung und autoritative Macht der Erzieherin derart ineinander, dass damit nachhaltig Verhältnisse geschaffen werden, unter denen im Rollenspielbereich geschehen kann, was geschehen soll: Rollenspiel. Diese Verknüpfung organisiert die Kopräsenz der Kinder, indem sie gesellschaftliche Wertbezüge (als spezifische legitim-rationale Bildungs- und Entwicklungsbegriffe) in der Form von Routinen am spezifischen Ort „Rollenspielbereich" lokalisiert. In dieser Regionalisierung (Giddens 1997; Werlen 2007) werden aber noch andere Ressourcen in Gebrauch genommen, die sich in spezifischen Aspekten der Personenauswahl und der Raumgestaltung nachweisen lassen. Dazu gehören die Schemata der Alters- und Geschlechtszugehörigkeit sowie die der ethnischen Zughörigkeit. Bemerkenswerterweise werden nämlich genau jene institutionalisierten Ordnungen herangezogen, die auch ansonsten die alltäglichen Erfahrungswelten im Kindergarten stabilisieren (Jung 2009 i.E.): Alters-, Geschlechter- und ethnische Ordnungen. Zwar lässt sich Lars' Auswahl der Mitspieler situativ betrachtet eher als zufällig interpretieren, schließlich wählt er diejenigen aus, die direkt vor ihm stehen, was die Logik der Auswahl eher als Anwendung des Prinzips „Wer-zuerst-kommt-mahlt-zuerst" erscheinen lässt. Ob allerdings die anderen Jungen nicht einfach früher da waren, weil sie über besseres Situationswissen verfügten als Tugay und Oksana, lässt sich aus dem Material nicht rekonstruieren. Der spätere Verlauf des Spiels weist darauf hin, dass den gewählten Jungen der Ablauf der Routinen sehr vertraut sein muss, wohingegen damit zu rechnen ist, dass den beiden Migrantenkindern Tugay und Oksana die Regeln für die Belegung der Spielbereiche gar nicht zwangsläufig bekannt sind.[8] Aber auch dann, wenn Lars ganz gezielt nur die deutschen Jungen seines Alters ausgewählt hätte, wäre diese Wahl vor dem Hintergrund der gewährten fünf Freiheiten des Freispiels völlig legitim, denn ihrer Funktion nach sind diese sowohl Schemata der Regulation von Inklusion als auch von Exklusion.

---

7   Unter Regelkenntnissen verstehe ich Regeln im Sinne von Wittgensteins Regelbegriff. „To know a rule is to know how to go on" (Lamla 2003).
8   Die beiden Kinder waren sehr häufig gemeinsam anzutreffen, welche Sprache sie miteinander sprachen bzw. ob sie überhaupt eine ‚richtige' Sprache miteinander sprachen war ethnografisch nicht ermittelt worden. Der Name Oksana weist auf eine russische Herkunft des Mädchens hin, wohingegen Tugay ein türkischer Name ist. Generell kam es in dem Kindergarten vor, dass Regeln und Ereignisse, die orientierende Funktion hatten, den Migrantenkindern nicht bekannt waren. Dazu gehörten z.B. auch, dass Kinder, die an den Angeboten zur Vorbereitung auf den anstehenden Schulbesuch hätten teilnehmen sollen, gar nicht wussten, dass es diese gibt.

Kommen wir nun zum Verlauf des eigentlichen Spiels und zur Analyse der in ihm aktualisierten institutionellen Ordnungen. Formal betrachtet besteht das Spiel aus einer Aneinanderreihung von einzelnen hintereinander ablaufenden Spielroutinen: dem (1) Essen, dem (2) Kochen, dem (3) Reaktionsspiel und schließlich dem (4) Feuerwehrspiel. Nach der Intervention der Erzieherin löst sich das gemeinsame Spiel scheinbar auf zu sog. Parallelspielen bzw. zu paarweisem Spielen der vier Jungen. Dies ist allerdings nicht mehr eingehend protokolliert. Alle einzelnen Spiele fügen sich inhaltlich in die symbolisch markierte Kontextstruktur des Ortes. Kochen und Essen sind ja schon durch die Darbietung der Spielmaterialien, Töpfchen, Teller, Bestecke etc. quasi als Spielanregungen vorgegeben. Das Reaktionsspiel lässt sich, da es ja am Tisch gespielt wird, sicherlich im weiteren Sinn als geselliges Beisammensein interpretieren. Auch das sog. Feuerwehrspiel ist ein Rollenspiel, wenngleich es vom der Grad der Lautstärke und auch der Bewegtheit des Spieles (Herumrennen mit ausladenden Armbewegungen) abhängt, ob es seinen angemessenen Ort tatsächlich in der Rollenspielecke hat oder doch eher in der Bewegungsbaustelle bzw. Turnhalle.

Signifizieren die Spiele inhaltlich, dass es sich bei den Aktivitäten der Jungen um das handelt, was an diesem Ort der Idee nach angesiedelt ist, so kreist das gemeinsame Spielen der Jungen um das übergreifende Thema der ‚Unterwerfung'. Genau genommen handelt es sich bei den Teilspielen gar nicht um Spiele, vielmehr sind es automatisierte Verhaltensschemata, die keinen Spielraum lassen für persönliche Interpretationen der eigenen Rolle und die auf einen Befehl hin ebenso schnell in Gang gesetzt wie abgebrochen werden können. Unterstrichen wird die machtvolle Struktur dieses Exerzierens durch die abrupten Ortswechsel, die mit jedem Kommando verbunden sind: von den noch nicht bestimmten parallelen Spielhandlungen (dem Hantieren mit etwas, was sich im Rollenspielbereich befindet) vor dem Spiel hin zur Platzierung der Jungen am Tisch (Essen!), dann zur Arbeitsplatte (Kochen!), dann wieder zurück zum Tisch (Reaktionsspiel) und schließlich zum Herumlaufen beim ‚Feuerwehrspiel'. Allerdings muss hier eingeräumt werden, dass es innerhalb dieses Ablaufs in gewissem Umfang zu Unregelmäßigkeiten (Intermezzi) kommt, die durch Variation und die Möglichkeit der Abweichung vom Vorgegebenen, das eigentliche Thema unterstreichen. Diese Abweichung vollzieht sich im Reaktionsspiel der Jungen am Tisch und ihrer anschließenden partiellen Delokalisierung vom Tisch in den Raum, die nicht auf einen Befehl zurückgeht. Zwar ist das Reaktionsspiel nicht weniger brachial und auch hier geht es um expressive Unterwerfungen des jeweils anderen, allerdings ist hier nicht von vornherein festgelegt, wer wen unterwirft. Die Rollen sind vielmehr an Geschicklichkeit und Reaktionsschnelle, aber auch an verbale Unterwerfungsstrategien („He

Alter, leg noch mal hin!") gebunden, sodass hier jeder Teilnehmer prinzipiell die Möglichkeit hat, selbst einmal der Unterwerfer sein zu können. Droht Lars an dieser Stelle nicht ein Machtverlust? Auch dadurch, dass er hier als Mitspieler des Spiels seine Funktion als Kommandant für einen kurzen Zeitraum hin aufgibt? – Diese Gefahr ist zumindest dadurch begrenzt, dass sich die Möglichkeit, selbst einmal der Unterwerfer zu sein, nur auf die Zweierkonstellationen bezieht und nicht auf die Gesamtgruppe. Allerdings ist dann zu beobachten, dass sich die ‚Kampfhandlungen' der Jungen partiell dekontextualisieren. Es scheint insofern Ausschreitungen zu geben, als die Jungen kurzzeitig von ihren Plätzen am Tisch aufstehen und im Raum ihre Kräfte messen, ohne sich noch an die Regeln des begonnenen Reaktionsspiels zu halten. Ausgerechnet Lars, der seine Überlegenheit im Rahmen des Geschicklichkeitsspiels nicht unter Beweis stellen kann, greift zu unredlichen Mitteln, indem er mit beiden Händen über seinen Spielpartner herfällt. Dieser beklagt sich allerdings keineswegs darüber. Es ist sogar denkbar, wenngleich durch das Material nicht nachweisbar, dass das anschließende „kurze Gewitter von Hieben und Boxschlägen", bei dem sich offensichtlich auch die anderen Jungen von ihren Plätzen entfernen und übereinander herfallen, eine mimetische Reproduktion der Überlegenheitsgebärde von Lars gegenüber seinem Mitspieler darstellt. Obwohl die Jungen nach diesem kurzen Intermezzo wieder alle am Tisch sitzen und weiterhin das Reaktionsspiel ‚spielen', scheint die Kontrolle über das Geschehen verloren gegangen zu sein, denn es kommt zu einem ‚Notruf', der über die lokalen ‚Gesetze' hinausgehend Sanktionen beschwört, die nicht von den Kindern selbst durchgeführt werden können. Jonas schreit auf und beklagt sich laut darüber, dass eine Kindergartenregel gebrochen wurde. Man dürfe andere Kinder nicht schlagen. Offensichtlich fühlt er sich nun tatsächlich bedroht und kann die Übergriffe seines Gegners Lukas nicht mehr als Spiel kontextualisieren. Deshalb muss sein Aufschreien auch als Hilferuf nach außen aufgefasst werden. Wenngleich er zur Selbsthilfe greift und seinen Partner/Gegner durch seine expressiven Gebärden zu bezwingen versucht, stellt sein lauter Hilferuf nun eine prinzipielle Bedrohung der ‚autonomen' Praxis der Kinder dar. Zu diesem Zeitpunkt wird es wahrscheinlich, dass der geschlossene Vorhang des Rollenspielbereichs von der Erzieherin geöffnet wird und sie mit einem der von ihr häufig in Gebrauch genommenen Sanktionsformate reagiert. Ihre Sanktionspalette ist breit. Sie kann das Spiel abbrechen und die Kinder zum Aufräumen auffordern, sie kann die Kinder auseinandernehmen, ihnen andere Beschäftigungen zuweisen und sie kann einzelne Kinder völlig isolieren, sei es im Büro der Leiterin, sei es durch einen Verweis auf den Schweigestuhl, auf dem besonders aggressive Ausschreitungen in der Gruppenöffentlichkeit angeprangert werden. Wenn sie eingreift, wird es eine Gruppensanktion, da sie letztendlich nicht rekonstruieren kann, was geschehen ist. Über dieses mehr oder weniger bewusste, daher implizite Situationswissen verfügen die Jungen im Rollenspielbereich auch. Daher ist es gar nicht so bemerkenswert, dass ausgerechnet im Moment dieser akuten Bedrohung von außen Lars wieder die Kontrolle für das Geschehen übernimmt. Indem er ‚plötzlich' das Exerzieren einer anderen Spielroutine ‚einschreit' und die Jungen seinem Befehl folgen, wird das im Intermezzo ‚Reaktionsspiel' reziprok prozessierte Thema der Unterwerfung wieder in die Form einer eindeutigen Führerschaft überführt: Unmittelbar auf Lars Kommando hin bringen die Jungen ihre Kräfte zur Realisierung der angeordneten Spielroutine zum Einsatz. Sie strömen durcheinander und sirenen das ‚Tatü, tata, ...' des Feuerwehrautos in den Raum. Als Nebeneffekt dieses Spiels entsteht für sie nun aber das Problem der überschrittenen Lautstärke. Es ist nun nicht nur laut, sondern ‚sehr laut'. Der Eingriff der Erzieherin ist damit mehr als nahe liegend.

Tatsächlich betritt sie auch den Raum. Aber wie auch zu Beginn des Spiels ist ihre Haltung ausgesprochen kooperativ. Ihre Intervention ist eher eine Art Erinnern an die Alltagsregel und die Form ihrer Erklärung. Dass die Feuerwehrautos in Wirklichkeit auch nicht so laut seien, kann nicht wirklich die Funktion einer Erklärung haben, denn erstens sind Feuerwehrautos in Wirklichkeit noch viel lauter und zweitens wissen die Kinder das auch. In ihrer den Kindern zugewendeten Art realisiert sie vielmehr ein Muster empathischer Zuwendung, das ihre Präsenz und ihre Intervention als Begleitung von Bildungsprozessen ausweist. Indem sie die vorausgehende Situation so erscheinen lässt, als sei der Lärm in der Rollenspielecke lediglich auf ein Wissensdefizit der Kinder zurückzuführen, verharmlost sie Ereignisse, die sie im Vergleich zu anderen Interventionsanlässen drastischer ahnden müsste. Ob auch die Kinder dies als ausgesprochen kooperativ erleben, kann im ethnografischen Material generell nicht nachgewiesen werden. Sie reagieren jedenfalls auf Frau K.s Einsatz überaus willig und sind bereit, sich ihren Erwartungen anzupassen, indem sie von sich aus das Feuerwehrspiel beenden und sich als Gruppe auflösen. Danach beginnen wieder Parallelspiele, d.h. die Kinder spielen entweder paarweise oder alleine im Rollenspielbereich. Beendet ist aber nicht nur das ‚Feuerwehrspiel', sondern das Spiel der Jungen als Ganzes, in welchem das Feuerwehrspiel gemeinsam mit dem des Essens, des Kochens und des wechselseitigen Kräftemessens nur Elemente waren und als solche einer einheitlichen thematischen Struktur folgten: der Unterwerfung. Das Ende dieses Spiels ist ein unspektakulärer formaler Übergang in die nicht mehr gemeinsam organisierte Spielform von Parallelspielen. Diese bleiben allerdings insofern ein Open End als die thematische Struktur in dem anschließenden Spiel zwischen Lars und Jonas wieder aufgegriffen wird. Lars gibt Jonas genaue Spielanweisungen, die dieser offensichtlich mit Interesse ausführt. Die Aufzeichnungen enden mit einer an den ‚Dingen' nicht ablesbaren

Vermutung, dass Jonas ‚froh' über die Zuwendung von Lars ist. Ohne dass dies im Protokoll gesagt wird, lassen die Beschreibungen auf die herausragende Anerkennung von Lars in der Gruppe der gleichaltrigen Jungen schließen.

5 Bilanz: Die paradoxe Verknüpfung von Wissen und Routinen als Organisationsprinzip der ‚Erziehungswirklichkeit'?

Rekonstruiert man nun noch einmal rückblickend die formale Struktur der protokollierten Episode, dann lassen sich die eingangs benannten drei Phasen genauer beschreiben. Diese Unterscheidung temporaler Geschehenskategorien ist insofern wichtig, als dass durch sie erklärt werden kann, wie eine weit über den Kindergarten hinausreichende ‚globale' Herausforderung, nämlich eine Bildungsidee zu verwirklichen[9], ‚regionalisiert', das heißt in situiertes Geschehen überführt wird. Die erste Phase ist die eines noch nicht zentrierten Geschehens, das sich insofern als Vorbereitungsphase charakterisieren lässt, als sich Akteure zusammenfinden, die im Sinn der strategischen Nutzung von Regeln und impliziten Situationskenntnissen, der Rekrutierung von Ressourcen (Raum und Material) und der Bündelung ihrer autoritativen Möglichkeiten ein spezifisches Geschehen zu sanktionieren vermögen, das als gemeinsames Spiel bezeichnet wird. In dieser Phase kooperieren die Kinder, insbesondere Lars als Führungsfigur und die Erzieherin im Hinblick auf die Herstellung des gemeinsamen Spiels. Die zweite Phase ist die des gemeinsamen Spiels. In ihr sind mehrere unterschiedliche Spielroutinen Elemente eines übergreifenden Spielthemas. Die Kommunikation ist auf dieses Thema zentriert, die Kinder bleiben unter sich. Diese Phase endet in einer kooperativen Verständigung zwischen den Kindern und der Erzieherin, in der das Geschehen wieder für dezentrierte Situationen geöffnet wird.

Die kooperative Verständigung zwischen einem zentralen Akteur unter den Kindern mit der Erzieherin zu Beginn und am Ende des Spiels stellen eine Klammer dar, die das gemeinsame Spiel der Kinder als etwas für sich Abgeschlossenes, als eine Art eigenständige ‚Leistung' der Gleichaltrigen erscheinen lassen. Vor allem dieser Einklammerung, d.h. dem stattfindenden sog. gemeinsamen Spiel, wird pädagogische Bedeutung zugesprochen, wohingegen den rahmenden Interaktionen zwischen Kindern und Erwachsenen eher organisatorische Bedeutung zugesprochen wird. Die Erzieherinnen würden in diesem Zusammenhang davon sprechen, dass sie durch ihre Interventionen die Voraussetzungen herstellen, unter denen es überhaupt erst zum bildungs- und entwick-

---

9   Dies ist natürlich nur ein Anspruch.

lungsbedeutsamen Spielen der Kinder kommen kann. Diese Voraussetzungen würden sie ihrer Erklärung nach durch die Kontrolle der Alltagsregeln herstellen. Tatsächlich zeigt die Analyse des Protokolls, dass die beteiligte Erzieherin keine Voraussetzungen schafft, sondern bei der Herstellung und internen Stabilisierung des sog. gemeinsamen Spiels mit den Kindern kooperiert. Die Einklammerung der Phase ‚Gemeinsames Spiel' ist daher ebenso eine Ausklammerung der Vorbereitungsphase und der Phase des Open End. Und bemerkenswerterweise bezieht sich die Kooperation der Erzieherin mit den Kindern im Hinblick auf das sog. gemeinsame Spiel nicht auf die tatsächliche Bildungsidee, die das Rollenspielareal als etwas Pädagogisches signifiziert, sondern auf das Problem der Kontrolle über das Geschehen im Kindergarten. Ebenso bemerkenswert ist es, dass die Stabilisierung des eingeklammerten pädagogisch signifizierten Geschehens durch die Mobilisierung nicht-pädagogischer Ordnungen erfolgt. Bereits in der Phase der Allokation und Personalisierung werden gewissermaßen Möglichkeiten ausgeschlossen, durch welche das So-Spielen-Können, wie es die Jungen tun, möglich wird. Die institutionellen Ordnungen, die hier inkludiert werden, sind ethnische Ordnungen, Geschlechter- und Altersordnungen. Diese Art wilder und expressiver Spiele, die thematisch um körperliche Kraft, Stärke, Dominanz, Macht und Unterwerfung kreisen, sind nicht nur für viele Jungen attraktiv, weil sie ein Experimentierfeld unter Gleichaltrigen darstellen und daher Gelegenheiten identitätsstiftender Teilhabe bieten, sondern zugleich ein fast unausweichliches Sozialisiationsfeld (vgl. Fuhr 2004). Die Sozialität der Kinder steht – das sollte mit der Analyse des gemeinsamen Spiels der Jungen gezeigt werden – nicht für sich, die ihren Ordnungen inhärente Macht ist zugleich eine Organisationsmacht des Kindergartens und als solche eine als pädagogisch zu bezeichnende Lösung für ein gesellschaftliches Betreuungsproblem.

Wie lässt sich nun dieser Befund wiederum auf den Zusammenhang von gesellschaftlicher Herausforderungsstruktur und Biografisierungsprozessen beziehen, der ja – programmatisch betrachtet – genau das ist, womit es Pädagogik bzw. Soziale Arbeit zu tun hat? An den Schilderungen dürfte hinlänglich deutlich geworden sein, wie Herstellung und Biografisierung lebensaltersspezifischer Herausforderungen durch die Kinder lediglich unterschiedliche Seiten der gleichen ‚Medaille' sind und wie sich die Möglichkeiten der Kinder mit denen der Erzieherin im Sinne eines gemeinsam zu bewältigenden Problems ‚verbünden', ‚ergänzen' und im Hinblick auf die Herstellung einer verbindlichen Alltagsordnung perspektivische ‚Leistungen' erbringen. Perspektivisch ist das Geschehen jedoch nicht nur im Hinblick auf die Differenz Kinder – Erzieherin(nen), sondern ebenso im Hinblick auf die unterschiedlichen Beteiligungsarten der Kinder am Geschehen, denn als Manager, Führer, Mitspieler, Quertreiber sind sie keineswegs pares enter pares, sondern eher das, was man mit Norbert Elias (1987: 39-48) als Figurationen bezeichnen könnte. Die Ordnung des Geschehens schließt diese Figuration als Potential ihrer Herstellung ein. Dieser Befund steht ganz offensichtlich quer zu dem pädagogischen Sinn, der das Programm der Gestaltung frühpädagogischer Organisationen legitimiert. Dieser referiert auf Theorien, welche die Bedeutung der Peer-Beziehung für die Entwicklungs- und Bildungsprozesse der Kinder darin entdeckt, dass Kinder in den reziproken Beziehungen der Gleichaltrigen jene individuelle Entwicklung durchlaufen, die ihnen Perspektivenwechsel abverlangt, den Sinn für Fairness, Gerechtigkeit und Moral ebenso wie das Erlernen wechselseitiger Anerkennung, vor dessen Hintergrund sie erst dauerhafte, verlässliche Freundschaften entwickeln (vgl. Krappmann 1993: 369; vgl. auch Kegan 1986; Keller 1986). Diese Perspektive steht in der Tradition eines sozialmoralischen Entwicklungsmodells Kohlbergs.

Diese Erkenntnis wirft auch ein Licht darauf, wie prekär die Herausforderungsstruktur an professionelle Praxis ist, wenn mit den neuen Praktiken der Lern- bzw. Entwicklungsdokumentation neben die Aufgabe, das Geschehen zu kontrollieren und für verbindliche Alltagsordnungen zu sorgen, zugleich individuelle Kinder in den Blick geraten. Prekär ist sie daher, weil die Erzieherinnen als Begleiterinnen und Unterstützerinnen von Biografisierungsprozessen individueller Kinder selbst in die Herstellung jener ‚Lebensalterordnungen' verstrickt sind, die den Kindern als Herausforderungsstruktur entgegentreten. Auf der Ebene der Förderung individueller sozialer Kompetenzen erscheinen dann gerade jene Verhaltensweisen von Kindern als ‚defizitär' bzw. ‚noch nicht so entwickelt', auf deren Grundlage Formen alltäglicher Kooperation zwischen Kindern und Erzieherinnen basieren. Und umgekehrt ist nicht von der Hand zu weisen, dass gerade die Förderung sozialer (Schlüssel)Kompetenzen die Tendenz hat, mühsam hergestellte alltägliche Ordnungen zu destabilisieren. Diese Ergebnisse ließen sich in der sozialpädagogischen Theoriebildung in Richtung einer These verdichten, derzufolge die paradoxe Verknüpfung von Wissen und Routinen ein Organisationsprinzip der ‚Erziehungswirklichkeit' ist.

Literatur

Alheit, Peter (1994): Was die Erwachsenenbildung von der Biografie- und Lebenslaufforschung lernen kann. In: Lenz, Werner (Hrsg.): Modernisierung der Erwachsenenbildung. Wien/Köln/Weimar: Böhlau

Beck, Ulrich (1986): Risikogesellschaft. Auf dem Weg in eine andere Moderne. Frankfurt am Main: Suhrkamp Verlag

Beek, Angelika v. der/Buck, Matthias/Rufenach, Annelie (2001): Kinderräume bilden: Ein Ideenhandbuch für die Raumgestaltung in Kitas. Neuwied/Kriftel/Berlin: Luchterhand Verlag

Bernfeld, Siegfried (2000): Sisyphos oder die Grenzen der Erziehung. Frankfurt am Main: Suhrkamp Verlag

Böhnisch, Lothar (2008): Sozialpädagogik der Lebensalter. Eine Einführung. Weinheim/München: Juventa Verlag

Bourdieu, Pierre (1985): Sozialer Raum und ‚Klassen'. In: Ders.: Sozialer Raum und ‚Klassen'. Leçon sur la leçon. Zwei Vorlesungen. Frankfurt am Main: Suhrkamp Verlag, 9-46

Corsaro, William A. (1992): Interpretive Reproduction in Children's Peer Cultures. In: Social Psychology Quarterly 55, 160-177

Durkheim, Emil (1897/1973): Der Selbstmord. Neuwied: Luchterhand Verlag

Elias, Norbert (1987): Die Gesellschaft der Individuen. Frankfurt am Main: Suhrkamp Verlag

Foucault, Michel (2005): Analytik der Macht. Frankfurt am Main: Suhrkamp Verlag

Fuhr, Thomas (2004): Was machen die Jungen? Plädoyer für ein neues Hinhören und Hinschauen. In Jugendstile. Zeitschrift der evangelischen Trägergruppe für gesellschaftspolitische Jugendbildung, Heft 4, 9-14

Giddens, Anthony (1997): Die Konstitution der Gesellschaft. Grundzüge einer Theorie der Strukturierung. Frankfurt am Main/New York: Campus Verlag

Goffman, Erving (1980). Rahmenanalyse. Ein Versuch über die Organisation von Alltagserfahrungen. Frankfurt am Main: Suhrkamp Verlag

Goffman, Erving (1982). Das Individuum im öffentlichen Austausch. Mikrostudien zur öffentlichen Ordnung. Frankfurt am Main: Suhrkamp Verlag

Habermas, Jürgen (1981): Theorie des kommunikativen Handelns. Frankfurt am Main: Suhrkamp Verlag

Haan, Norma (1977): Coping and defending. New York: Academic Press

Hanses, Andreas/Homfeldt, Hans Günther (2008): Lebensalter und soziale Arbeit. Bd. 1. Eine Einführung. Baltmannsweiler: Schneider Verlag Hohengehren

Hanses, Andreas (2008): Biografie. In: Hanses, Andreas/Homfeldt, Hans Günther (2008): Lebensalter und soziale Arbeit. Band 1. Eine Einführung. Baltmannsweiler: Schneider Verlag Hohengehren, 6-26

Honig, Michael-Sebastian/Neumann, Sascha (2004): Wie ist „gute Praxis" möglich? Pädagogische Qualität als Gegenstand erziehungswissenschaftlicher Forschung. In: Beckmann, Christof/Otto, Hans-Uwe/Richter, Martina/Schrödter, Mark (Hrsg.): Qualität in der Sozialen Arbeit. Zwischen Nutzerinteresse und Kostenkontrolle. Wiesbaden: VS Verlag für Sozialwissenschaften, 251-282

Husserl, Edmund (2007): Die Krisis der europäischen Wissenschaften und die transzendentale Phänomenologie. Eine Einführung in die phänomenologische Philosophie. Hamburg: Felix Meiner Verlag

Hradil, Stefan (1992): Alte Begriffe und neue Strukturen. Die Milieu-, Subkultur- und Lebensstilforschung der 80er Jahre. In: Hradil, Stefan (Hrsg.): Zwischen Bewusstsein und Sein. Die Vermittlung „objektiver" Lebensbedingungen und „subjektiver" Lebensweisen. Opladen: Leske + Budrich, 15-55

Jung, Petra (2004): Eigenständigkeit – der Beitrag der Kinder zu einem guten Kindergarten, In: Honig, Michael-Sebastian/Joos, Magdalena/Schreiber, Norbert (2004): Was ist ein guter Kindergarten? Theoretische und empirische Analysen zum Qualitätsbegriff in der Pädagogik. Weinheim/München: Juventa Verlag, 119-156

Jung, Petra (2005): Die Ordnung der Eigenständigkeit. Ethnografie pädagogischer Qualität im Kindergarten. In: Neue Praxis 35, 35-46

Kegan, Robert (1986): Die Entwicklung des Selbst. München: Kindt

Keller, Monika (1986): Freundschaft und Moral: Zur Entwicklung der moralischen Sensibilität in Beziehungen. In: Bertram, Hans (Hrsg.): Gesellschaftlicher Zwang und moralische Autonomie. Frankfurt am Main: Suhrkamp Verlag, 195-223

Kohli, Martin (1991): Lebenslauftheoretische Ansätze in der Sozialisationsforschung. In: Hurrelmann, Klaus/Ulich, Dieter: Neues Handbuch der Sozialisationsforschung. Weinheim und Basel: Beltz, 299-317

Krappmann, Lothar (1993): Kinderkultur als institutionalisierte Entwicklungsaufgabe. In: Markefka, Manfred/Nauck, Bernhard (Hrsg.): Handbuch der Kindheitsforschung. Berlin: Luchterhand Verlag, 365-376

Krappmann, Lothar (1998): Sozialisation in der Gruppe der Gleichaltrigen. In: Hurrelmann, Klaus/Ulich, Dieter (Hrsg.): Neues Handbuch der Sozialisationsforschung. Weinheim und Basel: Beltz, 355-375

Lamla, Jörn. (2003): Anthony Giddens. Eine Einführung. Frankfurt am Main/New York: Campus Verlag

Luhmann, Niklas (2000): Organisation und Entscheidung. Opladen/Wiesbaden: Westdeutscher Verlag

Mollenhauer, Klaus/Uhlendorff, Uwe (1997): Sozialpädagogische Diagnosen III. Ein sozialpädagogisch-hermeneutisches Diagnoseverfahren für die Hilfeplanung. Weinheim/München: Juventa Verlag

Oelerich, Gertrud/ Schaarschuch, Andreas (Hrsg.) (2005): Soziale Dienstleistungen aus Nutzersicht. Zum Gebrauchswert sozialer Arbeit. München: Ernst Reinhard Verlag

Oerter, Rolf. (1985): Lebensbewältigung im Jugendalter. Weinheim: Edition Psychologie

Polanyi, Michael (1985): Implizites Wissen. Frankfurt am Main: Suhrkamp Verlag

Reckwitz, Andreas (2006): Das hybride Subjekt. Eine Theorie der Subjektkulturen von der bürgerlichen Moderne bis zur Postmoderne. Weilerswist: Velbrück Verlag

Schefold, Werner (1994): Erziehungshilfen im gesellschaftlichen Kontext. Zur Entgrenzung der Kinder- und Jugendhilfe. In Lenz, Karl/Schefold, Werner/Schröer, Wolfgang: Entgrenzte Lebensbewältigung. Weinheim/München: Juventa Verlag

Schmechtig, Pedro (1996): Die soziale Theorie des Lebenslaufes. Unveröffentlichte Diplomarbeit an der Technischen Universität Dresden, Institut für Sozialpädagogik und Sozialarbeit

Schütz, Alfred/Luckmann, Thomas (1979): Strukturen der Lebenswelt. Frankfurt am Main: Suhrkamp Verlag

Werlen, Benno (2007): Sozialgeographie alltäglicher Regionalisierungen. Band 2: Globalisierung, Region und Regionalisierung. Stuttgart: Franz Steiner Verlag

Kulturen der Bewährung – Vom Bewährungsmythos und dem Mythos der Bewährung

Georg Cleppien

Die Verunsicherung professioneller Sozialpädagogen ist seit Mitte der 1980er ein zentrales Thema disziplinärer Auseinandersetzungen. Zugrunde liegt zumeist die Diagnose ‚neuer' Unübersichtlichkeiten, von Pluralisierungen und dem Risiko ungeplanter Nebenfolgen. Unter professionstheoretischer Perspektive ergeben sich daraus Fraglichkeiten der Struktur und des Nutzens von akademischer Ausbildung für sozialpädagogische Handlungsfelder, bedarf es doch zusätzlich, unter zunehmend ökonomisierten Bedingungen, des Nachweises von Qualität der Qualifizierung. Es gilt demnach zu fragen: „Was zählt im sozialpädagogischen Geschäft?" (Thiersch 2002: 191). Aber: bei genauerer Betrachtung von Antworten auf diese Frage lässt sich feststellen, dass die jeweilige Antwort nur eine Perspektive mit spezifischen Annahmen und Schlussfolgerungen darstellt. Und beim Versuch zu antworten wird ebenso deutlich, dass die Frage auch anders gestellt werden könnte. Was bedeutet hier das „Zählen"? Drückt es eine Wertigkeit oder eine Messbarkeit aus? Welches Geschäft ist gemeint? Ist die Frage nicht zu ökonomisch gestellt?

Im Folgenden werde ich mich auf die Erörterungen von Hans Thiersch beziehen. Dieser sieht das sozialpädagogische Feld durch widersprüchliche Anforderungen bzw. Erwartungen gekennzeichnet, die lähmend auf Sozialpädagogen wirken. Verunsicherung folgt für ihn aus der Desorientierung der Werte, hier Geschäft, dort Profession, hier Ausbildung, dort Passion.[1] Ebenso spannend wie die Widersprüche im sozialpädagogischen Feld ist die daraus folgende Empfehlung von Thiersch. Er rät den professionellen Sozialpädagogen, Soziale Arbeit als Wagnis zu sehen, das Abenteuerliche im Gegebenen zu erkennen und sich darauf einzulassen. Mit anderen Worten: Im sozialpädagogischen Geschäft zählt

---

1 Desorientierung der Werte, an denen sich orientiert wird, stellt nur eine mögliche Form von Des-Orientierung dar. Hans Thiersch (2002) bezieht sich hierbei auf die Berufsidentität, die für ihn in der Widersprüchlichkeit von ökonomischen und professionellen Forderungen entwickelt werden muss. Ich habe an anderer Stelle auf die Problematik der Werte-Desorientierung angesichts nachträglicher Beurteilung von Entscheidungen hingewiesen (vgl. Cleppien 2008). Angesichts von Familienorientierung und einer Orientierung am Kindeswohl lässt sich nicht mehr von einer sozialen Differenzierung, sondern von einer zeitlichen Differenzierung der Wertigkeiten sprechen, die anderer Formen der Bearbeitung bedürfen.

die produktive Wendung lähmender Widersprüchlichkeiten, die mit Hilfe der Einstellung des ‚Abenteurers' erreicht werden kann. Diese Empfehlung gilt es in einem ersten Schritt zu konkretisieren (1), daran anschließend die Einstellung des Abenteurers zu erhellen (2) und zu problematisieren (3). Abschließend wird erneut die Frage aufgenommen, woran es sich angesichts der Verunsicherung zu orientieren gilt. Dabei werde ich darauf hinweisen, dass eine so gestellte Frage bereits einen Horizont möglicher Antworten eröffnet, der durch die Empfehlung von Thiersch geschlossen wird. Es gilt, diese fragende Öffnung als eine Pädagogische auszuweisen (4).

1 Die Spannung widersprüchlicher Berufsidentität

Um die Empfehlung von Hans Thiersch (2002) angesichts widersprüchlicher Anforderungen nachvollziehen zu können, bedarf es zuerst einmal einer Konkretion der Problemstellung. Kommen wir als Ansatzpunkt dafür noch einmal auf die Frage zurück, was im sozialpädagogischen Geschäft zählt, so fällt dabei zunächst einmal auf, dass Thiersch mit dem Hinweis auf die geschäftliche Seite der Sozialpädagogik den Eindruck von einem distanzierten und ökonomisch-verberuflichten Handeln erzeugt. Man kann dies auch so formulieren: Im sozialpädagogischen Geschäft zählt, was zählbar ist. Denn mit Zahlen kann man rechnen, was sich wiederum auszahlt. Die Möglichkeit von Effektivitäts- und Effizienzberechnung beruht auf dieser Berechenbarkeit. Der Spannungsreichtum der Sozialpädagogik resultiert nun daraus, dass die personale Seite im Pädagogischen nicht berechenbar ist. Zu nennende Aspekte dieser unberechenbaren Seite sind ‚natürliches Talent', leidenschaftliches Engagement, Angst, Kämpfe, Glück und Einstellungen. Unter ökonomischen Bedingungen bedarf es aber eines Ausweises dieser „so schwer zu bestimmenden personenbezogenen Momente" (a.a.O.: 192f.) und weiterführend, weil die Kosten für qualifizierte Arbeit ins Visier geraten, auch des Nachweises der Effekte von gelungenen Bildungsprozessen. Bildungsprozesse sind aber gerade aufgrund ihrer nicht-geschäftlichen, unberechenbaren Momente so schwer zu berechnen (vgl. auch Mollenhauer 1986; Cleppien 2007).

Damit ist nun ein Bild der ambivalenten Anforderungen in der Sozialpädagogik skizziert. Alleine der Hinweis auf diese Widersprüchlichkeiten jedoch reicht Thiersch nicht. Es bedarf der Angabe von Bedingungen, unter denen sozialpädagogisches Handeln trotz ‚lähmender' Widersprüchlichkeiten realisierbar ist. Damit ist die Frage beantwortet: das, was im sozialpädagogischen Geschäft zählt, ist realisiertes professionelles Handeln. Denn erst wenn die Widersprüchlichkeiten nicht lähmen, sondern produktiv aufgenommen werden, können sich Effekte von Professionalität überhaupt zeigen. Professionelles Handeln ist, so Thiersch, an den produktiven Umgang mit Widersprüchen gekoppelt und hierfür lassen sich sowohl personale als auch institutionelle Bedingungen angeben, die einen solchen Umgang ermöglichen (vgl. Thiersch 2002: 198ff.). Erstens kann der Professionelle nur produktiv sein, wenn ihm institutionell abgesicherte Freiheiten eingeräumt werden. Diese Freiheiten gilt es aber auch zu nutzen und zu gestalten, wozu der Sozialpädagoge zweitens Fähigkeiten benötigt, in diesen Verhältnissen zu agieren. Des Weiteren ist drittens der Wille zum Engagement wesentlich, weil ohne Engagement Produktivität nicht möglich ist. Und zu guter Letzt bedarf es viertens für Thiersch eines Sinns für das „Abenteuerliche des gewöhnlichen Lebens" (a.a.O.: 201), mit dem der Sozialpädagoge Soziale Arbeit versteht „als Abenteuer – Abenteuer als Wagnis verstanden – das im Offenen und gegen vielfältige Widerstände gelebt werden will, als Abenteuer, das das Leben im Offenen riskiert, sich in allen Schwierigkeiten einlässt auf Herausforderungen, Erwartungen und Hoffnungen, das sich darin aber auch einlässt auf Handeln, auf Risiko des Handelns und Risiko der Schuld" (ebd.). Thiersch formuliert damit eine Bildungskonzeption, die auf die „Figur der ins Gelingen mündenden Leiden" (Blumenberg 2006: 87) rekurriert. Gegen die Verunsicherung der Professionellen empfiehlt er die Orientierung am Herausfordernden, am Spannenden der Anforderungen und der Widersprüchlichkeiten. Damit schließt er an eine Bildungskonzeption u.a. von Theodor Litt (1995) an, die Bildung als Balancierung des Widersprüchlichen begreift. Balancierung wird, nach Thiersch, durch die Orientierung am Abenteuerlichen erreicht. Dafür aber sind spezifische institutionelle Bedingungen notwendig, die dem Professionellen eine solche Haltung zuallererst ermöglichen.

Mit dem Verweis auf das „Abenteuerliche des gewöhnlichen, humanen Lebens" wird dem Professionellen die Haltung eines „Abenteurers" anempfohlen, der sein Arbeitsleben, die Auseinandersetzung mit Verwaltung, Kollegen und Klientel als Wagnis ansieht, welches „im Offenen und gegen vielfältige Widerstände gelebt werden will" (Thiersch 2002: 201). Dies scheint evident, lässt sich doch die Situation des Sozialpädagogen angesichts einer offenen, ungewissen Zukunft mit derjenigen des Abenteurers vergleichen, der ins Abenteuer aufbricht, der das Wagnis eingeht und in dieser Offenheit sein Leben riskiert. Auf einen zweiten Blick erscheint der Vergleich jedoch schwierig. Nimmt man das gewöhnliche, humane Leben als Ausgangspunkt, so ist es ungewöhnlich von ‚Abenteuerlichkeiten' zu sprechen. Zwar ist vom ‚Großstadtabenteuer', vom ‚Abenteuer einer Bahnfahrt', vom ‚Abenteuerspielplatz' usw. die Rede, aber: In all diesen Fällen ist vom Abenteuer als außergewöhnlichem Ereignis die Rede, welches sich von der Alltäglichkeit und dem Vertrauten unterscheidet. Die Spannung des Abenteuers wird gerade durch das Außergewöhnliche erzeugt. Im

Folgenden gilt es aufzuhellen, was ‚Abenteuer' bedeuten kann, um ein konkreteres Verständnis der Position von Hans Thiersch zu entwickeln.

2 Abenteuer, Schiffbruch und Bewährung

Um die Figur des Abenteurers und die dieser zugrunde liegende Einstellung zu konkretisieren, werde ich erstens das Phänomen ‚Abenteuer' etymologisch umreißen (2.1), um daran anschließend die Prozessgestalt des Abenteuers genauer zu betrachten. Unter Prozessgestalt wird im Folgenden der Ordnungstyp eines komplexen Geschehens verstanden (vgl. Tschacher 1997: 71). Sie ist eine Form der Stabilisierung des Geschehens. Im Vordergrund steht das Geschehen ‚Abenteuer', welches zumeist analytisch anhand der Seereise beschrieben wird. Das Abenteuerliche an der ‚Seefahrt' ist der Schiffbruch als ein mögliches, kritisches Ereignis auf der Reise, am Ende der Reise. Diese Möglichkeit der Krise nehme ich konkreter in den Blick (2.2, 2.3), um eine Differenzierung von Abenteuer und Krise anzudeuten, die sich an der Einstellung der Beteiligten verdeutlichen lässt. (2.4). Dies ist nicht nur deshalb interessant, weil Thiersch angesichts diagnostizierter berufspraktischer Krisen bzw. Verunsicherungen die Haltung eines Abenteurers empfiehlt, sondern auch weil krisentheoretische Ansätze im Kontext pädagogischer (Bollnow 1959; Bollnow 1966), zeitdiagnostisch-historischer (Koselleck 2006), sozialisationstheoretischer (Oevermann 1976), sozialentwicklungstheoretischer (Oevermann 1995) und professionstheoretischer Überlegungen (Oevermann 1996) eine zentrale Rolle spielen. Es geht im Folgenden also um die Frage, was Krise und Abenteuer unterscheidet, um so ein Verständnis davon zu entwickeln, was die Haltung eines Abenteurers angesichts kritischer Ereignisse bedeuten kann.

2.1 Das Phänomen ‚Abenteuer'

Betrachtet man die etymologische Entwicklung des im 12. Jahrhunderts aus dem Altfranzösischen entlehnten Wortes, so findet man sehr unterschiedliche Bedeutungen. Zu nennen sind hier u.a. Wagnis, Geschick, Zufall, Risiko aber auch Kunde, Bericht von einem außerordentlichen Ereignis oder Betrug, Trick, Gaunerei, Preis und Trophäe. Besonders im Kontext der ersten Bedeutungsrichtung eröffnet sich das Verständnis gegenwärtigen Gebrauchs. So ist z.B. Risiko im 16. Jahrhundert aus der kaufmännischen Sprache entlehnt und bedeutet soviel wie ‚aufs Spiel setzen' oder ‚in Gefahr bringen'. Wagnis lässt sich auf ‚wagen' zurückführen, was soviel heißt wie ‚etwas auf die Waage legen, ohne zu wissen, wie sie ausschlägt', und so die Offenheit des Ausgangs einer Aktion betont. Ähnliches bezeichnet der Zufall, im Sinne von ‚zufallen' oder ‚zuteilwerden', was seit dem 14. Jahrhundert so viel wie ‚äußerlich hinzukommen' heißt. In diesem Sinne lässt sich Zufall als etwas beschreiben, was nicht vorauszusehen war bzw. was unerwartet geschieht, weil die Bedingung seiner Verursachung äußeren Gegebenheiten zugeschrieben werden muss. Demgegenüber ist im Wort ‚Geschick' die Dopplung von ‚Schicksal' und ‚Gewandtheit' verborgen, so dass nicht nur das ‚äußerlich hinzukommen', sondern gerade auch die personale Aktivität hervorgehoben wird. Von ‚Wendigkeit' abgeleitet wird ‚Gewandtheit' im 18. Jahrhundert auch als Ausdruck für Umgangsformen von Menschen verwendet und im Sinne privat-politischer Umgangsformen des öffentlichen Verkehrs der ‚Blödigkeit' entgegengesetzt (vgl. Stanitzek 1985).

In dieser Bedeutungsrichtung (Risiko, Wagnis, Zufall, Geschick) impliziert Abenteuer eine Form des Verhältnisses zur Offenheit der Zukunft, sozusagen eine menschliche Einstellung gegenüber dem, was da kommt. Ausgangspunkt ist jedoch zumeist eine Aktivität (in der Gegenüberstellung zum Zufall) die vom Abenteurer ausgeht (so das ‚Wagen'). Im Kontext der letzten Bedeutungsrichtung (Betrug, Trick, Gaunerei, Preis, Trophäe) wird die Zielorientierung dieser Aktivität noch deutlich. Intentional ist das Abenteuer kein Selbstzweck, denn am Ende des Abenteuers steht eine Trophäe, ein Preis für die Mühe, für das eingegangene Wagnis bzw. Risiko. Aber dieser Preis ist nur denen vergönnt, die das Wagnis eingehen und sich im Abenteuer bewähren. Die Frage, was an dieser Stelle ‚Bewähren' heißt, bleibt erst einmal offen. Festgehalten werden kann aber, dass die Sicht auf das ‚außergewöhnlich' Abenteuerliche korrespondiert mit einer Vorstellung vom ‚gewöhnlichen' Leben, insofern ersteres durch die Ungewissheit und die Herausforderungen des weiteren Geschehens gekennzeichnet ist. Als Metapher für das gewöhnliche Dasein bzw. alltägliche Leben ist erst durch die Hervorhebung der Ungewissheit der Zukunft das Abenteuer selbst gewöhnlich und alltäglich geworden (vgl. Blumenberg 1993: 17). Dies aber hat Konsequenzen: Denn eine solche Deutung verweist metaphorisch auf eine Seereise ohne Anfang und ohne Ende. Der Mensch ist ohne eigenes Zutun ins Abenteuer geraten und ist insofern ein in die Faktizität seines Daseins Geworfener[2], der versucht sich selbst zu behaupten.

---

2   Das in die Faktizität geworfene Dasein, welches dem überantwortet ist, was nicht in seinem Willensbereich steht, ist eine Figur die v.a. Martin Heidegger (1995; 2001) reflektiert. Sie bezieht sich auf die Erfahrung der ihrer selbst nicht mächtigen Existenz. „Geworfenheit, Faktizität, das sind abstrakte Ausdrücke für den schlichten Sachverhalt, dass der Mensch gegen seinen Wunsch, sich die Existenz und die Bedingungen der Existenz selbst gegeben zu haben, diese als auf dem nüchternsten Wege der Natur erzeugt vorfindet und sich in einem Selbstentwurf gegen ihre Voraussetzungen zu definieren hat" (Blumenberg 2006: 299).

Fragt man nach dem Abenteuerlichen im Abenteuer, so ist nicht nur die Ungewissheit zukünftiger Geschehnisse, sondern auch die Intensität der Herausforderungen von entscheidender Bedeutung. Liest man ‚Abenteuer' als Bericht von einem außergewöhnlichen Ereignis, so lässt sich nach dem Zuschauer, dem Berichtenden des Außergewöhnlichen fragen. Denn für eine außergewöhnliche Kunde ist jemand notwendig, der diese Kunde zuallererst in die Welt setzt. Hans Blumenberg (1993) rekonstruiert den Wandel dieser Zuschauerposition und die in diesem Wandel mitgezogenen Konsequenzen. In den Blick gerät die entscheidende Krise auf der Seereise, angesichts derer die Seereise selbst erst zum Wagnis wird: der Schiffbruch. Wer also beobachtet den Schiffbruch? Während nun für den Römer Lukrez der ‚Schiffbruch mit Zuschauer' die Gefährlichkeit der Seefahrt und den Genuss des eigenen festen bzw. sicheren Standpunktes vermittelt, ist für Friedrich Nietzsche der Zuschauer nicht mehr jener unbeteiligte Zuschauer, sondern der gerettete Schiffbrüchige selbst.[3] Der Unterschied ist offensichtlich: hier der Landmensch, dort der Seefahrer. Dazwischen liegt ein metaphorischer Wandel. Im Gegensatz zu Lukrez geht Nietzsche von der Annahme aus, „dass wir nicht nur immer schon eingeschifft und in See gestochen, sondern auch, als sei dies das Unvermeidliche, Schiffbrüchige sind" (a.a.O.: 22).

Damit verändert sich die Metapher, denn im Geschehen des Abenteuers gibt es einen Anfang, einen Aufbruch und damit die Möglichkeit, sich zu entscheiden. Es gibt im Abenteuer einen ‚gewagten Entwurf' und eine Zielorientierung. Sieht man hingegen das ‚gewöhnliche Leben' als Abenteuer, erscheint der Anfang unweigerlich gegeben und kein Ende in Sicht. Das Geschehen, die Bewegung verbleibt im Zentrum. Und es ist besonders das Denken Nietzsches, „welches wie noch kein anderes vor ihm zu einer jedes Maß überschreitenden Verherrlichung der Bewegung und des Werdens vordringt und doch niemals aufhört, in dieser Verherrlichung so etwas wie eine Versöhnung zu suchen" (Vitiello 2001: 192). Die Versöhnung lässt sich als Rettung des Schiffbrüchigen sehen. Es eröffnet sich angesichts der Unausweichlichkeit des Schiffbruchs die Frage, was in einer solchen Situation benötigt wird, um diese Krise auf der Reise zu bewältigen und nicht an dieser Krise zu scheitern. In der skeptischen Tradition bis Montaigne erweist sich, so Blumenberg, „nicht ein wie auch immer ins Innere zurückgenommener Besitz als das, was im Schiffbruch des Daseins gerettet werden kann, sondern der im Prozess der Selbstentdeckung und Selbst-

---

3   Dies lässt sich auch auf einen Wandel in der Seefahrt zurückführen. Die Römer segelten nahe am Ufer, um die Orientierung zu halten. Demgegenüber sind Seereisen im 19. Jahrhundert durch die Überquerung der Ozeane gekennzeichnet. Ein Zuschauer des Schiffbruchs in der Antike konnte somit an Land stehen, während in der Moderne dieser selbst als Schiffbrüchiger oder als vorbeifahrender Seemann zu verstehen ist.

aneignung erreichbare Selbstbesitz" (a.a.O.: 17). Denn nur wer sich selbst besitzt, verliert auch im Schiffbruch die Orientierung nicht.

Aber auch die Versöhnung ist angesichts einer (inzwischen) unendlichen Bewegung der Seereise nur ein vorübergehendes Ereignis und nicht ein ‚sicherer Hafen'. Mit Blick auf die Bewegung gibt es kein Ende, kein Ausruhen und letztendlich (vielleicht nur) das Aufzehren der Kraft in Versuchen der Selbstbehauptung (vgl. Ehrenberg 2002). In diesem Sinn erscheint der Abenteurer als derjenige, der die Herausforderung der Selbstbehauptung bewusst annimmt, der gewöhnliche Mensch hingegen als derjenige, der den Unwegsamkeiten des Lebens ausgeliefert ist. Zumindest im ersten Falle handelt es sich um ein Dasein, das etwas vor hat und mit einem ‚gewagten Entwurf' ins Vorhaben startet. Im Folgenden steht nun die Frage nach der Krise im Zentrum.

2.2 Krise und Existenz

Otto Friedrich Bollnow (1966; 1959) hat explizit auf den zentralen Stellenwert von Krise und Neuanfang sowie Krise und Existenz hingewiesen. Er schließt dabei an Martin Heideggers Daseinsanalyse an und sieht den Menschen als einen in die Faktizität seines Daseins Geworfenen. Für ihn bedeutet Existieren ‚in der Krise stehen': „Der Mensch verwirklicht seine eigentliche Existenz nur in der Krise und nur durch die Krise" (Bollnow 1966: 12). Mit Blick auf die Unterscheidung von eigentlichem (eigenem) und uneigentlichem (öffentlich-allgemeinem) Dasein bei Heidegger (2002: 32) sieht Bollnow Krise als die Bedingung des ‚Zu-sich-selbst-Kommens', indem diese ‚Störung des normalen Lebenslaufs' Um- bzw. Neuorientierung notwendig werden lässt. Abgeleitet von *krinein* bedeutet Krise für ihn soviel wie Entscheidung, Scheidung und Beurteilung im Sinne einer (a) Reinigung und (b) Entscheidung „zwischen richtig und falsch, zwischen gut und böse, die in bedrängender Situation notwendig geworden ist" (Bollnow 1959: 28). Diese Entscheidung bedarf der ‚bewussten' Aneignung der Situation. Die Situation drängt zur ‚Stellungnahme', die nur möglich ist auf Basis eines Verständnisses von Situation und eigener Person. Jede Entscheidung lässt sich als Krisenbewältigung, als (Weiter)Entwicklung des ‚Person-Seins' verstehen. Weder Krisen noch Entscheidungen sind jedoch der pädagogischen Planung zugänglich (oder sollten es, wie im Falle der Krise, sein).

Für Bollnow sind krisenhafte Situationen durch einen spezifisch existentiellen Charakter gekennzeichnet. Sie sind ‚Sinnkrisen' (als Lebens- und nicht als Überlebenskrisen), in denen jede Entscheidung als Stellungnahme eine Form der Selbstwahl einschließt. Es geht im ‚eigentlichen Existieren', im Vollzug eines daseinsspezifischen Sinnvollzuges um die Aneignung der jeweilig faktischen und nicht um die gewöhnlichen, prinzipiellen, für alle gleichermaßen gegebenen Möglichkeiten. Mit Blick auf die Position von Martin Heidegger – lässt sich sagen, „dass eine Person dann ‚eigentlich existiert', wenn sie institutionell gegebene – nicht etwa nur gegenwärtig sich anbietende, sondern auch und gerade geschichtlich ‚wiederholbare' – Handlungsregeln (oder: ‚Maximen') in einer ‚existentiellen Modifikation' sich so aneignet, dass sie nicht nur ihnen gemäß, sondern gleichsam aus ihnen heraus handelt" (Luckner 2001: 165). Mit der ‚Selbstwahl' ist dann aber auch ‚Schuld' mitgegeben, weil die Auswahl aus dem Möglichen eine Selektion bedeutet, die mit Risiken behaftet ist. Denn das Eigene kann dem selbst-zu-wählenden Sein angemessen, mit Blick auf die institutionell gegebenen Möglichkeiten jedoch problematisch sein. Aber erst vor einem erschlossenen Horizont des Möglichen eröffnet sich die Möglichkeit einer riskanten Selektion und des Schuldigseins (vgl. Heinz 2001: 176) und dabei entscheidet der vorgängige Zugang zu den Möglichkeiten auch über die folgenden Entscheidungen. Insofern die Entscheidung das Haben eines Zugangs, die Erschlossenheit des Möglichen voraussetzt, scheint die Richtigkeit der folgenden Entscheidung auch abhängig von ersterem. Die Entschlossenheit ist abhängig von der Erschlossenheit. Dies bedeutet jedoch nicht, dass die Entschlossenheit durch die Erschlossenheit festgelegt ist. Alleiniges Verstehen der Möglichkeiten reicht nicht aus, es bedarf hier auch des Engagements, des Vorhabens, eines ‚gewagten Entwurfs'. So bleibt also zu fragen, worauf es bei der ‚Bewährung' des daseinsspezifischen Sinnentwurfes ankommt. Für Otto Friedrich Bollnow (1959: 40) ist zwar eine Entscheidung notwendig, die Bewährung aber ist, für ihn, abhängig von der „Gnade" der äußeren Umstände. Der Entscheidung-treffende-Mensch kann nur abwarten wie die Dinge sich entwickeln. Er ist eingelassen in ein Sinngeschehen, welches sich in der Erschlossenheit „offenbart" und in der Bewährung vollzieht. Die damit angedeutete ‚Passivität' (Passion bedeutet soviel wie Leiden, Erleiden) weist auf den metaphorischen Sinn des Abenteuers als Zufall bzw. als Schicksal hin. Entgegen der Aktivität des Abenteurers ist das Warten Moment des Ausgeliefertseins und weniger der Selbstbehauptung. Bewährung bedeutet dann soviel wie ein in ein Gelingen mündendes Leiden (vgl. Blumenberg 2006: 87).

Aus der pädagogischen Perspektive von Otto Friedrich Bollnow ist Krise ein notwendiger Bestandteil jedes Reifungsprozesses bzw. Entwicklungsprozesses. Dies gilt auch auf „intellektuellem Gebiet", wo sich „Augenblicke der Erschütterung der Selbstverständlichkeiten" als „fruchtbares Moment" jedes Bildungsprozesses verstehen lassen (a.a.O.: 41).[4] Die Unausweichlichkeit von

---

4 Für Bollnow sind diese Bildungsprozesse konstitutiv für die Weiterentwicklung der Kultur. Mit Blick auf den Zusammenhang von Entwicklung und Wagen formuliert es bereits in den

Krisen im Entwicklungsprozess eröffnet die Frage, wie die personale Einstellung gegenüber derartigen Krisen aussehen kann, wenn diese in ihrer Notwendigkeit nicht zu umgehen sind. Aus dem bisher Gesagten lässt sich folgern, dass hier eine Einstellung der Entschlossenheit des Entscheidens und der Gelassenheit gegenüber der Bewährung vonnöten ist. Man kann diese Einstellung dann als ‚angemessene Haltung' gegenüber Krisen bezeichnen. Diese werden als bestimmte herausfordernde Augenblicke im Leben angesehen, die es zu bewältigen gilt. Die angemessene Einstellung sagt jedoch noch nichts über die richtige bzw. erfolgreiche Entscheidung angesichts von Krisen aus. Man kann des Weiteren von dieser ‚angemessenen' sowohl eine ‚unangemessene' (Zögerlichkeit, Unruhe) als auch eine analytische Einstellung (Zuschauer) unterscheiden. Letztere stellt sich für Bollnow in der existenzphilosophischen Auffassung, für die „der Mensch sich immer und notwendig in der Krise befindet und außerhalb der Krise nur den Zustand eines uneigentlichen Daseins kennt" (a.a.O.: 35). ‚Angemessen' ist die erste Auffassung, weil sie Bewältigung und befriedigende Lösung einer aus der normalen Lebenspraxis herausragenden Krise (und damit an Abschluss, Endlichkeit und Heimkehr) fokussiert, ‚unangemessen' die zweite, weil sie durch Verunsicherung gekennzeichnet und am Scheitern orientiert ist. In beiden Fällen ist Krise der Extremfall im Normalen, die Überwindung von Krise ist die Wiederherstellung einer Ordnung der Normalität. Demgegenüber gehen die Analytiker oder ‚Extremisten' von der Krise (also vom Extremfall) als Normalfall aus. Mit der unangemessenen Sicht haben die VertreterInnen dieser Position ihre Orientierung am Scheitern gemeinsam. Scheitern bedeutet jedoch nicht Nicht-Bewältigung der Krise, sondern Nicht-Bewältigen-Können angesichts der unendlichen Bewältigungsaufgabe. Damit sind nicht mehr die Ordnung und deren Wiederherstellung im Blick, sondern deren Instabilität und Wandel. Es lässt sich zeigen, dass auch diese extremistische Position noch einmal dahingehend differenziert werden kann, „welcher Art und welcher Herkunft die Ordnung ist, die auf dem Spiel steht, ob nämlich die Ordnung mehr oder weniger vorgegeben oder erst noch herzustellen ist" (Waldenfels 2008: 74).

1930er Jahren Alfred N. Whitehead. Er geht von der Annahme aus, „Kultur sei in ihrer Darstellung und Entwicklung wesentlich an intellektuelle Wagnisse gebunden, an eine besondere schöpferisch-imaginative Art des Verstandesgebrauchs" (Seibt 2005: 197). Insofern intellektuelle Abenteuer eine bestimmte Kultur fördern und bewahren, die sich durch Vertrautheit aus einem gemeinsamen Erfahrungshintergrund ergibt, erscheint für Whitehead der komplexe Geschehnistyp des Abenteuers als Grundform allen Geschehens (vgl. a.a.O.: 198). „Selbst dort, wo sich der Anschein sicherer Mechanismen und statischer Beziehungen ergibt, handelt es sich um Sonderformen einer Dynamik, die den Grundcharakter des gewagten Entwurfs nie verliert" (ebd.).

2.3 Krise und Bewährung

Aus der existentialistischen Perspektive Bollnows sind Krisen wesentliche Bedingung von Reifungs- bzw. Bildungsprozessen. Die Bewältigung von Krisen rechnet er dabei nicht nur der ‚richtigen' Entscheidung des Menschen zu, vielmehr sind es die Umstände, an denen sich die Entscheidung bewähren muss. Damit ist der Zugang zur Situation, das Verstehen als Bedingung einer an die situativen Bedingungen angepassten Entscheidung relevant für Fragen der Situationsbewältigung. Die Orientierung an den Möglichkeiten der Bewältigung sieht Bollnow als angemessenen praktischen Zugang. Die Lebenspraxis strebt nach einer Überwindung bzw. befriedigenden Lösung der Krise. Dies gelingt jedoch nur, wenn Entschlossenheit möglich ist. An Entscheidungen anschließend stabilisiert sich der Reifungsprozess in neuen Routinen und Lebensweisen. Auffällig wird diese Dynamik des Zusammenhangs von krisenhafter ‚eigentlicher' und stabilisierter ‚uneigentlicher' Existenz erst für einen existenzphilosophischen Blick. Erst wenn ein krisentheoretischer Zugang gewählt wird und die unaufhörlichen Krisen als Bedingungen des Neuen, der Bildung, der eigentlichen Existenz angesehen werden und dies als Orientierungspunkt genommen wird, erscheinen die aus einer dem Leben angemessenen Perspektive betrachteten zwischenzeitlichen Stabilisierungen als ‚uneigentliche' Existenz. Man kann es auch so formulieren: Nur in der Überwindung der Krise ergeben sich Antworten auf die Frage ‚wer bin ich eigentlich?' und diese jeweilige Selbstwahl als Entscheidung stellt und bewährt sich nur in Krisen. „Der Mensch verwirklicht seine eigentliche Existenz nur in der Krise und nur durch die Krise. Und weil diese eigentliche Existenz nur im Prozess und nie als Ereignis zu erringen ist, so heißt dies, der Mensch existiert nur sofern er in der Krise steht" (Bollnow 1966: 12). Dazu muss der Mensch aber auch etwas vorhaben.

Die Orientierung der Abhängigkeit des ‚eigentlichen' Existierens von der Krise lässt sich, folgt man Otto Friedrich Bollnow, nicht als eine lebenspraktische Perspektive ausweisen. Vielmehr ist das Treffen von Entscheidungen angesichts von Krisen lebenspraktisch dienlich zur Überwindung von Krisen. In Krisen eröffnen sich Möglichkeiten, die durch Entscheidungen reduziert werden. Dabei ergibt sich das Risiko dieser Entscheidungen angesichts der Selektion aus einem Möglichkeitshorizont. Diese Reduktion ist ein ‚gewagter Entwurf' angesichts eines erschlossenen, aber offenen Spielraumes. Aus einer lebenspraktischen Perspektive stellt sich diese Entscheidung als ‚Schuldigsein', als Wahl dar, die anders hätte ausfallen können, die – nicht-reversibel – der Bewährung ausgesetzt ist. Der Entscheider ist, nach Bollnow, dabei auf die ‚Gnade' der Umstände angewiesen, an denen sich allein die Angemessenheit der Entscheidung erweisen kann. Damit entsteht aber die Frage, wie angesichts des Neuen noch von der Einlagerung der Entscheidung in ein Sinngeschehen zu sprechen ist. Angesichts des Neuen ist nach den Bewältigungsmöglichkeiten und -bedingungen menschlichen Entscheidens zu fragen. Ebenso wird die existenzphilosophische Zuschauerposition fraglich: Wie kommt es überhaupt dazu, die ‚eigentliche Existenz' positiv zu werten? Für Bollnow beruht dies auf einer positiven Erfahrung des Selbst-Seins angesichts überwundener Krisen. Zuerst aber erscheint es angemessen, konkreter nach dem Nicht-Bewähren-Können zu fragen. Dies lässt sich mit Blick auf den krisentheoretischen Ansatz von Ulrich Oevermann (1976; 1995) nachzeichnen.

Folgt man hier einer Unterscheidung von Bernhard Waldenfels (2008: 73) steht nun nicht mehr die Einlagerung der ‚eigentlichen' Existenz in ein Sinngeschehen im Zentrum, sondern es steht eine andere Ordnung auf dem Spiel. Nicht das Problem einer Zielorientierung und Sinnkrise, sondern die Frage nach einer Normenordnung angesichts einer Legitimationskrise ist hier zentral. Ausgehend von einer „Autonomie der Lebenspraxis" eröffnet sich für Oevermann die widersprüchliche Einheit von Entscheidungsprozess und Begründungsverpflichtung durch die Aufrechterhaltung des Anspruchs auf Begründbarkeit ohne die Möglichkeit der Inanspruchnahme tradierter Begründungen in Krisen. Krisen sind durch die Überforderung üblicherweise zur Verfügung stehender Bewältigungsmöglichkeiten gekennzeichnet, die Entscheidungen herausfordern, in denen die Festlegungen endgültig und die verworfenen Möglichkeiten unwiederbringlich sind. Diese „points of no return" als Entscheidungen in Krisen können, nach Oevermann (1995: 39f.), in ihrer (Fall)Strukturgesetzlichkeit empirisch rekonstruiert werden, wobei sie sich „durch die lückenlose Rekonstruktion ihrer Selektionen auf der Folie der jeweils an jeder Sequenzstelle explizierten Wahlmöglichkeiten ermitteln" (a.a.O.: 42) lassen. Die Selektionen sind dabei abhängig von den sozialen Regeln einerseits und einem Ensemble von Faktoren, Dispositionen und Motiven andererseits, die letztlich die Auswahl möglicher Anschlüsse konkret beeinflussen. Ebenso wie Bollnow lässt sich dabei die analytische, empirisch-rekonstruierende von der lebenspraktischen Perspektive unterscheiden. Während aus letzterer eine Krise als Grenzfall und ursächlich für Entscheidungen begriffen wird, stellen Krisen und darin eingelagerte Entscheidungen zu deren Lösung analytisch den Normalfall dar. Im Unterschied zu Bollnow fragt Oevermann (1991) nach der ‚Rationalität', welche sich durch Krisen hindurch vollzieht. Diese Rationalität kann in der Gesetzmäßigkeit des Entwicklungsprozesses aufgewiesen werden, die nachträglich als motiviert und vorbereitet rekonstruierbar ist. Damit erscheinen die faktisch erfolgenden krisenlösenden Entscheidungen vor den bis dahin geltenden Beurteilungsmaßstäben zwar als nicht rational, aus einer rekonstruierenden, analytischen Perspektive eröffnet sich jedoch die Möglichkeit der Beurteilung auf der Grundlage veränderter Maßstäbe, also „die Möglichkeit, dass sich je in der Zukunft bewährende materiale Rationalität aus der Emergenz des krisenhaft generierten Neuen entfaltet" (Oevermann 1995: 47). Die neuen Kriterien sind im Moment der Entscheidung wirksam und einer nachträglichen Perspektive zugänglich. Die Entscheidung ist im Übergang. Rationalität lässt sich auch dann unterstellen, wenn die Entscheidung in Krisen mit Blick auf kommende Bewährung getroffen wurde. Dies impliziert eine an Bewährung orientierte Haltung.

Diese Form von Rationalität beschreibt Oevermann (vgl. a.a.O.: 49f.) in einer Prozessgestalt ‚Krise'. Dabei bezieht er sich allerdings auf eine Ablaufgestalt sozialer, historischer Entwicklungen. Das ‚endliche Dasein' ist dabei in einen Horizont unendlicher Bewältigungsmöglichkeiten geworfen, woraus sich das Problem ergibt, Bewährtes zu behaupten, ohne eine abschließende Verifikation vollziehen zu können. Die Prozessgestalt ‚Krise' wird vor dem Hintergrund des bisher Gesagten in zwei umfassende Selektionen unterteilt:

1. In einer Eröffnungsphase wird mit Hilfe der Interpretation externer Zeichen eine Krise bzw. Problematisierung suggeriert. Darauf bezogen ist ein Lösungsvorschlag für die ‚authentisch' zum Ausdruck gebrachte Krise, der vor diesem Hintergrund auch eine selbstverständliche Glaubwürdigkeit beansprucht. Die Evidenz der Krisendeutung und des angemessenen Lösungsvorschlages wird durch die Erzeugung von Gefolgschaft geleistet. Sie basiert auf einer bestimmten Ablaufgestalt, die als charismatisch bezeichnet werden kann und „in der ein argumentativ unbegründbarer Vorschlag zur Krisenlösung gleichwohl einen prinzipiellen Anspruch auf Begründbarkeit in der Zukunft erhebt und mit diesem Anspruch erfolgreich Glaubwürdigkeit bei der Gefolgschaft erlangt" (a.a.O.: 48).

2. In einer zweiten, der Bewährungsphase werden die Krisendeutung und der Lösungsvorschlag einem permanenten Prozess der Bewährung ausgesetzt. Dabei ist nicht nur die erfolgreiche Krisendiagnose initialer Bestandteil des Bewährungsprozesses, sondern hierzu gehört auch die Rekonstruktion des Grades bzw. der Gründe von Bewährung und möglichem Scheitern, also die Evaluation. Für die Bewährung ist dabei auch entscheidend, mit Hilfe welcher Kriterien diese beurteilt wird, denn die Kriterien sind maßgeblich für den Grad der Bewährung. „Der Prozess der Bewährung kann bis zur langfristigen Erprobung einer erfolgreich glaubwürdig gemachten Krisenlösung anhalten. Scheitern und Bewährung stehen sich in jeder Phase polar gegenüber, und die Bewährung ist letztlich ein materialer, kumulativer, in sich selbst zukunftsoffener Prozess, dessen Nicht-Abbruch gewissermaßen einen idealen Grenzfall darstellt" (a.a.O.: 51).

Aufgrund menschlicher Endlichkeit (als Bedingung für Eigentlichkeit) führt die ernsthafte Erfüllung der unendlichen Bewährungsaufgabe (als Zeichen für Uneigentlichkeit), also die letztlich ‚abschließende' Bewährung und die daraus folgende rückwirkende Legitimation notwendig in ein Dilemma, das nur auszuhalten ist, wenn positive Kriterien und praktisch wirksame Anzeichen der Bewährung mit angegeben werden: „[D]ie nicht stillstellbare Bewährungsdynamik erfordert also einen *Bewährungsmythos*, der grundsätzlich über Herkunft und Zukunft sowie die aktuelle Identität der eigenen Lebenspraxis verbindliche Auskunft geben kann, dass darin die Unverwechselbarkeit der eigenen Lebenspraxis verbürgt ist" (a.a.O.: 64; Anpassung des Verf.). Die Antworten des ‚Bewährungsmythos' machen den Umgang mit der Paradoxie der Bewährungsdynamik praktisch lebbar. Die Antworten ergeben sich aus der Orientierung an zukünftiger Bewährung gegenwärtiger Entscheidungen. Die Frage, die sich nun stellt, ist die nach der Verbindlichkeit von Normen und Legitimationen angesichts einer Normen- und Legitimationskrise. Jeder ‚gewagte Entwurf' ist angesichts dieser Krise kritisch zu befragen. Nötig hierzu ist aber eine kritische, eine krisendeutende Einstellung.

2.4 Krise und Abenteuer

Abschließend ist noch auf die Differenz der Prozessgestalten von ‚Krise' und ‚Abenteuer' einzugehen. Auf den ersten Blick erscheinen beide Gestalten vergleichbar: hier Krisendiagnose, Lösung und Bewährung, dort Anforderungen, Bewältigung und Bewährung (jedenfalls wenn man sich am ‚sich bewährenden Abenteurer' orientiert). Die Frage lautet aber, worin sich Abenteuer und Krise unterscheiden. Die Krise bezeichnet einen Augenblick, wo etwas auf Messers Schneide steht, zur Scheidung bzw. Entscheidung drängt. In ihr geht es um eine ‚Sache von Gewicht', in der Regel um die Gefährdung bzw. Bedrohung einer Ordnung. Sie ist in diesem Sinn als Wendepunkt anzusehen. Insofern geht die Krise „mit einem kritischen Unterscheidungssinn einher, der die Lage als krisenhaft einschätzt. Diese Einschätzung und mit ihr die Kritikbereitschaft variieren beträchtlich je nachdem, ob man in der Betrachtung eines Handlungs- oder Lebensbereichs primär vom Normalfall oder aber vom Extremfall ausgeht" (Waldenfels 2008: 72). Krisen sind dabei Phasen in denen die üblicherweise zur Verfügung stehenden Bewältigungsmöglichkeiten überfordert sind (vgl. Tschacher 1997: 117). In diesen Phasen ist eine Veränderung bzw. Neuorientierung möglich und nötig. Dabei ist die Möglichkeit des Scheiterns sowohl in Krisen als auch in Abenteuern gegeben. Gemeinsam sind beiden Prozessgestalten desweiteren, dass die Ereignisse nur teilweise den Erwartungen entsprechen und nur bedingt einem Ziel dienlich sind. Ein Hinweis auf die Möglichkeit der Differenzierung liegt demgegenüber weniger in der Gestalt des Prozesses, als vielmehr in der Einstellung des Handelnden gegenüber diesen Ereignissen. Über die analytische Beschreibung der Phasen hinaus, lässt sich hier auf Otto Friedrich Bollnows (1959) existentialistische Beschreibung von Krisen verweisen: Während in Krisen Todesangst und Verzweiflung im Blickpunkt der Betrachtung stehen, lässt sich die Einstellung des Abenteurers eher durch die Orientierung an der Überwindung von Problemen deuten. In krisenhaften Phasen und deren Bewährung stehen ‚Schuld' des Entscheidens und ‚Gnade' der bzw. Scheitern an Umständen im Vordergrund. Der in Krisen stehende Mensch kann nur abwarten, wie sich die Dinge entwickeln, während der Abenteurer den Preis der Bewährung, die errungenen Trophäen seinem Mut selbst zurechnen kann.

Man kann demnach in Rückgriff auf die Haltung angesichts von Bedrohungen eine Orientierung am Scheitern, eine Dominanz von Angst und Verzweiflung unterscheiden von einer Orientierung an Selbstbehauptung, Bewährung und Autonomie eigener Lebenspraxis. Dass dabei die, nach Bollnow, existentiell notwendige Selbstwahl den jeweiligen Ausdruck eines Bewährungsmythos darstellt, der die Unendlichkeit der Bewährungsdynamik in die Endlichkeit menschlichen Lebens reduziert und damit lebbar macht, lässt sich als lebenspraktische Rationalität fassen, die an Krisenbewältigung orientiert ist und damit Krise als Grenzfall und nicht als Normalfall annimmt. Die Unterscheidung von analytischer und lebenspraktischer Perspektive gilt es dabei nicht zu vermischen.[5] Es lässt sich festhalten, dass das Abenteuer eine Einheit beschreibt, „in der der Handelnde immer wieder von den Ereignissen überrascht wird, aber sein Ziel trotz der Unberechenbarkeit des Handlungsraumes für erreichbar hält und in der er – dies ist wesentlich – zu diesen Überraschungen prinzipiell in einem positiven emotionalen Verhältnis steht" (Seibt 2005: 201). Der Abenteurer ist demnach die Figur, die sich an der Selbstbehauptung gegenüber den Umständen orientiert und die Möglichkeiten des Scheiterns nur peripher einbezieht.

---

5   In Anschluss an Ulrich Oevermanns (1996) professionstheoretische Überlegungen der Hilfe in krisenhaften Phasen erscheint hier die „Deutung der eigenen Autonomie" gegenüber den Determinanten der Umstände entscheidend. Die Autonomie der Lebenspraxis anerkennen bedeutet, sich der Orientierung an der Bewährung anzuschließen und die in der Nicht-Bewährung gefangene Lebenspraxis zu unterstützen, ohne diese durch eine Wissenschaftspraxis zu bevormunden. „Damit haben wir eine erste Bestimmung des professionalisierten Handelns zur Hand. Professionalisiertes Handeln ist wesentlich der gesellschaftliche Ort der Vermittlung von Theorie und Praxis unter Bedingungen der verwissenschaftlichten Rationalität, das heißt unter Bedingungen der wissenschaftlich zu begründenden Problemlösung in der Praxis" (a.a.O.: 80).

3 Der Mythos der Bewährung

Hans Thiersch (2002: 201) empfiehlt Sozialpädagogen angesichts eines spannungsreicher werdenden Berufs, die Haltung des Abenteurers einzunehmen und Soziale Arbeit als Wagnis zu verstehen. Das impliziert das Risiko des Offenen und das Einlassen auf Handeln. Mit der Figur des Sozialpädagogen als Abenteurer[6] wird ein projektiver, nicht rekonstruktiver Bewährungsmythos bzw. ein Bildungsideal formuliert. Dies impliziert einen spezifischen Umgang mit der Offenheit des Möglichen: Angesichts der Offenheit lässt sich die Orientierung an der Bewährung als ‚angemessener' Zugang interpretieren. Zwar bedeutet die ‚richtige' Einstellung nicht automatisch, dass ‚richtig' gehandelt wird, doch ist der Zugang zur Situation Bedingung für die Erschließung des Spielraumes, in dem ‚entschlossen' gehandelt wird.[7] Dieser Zugang lässt sich als Folge einer bewährt-bewährenden Selbstwahl interpretieren, die selbst durch einen vorgängigen Zugang und dessen entschlossene Reduktion bedingt ist. Die Wahl selbst ist Bedingung und Konsequenz. Die Offenheit des Widersprüchlichen ist aus einer berufspraktischen Perspektive bereits vorgängig geschlossen. Für Thiersch wäre es demnach fahrlässig, der irritierenden, öffnenden Analyse des Widersprüchlichen nicht auch ein Angebot zur Wiederschließung anzufügen. Dabei ist die Schließung als Angebot zur Orientierung vor einem Horizont erschlossener Möglichkeiten und der Fähigkeit zu lesen, schuldig zu werden bzw. diesen Horizont des Möglichen selektiv zu reduzieren. Offen bleibt jedoch die Wahl der letztlich aktualisierten Möglichkeit. Wie kommt es zu dieser Wahl? Liegen die Bedingungen in der Möglichkeit selbst, in der Weise des „Ergriffen- und Verwahrtwerdens" (vgl. Heidegger 1995: 74) oder in der Haltung des Wählenden (vgl. Thiersch 2002) oder vielleicht in der Orientierung an der Form von Rationalität, die Ulrich Oevermann (1995) vorschwebt, nämlich der Orientierung an

---

6 Eine andere beliebte Empfehlung ist eine Deutung mit Hilfe der Figur des Sisyphos, der angesichts immer wiederkehrender Schwierigkeiten einen Stein den Berg hinauf rollt. Ein Vergleich zwischen Sisyphos und einem Abenteurer (z.B. Odysseus) eröffnet die Möglichkeit, in beiden Fällen die Probleme den Akteuren selbst zuzurechnen. War es aber im Falle von Sisyphos eher Überheblichkeit, die bestraft wurde, war es im Falle von Odysseus seine Listigkeit bei der Eroberung der Stadt Troja. Vielleicht resultiert daraus der Unterschied der Aufgaben: während Odysseus nach einem Schiffbruch nach Hause zurückkehrt und seine letzten Widersacher beseitigt, ist Sisyphos unendlich dazu verdammt, den Stein den Berg hinaufzurollen. Während die Selbstbehauptung des Odysseus angesichts spannungsreicher Erlebnisse mit der Heimkehr belohnt wird, erscheint Sisyphos' Sieg eher in der Gleichgültigkeit gegenüber dem immer wiederkehrenden Gleichen zu liegen. Auch dies lässt sich als Selbstbehauptung gegenüber den Umständen interpretieren, beschreibt aber eine andere Haltung aufgrund anders gedeuteter Umstände (vgl. Blumenberg 2006: 86f.)

7 Der professionelle Pädagoge kann sich nicht alleine auf die ‚richtige' Einstellung berufen (vgl. Prange 1992). Aber der Mangel an ‚richtiger' Einstellung ist ein Problem.

späterer Bewährung? In all diesen Fällen steht die ‚Angemessenheit' des Zugangs als Bedingung der Erschlossenheit im Zentrum. Es geht um eine Stabilisierung des Sinnganzen durch die Erschlossenheit des Möglichen, die Haltung der Person oder eine durchgängige Orientierung an Rationalität. Diese unterschiedlichen Prinzipien lassen sich aus einer analytischen Perspektive als Schließungen eines offenen Prozesses der Sinnregulierung verstehen. Sie stellen ‚Ankerpunkte' im Geschehen dar, die die ‚bedrängende' Offenheit verschließen. Fraglich bleibt, ob diese ‚Ankerpunkte' gesetzt werden müssen. Kann man nicht auch davon ausgehen, dass die Wahl sich als Bruch des Sinns darstellt? Dann wäre die Wahl der Möglichkeit weniger auf vorgegebene Orientierungen, Haltungen oder Erschlossenheit zurückzuführen, als vielmehr darauf, dass eine Wahl möglich war.

Betrachtet man den Bewährungsmythos analytisch, so lässt er sich als bewährt-bewährende Schließung eines offenen Horizontes an Möglichkeiten verstehen. Mit Blick auf die Bewährung kann nachträglich eine (rationale) Entwicklungsgesetzlichkeit herausgearbeitet werden, die von der Annahme ausgeht, dass der Entwicklungsprozess eine Gestalt herausbildet, die als Prozessgestalt beschrieben werden kann. Offenkundig ist aus dieser Perspektive, dass die bewährt-bewährende Schließung die vorläufige Verfestigung eines Prozesses ist, die nicht vorgegeben, sondern am Ende das ist, was den Rezeptionen und Erwartungen genügen konnte. Dabei wird mit der bewährt-bewährenden Schließung suggeriert, dass das Ganze einen Sinn hat und nichts ungesagt bleibt. Dieser erhobene Universalitätsanspruch der lebenspraktischen Perspektive wird von einer analytischen Perspektive in Frage gestellt. Die Preisgabe impliziert bereits die Bezeichnung als Bewährungs-‚mythos', der für Oevermann (1995) die Vorläufigkeit des Bewährten angesichts der Unendlichkeit an Bewährungsmöglichkeiten betont. Der Mythos eröffnet zwar aus einer lebenspraktischen Perspektive Sinnhaftigkeit, die sich totalisiert, aus einer analytischen Perspektive aber wird deutlich, dass diese Bewährung nur eine vorläufige sein kann, die in immer wiederkehrenden Krisen in Frage gestellt wird. Diese Erkenntnis lässt dann auch die lebenspraktische Funktion des Bewährungsmythos nicht unangetastet. Man müsste – aus der analytischen Einsicht in das potentielle Scheitern – Abschied nehmen von der lebenspraktischen Annahme, dass sich der ‚gewagte Entwurf' bewährt bzw. wahrscheinlich sogar davon, dass er sich überhaupt bewähren kann.

Angesichts der Fraglichkeit von Bewährung eröffnet sich eine weitere Lesart, die als eine mögliche analytische Perspektive ausgewiesen werden kann. Bedingung für diese Lesart ist eine veränderte Beschreibung von Krise. Während bisher Krise als Durchgangsphase im Sinne einer Wiederherstellung von Ordnung verstanden und damit die Zielgerichtetheit eines zugrunde liegenden

‚gewagten Entwurfs' angenommen wurde, lässt sich Krise auch als Bruch und damit als Herstellung von Ordnung verstehen. In diesem Falle liegt dann nicht die Annahme eines zielgerichteten Prozesses zugrunde, die Krise wird vielmehr als Antwort auf gegebene Umstände gedeutet. Nicht der ‚gewagte Entwurf' (Intentionalität bzw. die Selbstbehauptung), sondern die Antwort (Responsivität) steht im Zentrum (vgl. Waldenfels 2008). Die kritischen Momente im Prozess geraten aus der ersten Perspektive als Phasen in den Blick, die als Übergang interpretiert werden. Die unterstellte Rationalität des Sinngeschehens übergeht die Krisen. Es wird eine Ordnung wiederhergestellt, die zwar angesichts von Krisen instabil erscheint, aufgrund einer zugrunde gelegten, übergreifenden Rationalität aber im Sinne (nachträglich) vorgegebener Ordnung verstehbar ist. Gegenüber dieser Annahme einer sich bewährt-bewährenden Schließung, die im Kern eine stabile Reproduktion eines Strukturmusters suggeriert, kann diese Suggestion selber als eine ‚mythische' rekonstruiert werden: Mit Blick auf die analytische bzw. empirische Praxis der Wissenschaft erscheint die Annahme der Möglichkeit einer Prozessgestalt oder einer Entwicklungsgesetzlichkeit selber noch als eine bewährt-bewährende Schließung, die offenkundig wird, wenn die kulturellen Ambivalenzen, Mehrdeutigkeiten oder das historisch Unzeitgemäße in den Blick genommen wird. Ebendies fokussiert der poststrukturalistische Blick. Er fokussiert „Phänomene des Unentscheidbaren und der Polyvalenz, in denen Prozesse des Scheiterns vollständiger Sinnhaftigkeit zum Ausdruck kommen, die konzeptionell im Begriff des ‚Heterologischen' zusammengefasst werden können" (Gertenbach 2008: 218).

Der Blick auf das Scheitern der ‚gewagten Entwürfe', auf Brüche und Zusammenbrüche des bewährt-bewährenden Schließens, auf Diskontinuitäten der Entwicklung lässt sich als analytische Perspektive interpretieren. Diese destruiert den ‚Bewährungsmythos'. Die Zusammenbrüche resultieren aus Selbstsubversionen und immanenten Paradoxien, quasi aus dem Inneren der Sinnregulierung (vgl. Reckwitz 2008: 239). Man kann es auch folgendermaßen formulieren: Die Unterstellung von Rationalität als Bewährung ist selber ein ‚gewagter Entwurf', der zwar eine Beurteilung von Anschluss ermöglicht, gleichzeitig aber nur mit Hilfe von Ausschluss vollzogen werden kann. Der Versuch der Begründung von Anschluss ist nur durch den Ausschluss anderer Möglichkeiten möglich, die subversiv den Anschluss irritieren. Aus poststrukturalistischer Perspektive ist das Ausgeschlossene bei der Analyse mit einzubeziehen. Die Analyse des Bewährungsmythos beruht demnach auf einem Mythos der Bewährung, auf der Annahme nämlich, dass der ‚gewagte Entwurf' einer Form von Rationalität unterworfen ist, die die Möglichkeit des Scheiterns nicht hinreichend einbezieht. Eine solche analytische Perspektive ist selbst noch eingelassen in die Verwicklungen des Sinngeschehens. Unterscheiden lassen sich somit zwei unterschiedliche analytische Perspektiven: Während die erste von der Differenz von Lebenspraxis und Analyse ausgeht, bezieht sich die zweite auf die Einheit dieser Differenz, während die erste an der Bewährung orientiert ist, reflektiert die zweite aufs Scheitern.

Die analytische Betrachtungsweise von Krise bezieht sich in beiden Fällen auf Krise als Normalfall. Damit treten Problematiken des Umgangs bzw. der Bewältigung und des Scheiterns ins Zentrum. Das Problem aus diesem Blickwinkel ist also nicht die Öffnung des Bewährten in der Krise, dies ist bereits geschehen, sondern das Verschließen des Offenen im Sinne eines Umgangs mit Krise. Die differenten analytischen Perspektiven lassen sich erstens dahingehend unterscheiden, wie sie das Offene bzw. die Öffnung verorten. Einerseits kann die Öffnung bereits im Verschlossenen angelegt sein, so dass das Bewährte selbstdestruktiv wirkt (vgl. u.a. Blumenberg 2001) oder es wird im Umweltlichen lokalisiert, so dass nicht die Eigendynamik des Bewährtem, sondern die Responsivität auf Umständliches zentral wird (vgl. u.a. Waldenfels 2008). Zweitens lassen sich analytische Perspektiven dahingehend unterscheiden, wie sie das Schließen bewerten. Einerseits kann die Schließung im lebenspraktischen Zusammenhang verortet und, gegenüber der analytischen Sicht auf Distanz gebracht, akzeptiert werden als möglicher (lebenspraktischer) Umgang mit Offenheit. Andererseits kann der Zweifel am Schließen durch die Einsicht radikalisiert werden, dass die distanzierte Akzeptanz selbst eine (Ver)Schließung darstellt, weil der Beobachter „aus der Zuschauerperspektive zurückfällt in die Weltverwicklung durch den Willen, der ihn den Drohungen der Natur ausliefert, statt ihn ihr gegenüber zu stellen" (Blumenberg 1993: 59). Unterscheiden lassen sich die Bewertungen des Schließens somit durch ihre Deutung von und ihren Umgang mit der lebenspraktischen Perspektive: auf der einen Seite Distanz und Akzeptanz, auf der anderen Seite Verwicklung und Kritik. Die Radikalisierung des in der lebenspraktischen Perspektive angelegten Zweifels, der aufgrund der als offen gedeuteten Zukunft auftritt, äußert sich in einer analytischen Perspektive als Skepsis an der möglichen Schließung von Offenheit. Diese Radikalisierung stellt eine analytische Perspektive dar, weil sie das Schließen einer vorgängigen Offenheit in den Blick nimmt. Sie ist als Radikalisierung zu lesen, weil sie noch die analytischen Schließungen in den Blick nimmt und als Verwicklungen in eine Lebenspraxis auszuweisen sucht. Sie impliziert eine Bewertung, indem sie am Offenen orientiert ist und es stellt sich die Frage, ob sie nur für das Offene, für die Erfahrungen, die lebenspraktische Bindungen transzendieren, offen ist, oder auch für den Sinn der Bindungen, die transzendiert werden.[8]

---

8 Zu dieser Problematik mit Blick auf eine formale Ethik des Spiels vgl. Seel 2002: 169ff. und 190.

Damit sind die Perspektiven abgesteckt, aus denen nun die Problematik der sozialpädagogischen Verunsicherung betrachtet werden kann. Zu fragen ist nach der Spezifik der Haltung angesichts der Offenheit, die sich nach Thiersch als Bedingung für die Überwindung der krisenhaften Unsicherheit anbietet.

4 Berufspraktische Unsicherheit und Skepsis

Aus den bisherigen Erörterungen lassen sich zwei zentrale Aspekte abschließend hervorheben. Ein erster Aspekt bezieht sich auf den Bereich berufspraktischer Unsicherheit. Hans Thiersch (2002) fragt, woraus diese Unsicherheit resultiert, um an diese Problemdeutung anschließend einen Lösungsvorschlag zu unterbreiten. Dabei sieht er das Problem in der Verunsicherung aufgrund widersprüchlicher Anforderungen, Erwartungen und Wertigkeiten und macht den Lösungsvorschlag, die Einstellung eines Abenteurers einzunehmen. In diesem Sinne lässt sich der Vorschlag krisentheoretisch in zwei Phasen unterteilen: Krisendiagnose und Ableitung von Bewährungsmöglichkeiten einerseits und Bewährung andererseits. Der zweite Aspekt tritt durch eine Problematisierung des Lösungsvorschlags hervor. Dabei ist nicht nur die Fraglichkeit des sich universalistisch gebenden Lösungsvorschlages als ‚Bewährungsmythos' anzudeuten, sondern die Orientierung an Bewährung selbst erscheint problematisch angesichts eines paradoxen Sinnprozesses, der ‚gewagte Entwürfe' subversiv unterläuft und übergreifende Ordnungen scheitern lässt. Metaphorisch lässt sich diese letzte Position in Anschluss an Friedrich Nietzsche beschreiben, der den ‚unvermeidlichen Schiffbruch' in den Blick nimmt. Während nun Thiersch betont, dass es fahrlässig wäre, einer Analyse der Problemstellungen keinen Problemlösungsvorschlag folgen zu lassen, ist es aus der Position einer radikalisierten Kritik fahrlässig, nicht auf die dem Problemlösungsvorschlag innewohnenden Probleme hinzuweisen. Ist es also aus der Perspektive von Thiersch problematisch, verunsichert und leidend abzuwarten, weil es eigentlich nicht um die Pädagogen, sondern um das geht, was sie vorhaben – geht es also um qualifiziertes, problemlösendes Handeln auf der einen Seite, so werden von der anderen Seite die Fallstricke und Probleme eben dieses Handelns hervorgehoben und der Nachweis geführt, wie der Problemlösungsvorschlag reduktiv entwickelt und in praktische Verwicklungen verstrickt ist.

Wenn nun aber von einer Verunsicherung der sozialpädagogischen Berufspraxis ausgegangen, der Lösungsvorschlag von Thiersch zur Bewältigung dieser Problematik selbst jedoch als problematisch anerkannt wird, dann verbleibt die Verunsicherung und es stellt sich weiterhin die Frage, wie damit umzugehen ist. Aber: Auch dies ist eine Problemformulierung und es eröffnet sich die Frage, ob dieses Problem auf eine Lösung drängt (Responsivität) oder die Formulierung des Problems bereits eine Lösung vorentwirft (Intentionalität). War bisher nur von der Antwort als Schließung eines fragend geöffneten Möglichkeitshorizontes ausgegangen worden, lässt sich nun auch noch die Frage nach der Krisendeutung selbst stellen. Nicht nur die Bewährung, sondern auch die Diagnose ist bereits fraglich.[9] Und nun könnte man fragen, warum diese Diagnose der Verunsicherung bzw. der Unsicherheit der professionellen Sozialpädagogen für Hans Thiersch Ausgangspunkt sein kann. Und mehr noch: Wie kann es sein, dass die Verunsicherung, die Thematisierung von Unsicherheit des Entscheidens und der Ungewissheit des Handelns im professionstheoretischen Diskurs eine zentrale Stellung einnehmen, wie anfangs behauptet wurde? Oder konkreter: Von welcher Frage geht Thiersch eigentlich aus, wenn er von den widersprüchlichen Anforderungen an eine sozialpädagogische Berufsidentität spricht und dann die Empfehlung ausspricht, Soziale Arbeit als Wagnis zu verstehen? Wo lässt sich das Problem verorten?

Wie nachgezeichnet, beginnt Thiersch seine Ausführungen mit der Frage, was im sozialpädagogischen Geschäft zählt. Folgt man der oben nachgezeichneten Antwort, lässt sich diese Frage jedoch konkretisieren: Es geht um die Frage, welche Bedingungen gegeben sein müssen, damit den Anforderungen an Produktivität entsprochen werden kann. Durch Verunsicherung und lähmende Widersprüche ist nämlich Produktivität nicht möglich. Thiersch beschreibt nun notwendige Bedingungen, die professionelle Produktivität zuallererst ermöglichen und rechnet einen Teil den Professionellen zu. Diesen wird damit im Kontext ihrer widersprüchlich-lähmenden Gegenwart eine Möglichkeit als bessere zukünftige Wirklichkeit aufgezeigt und die Fähigkeit unterstellt, dies auch unter bestimmten Bedingungen zu erreichen. Eine institutionelle Freiheit auf der ei-

---

9　So radikal auch dieses Problem letztendlich zur Frage nach dem Anfang drängt, lässt sich nicht davon ausgehen, dass das Problem des Anfangs ein solches ist. Dies gilt dann auch noch für die ‚ursprünglichste' Frage, die Frage der Metaphysik. An dieser Frage können die Bedingungen des Fragens angedeutet werden. Diese Frage scheint nicht beliebig und lautet: „Warum ist überhaupt Seiendes und nicht vielmehr Nichts?" (Heidegger 1976: 1). Diese Frage ist nicht eine erste im Sinne einer zeitlichen Aufeinanderfolge, sondern im Sinne einer ursprünglich-gründenden Frage. Damit ist sie auch anders begründbar. Martin Heidegger verortet die Stellung dieser Frage in der Erfahrung, diese Frage bereits gestellt zu haben. Wie aber ist der situative Kontext der Fragestellung? Dieser ist manchmal gekennzeichnet durch Verzweiflung, manchmal durch Jubel oder aber durch Langeweile, in jedem Falle aber durch eine befindliche Erfahrung. Und die Frage kann ignoriert oder weiter verfolgt werden und sie kann unerkannt bleiben oder uns bedrängen. In all diesen Fällen aber bleibt die Frage gestellt und es gilt einen Umgang mit dieser Frage auszuweisen. Es geht um das Fragen dieser Grundfrage, denn „Fragen sind und sind nur so, wie sie wirklich gefragt werden" (a.a.O.: 15). Zentral ist die Figur der in Erfahrung bereits gestellten Frage, die letztendlich nun noch konkretisiert werden muss.

nen Seite wirkt produktiv, aber nur wenn die Fähigkeit damit produktiv umzugehen auf der anderen Seite gegeben ist. Umgekehrt ist die Fähigkeit der Gestaltung von Freiheit unproduktiv, wenn die Freiheit nicht auch institutionell abgesichert ist. Aber auch dies wiederum reicht nicht, wenn da nicht ein Wille zum Engagement, also ein Antrieb zur Gestaltung von Freiheit, und eine positive Einstellung gegenüber dem Überraschenden vorhanden sind.

Diese Projektion ist keine Prognose. Sie ist eine Aufforderung, die Möglichkeiten zu ergreifen und sich lernend zu verhalten. Insofern lässt sie sich als pädagogisch interpretieren (vgl. Rustemeyer 2003: 81). Ist es auch eine Aufforderung, sich produktiv zu verhalten, weil dies im sozialpädagogischen Geschäft zählt? Ist es auch eine Aufforderung, sich politisch zu verhalten und die professionellen Freiheiten institutionell abzusichern? Ist es auch eine Aufforderung, sich pädagogisch zu verhalten und die Möglichkeiten als Ziel- bzw. Orientierungsperspektive in die Ausbildung zu integrieren? An wen richtet sich die Aufforderung? Was sagt dies über die Frage? Ist die Frage indifferent gegenüber diesen Möglichkeiten?

Eine Antwort auf diese Fragen lässt sich aus dem Kontext der Fragestellung rekonstruieren. Die Frage nach dem Zählbaren im sozialpädagogischen Geschäft ist gestellt im Horizont der berufspraktischen Verunsicherung professioneller Sozialpädagogen und nicht in einem ‚leeren Raum'. Sie zeigt eine Möglichkeit des Umgangs mit unproduktiven, lähmenden Widersprüchlichkeiten im beruflichen Alltag auf und versucht nicht bestimmtes Handeln zu erklären oder zu rekonstruieren. Sie unterstellt personale Freiheit, d.h. diejenige Freiheit, die notwendig ist, um sich zu ändern, die Umstände zu erkennen und sich in spezifischer Weise gegenüber den Umständlichkeiten zu verhalten. Sie ist gekennzeichnet durch einen spezifischen Blick, der die mögliche Deutung erst produziert, eine spezifische Problemstellung, die durch die Beobachtung erst erzeugt wird, und eine spezifische Empfehlung, die die Konsequenzen orientierend organisiert. Die gestellte Frage ist erst einmal eine Frage nach der Einstellung in einem pädagogischen Horizont. Denn es scheint weniger das Unwissen oder die Desorientierung entscheidend, „das pädagogische Problem ergibt sich vielmehr daraus, dass wir in der Regel faktisch gleichwohl so leben, als ob wir über beweisbare Normen, Werte, Handlungsmuster und dergleichen mehr verfügten" (Ruhloff 1999: 23). Und vor dem Hintergrund einer solchen Einstellung erscheint das Aufzeigen einer anderen Möglichkeit bzw. der Fraglichkeit des unbedingt Geltenden erst sinnvoll.

Abschließend lässt sich der Zugang zur Frage, was im sozialpädagogischen Geschäft zählt, selbst wiederum befragen. Es ist zu fragen, wie eine Praxis zu beschreiben ist, die einer solchen prinzipiellen Fraglichkeit von Geltungen entspricht. Und das entscheidende Problem dabei scheint zu sein, dass eine solche

Praxis der faktischen Einstellung selbst widerspricht. Aber zumindest die Möglichkeit einer solchen Praxis ist zu denken. Es geht um eine Praxis, die „ihre Grundannahmen als sachlich und zeitlich begrenzt und nurmehr hypothetisch tragend ansetzt. Sie nähme dann den Charakter eines Wagnisses oder Experimentes an" (Ruhloff 1994: 108). Dem entspricht dann wiederum die Einstellung des Abenteurers, wie sie auch von Hans Thiersch empfohlen wird, der sich zumindest vom Überraschenden nicht überraschen lässt.[10] Die momentane Bewährung bzw. Überwindung der Krisen bietet jedoch keine abschließende Sicherheit. Und ob die Empfehlung, sich als Abenteurer zu deuten, nicht universalistische Tendenzen hat, die es zu befragen gälte, bleibt ebenso fraglich, wie die Frage, ob die Frage nach dem, was im sozialpädagogischen Geschäft zählt, nicht ebenfalls von der Geschäftigkeit des Sozialpädagogischen ausgeht, was ja durchaus hinterfragt werden kann. Aber es lässt sich auch die Frage stellen, ob der Fragende solcher Fragen sich nicht gleichsam auch als Abenteurer deutet, der das Fragestellen und das Antworten als Wagnis versteht. Am Ende bleibt dann die Möglichkeit, die Frage selbst als eine Antwort (Responsivität) oder als einen Entwurf (Intentionalität) zu deuten. Wie der Fragende jedoch die Frage deutet, ist abhängig von seiner Einstellung.

Literatur

Blumenberg, Hans (1993): Schiffbruch mit Zuschauer. Analyse einer Daseinsmetapher. Frankfurt am Main: Suhrkamp Verlag
Blumenberg, Hans (2001): Lebenszeit und Weltzeit. Frankfurt am Main: Suhrkamp Verlag
Blumenberg, Hans (2006): Arbeit am Mythos. Frankfurt am Main: Suhrkamp Verlag
Bollnow, Otto Friedrich (1959): Existenzphilosophie und Pädagogik. Versuch über unstetige Formen der Erziehung. Stuttgart: Kohlhammer Verlag
Bollnow, Otto Friedrich (1966): Krise und neuer Anfang. Beiträge zur pädagogischen Anthropologie. Heidelberg: Quelle & Meyer.
Cleppien, Georg (2007): Bildung, Zeit und Pädagogik. In: Neue Praxis 37, 29-41

---

10 An dieser Stelle lässt sich auch das gegenwärtige (traditionell hermeneutische) Interesse an der antiken Konzeption der Phronesis verorten: diese bezeichnet eine Form der Fähigkeit, eigenes und fremdes Handeln zu orientieren und kann im gewissen Sinn mit Klugheit übersetzt werden. „Was den Klugen auszeichnet, ist gerade dies, dass er die wesentliche Unvorhersehbarkeit zukünftiger Ereignisse in die Planung seines Handelns einbezieht. [...] Der Gerissene, der auch vor moralisch verwerflichen Mitteln zur Durchsetzung seiner Ziele nicht zurückschreckt, unterschätzt die Unvorhersehbarkeit der Zukunft. Umgekehrt hat der Kluge dem Gerissenen gegenüber eine realistischere Auffassung von der Begrenztheit des menschlichen Erkenntnisvermögens" (Ebert 2006: 184).

Cleppien, Georg (2008): Lebensweltorientierte Orientierung in Widersprüchen. In: Widersprüche 108, 71-84
Ebert, Theodor (2006): Phronesis – Anmerkungen zu einem Begriff der Aristotelischen Ethik (VI 5 und 8-13). In: Höffe, Otfried (Hrsg.): Klassiker auslegen. Aristoteles: Nikomachische Ethik. Berlin: Akademie Verlag, 165-186
Ehrenberg, Alain (2002): Das erschöpfte Selbst. Depression und Gesellschaft in der Gegenwart. Frankfurt am Main: Suhrkamp Verlag
Gertenbach, Lars (2008): Geschichte, Zeit und sozialer Wandel. Konturen eines poststrukturalistischen Geschichtsdenkens. In: Moebius, Stephan/Reckwitz, Andreas (Hrsg.): Poststrukturalistische Sozialwissenschaften. Frankfurt am Main: Suhrkamp Verlag, 208-225
Heidegger, Martin (1976): Einführung in die Metaphysik. Frankfurt am Main: Vittorio Klostermann Verlag
Heidegger, Martin (1995): Ontologie. Hermeneutik der Faktizität. Frankfurt am Main: Vittorio Klostermann Verlag
Heidegger, Martin (2001): Sein und Zeit. Frankfurt am Main: Vittorio Klostermann Verlag
Heidegger, Martin (2002): Phänomenologische Interpretationen zu Aristoteles. Frankfurt am Main: Reclam
Heinz, Marion (2001): Das eigentliche Ganzseinkönnen des Daseins und die Zeitlichkeit als der ontologische Sinn der Sorge (§§61-66). In: Rentsch, Thomas (Hrsg.): Klassiker auslegen. Martin Heidegger: Sein und Zeit. Berlin: Akademie Verlag, 169-198
Koselleck, Reinhart (2006): Kritik und Krise. Frankfurt am Main: Suhrkamp Verlag
Litt, Theodor (1995): Das Bildungsideal der deutschen Klassik und die moderne Arbeitswelt. Zweiter systematischer Teil. In: Ders.: Pädagogische Schriften. Eine Auswahl ab 1927. Besorgt von Albert Reble. Bad Heilbrunn: Klinkhardt, 207-268
Luckner, Andreas (2001): Wie es ist, selbst zu sein. Zum Begriff der Eigentlichkeit (§§54-60). In: Rentsch, Thomas (Hrsg.): Klassiker auslegen. Martin Heidegger: Sein und Zeit. Berlin: Akademie Verlag, 149-168
Mollenhauer, Klaus (1986): Zur Entstehung des modernen Konzepts von Bildungszeit. In: Mollenhauer, Klaus: Umwege. Über Bildung, Kunst und Interaktion. Weinheim/ München: Juventa Verlag, 68-92
Oevermann, Ulrich (1976): Programmatische Überlegungen zu einer Theorie der Bildungsprozesse und Strategien der Sozialisationsforschung. In: Hurrelmann, Klaus (Hrsg.): Sozialisation und Lebenslauf. Empirie und Methodik. Sozialwissenschaftlicher Persönlichkeitsforschung. Reinbek bei Hamburg: Rowohlt, 34-52
Oevermann, Ulrich (1991): Genetischer Strukturalismus und das sozialwissenschaftliche Problem der Erklärung der Entstehung des Neuen. In: Müller-Doohm, Stephan (Hrsg.): Jenseits der Utopie. Frankfurt am Main: Suhrkamp Verlag, 267-338
Oevermann, Ulrich (1995): Ein Modell der Struktur von Religiosität. Zugleich ein Strukturmodell von Lebenspraxis und von sozialer Zeit. In: Wohlrab-Sahr, Monika (Hrsg.): Biographie und Religion. Zwischen Ritual und Selbstsuche. Frankfurt am Main/New York: Campus Verlag, 27-102
Oevermann, Ulrich (1996): Theoretische Skizze einer revidierten Theorie professionellen Handelns. In: Combe, Arno/Helsper, Werner (Hrsg.): Pädagogische Professionali-

tät. Untersuchungen zum Typus pädagogischen Handelns. Frankfurt am Main: Suhrkamp Verlag, 70-182

Prange, Klaus (1992): Intention als Argument. In: Luhmann, Niklas/Schorr, Karl-Eberhard (Hrsg.): Zwischen Absicht und Person. Fragen an die Pädagogik. Frankfurt am Main: Suhrkamp Verlag, 58-101

Reckwitz, Andreas (2008): Moderne. Der Kampf um die Öffnung und Schließung von Kontingenzen. In: Moebius, Stephan/Reckwitz, Andreas (Hrsg.): Poststrukturalistische Sozialwissenschaften. Frankfurt am Main: Suhrkamp Verlag, 226-245

Ruhloff, Jörg (1994): Problematisierender Vernunftgebrauch, Skepsis, praktische Produktivität. In: Fischer, Wolfgang (Hrsg.): Colloquium Paedagogicum. Studien zur Geschichte und Gegenwart transzendentalkritischer und skeptischer Pädagogik. Sankt Augustin: Academia Richarz, 107-122

Ruhloff, Jörg (1999): Sokratische Skepsis in der Pädagogik. Eine wissensarchäologische Studie mit Ausblick auf das Verhältnis von Skepsis und Kritik. In: Benner, Dietrich/Görtemeyer, Karl-Franz/Sladek, Horst (Hrsg.): Bildung und Kritik. Studien zum Gebrauch von Kritik im Umgang mit Bildungszielen und -problemen. Weinheim: DSV, 11-28

Rustemeyer, Dirk (2003): Kontingenzen pädagogischen Wissens. In: Helsper, Werner/Hörster, Reinhard/Kade, Jochen (Hrsg.): Ungewissheit. Pädagogische Felder im Modernisierungsprozess. Weilerswist: Velbrück Verlag, 73-91

Seel, Martin (2002): Heidegger und die Ethik des Spiels. In: Seel, Martin: Sich bestimmen lassen. Studien zur theoretischen und praktischen Philosophie. Frankfurt am Main: Suhrkamp Verlag, 169-195

Seibt, Johanna (2005): Kognitive Orientierung als epistemisches Abenteuer. In: Stegmaier, Werner (Hrsg.): Orientierung. Philosophische Perspektiven. Frankfurt am Main: Suhrkamp Verlag, 197-224

Stanitzek, Georg (1985): Blödigkeit. Beschreibungen des Individuums im 18. Jahrhundert. Tübingen: Niemeyer Max

Thiersch, Hans (2002): Profession und Person. Zur Berufsidentität der Sozialpädagog/innen. In: Thiersch, Hans: Positionsbestimmungen der Sozialen Arbeit. Gesellschaftspolitik, Theorie und Ausbildung. Weinheim/München: Juventa Verlag, 191-202

Tschacher, Wolfgang (1997): Prozessgestalten. Die Anwendung der Selbstorganisationstheorie und der Theorie dynamischer Systeme auf Probleme der Psychologie. Göttingen u.a.: Hogrefe

Vitiello, Vincenzo (2001): Wüste Ethos Verlassenheit. Beitrag zu einer Topologie des Religiösen. In: Derrida, Jacques; Vattimo, Gianni (Hrsg.): Die Religion. Frankfurt am Main: Suhrkamp Verlag, 172-207

Waldenfels, Bernhard (2008): Grenzen der Normalisierung. Studien zur Phänomenologie des Fremden. 2. Erweiterte Ausgabe. Frankfurt am Main: Suhrkamp Verlag

Teil II:

Beobachtungen des Beobachtens
–
Kultur- und Bildungstheorie der Sozialen Arbeit

Wie die Sozialpädagogik vom Sozialen spricht. Oder: Weshalb der ‚Cultural Turn' in der Sozialpädagogik nicht stattfindet

Bernd Dollinger

1 Von Gespenstern und dem ‚Wesen' des Sozialen

Ein Gespenst geht um in der *Geschichte der Sozialpädagogik* – das Gespenst des *Relativismus.* Alle Mächte *der Theoriebildung* haben sich zu einer heiligen Hetzjagd gegen dies Gespenst verbündet, *die Lebensweltorientierung* und *die Systemtheorie, die Anomietheorie* und *die Professionsforscher, die sozialwissenschaftlichen* und *die psychologisch interessierten Sozialpädagogen.*

Das Gespenst erschreckt bis heute. Tatsächlich scheint das Potential des Erschreckens heute jedoch nicht unbedingt vom Kommunismus auszugehen, an den mit dem einleitenden Absatz erinnert wird. Der Absatz ist in den kursiv gesetzten Stellen verändert, denn bekanntlich sprachen Marx und Engels (1848/ 2005: 47) am Beginn des Kommunistischen Manifests nicht von Relativismus in der Sozialpädagogik, sondern schätzten ein, wie ihre Zeitgenossen auf den Kommunismus reagierten. An ihn zu erinnern, scheint in der Sozialen Arbeit aktuell nicht nötig; zumindest neo-/marxistische Positionen gehören zwar nicht zum dominierenden Theoriediskurs, haben jedoch einen festen Platz in der Landschaft der Theoriediskussionen inne. May (2008: 233ff.) etwa dekliniert aktuelle Theoriediskurse Sozialer Arbeit vor der Hintergrundfolie des Marxschen Wissenschaftsverständnisses. Dies zeigt beispielhaft die Möglichkeit, durch Rekurse auf Theoriepositionen, die auf objektiv bestimmbaren Momenten des Sozialen aufruhen, an gegenwärtige Auseinandersetzungen im Fachdiskurs anzuschließen.

Anderes gilt für die Warnungen vor Relativismus, die derzeit größere Bedeutung haben. Auch über neo-/marxistische Positionen hinaus sind in den Sozialwissenschaften Bestärkungen einer kritisch-objektivistischen Haltung festzustellen. Gegenüber einer „normativen Zurückhaltung' großer Teile der sozialwissenschaftlichen Studien und Analysen" wird versucht, „die aktuelle Antinormativität gehaltvoll zu durchbrechen" (Bittlingmayer/Bauer 2006: 14), um ideologiekritische Analysen einbringen zu können. Während Bittlingmayer und

Bauer (ebd.) dies mit Blick auf „eine anti-essentialistische Perspektive auf Gegenwartsgesellschaften" zu realisieren suchen, gewinnen Tendenzen an Bedeutung, die in maßgeblichen Feldern der Sozialen Arbeit zur Artikulation von Kritik eine (Re)Orientierung an einer außerdiskursiven Realität postulieren und dies mit Warnungen verbinden, denen gemäß es zu relativistischen Grundhaltungen führe, anderweitiges zu verfolgen (vgl. zur Diskussion Kessl 2008; Peile/McCouat 1997; Sheppard 1998). Um dies realisierungsfähig zu halten, wird in Referenz auf ein ‚Wesen' des Sozialen argumentiert. Folgt man den Darstellungen, so gibt es eine diskursiven Auslassungen vorgelagerte ‚Basis', die mit einer genügend scharf eingestellten Theoriebrille erkannt und beschrieben werden kann. Diese Basis mag in beständigem Wandel sein und immer neue diagnostische Instrumentarien erfordern, sie bestehe als prädiskursiver Bezugspunkt allerdings unabhängig von der Art und Weise ihrer Thematisierung. Da sich die Gesellschaft dauerhaft verändert, sei eine an die neue Lage jeweils angepasste Theorie nötig. Man müsse gewissermaßen die theoretische Dioptrienzahl erhöhen, um die Basis jeweils deutlich in den Blick zu bekommen.

Eine objektivistische Haltung muss zwar nicht kritisch sein. Umgekehrt aber – und dies ist in der sozialpädagogischen Theoriediskussion der Regelfall – nehmen kritische Haltungen häufig objektivistische Diagnosen sozialer Missstände vor und äußern Kritik auf dieser Grundlage. In der artikulatorischen Praxis wird eine spezifische Lesart ‚des' Sozialen verbindlich gemacht, wobei vorausgesetzt wird, dass die soziale Objektivität ‚richtig' im Sinne der jeweiligen kritischen Perspektive beschaffen ist. Nur als Qualität besonderer Art kann sie der Kritik zuträglich sein und ihr als Basis dienen. Kritik arbeitet damit an der Konstruktion ihres Gegenstandes mit.

Für die Armutsforschung hat diesen Sachverhalt Barlösius (2001) erschlossen. Sie beschreibt die Einnahme einer übergeordneten Perspektive, von der aus unter Verwendung objektivierender Forschungsmethoden Gesellschaft strukturiert und Armut als besonderer Problembereich abgegrenzt wird. Entscheidend ist hierbei die Gestaltung von Sozialität durch ihre scheinbar objektive Repräsentation. In dem Versuch, soziales Leben abzubilden, wird es in Abhängigkeit von den Mitteln, durch die es zum Sprechen gebracht wird, konstituiert und dadurch der Kritik geöffnet. Wo es eindrücklich als Tatsache vor Augen tritt, bleibt es ein – allerdings nicht beliebig herstellbares – Artefakt, in dessen ‚Tatsächlichkeit' mühsame Prozesse des ‚black boxing' eingeschlossen sind, d.h. Vorgänge, durch die in jedem Forschungsschritt bestehende alternative Vorgehensweisen und Perspektiven ausgeblendet werden (vgl. Schützeichel 2007). Indem ein Forscher sich ein Bild von der Gesellschaft macht, bildet er sie in Kooperation mit anderen kulturellen und öffentlichen Instanzen.

Soziales als solches bleibt dabei unsichtbar; man weiß nicht genau, wie (und ob) es überhaupt existiert. Offensichtlich interagieren Menschen und stehen in sozialen Beziehungen. Aber was heißt das? Indem die alltägliche Plausibilität sozialer Beziehungen forschungsmethodisch kenntlich gemacht wird, ist sie bereits wieder verschwunden. Man kann nur Vermutungen anstellen, wie das soziale Leben ‚an sich' aussehen mag und ohne die Theorien und Methoden beschaffen sein könnte, die konstitutiv zu seiner Sichtbarmachung beitragen.

Hier nun kommen die eingangs erwähnten Gespenster wieder ins Spiel. Sie ‚spuken' als subjektlose Wesen, d.h. ‚es spukt'. Für diesen abenteuerlichen Vorgang gibt es *„kein bestimmendes Subjekt"* (Lüdemann 1995: 278; bezügl. Derrida 1995). *Es wird gespukt,* wobei sich das Spukende letzter Gewissheit entzieht. Übersetzt man dies in eine spukfreie Sprache, so wird ausgedrückt, dass Sozialität nur in Begriffen gedacht und thematisiert werden kann, die es verschieben und neu orientieren, ohne dass Sicherheit bestünde, wie sie als Essenz und an sich gegebener Sinn zu repräsentieren sein könnte. Die Rede vom Sozialen unterstellt etwas, das in der Rede selbst neu orientiert wird. Dies führt nun nicht zu der Annahme, man könnte beliebig vom Sozialen sprechen. Gemeint ist vielmehr die Aufforderung, eine zunächst ‚essenzlose' Sozialität anzudenken, die erst durch besondere Anstrengungen ‚essentialisiert' wird. Soziales wird als Sichtweise immer wieder konstituiert, indem es durch Methoden und Rhetoriken sichtbar gemacht, mit Symbolen aufgeladen und mit normativen Forderungen behaftet wird. Sozialität an sich bleibt dabei unkenntlich; ihr kann höchstens eine *„Undarstellbarkeit"* (Lüdemann 2004: 11) attestiert werden. Wer vom Sozialen spricht, kann sich folglich nicht auf soziale Tatsachen berufen, um sich als Sprecher zu legitimieren. Er nimmt vielmehr teil an agonalen Auseinandersetzungen um Darstellungen sozialen Lebens.

Den Ausgangspunkt der folgenden Betrachtungen bildet damit eine, wenn man dies so ausdrücken will, sozialwissenschaftliche Gespensterlehre bzw. eine „spektrale Soziologie" (Stäheli 2000: 68ff.; vgl. auch Moebius 2003; n. franz. „spectre", dt. „Gespenst"). Sie sucht nicht im Sinne von Marx, Gespenster auszutreiben, sondern gemäß Derrida, „sie zum Sprechen zu bringen und auf sie zu hören" (Kimmerle 2008: 145). Konkreter ausgedrückt geht es um die Bereitschaft, sich auf die vielschichtigen Bedingungen des Sprechens vom Sozialen einzulassen. Es ist zu untersuchen, wie es möglich gemacht wird, Soziales als bestimmten Erfahrungs-‚gegenstand' auszumachen, indem ihm Sinn attestiert wird, der letztlich nie ganz ruhig gestellt und festgemacht werden kann, da er auf Differenzen beruht, die einen „nicht assimilierten ‚Rest'" (Stäheli 2000: 70) in sich tragen. Insofern Sozialität als überdauernde Gewissheit nur vermeintlich existiert, indem andere Möglichkeiten, von ihr zu sprechen, ausgeschlossen bleiben und gleichzeitig in der Rede vom Sozialen als beunruhigendes Element präsent bleiben (vgl. Bonacker 2008), ist zu fragen, was eine zwingend am Sozialen ausgerichtete Sozialpädagogik kennzeichnet. Die These dabei lautet, dass Sozialpädagogik spezifische Formen von Sozialität artikuliert. Sie sucht dadurch hegemoniale Projekte der Gewissheitskonstruktion zu implementieren und verbindet ‚ihre' Sichtweisen mit kulturell vorherrschenden Deutungen des Sozialen. Es geht im Folgenden darum, dies zu untersuchen, indem die Perspektive der Beobachtung und des Verstehens sozialer Prozesse, die sozialpädagogische Theorien beanspruchen, analysiert wird. Intendiert ist mithin ein Stück sozialpädagogischer Selbstvergewisserung.

2 Sozialpädagogische Signifikationen sozialen Wandels

Das bisher Gesagte bezeugt die Notwendigkeit, sich nicht vorschnell einen Begriff vom Sozialen zu machen. Dies in einer Erörterung sozialpädagogischer Theorieoptionen einzubringen, erscheint zunächst überzogen, schließlich ist die Sozialpädagogik seit ihrem Bestehen mit der Frage sozialer Ordnungsbildung befasst. Ihre Re-Orientierung seit den 1960er Jahren machte sie wieder zu einer sozialwissenschaftlich ausgerichteten Disziplin. Die Frage nach sozialem Wandel ist in der Konsequenz ein bestimmendes Element ihrer Theoriediskurse. Sozialpädagogik, so teilte Klaus Mollenhauer (1973: 293) mit, hänge „eng" mit der „industriellen und der bürgerlichen Gesellschaft" zusammen. Die Sozialpädagogik könne vor diesem Hintergrund „nur begrenzt von den sozialen und kulturellen Traditionen ausgehen und an diesen Halt finden, denn sie sieht sich dem Werden einer Gesellschaft gegenüber, deren Unvollkommenheiten dem Sozialpädagogen unmittelbar (...) gegenübertreten" (a.a.O.: 294). Angesichts der sozialen Dynamik und der durch sie immer wieder neu generierten Formen von Normabweichung könne die Sozialpädagogik demnach nicht darauf vertrauen, einmal erworbenes Wissen und eine bestehende Interventionsberechtigung auch in Zukunft nutzen bzw. fortführen zu können. Es bedarf, wenn man dieser These folgt, der Auseinandersetzung mit sozialem Wandel, aus dessen Kenntnis Möglichkeiten sozialpädagogischer Selbstvergewisserung entspringen. Aber wie erfolgt diese Rede vom Sozialen? Und was wird mit der Annahme seines permanenten Wandels schon unterstellt? Diesbezüglich besteht Klärungsbedarf.

2.1 Zum Beispiel Modernisierungstheorien

Der in der Sozialpädagogik einflussreichste Versuch, ‚der' Sozialität theoretisch beizukommen, verweist auf Modernisierungstheorien. Es handelt sich um eine heterogene Sammlung von Perspektiven, in deren Zentrum die Annahme eines epochalen Übergangs von einfach strukturierten, wenig differenzierten zu komplex organisierten und hochgradig ausdifferenzierten Gesellschaftsformen steht. Es wird eine Makroperspektive eingenommen, die auf primär endogen induzierten Fortschritt blicken lässt. In seinem Verlauf komme es zu mehr oder weniger stark synchronisierten Veränderungen in verschiedenen Sphären gesellschaftlichen Lebens; im soziologischen Wörterbuch heißt es zusammenfassend, Modernisierung „umfasst vier Annahmen: Erstens gilt Modernisierung als *endogene* Leistung der in diesem Prozess begriffenen Gesellschaften, zweitens *unterstützen* sich die einzelnen Züge der Modernisierung *wechselseitig,* drittens behindern *Modernisierungsvorläufer* nicht die *Nachzügler* und viertens *konvergieren* Modernisierungsprozesse in der Steigerung gesamtgesellschaftlicher *Anpassungsleistungen.* Modernisierung gilt damit formal als *progressiver, systemischer, globaler* und *irreversibler Prozess*" (Degele 2002: 376).

Kritiker des Konzepts haben eine Reihe einschlägiger Schwachstellen aufgezeigt (vgl. z.B. Knöbl 2001; Kraft 1992; Wehling 1992), die hier nicht im Einzelnen aufgezählt werden müssen. Von Relevanz ist jedoch der Kern der Kritik, der auf eine nach Maßgabe westlicher Gesellschaften geprägte Fortschrittsideologie hinweist. Sie legitimiert sich durch Hinweise auf eine „archaische und stabile Vergangenheit" (Latour 2008: 18). Ihr gegenüber tritt eine neuartige Stufe auf den Plan, nämlich die „Moderne", die durch die Behauptung einer *gesamtgesellschaftlichen* Modernisierung ihrerseits homogenisiert ist (vgl. dazu kritisch Luhmann 1997: 568f.). Diese doppelte Vereinfachung beinhaltet die Darstellung eines historischen Bruchs, der die Gegenwart von der Vergangenheit löst. Dies geschieht im Zeichen eines normativ geprägten Fortschrittsdenkens (vgl. Uhl 2001), da die frühere Gesellschaftsform ‚einfacher', ‚primitiver' gewesen zu sein scheint. Ihre vermeintliche Fixierung an Traditionen wurde vermeintlich abgelöst durch einen unhintergehbaren Prozess der Ordnungskonstitution, der neuartige Formen sozialer Kontrolle und Integration mit sich gebracht hat.

Auch wenn neuere Modernisierungstheorien sich von Vorstellungen einer Entwicklung nach universellen Prinzipien verabschieden und unregelmäßige Abläufe auf unterschiedlichen Ebenen berücksichtigen (vgl. im Überblick Degele/Dries 2005: 20ff.; Loo/Reijen 1992), bleibt es bei teleologischen Konstruktionen, die bereits in der verwendeten Begrifflichkeit „Moderne" einen normativen Gehalt aufweisen (vgl. Oelkers u.a. 2008: 242f.; Uhl 2001). Die Rede von ihr, auch in der Form einer Postmoderne oder reflexiven Moderne, impliziert einen historischen Bruch, dessen Behauptung mindestens implizit Kontinuitäten unterstellt: Gemäß einer „immanenten Steigerungslogik von Modernisierungsprozessen" (Degele/Dries 2005: 28) etabliere sich in den jeweils zugrunde gelegten Vergleichsdimensionen eine besondere Fortschrittlichkeit der neuen Gesellschaft. Es handelt sich um einen übermächtigen, anonymen Makroprozess, der je nach Interpret mit bestimmten Bedeutungen gefüllt wird und dabei eine Einheit simuliert, eine „Homogenität der Moderne in ihrem Kern, die sich auf der Ebene der jeweiligen Strukturmerkmale des Kapitalismus, des Rationalismus und der Differenzierung ausmachen lässt. Häufig ist die Figur der Einheit an die Figur der Steigerung gekoppelt" (Reckwitz 2008: 228), so dass ein Mehr an Kapitalismus, Rationalität, Reflexivität oder Differenzierung unterstellt wird.

Die *Bewertung* des evolutionären Modernisierungstrends war zunächst mit positiven Konnotationen behaftet. Dem Konzept ‚Modernisierung' entspricht ein säkularisierter Fortschrittglaube, denn es wird auf eine soziale Entwicklung hingewiesen, die zu einer komplexeren Gesellschaft geführt habe, die ein ‚besseres', freieres und weniger traditionsgebundenes Leben als in der Vergangenheit möglich mache. Allerdings gesellten sich hierzu bald Krisenängste (vgl. Haring 2001). Mit den Traditionen scheinen sich überlieferte Verhaltensausrichtungen aufgelöst zu haben, sodass das Zusammenleben riskanter geworden sei. So scheint es nicht gesichert, dass das hohe Kompetenz- und Entscheidungsniveau, das vom Einzelnen in der komplexen Gesellschaft gefordert wird, von ihm auch gezeigt werden kann. Das moderne Subjekt besitzt demnach Entfaltungschancen, aber es wirkt überfordert und kann leicht zur Gefahr für die soziale Ordnung werden (vgl. Schroer 2000).

An dieser Stelle kommt ein für die Sozialpädagogik einschlägiger Aufforderungsgehalt ins Spiel: ‚Modernisierung' erscheint zunächst als ein übermächtiger Makro-Prozess, der eine sich eigenlogisch entwickelnde Gesellschaft zeigt. Aber es bleibt nicht bei einer Eigenlogik, denn die Darstellungen leiten zu Handlungsempfehlungen über, die angesichts der Ambivalenz der historischen Entwicklung zwischen positivem Fortschritt und Krisenanfälligkeit drängend erscheinen. Es bedarf der Intervention, um dem drohenden Rückfall der Modernisierung – wie er z.B. in Thesen einer „reflexiven Modernisierung" als Konfrontation der Modernisierung mit ihren eigenen Voraussetzungen und Folgewirkungen unterstellt wird (vgl. Beck u.a. 1996; Beck/Lau 2004) – zu begegnen. Modernisierung kann demnach institutionell gesteuert und in ihren Nebenfolgen abgemildert werden, obschon sie als dunkler, eigenlogischer Prozess auftritt.

2.2 ‚Modernisierung' als hegemoniales Projekt der Sozialpädagogik

Der normative Aufforderungsgehalt des Modernisierungsbegriffs zeigt seine Attraktivität für die Sozialpädagogik. Es ist kein Zufall dass in pädagogischen Kontexten „die Verlust- oder Schattenseite der Moderne stark betont wird, obwohl die Expansion der Pädagogik als Wissenschaft sich dem Prozess der Modernisierung verdankt. Die Pädagogik ist zweifellos eine Gewinnerin des Modernisierungsprozesses, tritt aber selber gerne als deren Kritikerin auf" (Baader 2004: 16). ‚Modernisierung' weist den Vorteil auf, eine Option des Fortschritts inklusive einer besonderen Riskiertheit ihrer faktischen Erreichbarkeit zu vergegenwärtigen: Die Gesellschaft *kann* sich auf gewünschte Weise entwickeln, aber dies ist nicht gesichert, da Prozesse der Individualisierung, Rationalisierung, Pluralisierung oder Differenzierung jeweils mit spezifischen Problemlagen assoziiert scheinen. Individualisierung, so wird theoretisiert, kann in Vereinzelung, Rationalisierung in umfassende Hörigkeit, Pluralisierung in Relativismus und Differenzierung in übersteigerte Komplexität übergehen. So bereitet es vermeintlich kaum Schwierigkeiten, Drogenkonsum und hohe Scheidungsquoten, Rechtsextremismus und Generationenkonflikte, psychische Auffälligkeiten und steigende Raten an Arbeitslosigkeit mit dem globalen Konstrukt ‚Modernisierung' in plausible Verbindung zu bringen, um die Probleme damit gesellschaftstheoretisch ‚erklärbar' und tendenziell handhabbar zu machen.

Dennoch bleibt Modernisierung wenig fassbar. Mit ihr wird ein ‚Wesen' des Sozialen geschaffen, das als ‚Gespenst' ebenso sichtbar wie unsichtbar ist. Es gibt keine Einigkeit, was ihr Kern sein könnte und welche Indikatoren sie zweifelsfrei messen könnten (vgl. Kraft 1992). Sie simuliert eine dynamische Gesellschaft, die Hoffnungen schürt und gleichzeitig mit Krisen droht. Wann jene berechtigt sind oder diese eintreten, bleibt obskur. Eine sich modernisierende Gesellschaft ist eine nie ganz zugängliche, da eigenlogische, aber dennoch interventionsbedürftige Projektionsfläche für verschiedenartige Artikulationsinteressen.

Es ist deshalb konsequent, dass es um die Besetzung dieses Begriffs vielfältige Auseinandersetzungen gibt. Da er obskur bleibt, kann er auf unterschiedliche Weise gefüllt werden, und die Sozialpädagogik sucht ihm normative Orientierungen einzuschreiben, die ihr Handlungsmöglichkeiten eröffnen. So ist der Gedanke einer radikal modernisierten, hochkomplexen und stark individualisierten Gesellschaft unabhängig von seiner empirischen Bewährung als Zeitdiagnose derzeit breit etabliert (vgl. Bauer 2006; Dollinger 2007). Die Sozialpädagogik kann diese Basisorientierung nutzen, um spezifische Anschlussoptionen einzubringen. Es bedarf dazu lediglich geringfügiger Anpassungen ihrer tradierten Selbstbeschreibungen, in denen Hinweise auf eine moralisch-normative Überforderung des Einzelnen, auf defizitäre Sozialisationsbedingungen oder auf eine Auflösung überlieferter solidarischer Bindungen konstitutiv verankert sind. Als Krisenwissenschaft ist die Sozialpädagogik demnach in der Lage, das sozialwissenschaftliche Topos ‚Modernisierung' durch sublime Sinnjustierungen in ihrem Sinne auszudeuten. Sie kann geltend machen, Modernisierungsprozesse generierten Lebenskontexte, die aufgrund ihrer Sozialisationsleistungen zu einer potentiellen oder faktischen Beschädigung von Subjektivität führten. Familiale Sozialisation könne unter Druck geraten, Einflüsse durch Peers und Massenmedien könnten deviante Verhaltensorientierungen hervorrufen, die ‚moderne' meritokratische Leistungsideologie könne zu Überforderung führen usw., so dass die Schaffung pädagogisch stützender, bildungsförderlicher Umwelten nötig werde (vgl. hierzu Dollinger 2008). Wie die hohe Relevanz von Modernisierungstheorien in der Sozialpädagogik veranschaulicht, macht sie von diesen Mustern der gesellschaftstheoretischen Selbstpositionierung in beträchtlichem Maße Gebrauch. Er reicht von frühen Anklagen gegen sozialen Wandel, durch den sich immer mehr Bereiche der Gesellschaft zu „von einander sehr verschiedenen Gestaltungen individualisiren" (Ballauff 1862: 424) und das soziale Leben enttraditionalisiert werde und letztlich zerfalle, bis hin zu den zahlreichen aktuellen Thesen einer radikalisierten Modernisierung.

Durch diese Referenzen partizipiert die Sozialpädagogik am hegemonialen Projekt einer Sozialordnung, die in ihrem Selbstverständnis ausschließt, was als nicht ‚modern' erscheint: Indem die Modernisierungstheorie einen eigenlogischen Transformationsvorgang vor Augen führt, wird „der Moderne eine geschlossene, sich selbst reproduzierende Struktur" zugeschrieben: „Diese geschlossene Struktur stabilisiert sich nicht zuletzt über strikte Grenzziehungen, Grenzziehungen zwischen verschiedenen differenzierten Sphären und Regelkomplexen innerhalb der modernen Gesellschaft, vor allem aber zwischen dem modernen ‚Innen' und einem nichtmodernen ‚Außen'" (Reckwitz 2008: 229). In der sozialpädagogischen Repräsentation sozialer Problemlagen werden Drogenkonsumenten, Rechtsextremisten, Geringqualifizierte, Kriminelle u.a. zu Verlierern auf dem Weg in eine komplexe Gesellschaft. Sie erscheinen als überforderter ‚Rest' einer fortschrittlichen Sozialordnung, die sich ihrer Modernität gerade dadurch versichern kann, dass einigen der Weg zu ihr nicht gelingt. Dieser Ausschluss führt allerdings nicht zur Revision des zugrunde liegenden Ordnungsbildes und zur Hinterfragung der modernisierungstheoretischen Simulation einer Einheit ‚des' Sozialen. Vielmehr werden die in der Modernisierungstheorie ausgeschlossenen Sinndimensionen auf den ‚Rest' projiziert; er ‚spukt' als Symptom des Versuchs, eine fortschrittliche Gesellschaft zu inszenieren, die immer moderner, differenzierter, reflexiver, rationaler wird.

3 Optionen des ‚Cultural Turn'

Will man die durch hegemoniale Projekte generierten Ausschließungen analysieren, so bedarf es eines Standpunktes außerhalb des entsprechenden zeitdiagnostischen Referenzrahmens. Es darf nicht selbst eine starke Sozialtheorie verfolgt und etwa von einer ‚radikalisierten Moderne' oder Ähnlichem ausgegangen werden. Es ist vielmehr zu analysieren, welche Unterscheidungen jeweils verfolgt werden und welche Bilder von Sozialität sie artikulieren. Man kann die These vertreten, dass der wissenschaftshistorisch betrachtet bereits seit Beginn des 20. Jahrhunderts vollzogene *Cultural Turn'* Möglichkeiten einer entsprechenden Analytik auch für die Sozialpädagogik bereitstellt. Als viel beschriebener Trend (vgl. z.B. Bachmann-Medick 2007; Musner u.a. 2001; Nash 2001; Reckwitz 2006a) bezieht er Stellung zu der Konstitution von Wirklichkeit durch Prozesse der Symbolisierung und Bedeutungszuweisung. Den analytischen Ausgangspunkt bildet die von Weltanschauungen, Sprache und symbolisierten Zurechnungen gesteuerte Organisation der Wirklichkeitserfahrung mit ihren Folgewirkungen für das interpersonelle Zusammenleben. In neueren, seit den 1960er Jahren aufkommenden *poststrukturalistischen Varianten* dominiert der Versuch, kulturelle Einheitskonstruktionen als fragile, kommunikativ übermittelte Anmaßungen zu dechiffrieren, sie auf partikulare Sichtweisen und Artikulationsmöglichkeiten zu beziehen und zu dezentrieren, indem sie auf ein Spiel von Differenzen bezogen werden (vgl. Münker/Roesler 2000). Aus sozialwissenschaftlicher Sicht ist entscheidend, dass zur Ausdeutung interpersonellen Lebens nicht von einem argumentativen Ankerpunkt im Sozialen ausgegangen wird, sondern Sozialität wird als diskursive Interpretationsleistung in einem grundsätzlich agonalen, offenen und niemals ganz kontrollierbaren Artikulationsprozess konzipiert. An ihm sind einzelne Akteure durch mehr oder weniger große Eigenleistungen beteiligt. Der Einzelne wird als Subjekt nicht strukturalistisch aufgelöst, sondern „schafft sich seinen Platz", dies allerdings, indem das Subjekt „sich spaltet, sich verräumlicht, sich ‚verzeitlicht', sich differiert" (Derrida 2004: 153).

Die Feststellung, dass Strukturen das soziale Leben nicht determinieren, wird dahingehend radikalisiert, dass Strukturen konsequent auf die Grundlage kontingenter Bedeutungsstrukturierungen zurückgeführt werden. Dichotomien wie die von Prozess und Struktur, von Moderne und Vormoderne oder von Autonomie und Heteronomie werden in eine umfassende Anerkennung von Kontingenz als Basis jeder Artikulationschance und Dichotomisierung aufgelöst. Die darin sich ausdrückende Vorläufigkeit und Brüchigkeit von Sinnorientierungen kann nie ganz beruhigt werden und kommt auch dann zum Vorschein, wenn Dichotomien gleichsam trennscharfe Separierungen vorzunehmen scheinen. Die Sozialpädagogik führt dies vor Augen, indem sie das modernisierungstheoretisch konstituierte vormoderne ‚Außen' immer wieder im Inneren des ‚modernen' Bewusstseins sichtbar macht; Devianz und soziale Probleme werden bewusst gehalten und konfrontieren Vereinheitlichungen gesellschaftstheoretischen Bewusstseins mit ihrem Scheitern. Beziehen wir dies nun auf die Frage danach, welchen Stellenwert ein so verstandener poststrukturalistischer ‚Cultural Turn' für die Sozialpädagogik aufweisen kann.

3.1 Die ‚halbierte Kultur' der Sozialpädagogik

Angesichts der breiten Nachfrage der Sozialpädagogik nach sozialobjektivistischen Theorien ist es wenig verwunderlich, dass die beschriebene kulturtheoretische Wendung restringiert bleibt. Von verschiedener Seite aus werden entsprechende ‚Halbierungen' des sozialpädagogischen Theoriediskurses thematisiert. Drei Analysen seien genannt:

Erstens weisen Neumann und Sandermann (2008: 11) auf Tendenzen der sozialpädagogischen Theorie hin, „sich ‚ontologisch'" zu plausibilisieren. Die Berechtigung der eigenen Beobachterperspektive erfolge nicht, wie in den neueren Sozialwissenschaften, auf der Grundlage einer Selbstbeobachtung, die den eigenen Beobachtungsstatus aufarbeitet. Legitimation für die eigene Perspektive soll, im Gegenteil, durch Hinweise auf eine gegebene Objektivität mobilisiert werden, die zu einer „Vereigentlichung beobachtungsrelativer Auffassungen über ‚Sein' und ‚Wesen' der Sozialen Arbeit" (a.a.O.: 25) führten. Die Verdunkelung der eigenen Perspektivität münde demnach im programmatischen Anschein einer gegeben Wesenhaftigkeit Sozialer Arbeit, der gegenüber Versuche einer Reflexion der Voraussetzungen eigener Wissensmöglichkeiten halbiert bleiben.

Auf gesellschaftstheoretischer Ebene kann dies, *zweitens*, mit der Wahrnehmung verbunden werden, dass Sozialpädagogik sich zu legitimieren sucht, indem sie sich reaktiv zu gesellschaftlichen Krisenphänomenen positioniert: Sie *antwortet* ihrem Selbstverständnis nach auf soziale Probleme. Im Sinne einer ‚halbierten Entdinglichung' des Sozialen wird in sozialpädagogischen Theorien zwar auf flexible Handlungsmöglichkeiten in sozialen Räumen aufmerksam gemacht, die allerdings gegen eine objektivistisch bestimmte gesellschaftliche Konstellation gerichtet seien (vgl. genauer Dollinger 2008: 109ff.). Durch diese Appellation objektiver Krisen werden sowohl eine spezifische Ordnungsvorstellung wie auch deren normative Bewertung verbindlich gemacht. Es gibt demnach eine Gesellschaft, und sie kann bzw. muss kritisiert werden. Dies führt zum Möglichkeitsnachweis sozialpädagogischen Handelns, das angesichts drängender Problemlagen weniger einer Reflexion als unmittelbarer Umsetzung bedürftig zu sein scheint. Im Theoriediskurs korrespondiert somit die enge Bindung der Sozialpädagogik an Prozesse der Konstitution sozialer Ordnung mit dem Versuch, bestimmte Ordnungsentwürfe zu plausibilisieren, die sozialpädagogischem Handlungsvermögen entgegenkommen und es mit Sinn ausstatten. Sozialpädagogik setzt folglich eine Gesellschaft voraus, die eine Sozialpädagogik benötigt.

Drittens werden vergleichbare Argumentationsstrategien in der Diskussion um Zeitdiagnostiken wie die einer ‚Wissensgesellschaft' rekonstruiert. Bauer (2006: 228f.) spricht von einem „halbierten Strukturfunktionalismus". Er zeige sich in der These, dass im Zuge sozialen Wandels einerseits die Menschen einer spezifischen Modernisierungslogik ausgeliefert seien und sich ihr anpassen müssten. Soziale Strukturen und Einflüsse sind demnach wirkmächtig und konfrontieren den Einzelnen mit besonderen Anforderungen. Andererseits aber gebe es Möglichkeiten der Gegenwehr, da den Menschen umfangreiche Handlungsoptionen und Kompetenzen zur Verfügung stünden, die – in Abhängigkeit vom Aktivitätsstatus und der individuellen Leistungs- und Lernbereitschaft – zum Ausbau von Potentialen nutzbar zu sein scheinen.

Diese Analyse ist für die Sozialpädagogik einschlägig. Sie kennt gleichfalls eine entsprechende Inkonsequenz, die mit unterschiedlichen Stabilitäten von Sozialität operiert: Sozialität tritt einerseits als sich gesetzmäßig und eigenlogisch verändernde Ordnungsform mit unhintergehbarem Anforderungscharakter auf und erscheint andererseits als flexible, sozialpädagogisch gestaltbare Raumkonzeption mit Bildungsmöglichkeiten. Modernisierung, so wird im Theoriediskurs unterstellt, erfordert soziale Bildung und Bildungsräume, die qua Modernisierung unmöglich gemacht werden.

Diese drei Beispiele verdeutlichen die nur partielle ‚Kulturalisierung' sozialpädagogischer Theorien. Diese machen zwar auf nennenswerte Dynamiken aufmerksam; sie zeigen umfassende Pluralisierungen, Differenzierungen, Entgrenzungen und ähnliche Strukturveränderungen. Aber dies stößt an unüberschreitbare Grenzen, wie sie die Modernisierungstheorie als überdauernde und umfassende Entwicklungsverläufe vor Augen führt. Selbst wo Modernisierung auf Dynamiken und aufbrechende Handlungsoptionen hinweist, ist dies gemäß der sozialpädagogischen Theoriebildung eingebettet in die ‚harte' Gesetzlichkeit eines mit zwingender Macht auftretenden Modernisierungsprozesses. Die kulturelle Seite der Sozialpädagogik bricht sich an dieser objektivistischen Ordnungsvorgabe; der sozialpädagogische ‚Cultural Turn' bleibt begrenzt, da die Kultur nur innerhalb der anonymen Verlaufsgesetze von Modernisierung zur Wirksamkeit gelangt. Die von kontingenten kulturellen Sinnverweisungen und Differenzrelationen ausgehende Relativismusgefahr ist dadurch immer schon gebändigt und die Sozialpädagogik erhält durch einen universellen, anonymen Trend sozialen Wandels und seine normativen Implikationen einen axiomatischen Sinn zugesprochen.

Es bleibt zu fragen, wie dies zu erklären ist. Warum das Beharren auf sozialer Objektivität? Schließlich wäre in Rechnung zu stellen, dass die Sozialpädagogik auf eine profunde kulturtheoretische Tradition zurückblicken kann, die z.b. mit der geisteswissenschaftlichen Pädagogik von der Zeit der Weimarer Republik bis in die 1960er Jahre und darüber hinaus eine führende Rolle im Theoriediskurs zu beanspruchen vermochte. Ruft man sich dies ins Gedächtnis, so mag die nur ‚halbierte' kulturelle Orientierung verwunderlich erscheinen. Mindestens fünf Aspekte können angeführt werden, um die fortdauernde Zurückweisung kulturtheoretischer Möglichkeiten der Selbstreflexion auszudeuten:

1. Das Festhalten am Primat einer objektivistischen Sozialität ermöglicht die bereits angesprochene *reaktive Selbstlegitimation*. Sozialpädagogik kann sich als ‚richtiger' Interventionsmodus einer Gesellschaft vorstellen, die Subjektivität beschädigende und bedrohende Sozialisationsqualitäten aufweist. Die Interpretation von Normalität und „Verwahrlosung" mag als „ideologisch" (Mollenhauer 1973: 294) erkannt werden, aber sie bleibt dies für die Sozialpädagogik innerhalb eines wissenschaftstheoretischen und epistemologischen Raums, der auf die Beschreibung einer gegebenen Gesellschaftsform abstellt. Die Ideologie der Devianzkonstruktion ist diesem Verständnis folgend in sozialem Wandel fundiert, der ihr Richtungsweisungen gibt und Devianz „auch objektiv" (ebd.) bestimmbar werden lässt. Sozialpädagogik kann sie als Folgewirkung von Modernisierung verstehen und sich als Instanz einbringen, die diese Nebenfolgen bearbeitet.

2. Die *Drohung des Relativismus* ist auf diese Weise beruhigt. An die Stelle von Kontingenz treten Strukturgesetze der Modernisierung. Es bleibt bei nur mehr oder weniger großen Öffnungen für Differenzerfahrungen in den durch das Modernisierungskonzept vorgegebenen Rahmungen. Diese sind anzuerkennen, denn Unwägbarkeiten und Ambivalenzen werden in wachsendem Maße modernisierungstheoretisch zugelassen. Dies erfolgt jedoch auf der Grundlage einer Ordnungstheorie, die ein Wesen von Sozialität kennt und die es prinzipiell zulässt, Risiken durch ‚richtiges' Handeln zu bannen. Die Gespenster scheinen beherrschbar und sollen beherrscht werden. Eine basale Infragestellung der Möglichkeit, Sozialität und sozialen Wandel durch Struktur- oder Entwicklungsgesetze zu bestimmen, könnte demgegenüber relativistische Tendenzen heraufbeschwören, wenn anerkannt würde, dass dies zu einer zwingend partikularen – wenn auch nicht arbiträren (vgl. Gertenbach 2008: 220) – Interpretationsleistung führt. Dies

gilt zwar auch für andere sozialwissenschaftliche Disziplinen. Die Sozialpädagogik bedarf in ihrem Fokus auf soziale Problemlagen allerdings des öffentlichen und politischen Vertrauens, Kompetenzen der Problembearbeitung zu besitzen, und hierbei wäre es hinderlich, Kontingenz als grundlegendes Prinzip der Konstitution einer sozialen Ordnung und mithin auch der Definition sozialer Probleme einzukalkulieren. Objektivismus ist also nützlich.

3. Hierzu gesellt sich eine *keineswegs nur oder vorrangig positive Erfahrung mit der kulturwissenschaftlichen Tradition der Sozialpädagogik*. Ihre Wissensbestände wurden in den kapitalismus- und ideologiekritischen Auseinandersetzungen der 1970er Jahre nicht zu Unrecht einer deutlichen Revision unterzogen (vgl. Oelkers u.a. 2008: 233ff.). Die ältere kulturtheoretische Tradition der Sozialpädagogik strebte gegen jeglichen relativistischen Anschein an, eine Einheit der Kultur zu repräsentieren. Es galt, „das alte Gesicht des Relativismus" (Spranger 1924: 312) zu bannen, und in der Erziehung wurde es folgerichtig zur Aufgabe, kulturelle Einheit zu restituieren. Der Erzieher, so Nohl (1933-35/1963: 133), müsse angesichts einer Zersplitterung von Bildungsorientierungen „die Repräsentation des höheren Lebens vor dem Zögling in dem einheitlichen Menschentum" seiner Persönlichkeit realisieren. Die Zurückweisung relativistischer Anklänge mündet dergestalt in ein Einheitsaxiom, das laut Nohl in der Erziehungswirklichkeit fundiert zu sein scheint. Wer die Erziehungswirklichkeit faktisch bestimmt, gibt der Pädagogik folglich Sinnstrukturen vor, da die Pädagogik von einer immer schon sinnvollen, einheitlich geordneten Praxis ausgeht. Insbesondere die (neo)marxistische Kritik legte zentrale Schwachstellen dieser Positionen frei und gab einer macht- und herrschaftskritischen Reorientierung sozialpädagogischer Theoriebildung entscheidende Impulse, um sich von dieser älteren kulturtheoretischen Tradition abzusetzen.

4. Nicht nur ältere, sondern *auch neuere kulturorientierte Positionen* neokonservativer oder neo-liberaler Diktion verdienen aus sozialpädagogischer Sicht besondere Skepsis. Kritik muss sich auf eine Engführung des Kulturbegriffs beziehen, der Kultur als politikferne Lebensdimension, als individuell anzueignendes ‚bürgerliches' Privileg oder als postmodern-individualistische Frage eines Lebensstils vor Augen führt, für den jeder selbst verantwortlich ist. Diese hier nur anzudeutenden Einseitigkeiten kulminieren in einer Desavouierung sozialpädagogischer Adressatenkreise. Sie scheinen von einer ‚Leitkultur' abgekoppelt zu sein und ihre Reintegration wird zu einer Frage der Leistungs- und Subordinationsbereitschaft stilisiert (zur Diskussion vgl. Kessl u.a. 2007).

5. Die letzten beiden Punkte führen zu einer nahe liegenden *Kritik an kulturwissenschaftlichen Positionen*. In der Auseinandersetzung um eine sozial- oder kulturgeschichtliche Ausrichtung der Geschichtswissenschaft (vgl. Iggers 1996; Raphael 2003) wurde sie zugespitzt zu der Mahnung, dass derjenige, der von einem Primat der Kultur ausgehe, allzu leicht mühsam erworbene Einsichten in den anonymen Zwang der Verhältnisse, die langfristige Wirksamkeit ökonomischer Strukturen und die Relevanz von Mechanismen der Herrschaft und der sozialen Ungleichheit vergesse (vgl. Wehler 1996). Hiergegen wird eingewendet, dass gerade kulturtheoretische Annäherungen an die Konstitution gesellschaftlicher Wirklichkeit Fragen der Machtausübung in den Blick nehmen können, da sie für die Macht der Sprache und der durch sie ermöglichten Wirklichkeitserfahrung sensibilisieren (vgl. Uhl 2001). Dies berührt grundlegend das Problem, wie poststrukturalistische Positionen für sich in Anspruch nehmen können, sich kritisch zu artikulieren, obwohl sie nicht länger von objektivistischen Sozialtheorien auszugehen beanspruchen (vgl. Healy 2005: 212f.; Payne 2005: 227ff.). Dies wird in Abschnitt 3.2 genauer aufgenommen.

Die Aspekte illustrieren, weshalb die Sozialpädagogik bislang von einer umfassenden Berücksichtigung der neueren Kulturtheorie Abstand genommen hat. Sie verlässt sich noch in hohem Maße auf ihre Fähigkeit, Wesenhaftigkeiten ‚des' Sozialen nachzugehen und durch ihr zeitdiagnostisches Geschick der Probleme habhaft zu werden, die (mögliche) Adressaten sozialpädagogischer Leistungen als Teilnehmer eines Modernisierungsprozesses erleiden. Selbst in Theorien einer Post- oder reflexiven Moderne werden Unterstellungen einer Modernisierung weitergeführt, die Eindeutigkeiten und Totalitäten simulieren (vgl. Moebius 2003: 338f.). Subjektivität und Sozialität werden durch entsprechende Sozial- und Problemkonstruktionen aneinander gebunden und die Sozialpädagogik als Vermittlungsinstanz inthronisiert. Sie wird als Instanz etabliert, die über die essentielle Qualität gesellschaftlicher Problemverursachung und subjektiver Problembetroffenheit kompetent Auskunft zu geben vermag und sich mit dieser Berechtigung praktisch und problemlösend einbringen kann.

Kulturtheoretische Hinweise auf Kontingenzen der Problemdefinition, ja der Rede von Sozialität und Subjektivität überhaupt, erscheinen demgegenüber zuweilen wie akademische Sprachspiele auf der Grundlage eines wenig realitätsbezogenen, ästhetisierenden Anti-Humanismus (vgl. hierzu Münker/Roesler 2000: 155ff.). Obwohl nachfolgend verdeutlicht wird, dass diese Kritik unzureichend bleibt, weist sie auf einen wichtigen Punkt hin: Eine poststrukturalistisch informierte Kulturtheorie der Sozialpädagogik ist nicht an sich ‚besser' oder ‚informierter' als eine andere Annäherung. Sie kann entscheidende Impulse für die sozialpädagogische Selbstvergewisserung mit sich führen, muss hierzu aber die Probleme adressieren, die insbesondere die ältere kulturtheoretische Sozialpädagogik nicht beantworten konnte. Sie hat, kurz gefasst, Kultur auch als Zumutung in den Blick zu nehmen und darf nicht in axiomatische Unterstellungen einer per se ‚sinnvollen', verständigungsorientierten und einheitlich strukturierten Kultur zurückfallen.

3.2 Über die Notwendigkeit, Kultur auch als Zumutung zu interpretieren

Der hier zugrunde gelegte Kulturbegriff ist in besonderer Lesart zu interpretieren. Reckwitz (2008: 233) bringt sie auf den Punkt:

„Die poststrukturalistische Perspektive auf die Moderne ist in diesem Sinne eine kulturtheoretische, eine historisch-kontextualisierende, allerdings in einem spezifischen Sinne: Es geht ihr nicht darum, hermeneutisch-phänomenologisch bestimmte ‚Sinnfundamente' der modernen Gesellschaften freizulegen, die dann ihrerseits stabil wären, sondern darum, diese diskursive Konstitution der Moderne selber als einen Ort von ergebnisoffenen Kämpfen, Widersprüchen, Fissuren und Diskontinuitäten bezüglich gesellschaftlicher Wissensordnungen zu analysieren."

‚Kultur' ist demnach nicht ein Ort des bereits Verstandenen oder der kommunikativen Verständigung, die auf eine konjunktive Gemeinsamkeit von Sinnbezügen rekurrieren kann. Sie realisiert sich in agonal gerichteten Sinnverweisungen, die um stets brüchige Vorherrschaften der Interpretation sozialer und subjektiver Zustände und Prozesse konkurrieren. Kultur fungiert als Grundlage der Möglichkeit, sich über soziales Leben zu verständigen; Aspekte und Einflüsse des Lebens werden in sprachlich-kultureller Genese verortet (vgl. Raphael 2003: 234).

Für eine sozialwissenschaftliche Haltung hat dies maßgebliche Konsequenzen (vgl. Game 1991; Moebius/Reckwitz 2008). Es führt z.B. dazu, dass ‚Modernisierung' nicht mehr als gerichteter, einheitlicher Prozess interpretiert werden kann, um nach seinem sozialpädagogischen Aufforderungsgehalt zu fragen, denn Modernisierung kann nicht objektiv bestimmt werden. Vielmehr lässt sie sich in ihren Problembezügen hinterfragen. In diesem Konzept, als einem „hegemonialen Deutungsmuster" (Wehling 1992: 11) zur Spezifizierung sozialen Wandels, kommen besondere Semantiken und Zuschreibungen zum Tragen, die in ihrer Widersprüchlichkeit zu analysieren sind. Als „privileged representation of social reality" (Game 1991: 7) muss sie auf diskursive Auseinandersetzungen bezogen werden.

Dies bedeutet für die Sozialpädagogik, dass eine sich ihrer Modernität gewisse und versichernde Gesellschaft für sie keine stabile Referenz sein kann, insofern sie Mechanismen sozialer Ausschließung und sozialer Kontrolle als notwendige Korrelate von ‚Fortschritt' qualifiziert. Dadurch werden zweifache Homogenisierungen simuliert: Moderne und vor- oder gegenmoderne Dimensionen des Lebens werden dichotomisiert und als einheitliche Interpretationsreferenzen vorgeführt. Es wird weder bedacht, dass dies der Komplexität von Lebensformen Gewalt antut, noch wird in Rechnung gestellt, dass die rhetorisch ausgegrenzten nicht-modernen Phänomene in der Selbstbeschreibung der Modernisierung erst als konstitutive Referenzen von ‚Modernität' hervorgebracht werden: Modernisierung ‚benötigt', um ihre Erfolgs- und auch ihre Krisengeschichte schreiben zu können, einen übrig bleibenden unmodernen ‚Rest'.

Gegen eine lineare Konzeption fortschrittlicher Modernisierung ist folglich die Brüchigkeit von Entwicklungen und die Konflikthaftigkeit von Verständigungsprozessen zu betonen, in denen versucht wird, dem gegenwärtigen Leben ‚Sinn' zuzuschreiben und damit Kontingenzen zu unterdrücken. Dies ist mit zwei für die Sozialpädagogik zentralen Aspekten verbunden, der Subjektivität von Adressaten und dem hegemonialen Status einzelner Arten der Wirklichkeitsdeutung:

Erstens wird die Frage nach *Subjektivität* gestellt. Neuere kulturtheoretische Ansätze tendieren zu einer Rückkehr zur „Akteursebene als kritisches Korrektiv bzw. ergänzende Beobachtungsebene zur makrohistorischen Untersuchung von Strukturen und Prozessen" (Raphael 2003: 233). Unter Hinweis auf die anthropologische Unterstellung eines „*animal symbolicum*", eines sinnzuweisenden Subjekts, ist „soziale Reproduktion ohne den Hintergrund *kognitivsymbolischer Strukturen* weder möglich noch nachvollziehbar" (Reckwitz 2006a: 134f.). Die Organisation von Alltag und die Konstitution sozialer Beziehungen verweisen auf die Ebene der sinnhaften Qualifizierung. Dies allerdings nicht, um in Reminiszenz an „die interpretativen Theoriedesigns" Menschen als „vernunftbegabte, zweckgerichtet oder intentional handelnde Subjekte, die prinzipiell wissen, was sie tun" (Giddens 1988: 288), wahrzunehmen. Auch wenn Giddens dies relativiert und auf die alltagssprachliche Einfassung von Subjekten Wert legt, die sich der komplexen Folgen ihrer Handlungen nicht gänzlich bewusst sein können, bleibt dadurch unterbestimmt, dass Subjekte ihrerseits keineswegs vorrangig als reflexiv-zielbestimmte Akteure zu verstehen sind. Vielmehr fließen in diesen Begriff von Subjektivität Voraussetzungen ein, die auf Selbstbestimmung und Reflexivität abstellen und damit Ausschließungen und Verwerfungen reproduzieren, die diesen Subjektstatus stets prekär werden lassen und ihn untergraben (vgl. Butler 2001; Reckwitz 2006b). Subjektivität ist deshalb nicht ohne Subjektivierung zu denken (vgl. Dollinger 2008: 144ff.). Sie strukturiert Möglichkeitsräume, durch die sinnbezogene Handlungsoptionen geöffnet werden. ‚Sinn' ist demnach als kulturelle Strukturierung individuellem Handeln vorgelagert. Da kulturelle Orientierungen in sich diskontinuierlich und durch Ausschlussbeziehungen konstituiert sind, gilt dies auch für die durch sie implementierten Subjektverhältnisse, die stets ebenso dezentriert sind und als hybride Konstellationen betrachtet werden müssen (vgl. im Einzelnen Reckwitz 2006b). Das Subjekt ist folglich nicht mit sich identisch, sondern sein Selbstbezug enthält Momente der Subversion und der Differenz, wie sie auch für seine kulturelle Grundlegung charakteristisch sind.

Zweitens: Dies führt nicht zur völligen Dezentralisierung und zum unaufhebbaren Pluralismus, den Ansätze der Postmoderne inaugurieren (vgl. Gertenbach 2008). Kontingenz und Differenz bilden zwar die maßgeblichen Ausgangspunkte des hier verwendeten Kulturbegriffs, sie können jedoch in Zustände der – wenn auch nie völlig stabilisierbaren – Fixierung und Kontingenzberuhigung transformiert werden. Etwas emphatischer ausgedrückt: Das Spiel der Zeichen kann verlangsamt und in mehr oder weniger dauerhafte Simulationen von Gewissheit überführt werden. Konzepte wie das der ‚Modernisierung' eignen sich in besonderem Maße, um einen (Schein)Konsens unterschiedlicher Interessen herbeizuführen, da der Terminus positiv konnotiert und bei oberflächlicher Betrachtung auch allgemein verständlich ist. Er bildet ein erfolgreich institutionalisiertes Projekt der *Hegemonialisierung*, durch das soziales Leben repräsentiert wird. Die Überkomplexität des Begriffs ‚Moderne' zeigt allerdings auch die Vergeblichkeit der Bemühung, seinen Sinngehalt zu fixieren (vgl. hierzu Laclau/Mouffe 2006). Er strebt in verschiedenste Sinnrichtungen und wird sehr unterschiedlich konzipiert. Ihm fehlt die Eindeutigkeit, die er als gültige Beschreibung von Gesellschaft und gesellschaftlicher Entwicklung benötigen würde, so dass die plausible Repräsentation einer ‚Modernität' sich als nur perspektivische, auf Ausschließungen beruhende Artikulation erweist. Hegemonietheoretisch betrachtet, zeigt sich in dem Begriff ein Widerspruch von faktischer Partikularität und angestrebter Universalität: Die ausgedrückte „Universalität tritt durch das Partikulare in Erscheinung, in dessen jeweiligem Anspruch auf Allgemeinheit. Weil aber derartige Ansprüche nur durch den antagonistischen Ausschluss anderer Positionen möglich werden, verbindet sich in der hegemonialen Praxis notwendigerweise eine Orientierung am Gemeinwohl mit Macht und Konflikt" (Nonhoff 2008: 284). Sie bezieht sich auch darauf, dass nur *bestimmte* Subjekte und Lebensstile als ‚modern' identifiziert werden, während man scheinbar *universell* in einem gesellschaftlichen Zeitalter der Moderne lebt. In ‚der' Moderne bleibt vor- oder gegenmodernes Leben präsent und bildet eine auf kontingente Weise identifizierte Kontrastfolie zur vorherrschenden Repräsentation von Modernität. So können Verbrechen und Tradition, Heteronomie und Irrationalität nicht abgeschafft werden, sondern führen dauerhaft vor Augen, wie unzureichend ‚die' Moderne, auch als Postmoderne, noch sei. Sie wirkt gebrochen und instabil, wird aber gerade durch die Demonstration ihrer noch bestehenden Unvollkommenheit weiterhin als hegemoniale Vergegenwärtigung der Gegenwart projektiert. Folgt man der Modernisierungstheorie, so verlangt Modernisierung mehr Modernisierung.

Orientiert sich die Sozialpädagogik an jeweils vorherrschenden Vorstellungen von Modernität, so reproduziert sie deren konstitutive Ausschlussbeziehungen und passt sich der Art und Weise an, in der sich die vorherrschenden hegemonialen Modernitätsvorstellungen jeweils verschieben. Das sozialpädagogische Kritikpotential bleibt dadurch eingeschränkt und funktional. So kann rekonstruiert werden, dass mit dem Aufkommen neuartiger Repräsentationen von Modernität sich jeweils besondere Negativbilder und Ausschließungen ergeben, neuerdings vor allem in Gestalt der zeitdiagnostischen These einer ‚Wissensgesellschaft' und der mit ihr verbundenen Axiome des ‚lebenslangen' und „subjektorientierten Lernens" (vgl. kritisch Bittlingmayer 2005; Bittlingmayer/Bauer 2006; Kübler 2005). Sie bringen normative Vorgaben eines dauerhaft leistungsbereiten, autonomen Lerners hervor, der sich den Anforderungen einer sich dynamisch wandelnden Ökonomie gegenüber in optimaler Weise adaptiv verhält. Ihm steht als Kontrastbild der passive, idealistische und/oder unterstützungsbedürftige Mensch gegenüber, der nicht bereit ist, sich anzupassen.

Die Etablierung derartiger Deutungen erfolgt unter Beteiligung einer Pädagogik, die den erhöhten Lernbedarf einzulösen verspricht, und der Sozialpädagogik, die gleichsam die ‚Folgeschäden' dieser hohen Anforderungen an die Einzelnen thematisiert und bearbeitet. Beide, Pädagogik und Sozialpädagogik, vergegenwärtigen und legitimieren sich dadurch als Institution einer ‚Wissensgesellschaft' und haben an der Etablierung der mit ihr verbundenen ausschließenden Subjektklassifikationen teil. Aus diesem Kreislauf, der Zeitdiagnostiken hegemonialisiert und die Sozial-/Pädagogik legitimatorisch an sich bindet, kann nur dann ein Ausgang gefunden werden, wenn die Ausschlussbedingungen hinterfragt werden, durch welche die Zurechnung einer modernen ‚Wissensgesellschaft' realisiert wird. Allgemein ausgedrückt ist Kultur auch als Zumutung zu verstehen, da sie Hegemonien generiert, die zu ihrer vorübergehenden Stabilisierung Schließungen von Kontingenzen vornehmen. Mit ihnen sind Subjektzustände assoziiert, denen Legitimitätschancen vorenthalten werden. Indem die Sozialpädagogik diese Schließungen für sich in Anspruch nimmt, stützt sie deren Essentialisierung.

4 Zum Abschluss: Sozialpädagogische Selbstreferenz als Chance

Kommen wir zu den eingangs erwähnten Gespenstern zurück. Wie die Analyse vorherrschender Arten sozialpädagogischer Selbstvergewisserung gezeigt hat, ist es der Sozialpädagogik nicht unwesentlich darum zu tun, ihren Spuk zu beenden. Tatsächlich sind kaum Theoriebildungen vorstellbar, in denen dies nicht versucht wird. Jede Theorie setzt Schwerpunkte und blendet anders mögliche Interpretationsformen sozialen und subjektiven Lebens aus. Hegemonien bilden sich permanent, und in ihnen werden Subjektzustände fixiert.

Hieraus resultiert allerdings kein Relativismus. Angesichts seiner Zurückweisung universeller Maßstäbe und Vorgaben ist er unhaltbar. Ein konsequenter Relativismus, so Latour (2008: 150), verfolgt einen „Absolutheitsanspruch", der außer Acht lässt, dass Hierarchien und Differenzen zwar nicht universell gültig sind, aber auch nicht ignoriert werden können. Demgegenüber kann eine relationale Sichtweise auf das Aushandeln *„relativer Universalien"* (a.a.O.: 151; Hervorhebung i. Orig.) eingehen.

Während Latour dies insbesondere auf die Konstruktion von Hybriden aus Natur und Kultur in relationalen Strukturen bezieht, sind auch Vorstellungen spezifischer Arten von Sozialität als Interpretationen zu sehen, die Universalität anstreben und dabei in relationalen Bezügen verhaftet sind. Sie können nur dann hegemoniale Bedeutung erlangen, wenn es ihnen gelingt, ihre eigene Kontingenz vorübergehend unsichtbar zu machen und zu schließen. Damit aber werden sie verletzlich, da sie „von einer konstitutiven Ambivalenz" (Laclau 2007: 76) durchdrungen sind. Hegemonien werden erst möglich, wenn es etwas zu „hegemonisieren" (Laclau/Mouffe 2006: 175) gibt, also eine Offenheit des Sozialen existiert. Sie führt zur Partikularität jedes hegemonialen Projekts, das als Hegemonie etabliert wird, indem es Deutungen vorgibt, in die Differenzen eingehen. So kann die ‚Moderne' unterschiedliches bedeuten, aber einen scheinbaren Konsens derjenigen darstellen, die von ihr sprechen. Je erfolgreicher sie als Erfahrung von Sozialität durchgesetzt wird, umso weniger gehaltvoll ist sie, da die Spezifika der betreffenden Partikularität verloren gehen und Konkurrenten etablierungsfähig werden. Hegemonie wird dadurch in ihrem Erfolg geschwächt (vgl. Laclau 2007: 76f.).

Die von ihr ausgeschlossenen Gespenster drängen immer wieder zurück, und zwar nicht nur als Projektionen der Illegitimität, sondern auch als anschlussfähige Optionen, Sozialität zu denken. Hieran kann Sozialpädagogik anknüpfen. Hegemonie kann letztlich daran bemessen werden, in welchem Maße sie zulässt, dass dem ‚Anderen' Artikulationsmöglichkeiten eingeräumt und trotz hegemonialer Verfasstheiten Flexibilitäten zugelassen werden. Die Sozialpädagogik hat in ihrer politischen Qualität die Möglichkeit, dies unter Hinweis auf Komplexitäten sozialen und subjektiven Lebens, mit denen sie alltäglich konfrontiert ist, zu konkretisieren. Sie ist nicht zwingend darauf verwiesen, Plausibilität für sich zu mobilisieren, indem sie an vorherrschende Deutungen sozialen Wandels anknüpft und modische Zeitdiagnosen zur Selbstpositionierung nutzt. Sie ist in der Lage, Differenzen und Differenzkonstruktionen zu benennen, Komplexitäten einzuklagen und Ausschließungen inklusive ihrer Essentialisierungen nicht nur zu bearbeiten, sondern auch zu skandalisieren.

Dazu muss sie nicht auf ein ‚Wesen' des Sozialen rekurrieren; es erscheint ertragreicher, auf die konflikthafte und stets mit Zumutungen behaftete Art und Weise zu reflektieren, die aus der erfolgreichen Durchsetzung hegemonialer Projekte resultiert. Dies macht es erforderlich, die eigene Beteiligung bei der Etablierung und Reproduktion von Ordnungsvorstellungen bewusst zu halten und im Blick auf das sozialpädagogische Wissen zu analysieren, welche Ausschließungen ihm innewohnen. Versteht man Sozialpädagogik als diskursiv verfasste Wissens- und Praxisform, die auf Bildungsprozesse von Subjekten im Rahmen sozialer Kontexte abstellt (vgl. Winkler 1988; 2003), dann ist es angezeigt, sich mit der Tatsache zu befassen, dass weder Subjektivität noch Sozialität dauerhaft fixierbar sind, sondern nur im Rahmen von Verweisungszusammenhängen und Differenzbeziehungen erkennbar werden. Sozialpädagogik hat sich folglich selbst als Moment hegemonialisierter und hegemonialisierungsfähiger Projekte zu identifizieren, von deren konstitutiven Ausschließungen Adressaten unmittelbar betroffen sind. Soll nicht naiv unterstellt werden, dass eine sozialpädagogische Problem- und Fallbearbeitung in jedem Fall zum Besten der Adressaten erfolgt, so ist zu erschließen, welche Folgen die *spezifische sozialpädagogische* Art der Repräsentation von Subjektivität und Sozialität für die Betreffenden hat und in welchem Zusammenhang sie zu kulturell vorherrschenden Interpretationsformen steht. Die Konsequenzen wären jeweils am konkreten Fall und Arbeitsfeld zu diskutieren. So könnte es sinnvoll sein, auf sozialpädagogische Skandalisierungen bestimmter Problemlagen zu verzichten, wenn z.B. Armut oder Arbeitslosigkeit vorrangig als Fragen subjektiver Motivationslagen dekliniert werden. Es könnte sich aber auch zeigen, dass sozialpädagogische Interventionen auszubauen sind, da sie z.B. punitive Reaktionen im Rahmen von Kriminalisierungen konterkarieren. Diese Beispiele verdeutlichen, dass eine kulturtheoretische Annäherung an Sozialpädagogik zu Reflexivität und spezifischen Analysen führt. Dies kann, trotz einer hartnäckigen ‚Halbierung' der sozialpädagogischen Wendung zur Kultur und trotz der permanenten Anstrengungen sozialpädagogischer Geisterbekämpfung durchaus ertragreich sein.

Literatur

Baader, Meike Sophia (2004): Modernisierungstheorien in der Diskussion und in der pädagogischen Rezeption. In: Zeitschrift für pädagogische Historiographie 10, 16-21

Bachmann-Medick, Doris (2007): Cultural Turns. 2. Aufl. Reinbek bei Hamburg

Ballauff, Ludwig F. G. (1862): Ueber die Gefahren einer Revolution der Volksmeinung und Volkssitte. In: Pädagogisches Archiv 4, 422-437

Barlösius, Eva (2001): Das gesellschaftliche Verhältnis der Armen – Überlegungen zu einer theoretischen Konzeption einer Soziologie der Armut. In: Barlösius, Eva/Ludwig-Mayerhofer, Wolfgang (Hrsg.): Die Armut der Gesellschaft. Opladen: Leske + Budrich, 69-94

Bauer, Ulrich (2006): Dominoeffekte sozialwissenschaftlicher Fehldiagnose. In: Bittlingmayer, Uwe H./Bauer, Ulrich (Hg.): Die ‚Wissensgesellschaft'. Wiesbaden: VS Verlag für Sozialwissenschaften, 223-250

Beck, Ulrich/Giddens, Anthony/Lash, Scott (Hrsg.) (1996): Reflexive Modernisierung. Eine Kontroverse. Frankfurt am Main: Suhrkamp Verlag

Beck, Ulrich/Lau, Christoph (Hrsg.) (2004): Entgrenzung und Entscheidung: Was ist neu an der Theorie reflexiver Modernisierung? Frankfurt am Main: Suhrkamp Verlag

Bittlingmayer, Uwe H. (2005): ‚Wissensgesellschaft' als Wille und Vorstellung. Konstanz: UVK Verlag

Bittlingmayer, Uwe H./Bauer, Ulrich (Hrsg) (2006): Die ‚Wissensgesellschaft'. Wiesbaden: VS Verlag für Sozialwissenschaften

Bittlingmayer, Uwe H./Bauer, Ulrich (2006): Strukturierte Vorüberlegungen zu einer kritischen Theorie der Wissensgesellschaft. In: Dies. (Hrsg.): Die ‚Wissensgesellschaft'. Wiesbaden: VS Verlag für Sozialwissenschaften, 11-23

Bonacker, Thorsten (2008): Gesellschaft. Warum die Einheit der Gesellschaft aufgeschoben wird. In: Moebius, Stephan/Reckwitz, Andreas (Hrsg.): Poststrukturalistische Sozialwissenschaften. Frankfurt am Main: Suhrkamp Verlag, 27-42

Butler, Judith (2001): Psyche der Macht. Das Subjekt der Unterwerfung. Frankfurt am Main: Suhrkamp Verlag

Degele, Nina (2002): Modernisierung. In: Endruweit, Günter/Trommsdorff, Gisela (Hrsg.): Wörterbuch der Soziologie. 2. Aufl. Stuttgart: Lucius & Lucius, 376-377

Degele, Nina/Dries, Christian (2005): Modernisierungstheorien. München: UTB Wissenschaft Verlag

Derrida, Jacques (1995): Marx' Gespenster. Frankfurt am Main: Suhrkamp Verlag

Derrida, Jacques (2004): Semiologie und Grammatologie. In: Engelmann, Peter (Hrsg.): Postmoderne und Dekonstruktion. Stuttgart: Reclam, 140-164

Dollinger, Bernd (2007): Reflexive Individualisierung als Mythologem pädagogischer Zeitdiagnostik. In: Zeitschrift für Erziehungswissenschaft 10, 75-89

Dollinger, Bernd (2008): Reflexive Sozialpädagogik. Wiesbaden: VS Verlag für Sozialwissenschaft

Game, Ann (1991): Undoing the social. Towards a deconstructive sociology. Toronto: University of Toronto Press

Gertenbach, Lars (2008): Geschichte, Zeit und sozialer Wandel. In: Moebius, Stephan/Reckwitz, Andreas (Hg.): Poststrukturalistische Sozialwissenschaften. Frankfurt am Main: Suhrkamp Verlag, 208-225

Giddens, Anthony (1988): Die ‚Theorie der Strukturierung' (Interview mit Bernd Kießling). In: Zeitschrift für Soziologie, 286-295

Haring, Sabine A. (2001): ‚Auf der Suche nach einer besseren Welt'. Soziologische ‚Modernisierungstheorien' im Lichte dreier Jahrhunderte. In: Newsletter Moderne 4. Sonderheft 1 (www-gewi.kfunigraz.ac.at/moderne/dok.htm; Zugriff am 24.08.2008)

Healy, Karen (2005): Social Work Theories in Context. Houndmills u.a.: Palgrave MacMillan

Iggers, Georg G. (1996): Geschichtswissenschaft im 20. Jahrhundert. Ein kritischer Überblick im internationalen Zusammenhang. 2. Aufl. Göttingen: Vandenhoeck & Ruprecht

Kessl, Fabian (2008): ‚Real ist real und ist nicht real'. Notate zu aktuellen Konjunkturen eines kritischen Realismus. In: Widersprüche 108, 53-69

Kessl, Fabian/Reutlinger, Christian/Ziegler, Holger (Hrsg.) (2007): Erziehung zur Armut? Soziale Arbeit und die ‚neue Unterschicht'. Wiesbaden: VS Verlag für Sozialwissenschaften

Kimmerle, Heinz (2008): Jacques Derrida zur Einführung. 7. Aufl. Hamburg: Junius Verlag

Knöbl, Wolfgang (2001): Spielräume der Modernisierung. Weilerswist: Velbrück Verlag

Kraft, Susanne (1992): ‚Modernisierung' und ‚Individualisierung'. Eine kritische Analyse ihrer Bestimmungen. Diss. Univ. Regensburg

Kübler, Hans-Dieter (2005): Mythos Wissensgesellschaft. Wiesbaden: VS Verlag für Sozialwissenschaften

Laclau, Ernesto (2007): Emanzipation und Differenz. Nachdruck der Ausgabe von 2002. Wien: Turia und Kant

Laclau, Ernesto/Mouffe, Chantal (2006): Hegemonie und radikale Demokratie. 3. Aufl. Wien: Passagen Verlag

Latour, Bruno (2008): Wir sind nie modern gewesen. Frankfurt am Main: Suhrkamp Verlag

Loo, Hans van der/Reijen, Wilhelm van (1992): Modernisierung. Projekt und Paradox. München: DTV

Lüdemann, Susanne (1995): Kontrapunkt (Übersetzermotiv). In: Derrida, Jaques: Marx' Gespenster. Frankfurt am Main: Suhrkamp Verlag, 277-283

Lüdemann, Susanne (2004): Metaphern der Gesellschaft. Studien zum soziologischen und politischen Imaginären. München: Wilhelm Fink Verlag

Luhmann, Niklas (1997): Die Gesellschaft der Gesellschaft. 2 Bde. Frankfurt am Main: Suhrkamp Verlag

Marx, Karl/Engels, Friedrich (2005) [1848]: Manifest der Kommunistischen Partei. Frankfurt am Main: Fischer Verlag

May, Michael (2008): Aktuelle Theoriediskurse Sozialer Arbeit. Wiesbaden: VS Verlag für Sozialwissenschaften

Moebius, Stephan (2003): Die soziale Konstituierung des Anderen. Frankfurt am Main: Suhrkamp Verlag
Moebius, Stephan/Reckwitz, Andreas (Hrsg.) (2008): Poststrukturalistische Sozialwissenschaften. Frankfurt am Main: Suhrkamp Verlag
Mollenhauer, Klaus (1973): Sozialpädagogik. In: Groothoff, Hans-Hermann (Hrsg.): Pädagogik. Frankfurt am Main: Fischer Verlag, 291-300
Münker, Stefan/Roesler, Alexander (2000): Poststrukturalismus. Stuttgart/Weimar: Metzler Verlag
Musner, Lutz/Wunberg, Gotthart/Lutter, Christina (Hrsg.) (2001): Cultural Turn. Zur Geschichte der Kulturwissenschaften. Wien: Turia & Kant
Nash, Kate (2001): The ‚Cultural Turn' in Social Theory. In: Sociology 35, 77-92
Neumann, Sascha/Sandermann, Philipp (2008): Hellsichtige Blindheit. Zur vermeintlichen sozialwissenschaftlichen Wende der sozialpädagogischen Theorie. In: Widersprüche 108, 11-30
Nohl, Herman (1963) [1935]: Die pädagogische Bewegung in Deutschland und ihre Theorie. 6. Aufl. Frankfurt am Main: Fischer Verlag
Nonhoff, Martin (2008): Politik und Regierung. Wie das sozial Stabile dynamisch wird und vice versa. In: Moebius, Stephan/Reckwitz, Andreas (Hrsg.): Poststrukturalistische Sozialwissenschaften. Frankfurt am Main: Suhrkamp Verlag, 277-194
Oelkers, Nina/Steckmann, Ulrich/Ziegler, Holger (2008): Normativität in der Sozialen Arbeit. In: Ahrens, Johannes/Beer, Raphael/Bittlingmayer, Uwe H./Gerdes, Jürgen (Hrsg.): Beschreiben und/oder Bewerten I. Münster: Lit Verlag, 231-256
Payne, Malcolm (2005): Modern Social Work Theory. 3. Aufl. Houndmills u.a.: Palgrave MacMillan
Peile, Colin/McCouat, Mal (1997): The Rise of Relativism: The Future of Theory and Knowledge Development in Social Work. In: British Journal of Social Work 27, 343-360
Raphael, Lutz (2003): Geschichtswissenschaft im Zeitalter der Extreme. Theorien, Methoden, Tendenzen von 1900 bis zur Gegenwart. München: Beck Verlag
Reckwitz, Andreas (2006a): Die Transformation der Kulturtheorien. Nachdruck der Erstausgabe 2000. Weilerswist: Velbrück Verlag
Reckwitz, Andreas (2006b): Das hybride Subjekt. Weilerswist: Velbrück Verlag
Reckwitz, Andreas (2008): Moderne. Der Kampf um die Öffnung und Schließung von Kontingenzen. In: Moebius, Stephan/Reckwitz, Andreas (Hrsg.): Poststrukturalistische Sozialwissenschaften. Frankfurt am Main: Suhrkamp Verlag, 226-244
Schroer, Markus (2000): Das Individuum der Gesellschaft. Frankfurt am Main
Schützeichel, Rainer (2007): Soziologie des wissenschaftlichen Wissens. In: Ders. (Hrsg.): Handbuch Wissenssoziologie und Wissensforschung. Konstanz: UVK Verlag, 306-327
Sheppard, Michael (1998): Practice Validity, Reflexivity and Knowledge for Social Work. In: British Journal of Social Work 28, 763-781
Spranger, Eduard (1924): Die Generationen und die Bedeutung des Klassischen in der Erziehung. In: Fischer, Aloys/Spranger, Eduard (Hrsg.): Jugendführer und Jugendprobleme. Festschrift zu Georg Kerschensteiners 70. Geburtstag. Leipzig/Berlin: Teubner Verlag, 307-332

Stäheli, Urs (2000): Poststrukturalistische Soziologien. Bielefeld: Transcript Verlag
Uhl, Heidemarie (2001): Modernisierungstheorie und Geschichtswissenschaft. In: Newsletter Moderne 4. Sonderheft 1 (www-gewi.kfunigraz.ac.at/moderne/ sheft1u.htm; Zugriff am 24.08.2008)
Wehler, Hans-Ulrich (1996): Von der Herrschaft zum Habitus. In: Die Zeit. Nr. 44, 46
Wehling, Peter (1992): Die Moderne als Sozialmythos. Zur Kritik sozialwissenschaftlicher Modernisierungstheorien. Frankfurt am Main/New York: Campus Verlag
Winkler, Michael (1988): Eine Theorie der Sozialpädagogik. Über Erziehung als Rekonstruktion der Subjektivität. Stuttgart: Klett-Cotta
Winkler, Michael (2003): Bildung, Subjektivität und Sozialpädagogik. In: Zeitschrift für Sozialpädagogik 1, 271-295

Turning again?
Kritische Bestandsaufnahmen zu einer neuerlichen ‚Wende' in der sozialpädagogischen Forschung

Sascha Neumann & Philipp Sandermann

1 Einleitung

‚Bildung' und ‚Kultur' waren über lange Jahre nicht gerade die beliebtesten Begriffe in der Sozialen Arbeit[1]. Sie standen im Kontext einer sich sozialwissenschaftlich öffnenden Forschung eher für „vergessene" (Mollenhauer 1983), wenn nicht gar ideologisch allzu stark vorbelastete Zusammenhänge. Es dürfte jedoch unstrittig sein, dass solche Semantiken, die sich mit den beiden Begriffen ‚Bildung' und ‚Kultur' verbinden, in der sozialpädagogischen Fachdiskussion der letzten Jahre wieder eine deutliche Aufwertung erfahren haben. Erkennbar ist dies nicht zuletzt an der vielfältigen Nutzung entsprechender Vokabulare in jenem Bereich sozialpädagogischer Wissensproduktion, der mit einer Theorie der Sozialpädagogik bzw. einer Theorie der Sozialen Arbeit im engeren Sinne befasst ist. Die um die Leitkategorien ‚Bildung' und ‚Kultur' gravitierenden Vokabulare avancieren hier mehr und mehr zu den Grundlagen einer systematisch wie analytisch orientierten „Redescription" (Hesse 1966) dessen, was zuvor etwa handlungs-, professions- oder institutionentheoretisch beschrieben worden ist. Aber auch in theoretisch-konzeptionellen Teildebatten der Sozialen Arbeit sowie im Bereich der empirisch-sozialpädagogischen Forschung wird der Begriff vermehrt genutzt (vgl. dazu auch die Einleitung in diesem Band).

Semantische Erneuerungen und Konjunkturen sind im Rahmen wissenschaftlich-disziplinärer Entwicklungsprozesse nun zunächst einmal nichts Ungewöhnliches. Schon gar nicht sind sie ein besonderes Merkmal sozialpädagogischer Disziplinentwicklung. Es gibt im Gegenteil sogar gute Gründe um anzunehmen, dass solche Revisionen disziplinübergreifend vorkommen, seitdem es so etwas wie eine wissenschaftliche Praxis überhaupt gibt, wie bereits die wissenschaftssoziologischen Arbeiten Thomas S. Kuhns (1970) gezeigt haben. Folgt man Kuhn, so greift man bei der Beschreibung von semantischen Ver-

---

[1] ‚Sozialpädagogik' und ‚Soziale Arbeit' werden im Folgenden als weitgehend synonyme Termini verwandt.

schiebungen jedoch zu kurz, wenn man dabei unhinterfragt auf ein kumulatives und teleologisches Wissenschaftsverständnis rekurriert (vgl. a.a.O.: 138). Die Notwendigkeit neuer Terminologien und Semantiken in wissenschaftlichen Disziplinen ergibt sich nicht schlicht aus dem Umstand, etwas neu Entdecktes zu beschreiben und dem bereits bestehenden Reservoir an Wissen hinzufügen zu müssen. Vielmehr ist davon auszugehen, dass mit neuen oder wiedergeborenen Begriffen Dinge beschrieben werden, die gleichsam quer zu dem liegen, was vor ihrer (Wieder)Einführung in anderen Worten beschrieben wurde (vgl. a.a.O.: 148). Anders gesagt bedeutet das: Semantische Neuerungen sind nicht rein begriffshistorisch verstehbar. Vielmehr geben sie Hinweise auf einen grundlegenderen Strukturwandel im wissenschaftlichen Denken, der über die rein begrifflichen Neuerungen selbst hinausweist. Sie symbolisieren – zumindest dann, wenn die neuen Begriffe an zentralen Stellen und positionsübergreifend Einzug in die wissenschaftliche Fachdebatte einer Disziplin halten – regelrechte „Paradigmenwechsel" im wissenschaftlichen Denken (Kuhn 1970: 148). Umgekehrt wiederum verbindet sich mit dem Paradigmenbegriff, wie er seit Kuhns epochalem Werk über die „Struktur wissenschaftlicher Revolutionen" traditionsfähig geworden ist, unweigerlich eine konstruktivistisch akzentuierte Sicht. Mit Blick auf wissenschaftliche Begriffe bedeutet dies: Selbst wenn sich Paradigmenwechsel an veränderten Nomenklaturen abzeichnen, so gehen sie doch nicht völlig darin auf, sondern künden zugleich von der wirklichkeitskonstituierenden Bedeutung paradigmatischer Vokabulare. Zu tun hat man es also weniger mit einem bloßen Austausch von semantischen Chiffren, sondern vielmehr mit Verschiebungen im epistemischen ‚Haushalt' einer Disziplin, die zugleich mit epistemologischen Veränderungen einhergehen. Anders gesagt: Das zu Beschreibende wandelt sich simultan mit der Form seiner Beschreibung. Der damit in Anspruch genommene Gedanke der Zirkularität von „Theorie des Gegenstandes" und „Theorie der Erkenntnis des Gegenstandes" (Bourdieu/Chamboredon/Passeron 1992: 45) markiert sowohl einen Bruch mit dem ‚glücklichen Begriffspositivismus' als auch eine Abkehr von der Auffassung, Semantiken und die durch sie signifizierten Realitäten ließen sich kategorial voneinander unterscheiden. Als paradigmatische Gestalt also beschreiben begrifflich kontrahierte Semantiken gleichsam Schemata der wissenschaftlichen Beobachtung, die selbst hervorbringen, was ihnen als Beobachtungsleistung zugeschrieben wird.

Legt man diese Beobachtungsfolie nun an, um die disziplinäre Entwicklung in der Sozialen Arbeit in den Blick zu nehmen, so lässt sich sicher mit einiger Berechtigung danach fragen, ob die besagte aktuelle Karriere solcher Ansätze, die sich bildungs- und kulturtheoretisch verorten, als eine Art ‚Paradigmenwechsel', oder auch als eine Art bildungs- und kulturtheoretischer ‚Turn' der sozialpädagogischen Forschung und Theoriebildung gelesen werden kann.

Denn auch wenn es sich – wie noch herauszustellen sein wird –, beim derzeit beobachtbaren Trend, sozialpädagogische Beobachtungen mit bildungs- und kulturtheoretischen Ansätzen zu verschränken, ganz offensichtlich keineswegs um eine durchweg neue Idee handelt (vgl. Thiersch 2008: 107), so geschieht diese Verschränkung dennoch andererseits erkennbar nicht im Stile einer reinen Selbstvergewisserungsdebatte über die eigenen Ideentraditionen (wie dies deutlich etwa in Form von Klassikerdebatten geschieht). Vielmehr scheinen – insbesondere bei der Rezeption von kultur-, aber auch von bildungstheoretischen Ansätzen – die ‚eigenen' Begriffs- und Ideentraditionen hintangestellt zu werden, während man sich stattdessen auf den Import der terminologischen und konzeptuellen Verständnisse aus Nachbardisziplinen wie etwa der Bildungsforschung, der kritischen Psychologie, der Kultursoziologie, der vergleichenden Kulturwissenschaft etc. konzentriert. Die Ausgangsfrage nach einem ‚Turn' in der sozialpädagogischen Forschung könnte also zunächst einmal durchaus berechtigt und ernst zu nehmen sein. Im Zentrum des derzeitigen Imports von bildungs- und kulturtheoretischen Ideen könnte es sich um eine Erweiterung des eigenen, des angestammten „sozialpädagogischen Blick[s]" (Rauschenbach/Ortmann/Karsten 1993) handeln. Es besteht also die Möglichkeit, dass die sozialpädagogische Forschung momentan tatsächlich insofern einen ‚Turn' durchläuft, als dass sie eine Öffnung des traditionell sozialpädagogischen Denkens durch den Import fremder Theorie vornimmt, oder – wie man unter Rückgriff auf Luhmann formulieren könnte: es könnte sich um die „Einführung von Theorie ins System" (Luhmann 2005: 114), mithin also um die Konfrontation des sozialpädagogischen Blicks mit seinen eigenen unhinterfragten Selbstverständlichkeiten handeln.

Ob dies tatsächlich der Fall ist und – offener gefragt – wie genau der derzeit beobachtbare Prozess vonstatten geht, wollen wir im Rahmen dieses Beitrags fokussiert auf zwei als exemplarisch auszumachende Schauplätze nachzeichnen. Dabei werden wir insbesondere kritisch in den Blick nehmen, welche Veränderungen die importierten Konstrukte ‚Bildung' und ‚Kultur' durchlaufen, während sie im sozialpädagogischen Fachdiskurs adaptiert werden.

Indem wir dies tun, ist es uns möglich, auf zwei Dinge zur selben Zeit zu achten. Wir werden zum einen zu zeigen versuchen, dass der Sinngehalt und die epistemologische Funktionalität bildungs- und kulturtheoretisch inspirierter Vokabulare und Impulse vom Import in die sozialpädagogische Diskussion nicht unberührt bleiben. Im Rahmen der Übersetzung in ein sozialpädagogisches Denkmilieu findet eine Brechung des jeweils Importierten statt. Die Denkfiguren und Begrifflichkeiten, an die angeknüpft wird, werden im Zuge ihrer Rezeption gewissermaßen sozialpädagogisch überformt. Indem wir diesen Überformungsprozess einerseits beobachten, ist es uns andererseits möglich, ein Deutungsangebot dafür zu unterbreiten, was diese ‚sozialpädagogische Überformung', oder anders gesagt: die ‚sozialpädagogischen Zusammenhänge', in die die Konstrukte eingeführt werden, ihrerseits auszeichnen könnte. Es wird uns also – dies sei an dieser Stelle bereits vorweggenommen – keineswegs um eine rein kritische Dekonstruktion des Prozesses gehen, der aktuell unter dem Label eines bildungs- und kulturtheoretischen ‚Turn' in der Sozialen Arbeit beobachtbar ist. Vielmehr orientiert sich unsere Argumentation epistemologisch. D.h. wir unternehmen den Versuch, durch eine auf einzelne Stränge der Debatte ausgerichtete, offene Prozessbeschreibung dieses als ‚Turn' bezeichneten Prozesses explorativ theoretisches Wissen über diesen ‚Turn' selbst sowie über die Logik disziplinär-sozialpädagogischer Argumentationsstrukturen zu generieren.

2 Schauplätze des bildungs- und kulturtheoretischen ‚Turn' in der wissenschaftlichen Fachdiskussion der Sozialen Arbeit

Um in überschaubarer Weise nachzuzeichnen, wie die angesprochene sozialpädagogische Überformung des Bildungs- sowie des Kulturbegriffs in die angestammte Fachdiskussion vonstatten geht, werden wir uns im Folgenden auf die exemplarische Beobachtung zweier Schauplätze der sozialpädagogischen Rezeption bildungs- und kulturtheoretischer Vokabulare konzentrieren. Als exemplarischen Schauplatz zur Illustration des (Re)Imports von ‚Bildung' in die sozialpädagogische Fachdebatte nehmen wir die sich aneignungstheoretisch verortende Bildungsdebatte in der Sozialen Arbeit und hier insbesondere diejenige in der Kinder- und Jugendarbeit in den Blick. Als Bühne für die Rezeption kulturtheoretischer Ansätze in der sozialpädagogischen Fachdiskussion wählen wir die so genannten ‚Studien zur Gouvernementalität' Sozialer Arbeit, die sich in jüngster Zeit als Versuche einer theoretischen Neubeschreibung Sozialer Arbeit artikuliert haben.

2.1 Der bildungstheoretische ‚Turn' im Rahmen der sozialpädagogischen Debatte zur Kinder- und Jugendarbeit

„Von den frühmodernen Volksbildungskonzepten bis hin zur Kompetenzdiskussion unserer Tage modellieren Bildungstheorien pädagogische Lösungen für gesellschaftliche Probleme" (Veith 2007: 41; vgl. ähnlich Tenorth 2007). Dieses Grundmoment bildungstheoretischen Denkens scheint – argumentationstheoretisch betrachtet – von je her einen Anknüpfungspunkt für sozialpädagogisches Denken und Reden zu bieten. Dennoch übte man sich von Seiten der Sozialen

Arbeit über lange Zeit in Zurückhaltung gegenüber dem bildungstheoretischen Diskurs. Erst in der jüngeren sozialpädagogischen Fachdebatte ist nun (wieder) eine geradezu inflationäre Bezugnahme auf ‚Bildung' zu beobachten. Seitdem haben vor allem HerausgeberInnenbände zum Thema Hochkonjuktur (vgl. etwa Münchmeier/Otto/Rabe-Kleeberg 2002; Prölß 2003; Deinet/Reutlinger 2004; Otto/Rauschenbach 2008). Dabei steht besonders die Jugendhilfe und ganz speziell die Kinder- und Jugendarbeit im Zentrum, wenn es um handlungsfeldbezogene Konkretisierungen bildungstheoretischer Einsichten geht (vgl. etwa Lindner/Thole/Weber 2003; Sturzenhecker/Lindner 2004). Hier wiederum lassen sich oberflächlich zunächst einmal zwei Anknüpfungspunkte der Diskussion unterscheiden (vgl. auch Brenner 2008: 79). Zum einen wird erkennbar an die in der Öffentlichkeit breit geführte PISA-Debatte angeschlossen. In diesem Zuge wird unter Verwendung des Bildungsbegriffs nach Möglichkeiten gesucht, wie die haushaltspolitisch vielerorts immer mehr in Bedrängnis geratene Kinder- und Jugendarbeit mit Schulen kooperieren kann (vgl. dazu etwa Benke 2007). Zum anderen lässt sich ein Zusammenhang der bildungstheoretischen Erwägungen in der Kinder- und Jugendarbeit mit der in den letzten Jahren ebenfalls intensiv geführten Debatte um Sozialraumorientierung erkennen. Gerade Fachbeiträge, die sich im letzteren Themenspektrum bewegen, versuchen dabei, die Bildungsidee unter Fokussierung auf aneignungstheoretische Definitionen zu reaktualisieren und für sozialraumorientierte Argumentationszusammenhänge in der Kinder- und Jugendarbeit fruchtbar zu machen (vgl. als Überblick zu dieser Ebene der Sozialraumdebatte auch Sandermann/Urban 2007: 47f.).

Im Rahmen dieser sich am Begriff ‚Bildung' orientierenden Teildebatte um eine auf die Aneignungsidee zurückgreifende sozialraumorientierte Kinder- und Jugendarbeit sind einzelne Positionen besonders deutlich wahrnehmbar. So – neben Arbeiten etwa von Burkhard Müller, Richard Münchmeier, Christian Reutlinger oder Albert Scherr – vor allem auch die Beiträge von Ulrich Deinet (vgl. zur Stellung Deinets in der Debatte auch Braun 2004: 21). Besonders auf Deinets Ausführungen soll sich im Folgenden konzentriert werden, wenn es darum geht, den argumentativen Umgang mit Aneignungs- und Bildungsideen in der Kinder- und Jugendarbeit genauer zu analysieren.

2.1.1 Wie kommen Aneignungs- und Bildungsideen in den Blick der sozialpädagogischen Argumentation?

In ihrer Einführung zum Sammelband „‚Aneignung' als Bildungskonzept der Sozialpädagogik" (Deinet/Reutlinger 2004) stellen die Herausgeber einleitend fest: „Es zeigt sich schnell, dass es falsch ist, von *dem* Aneignungskonzept zu sprechen, denn der Begriff der Aneignung wird in unterschiedlichen theoretischen Zusammenhängen und unterschiedlichen begrifflichen Ausprägungen verwendet" (a.a.O.: 7). Unmittelbar im Anschluss an diese Bemerkung ist interessanterweise der Versuch der beiden Autoren zu beobachten, genau das herzustellen, was soeben noch als falsch konstatiert wurde: die Rede von *dem* Aneignungskonzept, und zwar unter programmatischer Einbettung in ein so genanntes „breite[s] Bildungsverständnis" (a.a.O.: 8). Dazu werden die raumsoziologischen Neuerungen der letzten 30 Jahre gleichsam kumulativ dem Aneignungsgedanken der kritischen Psychologie an die Seite gestellt (vgl. ebd.). Die Aneignungsidee der Kritischen Psychologie kann somit ‚ergänzt' und zielgenau in Richtung einer sozialpädagogisch anschlussfähigen Argumentation gelenkt werden. Im Zuge dieses Lenkungsprozesses – und erst hier – wird sodann auch der Bildungsbegriff ins Spiel gebracht (vgl. a.a.O.: 9ff.). So gelingt es, einen theoretischen Referenzrahmen zu schaffen, der eine aneignungstheoretisch gerahmte Bildungsidee bereit hält und einen Ausgangspunkt für sozialpädagogische Argumente bietet.

Dieses hier zunächst exemplarisch und nur knapp belegte Vorgehen lässt sich nicht nur im zitierten Einleitungstext, sondern auch in anderen Beiträgen, die auf eine Einführung von Bildungsgedanken in die Fachdiskussion zur Kinder- und Jugendarbeit zielen, immer wieder beobachten (vgl. etwa Deinet 2003: 214ff.; Reutlinger 2008: 190). Und so lässt sich als Ausgangshypothese für eine genauere Untersuchung des gewählten Ausschnitts der Bildungsdebatte zunächst einmal festhalten, dass die – in Einzelheiten modernisierte und stärker auf die Kategorie ‚Raum' bezogene (vgl. dazu erläuternd Deinet 2005a) – Aneignungsidee der kritischen Psychologie als konstanter Referenzrahmen in Beiträgen zur Bildungsorientierung der Kinder- und Jugendarbeit zu fungieren scheint, gleichzeitig aber scheint diese Aneignungsidee im Rahmen der Rezeption auf eine sozialpädagogische Umdeutung vorbereitet zu werden. Wie dies im Einzelnen vor sich geht, soll in den folgenden Abschnitten 2.1.2-2.1.4 genauer und belegreicher erläutert werden.

2.1.2 Die Aneignungsidee der kritischen Psychologie als theoretischer Referenzrahmen

Was zeichnet die Aneignungsidee der kritischen Psychologie aus? In einem zentralen Werk aus der Schule der Kritischen Psychologie wird unter maßgeblicher Bezugnahme auf das Marx/Engelssche Werk das zentrale Moment der Aneignungsidee prägnant herausgestellt: Aneignung wird hier verstanden als die wechselwirksame Vermittlung von Mensch und „Natur" – es ließe sich auch sagen: von Subjekt und Umwelt – im Prozess der Arbeit und hier speziell im Prozess der Werkzeugerstellung und -nutzung (vgl. Holzkamp-Osterkamp 1981: 233). Der Mensch verwirklicht sich diesem Gedankengang zufolge als Mensch erst durch die weitest mögliche Nutzbarmachung und Formung von Gegenständen in seinem Sinne. Gleichzeitig macht er seine Umwelt im Zuge dieses Nutzbarmachungsprozesses erst zu einer menschlichen – man könnte auch sagen: zivilisierten – Umwelt (vgl. Holzkamp 1973: 118). Hierin, in der gleichzeitigen Vermenschlichung des Menschen und seiner Umwelt während der menschlichen Auseinandersetzung mit Gegenständlichkeiten und deren begrenzten Formbarkeiten, ist die Grundidee der Aneignung erkennbar. Zusammenfassend ließe sich so formulieren: Aneignungsprozesse sind verstehbar als Prozesse, in denen sich ein Mensch und seine Umwelt ins Verhältnis setzen, und dabei beidem, dem Menschen als Menschen und seiner Umwelt als menschlicher Umwelt erst zu menschlicher Bedeutung verhelfen. Die Aneignungsidee unterscheidet sich damit erkennbar von einer subjektivistischen Idee der schlichten ‚Formung der Welt' durch den Menschen. Sie stellt nämlich in Rechnung, dass der Nutzbarmachung der Welt durch den Menschen Grenzen gesetzt sind, die in der Gegenständlichkeit der Welt liegen. Umgekehrt ist die Aneignungsidee deutlich von einer objektivistisch-funktionalistischen Sichtweise – etwa im Sinne Parsons (vgl. Veith 2001: 195ff.) – zu unterscheiden, der zufolge Menschen durch ihre Umwelt schlicht eine ‚Prägung' erfahren.

Nun erschöpft sich die Aneignungsidee der Kritischen Psychologie jedoch nicht allein in der Vorstellung einer einmaligen Aneignung von Umwelt durch den Menschen. Vielmehr besteht die Vorstellung, dass einmal angeeignete und damit gleichsam ‚vermenschlichte' Umwelt durch jeden weiteren Menschen immer wieder neu anzueignen ist. Das heißt, dass auch die bereits durch Menschen angeeignete und damit menschlich bedeutsam gewordene Umwelt auf den Menschen wirkt, und umgekehrt durch ihn bedeutet[2] werden kann (Holzkamp 1983: 193). Die vermenschlichte und damit vergesellschaftete Umwelt wirkt auf den Menschen zurück, und der Mensch hat es in der Hand, sich über den Bezug zur vergesellschafteten Umwelt selbst zu entwickeln und mit seinesgleichen in Kontakt zu treten. Er tut dies – in der Lesart der Kritischen Psychologie – einerseits über konkrete vergesellschaftete und menschlich mit Bedeutung belegte Gegenstände. Mit Leontjew – auf dessen vorangegangene Forschungen sich die Kritische Psychologie maßgeblich bezieht – gesprochen: „Das Werkzeug ‚vermittelt' die Tätigkeit, die den Menschen nicht nur mit der Welt der Gegenstände, sondern auch mit anderen Menschen verbindet" (Leontjew 1971: 426). Dar-

---

2 „Be-Deuten" ist hier tatsächlich im wörtlichen Sinne zu verstehen. Menschen deuten ihre Umwelt im Zuge eines Aneignungsprozesses und belegen ihre Umwelt dadurch mit Bedeutungen und Umdeutungen.

über hinaus impliziert die Aneignungsidee der Kritischen Psychologie jedoch auch, dass der Mensch sich neben der Aneignung gegenständlicher Bedeutungen ebenso über die Aneignung von Symbolbedeutungen verwirklicht und wechselseitig zu deren Verwirklichung, Erhaltung und Modifizierung beiträgt (vgl. Holzkamp 1973: 140ff.).

Was macht nun den Reiz dieser Idee für sozialpädagogisches Argumentieren aus? Und bedarf diese Idee noch der Modifikation, um sozialpädagogisch anschlussfähig zu sein?

2.1.3 Anschlussmöglichkeiten und -grenzen der Kritischen Psychologie für sozialpädagogisches Argumentieren

Der Reiz der Aneignungsidee der Kritischen Psychologie für sozialpädagogisches Argumentieren dürfte zunächst einmal darin liegen, dass der Fokus der Erörterungen nahe am – paradoxen – Setting sozialpädagogischer Interventionen liegt. Im Blickpunkt der Aneignungsidee ist die schnittstellenartige relationale Interaktion von Subjekt und Umwelt. Dies entspricht genau dem sozialpädagogischen Interventionsfokus. Indem ein Anschauungsmodell dafür geliefert wird, wie der Mensch in Auseinandersetzung mit seiner Umwelt beides – sich selbst und seine Umwelt – fortentwickelt, ist ein dialektischer Fixpunkt gesetzt, der nahe legt, dass alle menschliche *und* gesellschaftliche Entwicklung hier – im individuellen Aneignungsprozess – stattfindet.

Gleichzeitig genügt diese Fokussierung der Kritischen Psychologie jedoch noch nicht, um vollständig anschlussfähig für ein sozialpädagogisches Argument zu sein. Zwar passt der durch die Kritische Psychologie gesetzte Fokus zum klassischen sozialpädagogischen Interventionsfokus ‚Subjekt – Umwelt' resp. ‚Individuum – Gesellschaft' oder auch ‚Einzelne/r – Gemeinschaft', den sozialpädagogische Argumentationen sich traditionell setzen. Diese Fokussierung allein stellt jedoch an sich noch nichts weiter dar als ein deskriptives Argument zur Beschreibung von Sozialisationsprozessen. Zwar ist die Art und Weise, in der die Kritische Psychologie hier argumentiert, gleichsam hegelianisch auf ein dualistisches Verhältnis im Sinne der Idee ‚Individuum – Gesellschaft' verengt, so wie dies gemeinhin auch in sozialpädagogischen Theorieentwürfen beobachtbar ist (vgl. dazu in historischer Perspektive Dollinger 2007a). Die Setzung dieses Fokus allein führt jedoch noch nicht über den Rahmen einer – zwar eng geführten, aber dennoch klar als ‚nicht sozialpädagogisch' einzuordnenden – soziologischen oder psychologischen Erörterung hinaus. Die Überführung des durch die Kritische Psychologie angebotenen Fokus in ein sozialpädagogisches Argument erfordert etwas, das sich in der Aneignungsidee der Kritischen Psychologie so direkt gar nicht finden lässt: den Gedanken der Bildung.

2.1.4 Die Überformung der Aneignungsidee in ein sozialpädagogisches (‚Bildungs')Argument

Beim Studium der Originalquellen der Kritischen Psychologie fällt auf, dass dem Begriff ‚Bildung' dort keinerlei Bedeutung beigemessen wird. So findet man in den Sachregistern von Werken aus der Schule der Kritischen Psychologie (vgl. statt vieler Holzkamp-Osterkamp 1981: 370ff.) die Begriffe ‚Aneignung', ‚Arbeit', ‚Tätigkeit', ‚Lernen' und selbstverständlich ‚Gesellschaft', auch ‚Erziehung' wird als relevant und terminologisch prägnant angesehen. Den Begriff ‚Bildung' jedoch sucht man vergebens. Analog zur marxistischen Weltanschauung stehen hier somit zwar der Arbeits- und Tätigkeitsgedanke erkennbar im Mittelpunkt einer gesellschaftsreflexiven Lern- und Erziehungsidee, so etwa auch wenn es heißt: „Die Gegenstandsbedeutungen, auf der einen Seite Resultat der vergegenständlichenden Arbeit, realisieren sich auf der anderen Seite nicht primär durch die passive ‚Anschauung', sondern durch aktiven Umgang gemäß den vergegenständlichten allgemeinen Zwecken. Die individuelle Aneignung von Gegenstandsbedeutungen ist also notwendig zunächst vermittelt über die äußere gegenständliche Tätigkeit des individuellen Menschen" (Holzkamp-Osterkamp 1981: 234; im Original teils kursiv). Von ‚Bildung' wird in diesem Zusammenhang jedoch ausdrücklich nicht gesprochen.

Wenn man sich fragt, aus welchen Gründen heraus die Kritische Psychologie in ihren Werken den Bildungsbegriff vermieden haben könnte, so lässt sich zumindest vermuten, dass der Bildungsbegriff dem neomarxistischen Grundgedankengang der Kritischen Psychologie deshalb entgegensteht, weil zentrale Argumente der Kritischen Psychologie der traditionsreichen und im Begriff der Bildung fortwirkenden bürgerlichen Weltanschauung geradezu unversöhnlich gegenüberzustehen scheinen. Der Vorstellung von Bildung wohnt traditionell eine Idee des Menschen inne, der durch den Erwerb von Kultur, Fähigkeiten und Wissen zu sich selbst, zu seinem innersten, höheren Wesen kommt. Die Kritische Psychologie hingegen versuchte sich nach Kräften von solchen anthropologischen Vorstellungen zu distanzieren, wenngleich sie im Endeffekt einer dem marxschen Objektivismus geschuldeten Teleologie der menschlichen Entwicklung verhaftet blieb. Wie weit sie in ihren Überlegungen jedoch vom klassisch bürgerlichen Gedanken der ‚Bildung' entfernt ist, zeigt sich bspw. wenn es in durchaus typischer Weise heißt: „die [...] Vorstellung, der Mensch erhebe sich durch die individuelle Verwirklichung des menschlichen Wesens auf geheimnisvolle Weise aus dem tierischen in den menschlichen Status, ist wissenschaftlich unhaltbar" (Holzkamp-Osterkamp 1981: 332). Stattdessen wird davon ausgegangen,

„daß die ‚menschliche Natur' als Entwicklungspotenz zur individuellen Vergesellschaftung eine empirische Eigenart der artspezifischen biologischen Ausstattung darstellt, deren Realisierung aber stets im Hinblick auf historisch bestimmte gesellschaftliche Verhältnisse erfolgt, so daß sie individualgeschichtlich niemals als ‚allgemeine', ‚abstrakte' im Individuum hockende Essenz erscheint, sondern immer und notwendig als Realisierungsweise des menschlichen Wesens in konkret-historischer Form." (ebd.; im Original teils kursiv)

Der Bildungsbegriff wird also offenbar erst im Rahmen der sozialpädagogischen Rezeption der Aneignungsidee der Kritischen Psychologie ins Spiel gebracht (vgl. Deinet 2004a; Deinet 2004b: 185ff.; Deinet 2005b; Deinet 2005c: 222). Dies erscheint – aufgrund der eben erläuterten theoriesystematischen Schwierigkeiten – nicht ganz unproblematisch. Andersherum aber ist es – will man nicht in weltanschaulichen Grabenkämpfen der achtziger Jahre verharren – sicherlich auch nicht vollkommen abwegig, den von der Kritischen Psychologie als ‚Aneignung' bezeichneten sozialisatorischen Entwicklungsprozess auch als ‚Bildung' zu begreifen. Ein ‚erweitertes Bildungsverständnis', wie es allseits im sozialpädagogischen Fachdiskurs gefordert wird, steht dem Aneignungsgedanken der Kritischen Psychologie ganz sicher nicht diametral entgegen (vgl. dazu auch Neumann 2005).

Die Frage des ‚Warum?' bleibt in Hinsicht auf die Einführung des Bildungsbegriffs im Rahmen der sozialpädagogischen Rezeptionsdebatte zur Aneignungsidee dennoch unbeantwortet. Denn selbst wenn man annehmen möchte, dass der Bildungsbegriff mit dem Aneignungsbegriff versöhnbar ist, so stellt sich dennoch die Frage, was mit der Einbringung des Bildungsgedankens – wissenschaftlich betrachtet – gewonnen ist. Die Einführung eines weiteren, analogen und damit dann erkenntnis- und gegenstandstheoretisch redundanten Begriffs bei der Darstellung einer Idee trägt nicht zu deren Verdeutlichung bei, im Gegenteil dürfte sie das entworfene Bild verwässern. Erkenntnistheoretisch betrachtet macht diese Ergänzung daher wenig Sinn. Dem/r BeobachterIn erschließt sich keine über die Aneignungsidee hinausgehende epistemische Funktion der Bildungsidee.[3]

---

3   Die wissenschaftliche Redundanz des Bildungsbegriffs lässt sich im Übrigen nicht nur innerhalb der einzelnen Texte analysieren, in denen der Bildungsbegriff verwendet wird, sondern erschließt sich argumentationslogisch auch durch einen schlichten Vergleich der analysierten Textstellen mit früheren Beiträgen im Rahmen der sozialpädagogischen Rezeptionsdebatte zur Aneignungsidee. In diesen früheren Beiträgen wurde der Begriff noch nicht verwendet, ohne

Gleichzeitig jedoch ist die Einführung der Bildungsidee – so nun unsere These – keineswegs *in absoluter Weise* redundant. Zwar macht die Einführung des Bildungsbegriffs epistemisch und epistemologisch offenbar keinen Sinn. Für die Übersetzung des sozialisationstheoretischen Gedankens der Aneignung in ein sozialpädagogisches Argument ist sie jedoch höchst funktional. Denn die Einführung des Bildungsbegriffs in die Debatte bietet die Möglichkeit, an traditionelle normative Implikationen anzuschließen, von denen sich die Kritische Psychologie seinerzeit – wie dargelegt – bewusst losgesagt hatte. Ist die Aneignungsidee der Kritischen Psychologie noch bemüht um eine zwar durchaus kritische, dabei aber möglichst deskriptiv-analytische und insofern ‚nüchterne' Darstellung von Entwicklungsprozessen in menschlichen Gesellschaften, so bietet im Gegensatz dazu die Bildungsidee die explizite Möglichkeit, diese Entwicklungsprozesse normativ-ethisch aufzuladen (vgl. dazu grundlegend Veith 2007: 41). Diese Aufladung wiederum ist höchst funktional für Anschlussargumente, die als ‚sozialpädagogisch' klassifizierbar sind. Deutlich wird dies etwa, wenn Sting/Sturzenhecker (2005) hervorheben, Bildung als Leitbegriff der Kinder- und Jugendarbeit biete für diese die Möglichkeit, die Aufgabe einer „bloße[n] Integration in bestehende Gemeinschaften und Lebenswelten" zu „überschreiten" (a.a.O.: 233). Denn dem Bildungsbegriff gehe es immer um das „Offenhalten für das Mögliche und Ideale, das die jeweilige Lebenswirklichkeit übersteigt" (ebd.; vgl. kritisch dazu auch Müller 2006: 424). Der normative Gehalt dieses Bildungsverständnisses und dessen Gegensatz zur kritisch-deskriptiven Aneignungsvorstellung der Kritischen Psychologie dürften spätestens hier offensichtlich sein. Durch die Bezugnahme auf ‚Bildung' und die damit verquickten bürgerlichen Vorstellungen von subjektivistisch erfassbarer, teleologisch denkbarer und vor allem pädagogisch förderbarer ‚innerer Wesenhaftigkeit' des Menschen, auf die es sich dann nur noch zu beziehen gilt, ist es möglich, den argumentativen Ausgangspunkt dafür zu liefern, dass sozialpädagogische Argumente und sozialpädagogische ‚Bildungseinrichtungen' als ideale ‚Bildungshelfer' erscheinen.[4]

---

dass dort deshalb jedoch eine andere Erkenntnisaussage beobachtbar wäre (vgl. exemplarisch dazu nur zwischen Deinet in Böhnisch/Münchmeier 1993 oder Deinet 2001 einerseits und Deinet 2004 oder Deinet 2005b andererseits, oder bspw. auch zwischen Fülbier/Münchmeier 2001: 851f. und Münchmeier 2003: 86). Es lässt sich mithin feststellen, dass durch die Einführung des Bildungsbegriffs *epistemologisch und epistemisch* nichts gewonnen ist.

4   Dieser Argumentationsablauf und die ontologische Fokussierung auf das ‚eigentliche innere Wesen' des Menschen ist tatsächlich als klassisches Muster sozialpädagogischen Denkens identifizierbar. Man denke hier nur beispielhaft etwa an Herman Nohls Aufsatz aus dem Jahre 1927, der mit den Worten schließt: „man will dich nicht werben für eine Partei, für eine Kirche, auch nicht für den Staat, sondern – der Unterschied ist so gering, wie wenn man die Hand umdreht, und ist doch entscheidend – diese Hilfe gilt zunächst und vor allem dir, deinem einsamen Ich, deinem verschütteten, hilferufenden Menschentum" (Nohl 1927: 13).

Zusammenhang und Gewinn, welche sich durch die Einbringung des Bildungskonstrukts für sozialpädagogische Argumente ergeben, lassen sich noch an einem anderen Textbeispiel illustrieren. Dabei kann beobachtet werden, inwieweit die sozialpädagogische Argumentation mithilfe der Aneignungsidee zwar einen ersten, notwendigen Schritt zur Entfaltung ihres Begründungszusammenhangs machen kann. Bei diesem aber bleibt sie gleichzeitig auf halber Strecke stehen, solange sie keinen zusätzlichen, normativ aufgeladenen Begriff wie ‚Bildung', ‚Hilfe', ‚Unterstützung' etc. einführt, der ihr die Möglichkeit zum zweiten, dann erst hinreichenden Argumentationsschritt gibt. Aber kommen wir zum Textbeispiel: Ulrich Deinet stellt in seinem Beitrag „Raumaneignung als Bildungspraxis der Offenen Jugendarbeit" (2004a) in einem ersten Argumentationsschritt mithilfe der Aneignungsidee heraus, dass zunächst einmal alle Gegenstände und Räume, die für Menschen erfahrbar sind, im Blick der Kritischen Psychologie Aneignungsmöglichkeiten bieten. In diesem Sinne gebe es „keine grundsätzlichen Differenzen zwischen Aneignungsprozessen in der alltäglichen Lebenspraxis und Aneignungsprozessen in institutionalisierten Bildungsräumen" (a.a.O.: 113). Es wird deutlich: Mit der Einführung einer aneignungstheoretischen Sichtweise gelingt es zu zeigen, dass Aneignungsprozesse *auch* im öffentlichen Raum – „in der alltäglichen Lebenspraxis" stattfinden. Das heißt mit anderen Worten, Lernen ist etwas, was überall passiert, und nicht etwa nur in der Schule. Was Deinet in diesem ersten Argumentationsschritt gelingt – und seine Argumentationsweise ist hier wiederum durchaus nicht als exzentrisch, sondern als exemplarisch für die Debatte anzusehen – ist eine Gleichstellung von so genannten „lebenspraktischen" und schulischen Lernprozessen. Dies geschieht, indem der Aneignungsbegriff die Lernvorgänge von der normativen Aufgeladenheit des schulischen Lernbegriffs befreit und der Institution Schule damit die im formalen Bildungsbegriff ruhende Deutungshoheit über das, was Lernen ist, nimmt. So weit, so gut. Als Quintessenz ließe sich also festhalten: Schule ist grundsätzlich nichts besonderes, was Aneignungsprozesse oder – allgemeiner formuliert – Lernprozesse angeht. Besonders ist allenfalls die Form, in der hier ein Angebot von vornehmlich institutionell verankerter und didaktisch organisierter Wissensdarbietung geschaffen wird (vgl. a.a.O.: 114). Davon abgesehen aber findet Aneignung überall statt. Schließlich wird so auch die institutionelle Verengung des Bildungsbegriffs aufgesprengt.

Im Umkehrschluss ruft diese auf die Aneignungsidee fokussierende Analyse nun jedoch das Problem hervor, dass auch das Besondere der Kinder- und Jugendarbeit an Eindeutigkeit verliert. Während eine in der Debatte massiv bekämpfte Teilung der Aufgaben von Schule (Wissensvermittlung) und Kinder- und Jugendarbeit (Betreuung) zwar aus sozialpädagogischer Perspektive unschmeichelhaft sein mag, aber definitorisch dennoch bestechende Klarheit verschafft, begegnet man – solange man alleine eine Öffnung des Feldes mithilfe des Aneignungsbegriffs betreibt – nun plötzlich dem Problem, nicht mehr wirklich unterscheiden zu können, welche Angebote die Kinder- und Jugendarbeit denn nun explizit macht und worin ihre besondere Leistung besteht.

Um dies darlegen zu können, wird nun in einem zweiten Schritt – und auch dies ist überaus typisch für die Debatte – nicht bei einer offen vergleichenden Institutionenanalyse mithilfe des Aneignungsbegriffs verharrt, obgleich sich hierüber wohl am ehesten zeigen ließe, was den Unterschied der beiden institutionellen Felder Schule und Jugendarbeit ausmacht. Freilich hieße das aber, zwar im sozialpädagogischen Feld zu forschen, dies aber nicht in einer Weise zu tun, die der sozialpädagogisch Profession professionspolitisch verpflichtet ist, sondern mit einem ‚nur' sozialwissenschaftlichen Interesse (vgl. zu dieser Differenz grundlegend Neumann/Sandermann 2008). Stattdessen wird aber die begonnene Argumentation ‚sozialpädagogisiert', indem unter Einführung normativer Wertbegriffe wie dem Bildungsbegriff, aber auch unter Zuhilfenahme von Begriffen wie ‚Hilfe', ‚Unterstützung', ‚Beteiligung' und ‚Revitalisierung' auf eine Argumentation im diffusen Überschneidungsbereich zwischen sozialwissenschaftlicher Analyse und pädagogischer Konzeption umgestellt wird (vgl. Deinet 2004a: 115f.; vgl. systematisch zu dieser Eigenart sozialpädagogischen Argumentierens auch Neumann/Sandermann 2007). Der zweite, hinreichende Schritt zur Schließung des sozialpädagogischen Argumentationszirkels ist damit getan.

Fassen wir die Analyse dieses ersten der beiden von uns beobachteten Schauplätze des bildungs- bzw. kulturtheoretischen ‚Turn' im Wissenschaftsdiskurs der Sozialen Arbeit zusammen, so lässt sich festhalten: Im Rahmen der fokussierten Teildebatte lässt sich – wie gezeigt – konkret eine sozialpädagogische Rezeption der Aneignungsidee der Kritischen Psychologie für die Kinder- und Jugendarbeit beobachten. Das Besondere an dieser sozialpädagogischen Rezeption und der Übersetzung der Aneignungsidee in den sozialpädagogischen Fachdiskurs ist die normative Anreicherung und direkte Verknüpfung von Seins- und Sollensaussagen mithilfe eines traditionell kontextuierten Bildungsbegriffs. Unseres Erachtens kann die von uns in diesem Zusammenhang nachverfolgte argumentative Vorgehensweise über die gebrachten Textbelege hinaus als geradezu exemplarisch für die sozialpädagogische Rezeption sozialwissenschaftlichen Wissens unter Einbringung des Bildungsgedankens angesehen werden.

2.2 ‚Alter Wein in neuen Schläuchen': Die Kritik der Kulturtheorie und die ‚Kultur' sozialpädagogischer Kritik

Es wäre gewiss überzogen, der Sozialen Arbeit insgesamt eine kulturwissenschaftliche Wende zu attestieren. Nach wie vor begegnet sie dem Kulturbegriff und den Thematisierungsperspektiven, die er erschließt, mit einigem Misstrauen. Exemplarisch kommt dieses Misstrauen etwa in jenen kritischen Stellungnahmen zum Ausdruck, mit denen sich die Soziale Arbeit derzeit zum öffentlich-medialen Diskurs über eine so genannte ‚neue Unterschicht' positioniert (vgl. hierzu die Beiträge in Kessl/Reutlinger/Ziegler 2007 sowie Klein/Landhäußer/Ziegler 2005; vgl. hierzu auch den Beitrag von Hünersdorf in diesem Band). Es gehört zu den zentralen Kennzeichen der aktuellen bundesdeutschen Debatte um die neue Unterschicht, dass sie, ähnlich wie die US-amerikanische ‚Underclass Debate', soziale Marginalisierung nicht als Effekt der ungleichen Verteilung materiell-ökonomischer Ressourcen behandelt, sondern ursächlich mit der Lebensführung und der kulturellen Praxis der Betroffenen in Verbindung bringt. Dieses Erklärungsmodell wird seitens der Sozialen Arbeit wiederum als „Kulturalisierung struktureller Ungleichheit" (Klein/Landhäußer/Ziegler 2005) zurückgewiesen. Damit wird es gleich in doppelter Hinsicht diskreditiert, nämlich sowohl analytisch wie moralisch.[5]

Aber auch unabhängig von der expliziten Zurückweisung kulturtheoretisch oder ‚kulturalistisch' gefärbter Wirklichkeitsperspektiven stellen Beiträge, in denen ‚Kultur' unmittelbar zum Gegenstand oder gar Ausgangspunkt einer theoretisch-analytischen oder empirischen Auseinandersetzung gemacht wird, in der Sozialen Arbeit bislang eher die Ausnahme als die Regel dar (vgl. hierzu auch den Beitrag von Baier in diesem Band). Dies zeigt sich insbesondere im Vergleich zu jener offensiven (Wieder)Aneignung des Bildungsbegriffs, wie sie aktuell im sozialpädagogischen Diskurs beobachtet werden kann (vgl. dazu Abschnitt 2.1 dieses Beitrags). Während dort explizit auf den gleichnamigen Begriff Bezug genommen wird, vollzieht sich die Rezeption kulturwissenschaftlicher Ansätze vorwiegend über den Import bestimmter Vokabulare, die neuerdings theoriehistorisch und -systematisch unter dem vereinheitlichenden Label ‚Kulturtheorie' diskutiert und miteinander ins Gespräch gebracht werden (vgl. hierzu nur Daniel 2004; Moebius/Quadflieg 2006; Appelsmeyer/Billmann-Mahecha 2001). Im Mittelpunkt der kulturtheoretischen Rezeptionen seitens

---

5 Das Interessante an dieser Kritik ist weniger das Argument selbst als vielmehr die Rolle, die dem Vorwurf der „Kulturalisierung" hier zukommt. Offenbar genügt bereits der Verweis auf das Beobachtungsschema ‚Kultur', um das Erklärungsmodell sowohl hinsichtlich seiner Plausibilität als auch seiner moralischen Integrität bezweifelbar zu machen. Das Argument funktioniert damit sozusagen ad hominem.

sozialpädagogischer Diskursbeiträge steht also – wie auch beim so genannten ‚Cultural Turn' insgesamt beobachtbar (vgl. Steinmetz 1999: 7) – nicht der Begriff ‚Kultur' oder sein konnotatives Spektrum. Vielmehr geht es hauptsächlich um Theorie- und Forschungsperspektiven, die sich im Horizont eines vermeintlich allgemein auszumachenden ‚Cultural Turn' als mutmaßlich avancierte Revisionen klassischer sozial- und geisteswissenschaftlicher Wirklichkeitszugänge erwiesen haben.[6]

2.2.1 Kulturtheorie als Theorie Sozialer Arbeit: Studien zur Gouvernementalität

Ein Hauptschauplatz der sozialpädagogischen Rezeption kulturtheoretisch verorteter Perspektiven lässt sich im Umfeld von Bemühungen um eine Theorie Sozialer Arbeit ausmachen. Im Kontext ihrer mutmaßlichen ‚kulturtheoretischen Transformation' spielen vor allem Untersuchungen eine Rolle, die sich analytisch von Foucaults Studien zur „Geschichte der Gouvernementalität" (Foucault 2004) inspirieren lassen (vgl. für einen Überblick Anhorn/Bettinger/Stehr 2007). Diese Studien unternehmen ausgehend vom Foucaultschen Konzept den Versuch, eine zeitdiagnostisch relevante ‚Redescription' Sozialer Arbeit anzufertigen, die mit dem traditionellen, naiven Normativismus der sozialpädagogischen Theorieproduktion bricht.[7] Stattdessen sollen die Ambivalenzen (wieder) hervorgehoben werden, die daraus resultieren, dass die „Soziale Arbeit (...) dem Gefüge der Macht nicht (entkommt)" (Kessl 2007: 214; vgl. ähnlich Kessl 2005: 33). Als im engeren Sinne kulturtheoretisch können solche Studien nicht nur schon deshalb gelten, weil das Œuvre des zentralen Ideengebers dieser Studien – Michel Foucault – den einschlägigen Klassifikationen zufolge im „Feld der Kulturtheorien" (Reckwitz 2000) einen herausragenden Platz einnimmt, sondern auch, weil sie in ihrem epistemologischen Stil jener praxistheoretisch-konstruktivistischen Orientierung folgen, in der die ‚transformierten' Kultur-

---

6   Dies setzt natürlich voraus, dass die Diagnose von einem so genannten ‚Cultural Turn' wie auch der damit einhergehenden „Transformation der Kulturtheorien" überhaupt für stimmig gehalten wird. Die Proklamation einer „Transformation der Kulturtheorie", wie sie Andreas Reckwitz (2000) in der gleichnamigen Veröffentlichung vornimmt, ist zumindest missverständlich. Unklar bleibt nämlich z.B., ob hier eine kulturtheoretische Transformation der Sozialtheorie, eine sozialtheoretische Transformation der Kulturtheorie oder gar beides beschrieben und letztlich damit auch vorangetrieben werden soll.

7   Der naive Normativismus in der traditionellen sozialpädagogischen Theoriebildung zeigt sich vor allem daran, dass in den Beschreibungen gängiger theoretischer Entwürfe der Gegenstand ‚Soziale Arbeit/Sozialpädagogik' immer als das in Erscheinung tritt, was er vermeintlich ‚seinem Wesen nach' immer schon ist und sein soll (vgl. hierzu ausführlich Neumann/Sandermann 2007).

theorien des ‚Cultural Turn' konvergieren (vgl. hierzu generell Reckwitz 2003; mit Blick auf die Soziale Arbeit: Clarke 2009). Die so genannten ‚Studien zur Gouvernementalität' in der Sozialen Arbeit thematisieren auf einer programmatischen oder empirisch-praxeologischen Ebene die zeitgenössischen, aber mitunter auch die historischen sozialpolitischen Ermöglichungsbedingungen des professionellen Feldes und erkundigen sich danach, wie sich deren Veränderung in politischen Rationalitäten manifestiert und auf die Logik der Selbstbeobachtung und Selbsterzeugung der Sozialen Arbeit durchschlägt. Sie tun dies mit einem deutlichen machtanalytischen Akzent, ohne dabei schon ‚Macht' selbst vorschnell als inhumanes Faktum zu diskreditieren. Im Zentrum steht dabei vor allem die Analyse von sozialpolitischen Leitbildern, sozialpädagogischen Programmen und professionellen Handlungslogiken; sie stellen gleichermaßen die Beobachtungsebenen und Aggregatzustände dar, an denen veränderte Praktiken und Denkweisen des ‚Regierens' abgelesen und hinsichtlich ihrer mutmaßlichen Effekte entschlüsselt werden (vgl. hierzu etwa Heite 2006; Kessl 2005; Wilhelm 2005; Ziegler 2004). Daneben ist auch jenseits der Bemühungen um eine theoretische Neu- bzw. Wiederbeschreibung der Sozialen Arbeit zu beobachten, dass die gouvernementalitätsanalytische Lesart inzwischen zu einer gängigen Interpretationsfolie avanciert ist, mit der man versucht, der Phänomenalität aktueller sozialpolitischer Reformentwicklungen auf die Spur zu kommen und einzelne Aspekte in den Horizont eines übergreifenden historischen Wandlungsprozesses einzurücken, der als ‚neoliberale' oder auch ‚neosoziale' Reprogrammierung von Wohlfahrtssystemen identifiziert wird (vgl. hierzu etwa Böhnisch 2006: 9ff.; Böhnisch/Schröer/Thiersch 2005: 278ff.; Hermann 2007; Köpp/Neumann 2003: 55ff.; Maeder 2004; Maurer 2006; Richter 2004; Stövesand 2007). Hinsichtlich der Frage nach dem spezifischen Erkenntnisgewinn, den die gouvernementalitätsanalytische Perspektive in der Sozialen Arbeit erbracht hat, kommt eine einschlägige Inventur zu folgendem Ergebnis (vgl. Kessl 2007: 211ff.): Einerseits sei es mit ihr gelungen, auf konkrete Weise die voranschreitende Intrusion ökonomischer Logiken in die professionellen Felder der Sozialen Arbeit und die sozialpolitischen Programmatiken sichtbar zu machen; andererseits habe sie verdeutlichen können, dass sich in den aktuellen konzeptionellen Konjunkturen der Sozialen Arbeit, die sich mit Begriffen wie ‚Partizipation', ‚Empowerment', ‚Aktivierung' oder ‚Selbstorganisation' verbinden, nichts anderes reflektiere, als jene Verkopplung von Fremd- und Selbstführung, die für die vielgestaltigen Ausprägungen einer „Gouvernementalität der Gegenwart" (Bröckling/Krasmann/Lemke 2000) in der Hoch-Zeit der „Ökonomisierung des Sozialen" ‚typisch' sei.

Mit Blick auf die Ausgangsfrage, inwiefern man es bei den aktuellen Konjunkturen bildungs- und kulturtheoretischer Vokabulare mit einer Art ‚Paradigmenwechsel' oder auch einer neuerlichen ‚Wende' zu tun hat, die jener vergleichbar wäre, die im Gefolge der Entwicklungen in den späten 1960er und 1970er Jahre als ‚sozialwissenschaftliche Wende' (vgl. etwa Gängler 1995: 29; Niemeyer 2003: 22; vgl. nachfragend-kritisch dazu Neumann/Sandermann 2008) in die Annalen der Disziplin Eingang gefunden hat, ist es nun jedoch weniger von Interesse, was die Studien zur Gouvernementalität je konkret über die vermeintliche ‚Wirklichkeit' der Sozialen Arbeit aussagen. Vielmehr geht es darum zu untersuchen, *auf welchem Wege sie zu ihren Aussagen gelangen*. Zur Debatte steht also exakt jene Zirkularität von Theorie des Gegenstandes und Theorie der Erkenntnis des Gegenstandes, von Gesagtem und Sagbarem, wie sie sich gleichsam in einer „impliziten Methodologie" (vgl. in diesem Sinne auch Neumann 2008: 46) entfaltet.

Eine solche Herangehensweise scheint aber auch deswegen nahe liegend, weil die Gemeinsamkeit der so genannten ‚transformierten Kulturtheorien' des ‚Cultural Turn' ja nicht darin besteht, dass sie sich auf einen wie auch immer konstruierten Gegenstand ‚Kultur' beziehen. Vielmehr kristallisiert sich die Gemeinsamkeit der transformierten Kulturtheorien an der Art und Weise heraus, wie sie Ihre ‚Gegenstände' als zu beobachtende und beobachtbare Objekte konstruieren. Kulturtheoretische Ansätze sind in dieser Hinsicht vor allem dadurch gekennzeichnet, dass sie die je von ihnen adressierten Wirklichkeiten der vermeintlichen Aura der Notwendigkeit entreißen, um sie schließlich mit ihrer eigenen Genese, Historizität und Kontingenz zu konfrontieren (vgl. Reckwitz 2004: 2). Dabei bleibt es nicht einmal aus, dass kulturtheoretische Zugänge selbst noch jeden universellen oder emphatischen Kulturbegriff der Dekonstruktion aussetzen. Der ‚kulturtheoretische Blick' ist damit sozusagen einer, der für sich in Anspruch nimmt, um seine eigene Perspektivität zu wissen und selbst noch sehen zu können, dass die Phänomenalität der Gegenstände, auf die er sich richtet, ohne ihn nicht dieselbe wäre (vgl. a.a.O.: 3). Konsequenterweise müssten sich daher Anzeichen oder Vorboten eines ‚Cultural Turn' in der Sozialen Arbeit an einer impliziten Methodologie zu erkennen geben, die ihrerseits in der Lage ist, die Beobachtung der Sozialen Arbeit als Soziale Arbeit so einzurichten, dass sie auf eine vorgebliche Bestimmtheit Sozialer Arbeit als Soziale Arbeit verzichtet, um letztlich auf deren symbolische, diskursive oder praktische Selbsterzeugung zu stoßen. Die Frage ist dementsprechend, ob dies auf derzeit vorliegende gouvernementalitätsanalytische Studien zur Sozialen Arbeit zutrifft und nicht zuletzt: ob die dabei angefertigten Neu- bzw. Wiederbeschreibungen gerade daraus jene methodologische Besonderheit beziehen, mit der sie sich selbst von traditionellen theoretischen Entwürfen unterscheiden können. Nur dann wäre ein solcher Zugang tatsächlich als Ausdruck einer Art Paradigmenwechsel anzusehen. Dass diese Unterscheidung von älteren oder konkurrierenden Ansätzen durchaus im sozialpädagogischen Diskurs thematisiert wird, zeigt sich wiederum – prägnanter als an den jeweiligen Aussagen gouvernementalitätstheoretisch inspirierten Zugangs über die Soziale Arbeit – an der spezifischen Kritik, auf die er stößt. Die Kritik, die einem gouvernementalitätstheoretisch inspirierten sozialpädagogischen Zugang gegenüber vorgebracht wird und die Reaktionen, mit denen seine VertreterInnen der vorgebrachten Kritik wiederum begegnen sind somit geeignete Ausgangspunkte, um in den Blick zu nehmen, inwiefern die eigene Differenz gegenüber traditionellen theoretischen Entwürfen der Sozialen Arbeit wahrgenommen wird, wie gründlich diese Differenz verteidigt wird und schließlich: wie ernst sie tatsächlich zu nehmen ist.

2.2.2 Die ‚Wiedergeburt' sozialpädagogischer Kritik: Studien zur Gouvernementalität als Politik mit den Mitteln der Theorie

Die zentrale sozialpädagogische Kritik an den Studien zu einer Gouvernementalität Sozialer Arbeit läuft letztlich auf eine Kritik ihres Kritikverständnisses hinaus. Sie artikuliert sich in dem Vorwurf, dass ein rein analytischer Machtbegriff, wie er den Studien zur Gouvernementalität zugrunde liegt, es nicht mehr erlaubt, die Wirklichkeit einer als ‚Regierung' spezifizierten Praxis von ihren besseren Möglichkeiten evaluativ zu unterscheiden (vgl. in diesem Sinne etwa Brumlik 2005; Langemeyer 2007; May 2008: 199ff.).[8] Auffällig an dieser Kritik ist zunächst einmal, dass sie die Eigenart der kritischen Perspektive des kulturtheoretischen Paradigmas übersieht. Zwar teilen kulturtheoretische Ansätze miteinander *grosso modo* jenes Interesse an der Frage, ‚was dahinter steckt, wenn etwas der Fall ist', durch das sich auch traditionelle kritische Ansätze wie z.B. die Kritische Theorie motiviert sehen. Gleichwohl geht es ihnen, auch wenn sie durchaus mit dem Gestus der Kritik in Erscheinung treten, weder von vornherein um ein Urteil, das an seiner eigenen kritischen Ambition Maß nimmt, noch geht es ihnen nur darum, eine jeweilige Gegenwart (z.B. ‚die' Moderne) mit ihren eigenen Versprechungen von Autonomie und Rationalität zu konfron-

---

8   Ein zweiter wesentlicher Bezugspunkt der Kritik kristallisiert sich in dem Vorwurf, Studien zu einer Gouvernementalität Sozialer Arbeit würden – wie die ‚gouvernementality studies' insgesamt – von der Rhetorik der jeweils untersuchten (sozialpolitischen) Programme auf deren praktische Verwirklichung kurzschließen (vgl. in diesem Sinne etwa Langemeyer 2007; Tenorth 2006: 40). Die Reaktionen auf diese Kritik fallen überraschend defensiv aus (vgl. etwa Kessl 2007: 216). Erst einmal müssten doch die Kritiker zeigen können, ob es einen triftigen epistemologischen und nicht nur einen angenommen epistemischen Unterschied macht, wenn man Programme oder Praxen beobachtet.

tieren und nach einer ‚anderen' Realität, einem Gegenort zu suchen, in der die Versprechungen dieser Gegenwart zur Einlösung gelangen können. Stattdessen treiben sie die Historisierung soweit voran, dass auch Freiheit und Vernunft den Charakter universeller Werte und unbezweifelbarer Orientierungen verlieren und nur noch jeweils als kontingente Formen ihrer historischen Realisierung erscheinen, die mit dem Ausschluss anderer möglicher Festlegungen einhergeht. Dem Verzicht auf „immanente Kritik" (vgl. hierzu Adorno 1971) entspricht sozusagen der Verzicht auf normative Expertise. Verdeutlichen lässt sich dies etwa anhand einer Gegenüberstellung der kritischen Perspektiven, wie sie im Poststrukturalismus auf der einen und im Kontext Kritischer Theorie auf der anderen Seite entfaltet werden:

> „Als Resultat der kritischen Perspektive des Poststrukturalismus ergibt sich [...] keine normative Sozialphilosophie, sondern ein kulturwissenschaftliches Analyseprogramm, das als Sensorium fungiert, um in der Kulturgeschichte der Moderne nach zweierlei zu suchen: nach den Momenten, in denen sich kulturelle Kontingenz schließt und nach jenen, an denen sie sich öffnet [...]. Die Spur der klassischen kritischen Theorie ist im Poststrukturalismus vorhanden, aber er biegt sie schließlich in eine andere Richtung ab. Dass der Poststrukturalismus [...] an das Frankfurter Basistheorem der ‚verborgenen Herrschaftsstrukturen' anschließt, ist ziemlich offensichtlich [...]. Der Poststrukturalismus gibt dieser Basisannahme jedoch eine genuin kulturtheoretische Wendung [...]. Diese Kulturalisierung des Sozialen erlaubt dem Poststrukturalismus von vorneherein eine historische Kontextualisierung, damit auch eine Relativierung der Herrschaftsstrukturen [...]. [Dies macht] eine zeitliche und räumliche Lokalisierung ihrer Entstehung (und ihres Endes) möglich und nötig, die in der Geschichte selbst alternative Pfade deutlich macht" (Reckwitz 2008: 295ff.).

Dass kulturtheoretische Ansätze gegenüber jedem „normativen Maßstab einer Rationalität und vernünftigen Steuerbarkeit von Gesellschaft" (a.a.O.: 29) auf Abstand gehen, ist dabei nur konsequent. Denn jeder Rückgriff auf einen Universalismus der Vernunft würde eine Schließung der Kontingenzperspektive bedeuten und damit unweigerlich in einen Selbstwiderspruch führen. Daher kann sich Kritik in einer kulturtheoretischen Perspektive nur im Aufzeigen *anderer*, nicht aber unter der Vermaßstäblichung *besserer* Möglichkeiten artikulieren. Die Offerte zur Kritik, die kulturtheoretische Lesarten unterbreiten, besteht so vorwiegend darin, den Blick für die Nicht-Notwendigkeit des Wirklichen und damit letztlich für die Möglichkeiten einer Subversion des scheinbar unvermeidlich Gegebenen zu öffnen.

Erklärt sich die Kritik an gouvernementalitätsanalytisch inspirierten Studien zur Sozialen Arbeit vor allem aus einer mangelnden Sensitivität für die spezifische Kritikperspektive kulturtheoretischer Ansätze, so ist es für den hiesigen Zusammenhang umso aufschlussreicher, in welcher Weise darauf reagiert wird. Anders als man zunächst erwarten würde, begegnen ihr die Vertreter eines gouvernementalitätstheoretischen Zugangs nicht mit einer offensiven Verteidigung dieses Kritikstils, sondern mit einem Zugeständnis, das wiederum einer Einlassung auf ein gleichsam traditionelles und in der Sozialen Arbeit habitualisiertes Kritikverständnis gleichkommt. Erneut zur Geltung gebracht wird es über einen Umweg: Er besteht darin, einer Gouvernementalität Sozialer Arbeit selbst eine nur analytische Funktion, nicht jedoch schon einen kritischen Gehalt zuzuschreiben (vgl. hierzu etwa Kessl 2007: 220f. sowie in dieser Hinsicht kritisch, aber ähnlich: Langemeyer 2007). Vor diesem Hintergrund wird dann jedoch eingeräumt, dass eine Gouvernementalität Sozialer Arbeit die nötigen Einsichten verschaffen kann, an die eine politisch intendierte Kritik und Umgestaltung der Verhältnisse anzuknüpfen hat. So etwa wenn es heißt: „Damit wird keineswegs gesagt, dass sich Wissenschaftlerinnen und Wissenschaftler – zumindest aus einer gouvernementalitätsanalytischen Perspektive – nicht an Fragen der Normativität beteiligen sollten [...] Allerdings sollten Forscher sehr wohl unterscheiden können, wann sie *primär* analytisch arbeiten und wann *primär* auf Basis einer spezifischen ethisch-politischen Haltung" (Kessl 2007: 221). Die durch die analytische Fokussierung geleitete normative Enthaltsamkeit ist also keineswegs gleichbedeutend mit einem Verzicht auf eine kritische Positionierung; es heißt letztlich nur, dass einer gouvernementalitätsanalytischen Perspektive allein weder zugetraut noch zugemutet wird, eine solche bereits aus sich heraus zu entfalten. Die Frage ist dann aber, um welches Verständnis von Kritik es hier eigentlich geht und woran diese Kritik ihre Orientierung gewinnt, wenn sie schon nicht von einer Gouvernementalität Sozialer Arbeit gestiftet wird.

Auf eine Antwort stößt man, wenn man gouvernementalitätsanalytische Studien in ihrer Ambition ernst nimmt, politische (und nicht etwa: politologische) Studien zu sein, aus denen letztlich eine „Politische Theorie Sozialer Arbeit" (Kessl 2005: 227) ihre Einsichten beziehen kann. Letztere bildet dann wiederum die intellektuelle Basis für einen „politischen Kampf", in dem die Soziale Arbeit Partei nimmt für die *Restauration* des modernen sozialstaatlichen Integrationsversprechens (ebd.). In einen solchen Verwendungszusammenhang eingestellt stehen gouvernementalitätsanalytische Studien für eine Praxis der Kritik, die sich letztlich auf einer Kritik der vorgängigen Praxis aufbaut und um deren bessere Möglichkeiten ringt. Der orientierende normative Bezugspunkt ist dann in der Tat der „Wohlfahrtsstaat", wie er sein „könnte", so Kessl (2007: 228) im Anschluss an Clarke. Damit aber ist klar, dass eine Gouvernementalität Sozialer Arbeit, insoweit sie sich als Beitrag zu einer „Politischen Theorie" versteht, vor allem das Kritikverständnis marxistischer und kritischer Theorie aktualisiert und nicht etwa vorrangig ein solches Kritikverständnis aufgreift, wie es dem eher zurückhaltenden dekonstruktiven Stil entspricht, den eine kulturtheoretische Perspektive um ihrer eigenen intellektionslogischen Voraussetzungen willen verfolgt. Der Grund für diese Ambivalenz im Kritikverständnis ist nun aber tatsächlich, und insofern liegen die KritikerInnen an einer gouvernementalitätsanalytisch inspirierten sozialpädagogischen Perspektive durchaus richtig, dass diese im Unterschied zur Kritischen Theorie die Kriterien für die besseren Möglichkeiten einer vorhandenen Wirklichkeit nicht dem Selbstanspruch dieser Wirklichkeit entnehmen kann, sondern sie von einem vermeintlich externen Standpunkt aus gewinnen muss. Anders gesagt: Eine gouvernementalitätstheoretische Perspektive stellt keine Ausgangspunkte für normative Ableitungen zur Verfügung. Dies wird dann zum Problem, wenn ein gouvernementalitätstheoretischer Zugang Antworten auf *Gestaltungsfragen* geben will und sich nicht bloß nur nach dem ‚wie', sondern sich vor allem nach dem ‚wohin' erkundigt (vgl. Langemeyer 2007). Auch die Unterscheidung einer „analytischen" Perspektive von einer „ethisch-politischen Haltung" kompensiert die besagte Ambivalenz im Kritikverständnis nicht, denn eine „Politische Theorie Sozialer Arbeit", die *beides* für sich in Anspruch nimmt, kommt nicht umhin, an einem bestimmten Punkt strategisch auf die Möglichkeit „immanenter Transzendenz" zurückzugreifen, um die Notwendigkeit „transzendenter Immanenz" begründen zu können und umgekehrt.[9] Die anderen Möglichkeiten Sozialer Arbeit sind dann aber letztlich doch immer schon dieselben wie ihre Besseren. Im Horizont eines Kritikverständnisses, das sich mit Gestaltungsfragen verbindet, kommt es somit gleichsam zwangsläufig zu einer Verobjektivierung der eigenen kritischen Perspektive (vgl. hierzu auch Dollinger in diesem Band). Die Unterscheidung kann also gar nicht durchgehalten werden. Sie verdeckt lediglich die innere Widersprüchlichkeit dieser Position, die offen zu Tage treten würde, wenn die ‚*anderen* Möglichkeiten' des Beschriebenen unmittelbar als dessen ‚*bessere* Alternativen' ins Spiel gebracht würden. Die Soziale Arbeit erschiene dann nämlich ganz offensichtlich nicht nur als etwas, was sein könnte, wenn es wäre, was es eigentlich ist, sondern auch als etwas, dass nur zu sich selbst findet, wenn es seiner je aktualen Gestalt entkommt.

Bereits die Auseinandersetzung mit dem spezifischen Kritikverständnis, das eine Gouvernementalität Sozialer Arbeit engagiert, zeigt, dass ein wesentlicher, von der kontingenzorientierten Perspektive kulturtheoretischer Ansätze ausgehender Impuls, nicht aufgenommen, sondern vielmehr durch den sozialpädagogischen Blick gebrochen wird. Sicher: Was die Kritik, wie sie die Soziale

---

9 Vgl. zur Unterscheidung von „transzendenter Immanenz" und „immanenter Transzendenz" als theoriegeschichtlichen Varianten des sinntheoretischen Umgangs mit dem Paradox der Selbstreferentialität von Sinn: Rustemeyer (2001: 239ff.).

Arbeit versteht, zur Sprache bringt, wird erst artikulierbar, wenn an die Stelle des Strebens nach der Entbergung des Soseins der Welt die Erfahrung vom Andersseinkönnen des Vorfindlichen tritt. In dieser Hinsicht steht sie einer kulturtheoretischen Perspektive immer noch nahe. Hinzu kommt aber, dass die Soziale Arbeit sich und ihre eigenen Gestaltungsambitionen im Rahmen sozialpädagogischer Theorieentwürfe plausibilisiert, indem sie eine universelle Orientierung namhaft macht, an denen sie schließlich Halt findet, sich aufrichten kann und an denen dann letztlich das je Gegenwärtige als das zu Kritisierende der Prüfung auf seine Vernünftigkeit hin ausgesetzt wird. Die – wie man nun genauer sagen muss – *sozialpädagogische* Kritik der Sozialen Arbeit thematisiert das, was an Sozialer Arbeit der Fall ist, immer im Horizont von etwas, was je aktuell nicht der Fall ist, jedoch nur insoweit, als das, was nicht der Fall ist, die Folie dafür bereitstellt, dass das, was der Fall ist, schließlich als defiziente Form der Verwirklichung ihrer Möglichkeiten interpretiert werden kann. Wie auch die kritische Theorie folgt die Soziale Arbeit dabei der Devise, „im Gegebenen das Mögliche [zu] suchen" (Bitzan/Bolay/Thiersch 2006). Dies bedeutet ihr jedoch mehr, als nur das Beste aus der jeweils vorfindlichen Wirklichkeit zu machen; es bedeutet auch, die Wirklichkeit als *Seinsollende* zu begreifen und sie ständig daraufhin abzutasten, was sie als ihre bessere Alternative *bereits enthält*. Dazu muss sie aber immer schon als eine bestimmte Wirklichkeit aufgefasst werden. Im Horizont eines solchen Kritikverständnisses ist eine epistemisch relevante Kontamination von Seins- und Sollensaussagen somit bereits vorprogrammiert, wenn nicht gar vollzogen. Eine gouvernementalitätsanalytisch fundierte Perspektive bildet hier keine Ausnahme, vielmehr bezieht sie aus dieser ‚Machart' von Kritik ihre kommunikative Anschlussfähigkeit im sozialpädagogischen Diskurs, die sich dann wiederum über die Kritik ihrer vermeintlich fehlenden kritischen Ambitionen verstetigt. Den Kritikstil der Sozialen Arbeit und die sich dahinter verbergende ‚implizite Methodologie' müssen aber kulturtheoretisch ambitionierte Zugänge schon aus paradigmatischen Gründen ausschließen, weil sich ihre ‚Weltbedeutsamkeit' (Kultur!) vor allem auf die Erfahrung von Kontingenz stützt und sich für deren Offenlegung interessiert. Vor diesem Hintergrund wird dann aber umso deutlicher, dass sich aktuell vorfindbare gouvernementalitätsanalytische Studien zur Sozialen Arbeit letztlich noch ganz auf der Linie ihrer kapitalismuskritischen ‚Vorläufer' aus den 1970er Jahren bewegen. Ging es den Letzteren darum, die herrschaftssichernde Funktion der Sozialen Arbeit an den Pranger zu stellen (vgl. etwa Giesecke 1973; Peters/Cremer-Schäfer 1975), so geschah auch dies mit einem deutlichen Appell an ihre ‚besseren Möglichkeiten'. Die vorliegenden gouvernementalitätsanalytischen Studien zur Sozialen Arbeit lassen sich als Fortschreibung dieser Form kritisch intendierter Gegenwartsanalysen Sozialer Arbeit lesen. Sie arbeiten mit der gleichen

Methodologie der Selbstplausibilisierung wie ihre Vorgänger, nur mit dem Unterschied, dass sie andere gegenstandstheoretische Basiskonstruktionen nutzen. Genauso wie sie ihre politischen Ambitionen im Lichte der Spannung von Sein und Sollen Sozialer Arbeit begründen, kalkulieren sie mit Skandalisierungseffekten und setzen auf politische Einmischung statt auf expertokratisch enthaltsame Professionalität. Sie stehen damit stellvertretend für die Wiederbelebung einer gesellschaftspolitisch engagierten kritischen Tradition in der Sozialen Arbeit, die von einigen als dringend notwendig empfunden wird (vgl. nur Anhorn/Bettinger 2005: 7). Dabei drängt sich jedoch allzu leicht der Verdacht auf, dass das beharrlich artikulierte Interesse der Sozialen Arbeit am Wohlergehen ihrer AdressatInnen nicht minder ein Interesse an ihrem eigenen Fortbestand ist, in dessen Rahmen sie sich freilich erst in ihrer zwar immer beschränkten, aber doch ‚eigentlichen' Gestalt verwirklicht (vgl. in diesem Sinne etwa Kessl 2006: 73; Ziegler 2004: 822; kritisch: Horlacher 2007). In dieser Hinsicht erscheint die Kritik letztlich – nutzt man politische Vokabeln zur Beschreibung – als erstaunlich ‚konservativ'. Zugleich wird deutlich: Die Kritik, die die Soziale Arbeit im Rahmen gouvernementalitätstheoretischer Zugriffe gegen sich selbst richtet, ist keine Kritik an ihrem Selbst.

3 Über eine Bestandsaufnahme hinaus: Zur strukturellen Logik und eingeschränkten Funktionalität sozialpädagogischen Argumentierens

Andreas Schaarschuch (1999: 60) hat mit Bezug auf die in den 1980/90er Jahren inflationär vor sich gehende Rezeption der Beckschen Individualisierungsthese darauf hingewiesen, inwieweit diese „Übersetzung [...] in die sozialpädagogische Theorie" eine „spezifische Problematik" in sich trage. S.E. sind dabei entscheidende Aspekte der Individualisierungsthese auf der Strecke geblieben. Bernd Dollinger hat dieses Phänomen in verschiedenen Arbeiten systematisch herausarbeiten können (vgl. etwa Dollinger 2007b). Ein zentrales kritisches Argument sowohl von Schaarschuch als auch von Dollinger ist dabei, dass der analysierte Theorieimport der Individualisierungsthese in den sozialpädagogischen Diskurs eine Art ‚Teilimport' darstellt. Entscheidende Facetten der soziologischen Ausgangsanalyse werden im Zuge des Imports instrumentalisiert und damit überformt oder gar ausgeblendet.

Dieses Phänomen scheint nicht nur auf den sozialpädagogischen Import der Individualisierungstheorie zuzutreffen (vgl. dazu kritisch auch Dollinger 2008 sowie den Beitrag von Dollinger in diesem Band). Wir haben in den vorangegangenen Abschnitten exemplarisch für Teildebatten des Bildungs- und Kultur-‚Turn' in der Sozialen Arbeit nachzuweisen versucht, inwiefern Überformungsprozesse auch in der Rezeption und Integration von kultur- und bildungstheoretischen Semantiken auftauchen. So kommt der Verdacht auf, dass Überformungsprozesse bei sozialpädagogischen Theorieimporten mehr mit der Rezeptions-, und damit auch der generellen Argumentations- und Legitimationspraxis der sozialpädagogischen Disziplin zu tun haben könnten, als mit den importierten theoretischen bzw. analytischen Vokabularen selbst. Es scheint dabei so zu sein, dass die Übersetzungsprozesse eines bestimmten Vokabulars in sozialpädagogische Diskussionszusammenhänge mit einer spezifischen Art der argumentativen Überformung einhergehen. Diese Überformung zeigt sich unter anderem daran, dass wissenschaftliche Theorien im Sinne einer ‚normativen Einschwörung' auf das bestehende gesellschaftliche Projekt der Sozialen Arbeit uminterpretiert werden. Dies kann – eher offensiv, wie anhand des Diskussionsschauplatzes ‚Bildung' gezeigt – dadurch geschehen, dass sich die Soziale Arbeit im Zuge der theoretischen Rezeptionsarbeit selbst argumentativ als Lösungsinstanz für gesellschaftliche Probleme in Stellung bringt. Die ‚normative Einschwörung' auf das bestehende gesellschaftliche Projekt der Sozialen Arbeit kann jedoch auch – gleichsam negativ, wie im Falle des Diskussionsschauplatzes ‚Kultur' illustriert – vollzogen werden, indem man ein fernab empirischer Praxis liegendes ‚eigentliches sozialpädagogisches Projekt' konstruiert, das einer eher dystopischen, machtanalytischen Perspektive vollkommen fremd gegenübersteht, aber als normatives Korrektiv eingesetzt wird, um Soziale Arbeit als gesellschaftskritische und gesellschaftsverändernde ‚Instanz' rehabilitieren zu können.

Als weiterführende Konsequenz aus unserer Analyse des Imports kultur- und bildungstheoretischer Vokabulare in die sozialpädagogische Fachdiskussion drängt sich somit auch die Vermutung auf, dass die Struktur des ‚disziplinär-sozialpädagogischen Arguments' nicht angemessen erfasst werden kann, solange man ihm eine im engeren Sinne wissenschaftliche Funktionalität zuschreibt. Dies zeigt sich konkret daran, dass bei der oben geleisteten, kritischen Analyse kein durchgängig offener Beobachtungsmodus der sozialpädagogischen Diskursbeiträge erkennbar ist, und zwar interessanterweise genau von dem Moment an, ab dem es im Zuge theoretischer Ansätze um eine Analyse der Sozialen Arbeit selbst und eine Begründung von Optionen zu ihrer Gestaltung geht. Man ist – so gesehen und entgegen des ersten Anscheins – offenbar nicht um eine Erweiterung des Erfahrungshorizonts zum zentralen Untersuchungsgegenstand der Sozialen Arbeit bemüht. Die genaue Beobachtung der Umformungsprozesse, die Bildungs- und Kulturkonstrukte im Zuge ihrer sozialpädagogischen Rezeption durchlaufen, legt eher nahe, davon auszugehen, dass die sozialpädagogische Fachdiskussion – mindestens im Zuge ihres bildungs- und kulturtheoretischen ‚Turn', vielleicht aber auch weit darüber hinaus – keinerlei epistemisch relevante Horizonterweiterungen im Hinblick auf sich selbst erfährt. Zwar möchte die sozialpädagogische Fachdiskussion augenscheinlich anschlussfähig an den interdisziplinären wissenschaftlichen Diskurs erscheinen. Anders als man erwarten könnte, führt dies jedoch nicht zu einem Bruch mit den herkömmlichen Plausbilisierungsmustern sozialpädagogischer Theoriebildung. Von einem Paradigmenwechsel kann also kaum die Rede sein, denn jenseits eines Austauschs von Semantiken bleibt der ‚sozialpädagische Blick' letztlich unangetastet.

Somit liegt der Verdacht nahe, dass es – im oben erwähnten Luhmannschen Sinne – gerade *nicht* um eine ‚Einführung von Theorie ins System' geht, sondern stattdessen gerade um eine Bestätigung und Festigung der bereits vorhandenen sozialpädagogischen Kommunikation mithilfe neuer, potenziell irritierender Semantiken. Dieser im Grunde paradoxe Vorgang scheint als eine Art „funktionale Wendung" (vgl. dazu ausführlicher Sandermann 2009: 163) der zuvor wissenschaftlichen Kommunikationslogik in eine sozialpädagogische Kommunikationslogik bewerkstelligt zu werden. Die aus den benachbarten sozial-, geistes- und kulturwissenschaftlichen Disziplinen und ihren Forschungsprogrammen entnommenen wissenschaftlichen Konstrukte sind als solche für die sozialpädagogische Argumentation wertvoll, werden aber erst dann funktional einsetzbar, wenn sie in sozialpädagogischem Sinne normativ aufgeladen und somit ideologisch gewendet werden.

So verstanden, scheinen auch die kultur- und bildungstheoretischen Vokabulare von Seiten der sozialpädagogischen Fachdiskussion geradezu als ‚Werkzeuge' für die Bestätigung einer indigenen sozialpädagogischen Weltbedeutsamkeit herangezogen zu werden. Man schließt an die in den Blick geratenen Konstrukte an und erscheint damit in seinem Erkenntnisinteresse und -prozess als offen. Was jedoch konkret beobachtbar ist, wenn man diesen Rezeptionsprozess analysiert, ist der ständige Versuch, die aufgenommenen Semantiken sozialpädagogisch umzuformen und mit der Plausibilisierungslogik sozialpädagogischer Theoriebildung zu verschränken. Damit werden sie letztlich in ihrer – potenziell konfliktreichen! – Differenz zur „sozialpädagogischen Vernunft" (Neumann 2008) ‚unschädlich' gemacht.

Warum aber ist das so? Welchen Sinn macht es für die sozialpädagogische Disziplin, sich auf diese Weise, die offensichtlich ihre Anschlussfähigkeit an wissenschaftliche Kommunikationsprozesse in Frage stellt, argumentativ zu engagieren? Wir vermuten dazu Folgendes: aus Sicht der sozialpädagogischen Disziplin scheint die stete Tendenz, nüchterne wissenschaftliche Analyseelemente normativ-konzeptionell aufzuladen und gleichsam ‚auszubeuten', den Zweck zu haben, einen inzwischen traditionell erscheinenden Doppelanspruch der sozialpädagogischen Disziplin aufrechtzuerhalten (vgl. dazu auch Neumann/

Sandermann 2007: 21f.). Man fühlt sich gleichzeitig zweierlei Publika verpflichtet. Dies sind einerseits Mitglieder der Scientific Community. Ihnen gegenüber hat sich die sozialpädagogische Fachdiskussion zu rechtfertigen, was die Aktualität und Qualität entwickelter und rezipierter wissenschaftlicher Analysen angeht. Andererseits jedoch fühlt sich die sozialpädagogische Disziplin noch einem ganz anderen Publikum verpflichtet. Dem Publikum der Profession, für die sie ausbildet. Diesem Publikum versucht sie gerecht zu werden, indem sie ihm – einerseits – ständige Neukonzeptionierungen oder Utopien für die bestehende Praxis anbietet, und – andererseits – wissenschaftlich sich legitimierenden professionspolitischen Beistand zukommen lässt. Für beides werden Argumente benötigt, die einer sozialpädagogischen, aber nicht unbedingt einer wissenschaftlichen Kommunikationstypik entsprechen.

Die Strategie, mithilfe derer die sozialpädagogische Disziplin bisher ihrem geradezu paradoxen Doppelanspruch gegenüber zwei verschiedenen Publika zu entsprechen sucht, bietet ihr bisher relativ erfolgreich einen Sonderplatz in der bundesrepublikanischen Hochschullandschaft, wenngleich sich dies auch tendenziell ändern könnte, zumal sich doch die Kluft zu wissenschaftlichen Beobachtungslogiken in wissenschaftlichen Nachbardisziplinen immer mehr zu verschärfen scheint (vgl. dazu grundlegend Neumann/Sandermann 2008). Die lange Zeit Autonomie versprechende Strategie, sich der Praxis durch Handlungsweisungen und professionspolitischen Geleitschutz zu verpflichten, könnte sich so gesehen aktuell endgültig als Schein-Autonomie entpuppen. Dies insbesondere auch deshalb, weil man sich – je länger man auf diese Strategie setzt – immer weniger sicher sein kann, welcher Praxis gegenüber man sich überhaupt verpflichtet, zumal man nicht bereit ist, sie radikal zu hinterfragen. Stattdessen kämpft man darum, das sozialpädagogische Argument an möglichst viele gesellschaftliche Phänomene problematisierend anschließen zu können und die bestehende Soziale Arbeit so stets als adäquate Problemlösungsinstanz für die von ihr selbst als gesellschaftlich bedeutsam, aber lösbar zugerichteten Probleme erscheinen zu lassen (vgl. dazu kritisch auch Dollinger 2008).

Die beiden oben analysierten zentralen Schauplätze des so genannten bildungs- und kulturtheoretischen ‚Turn' sind nur zwei von vielen Orten, an denen dieser Kampf ausgetragen wird. Kommen wir daher zum Schluss zurück auf unsere Ausgangsfrage danach, ob wir es derzeit tatsächlich mit einem bildungs- und kulturtheoretischen ‚Turn' in der sozialpädagogischen Forschung zu tun haben, so lässt sich resümieren: disziplinhistorisch – Ja, theoriesystematisch und methodologisch – Nein.

Literatur

Adorno, Theodor W. (1971): Gesammelte Schriften. Band 5: Zur Metakritik der Erkenntnistheorie. Drei Studien zu Hegel. Frankfurt am Main: Suhrkamp Verlag

Anhorn, Roland/Bettinger, Frank (Hrsg.) (2005): Sozialer Ausschluss und Soziale Arbeit. Positionsbestimmungen einer kritischen Theorie und Praxis Sozialer Arbeit. Wiesbaden: VS Verlag für Sozialwissenschaften

Appelsmeyer, Heide/Billmann-Mahecha, Elfriede (Hrsg.) (2001): Kulturwissenschaft. Felder einer prozessorientierten wissenschaftlichen Praxis. Weilerswist: Velbrück Verlag

Berse, Christoph (2007): Bildung als neue fachliche Leitnorm in der Jugendhilfe und ambivalente Erfahrungen in der Kooperation mit Schule auf der kommunalen Ebene. In: Krauß, E. Jürgen/Möller, Michael/Münchmeier, Richard (Hrsg.): Soziale Arbeit zwischen Ökonomisierung und Selbstbestimmung. Kassel: Kassel University Press, 421-447

Bitzan, Marian/Bolay, Eberhard/Thiersch, Hans (2006): Im Gegebenen das Mögliche suchen. Ein Gespräch mit Hans Thiersch zur Frage: Was ist kritische Soziale Arbeit? In: Widersprüche 100, 63-74

Böhnisch, Lothar (2006): Politische Soziologie. Eine problemorientierte Einführung, Opladen/Farmington Hills: Barbara Budrich Verlag

Böhnisch, Lothar/Schröer, Wolfgang/Thiersch, Hans (2005): Sozialpädagogisches Denken. Wege zu einer Neubestimmung. Weinheim/München: Juventa Verlag

Böhnisch, Lothar/Münchmeier, Richard (1993): Pädagogik des Jugendraums. Zur Begründung und Praxis einer sozialräumlichen Jugendpädagogik. Weinheim/München: Juventa Verlag

Bourdieu, Pierre/Chamboredon, Jean-Claude/Passeron, Jean-Claude (1991): Soziologie als Beruf. Wissenschaftstheoretische Voraussetzungen soziologischer Erkenntnis. Berlin u.a.: de Gruyter Verlag

Braun, Karl-Heinz (2004): Raumentwicklung als Aneignungsprozess. Zu einer raumbezogenen Problemgeschichte des Aneignungskonzeptes in der ‚Kritischen Psychologie' und darüber hinaus. In: Deinet, Ulrich/Reutlinger, Christian (Hrsg.): „Aneignung" als Bildungskonzept der Sozialpädagogik. Beiträge zur Pädagogik des Kindes- und Jugendalters in Zeiten entgrenzter Lernorte. Wiesbaden: VS Verlag für Sozialwissenschaften, 19-48

Brenner, Gerd (2008): Bildung und Jugendarbeit. In: Deutsche Jugend 56, 79-91

Bröckling, Ulrich/Krasmann, Susanne/Lemke, Thomas (Hrsg.) (2000): Gouvernementalität der Gegenwart. Studien zur Ökonomisierung des Sozialen. Frankfurt am Main: Suhrkamp Verlag

Brumlik, Micha (2005): Gouvernementalität und Soziale Arbeit. Fabian Kessls Endlagerung einer rebellischen Theorie. In: Sozialwissenschaftliche Literaturrundschau (SLR) 28. H. 51, 34-40

Clarke, John (2009): The Contribution of Cultural Studies for Theory and Empirical Research in Social Work. In: Melzer, Wolfgang/Tippelt, Rudolf (Hrsg.): Kulturen der Bildung. Beiträge zum 21. Kongress der Deutschen Gesellschaft für Erziehungswissenschaft. Opladen/Farmington Hills: Barbara Budrich Verlag, 227-235

Daniel, Ute (2004): Kompendium Kulturgeschichte. Theorien, Praxis, Schlüsselwörter. Frankfurt am Main: Suhrkamp Verlag

Deinet, Ulrich (2002): Der ‚sozialräumliche Blick' der Jugendarbeit – ein Beitrag zur Sozialraumdebatte, in: Neue Praxis 32, 285-296

Deinet, Ulrich (2003): Regionale Lebenswelten als Ausgangspunkt einer aneignungs- und bildungsorientierten Jugendarbeit. In: Lindner, Werner/Thole, Werner/Weber, Jochen (Hrsg.): Kinder- und Jugendarbeit als Bildungsprojekt. Opladen: Leske + Budrich, 213-225

Deinet, Ulrich (2004a): Raumaneignung als Bildungspraxis in der Offenen Jugendarbeit. In: Sturzenhecker, Benedikt/Lindner, Werner (Hrsg.): Bildung in der Kinder- und Jugendarbeit. Vom Bildungsanspruch zur Bildungspraxis. Weinheim/München: Juventa Verlag, 111-130

Deinet, Ulrich (2004b): ‚Spacing', Verknüpfung, Bewegung, Aneignung von Räumen – als Bildungskonzept sozialräumlicher Jugendarbeit. In: Deinet, Ulrich/Reutlinger, Christian (Hrsg.): ‚Aneignung' als Bildungskonzept der Sozialpädagogik. Beiträge zur Pädagogik des Kindes- und Jugendalters in Zeiten entgrenzter Lernorte. Wiesbaden: VS Verlag für Sozialwissenschaften, 175-189

Deinet, Ulrich (2005a): ‚Aneignung' und ‚Raum' – zentrale Begriffe des sozialräumlichen Konzepts. In: Deinet, Ulrich (Hrsg.): Sozialräumliche Jugendarbeit. Grundlagen, Methoden und Praxiskonzepte. 2., völlig überarbeitete Auflage. Wiesbaden: VS Verlag für Sozialwissenschaften, 27-57

Deinet, Ulrich (2005b): Aneignung als Bildungskonzept sozialräumlicher Jugendarbeit. In: Deinet, Ulrich (Hrsg.): Sozialräumliche Jugendarbeit. Grundlagen, Methoden und Praxiskonzepte. 2., völlig überarbeitete Auflage. Wiesbaden: VS Verlag für Sozialwissenschaften, 143-160

Deinet, Ulrich (2005c): Das sozialräumliche Muster in der Offenen Kinder- und Jugendarbeit. In: Deinet, Ulrich/Sturzenhecker, Benedikt (Hrsg.): Handbuch Offene Kinder- und Jugendarbeit. 3., völlig überarbeitete und erweiterte Auflage. Wiesbaden: VS Verlag für Sozialwissenschaften, 217-229

Deinet, Ulrich/Reutlinger, Christian (Hrsg.) (2004): „Aneignung" als Bildungskonzept der Sozialpädagogik. Beiträge zur Pädagogik des Kindes- und Jugendalters in Zeiten entgrenzter Lernorte. Wiesbaden: VS Verlag für Sozialwissenschaften

Dollinger, Bernd (2007a): Der soziale Liberalismus und die Entstehung der Sozialpädagogik. In: Dollinger, Bernd/Müller, Carsten/Schröer, Wolfgang (Hrsg.): Die sozialpädagogische Erziehung des Bürgers. Entwürfe zur Konstitution der modernen Gesellschaft. Wiesbaden: VS Verlag für Sozialwissenschaften, 51-68

Dollinger, Bernd (2007b): Reflexive Individualisierung als Mythologem pädagogischer Zeitdiagnostik. Skepsisdefizite und Reflexionsaufforderungen. In: Zeitschrift für Erziehungswissenschaft 10, 75-89

Dollinger, Bernd (2008): Sozialpädagogische Theorie zwischen Analyse und Zeitdiagnose. In: Widersprüche 108, 31-42

Foucault, Michel (2004): Geschichte der Gouvernementalität. 2 Bände. Frankfurt am Main: Suhrkamp Verlag

Fülbier, Paul/Münchmeier, Richard (2001): Sozialräumliches Verständnis von Jugend und sozialräumliche Ansätze. In: Fülbier, Paul/Münchmeier, Richard (Hrsg.): Handbuch Jugendsozialarbeit. Geschichte, Grundlagen, Konzepte, Handlungsfelder, Organisation. Band 2. Münster: Votum, 847-861

Gängler, Hans (1995): ‚Die Beobachtung der Beobachter beim Beobachten...'. Strukturmuster sozialpädagogischer Theorieproduktion. In: Thiersch, Hans/Grunwald, Klaus (Hrsg.): Zeitdiagnose Soziale Arbeit. Zur wissenschaftlichen Leistungsfähigkeit der Sozialpädagogik in Theorie und Ausbildung. Weinheim/München: Juventa Verlag, 27-42

Giesecke, Hermann (Hrsg.) (1973): Offensive Sozialpädagogik. Göttingen: Vandenhoeck & Ruprecht

Heite, Catrin (2006): Professionalisierungsstrategien der Sozialen Arbeit. Der Fall des Case Managements, in: Neue Praxis 36, 201-207

Herrmann, Cora (2006): Neoliberale Sicherheiten, neoliberale Qualitäten. Die Neuausrichtung Sozialer Arbeit. In: Fantômas, H. 9, S. 20-22

Hesse, Mary (1966): Models and Analogies in Science. Notre Dame: University of Notre Dame Press

Holzkamp, Klaus (1973): Sinnliche Erkenntnis. Historischer Ursprung und gesellschaftliche Funktion der Wahrnehmung. Frankfurt am Main: Athenäum

Holzkamp, Klaus (1983): Grundlegung der Psychologie. Frankfurt am Main/New York: Campus Verlag

Holzkamp-Osterkamp, Ute (1981): Grundlagen der psychologischen Motivationsforschung 1. Texte zur Kritischen Psychologie, Band 4/1. Psychologisches Institut der FU Berlin. 3. Auflage. Frankfurt am Main/New York: Campus Verlag

Horlacher, Cornelis (2007): Wessen Kunst, wie nicht regiert zu werden? Zur Rezeption Foucaults und insbesondere des Begriffs ‚Regieren' im Kontext kritischer Reflexion Sozialer Arbeit. In: Anhorn, Roland/Bettinger, Frank/Stehr, Johannes (Hrsg.): Foucaults Machtanalytik und Soziale Arbeit. Eine kritische Einführung und Bestandsaufnahme. Wiesbaden: VS Verlag für Sozialwissenschaften, 245-259

Kessl, Fabian (2005): Der Gebrauch der eigenen Kräfte. Eine Gouvernementalität Sozialer Arbeit. Weinheim/München: Juventa Verlag

Kessl, Fabian (2006): Soziale Arbeit als Regierung – eine machtanalytische Perspektive. In: Weber, Susanne/Maurer, Susanne (Hrsg.): Gouvernementalität und Erziehungswissenschaft. Wissen – Macht – Transformation. Wiesbaden: VS Verlag für Sozialwissenschaften, 63-75

Kessl, Fabian (2007): Wozu Studien zur Gouvernementalität in der Sozialen Arbeit? Von der Etablierung einer Forschungsperspektive. In: Anhorn, Roland/Bettinger, Frank/Stehr, Johannes (Hrsg.): Foucaults Machtanalytik und Soziale Arbeit. Eine kritische Einführung und Bestandsaufnahme. Wiesbaden: VS Verlag für Sozialwissenschaften, 203-225

Kessl, Fabian/Reutlinger Christian/Ziegler, Holger (Hrsg.) (2007): Erziehung zur Armut. Soziale Arbeit und die ‚neue Unterschicht'. Wiesbaden: VS Verlag für Sozialwissenschaften

Klein, Alexandra/Landhäußer, Sandra/Ziegler, Holger (2005): The Salient Injuries of Class. Zur Kritik der Kulturalisierung struktureller Ungleichheit. In: Widersprüche 98, 45-74

Köpp, Christina/Neumann, Sascha (2003): Sozialpädagogische Qualität. Problembezogene Analysen zur Konzeptualisierung eines Modells. Weinheim/München: Juventa Verlag

Kuhn, Thomas S. (1970): The Structure of Scientific Revolutions. Second Edition, enlarged. Chicago: University of Chicago Press

Langemeyer, Ines (2007): Wo Handlungsfähigkeit ist, ist nicht immer schon Unterwerfung. Fünf Probleme des Gouvernementalitätsansatzes. In: Anhorn, Roland/Bettinger, Frank/Stehr, Johannes (Hrsg.): Foucaults Machtanalytik und Soziale Arbeit. Eine kritische Einführung und Bestandsaufnahme. Wiesbaden: VS Verlag für Sozialwissenschaften, 227-243

Leontjew, Alexei Nikolajewitsch (1971): Probleme der Entwicklung des Psychischen. Berlin: Volk und Wissen

Lindner, Werner/Thole, Werner/Weber, Jochen (Hrsg.) (2003): Kinder- und Jugendarbeit als Bildungsprojekt. Opladen: Leske + Budrich

Luhmann, Niklas (2005): Soziologische Aufklärung. Beiträge zur funktionalen Differenzierung der Gesellschaft. 3. Auflage. Wiesbaden: VS Verlag für Sozialwissenschaften

Maeder, Christoph (2004): Die Gouvernementalität des New Public Managements. In: Mäder, Ueli/Daub, Claus H. (Hrsg.): Soziale Folgen der Globalisierung. Basel: edition gesowip, 7-80

Maurer, Susanne (2006): Gouvernementalität ‚von unten her' denken. Soziale Arbeit und soziale Bewegungen als (kollektive) Akteure ‚beweglicher Ordnungen'. In: Weber, Susanne/Maurer, Susanne (Hrsg.): Gouvernementalität und Erziehungswissenschaft. Wissen – Macht – Transformation. Wiesbaden: VS Verlag für Sozialwissenschaften, 233-252

May, Michael (2008): Aktuelle Theoriediskurse Sozialer Arbeit. Eine Einführung. Wiesbaden: VS Verlag für Sozialwissenschaften

Moebius, Stephan/Quadflieg, Dirk (Hrsg.) (2006): Kultur. Theorien der Gegenwart. Wiesbaden: VS Verlag für Sozialwissenschaften

Mollenhauer, Klaus (1983): Vergessene Zusammenhänge. Über Kultur und Erziehung. München: Juventa Verlag

Müller, Burkhard (2006): Jugendarbeit im Spannungsfeld von Bildung und Erziehung. In: Zeitschrift für Sozialpädagogik 4, 421-434

Münchmeier, Richard (2003): Jugendarbeit in der Offensive, in: Lindner, Werner/Thole, Werner/Weber, Jochen (Hrsg.): Kinder- und Jugendarbeit als Bildungsprojekt. Opladen. Leske + Budrich, 69-86

Münchmeier, Richard/Otto, Hans-Uwe/Rabe-Kleeberg, Ursula (Hrsg.) (2002): Bildung und Lebenskompetenz. Kinder- und Jugendhilfe vor neuen Aufgaben. Opladen: Leske + Budrich

Neumann, Sascha (2005): Rezension von: Deinet, Ulrich / Reutlinger, Christian (Hg.): ‚Aneignung' als Bildungskonzept der Sozialpädagogik, Beiträge zur Pädagogik des Kindes- und Jugendalters in Zeiten entgrenzter Lernorte, Wiesbaden: Verlag für

Sozialwissenschaften 2004. In: Erziehungswissenschaftliche Revue (EWR) 4/2005, veröffentlicht am 06.04.2005 (http://www.klinkhardt.de/ewr/81004009.html; Zugriff am 17.10.2008)

Neumann, Sascha (2008): Kritik der sozialpädagogischen Vernunft. Feldtheoretische Studien. Weilerswist: Velbrück Verlag

Neumann, Sascha/Sandermann, Philipp (2007): Uneinheitlich einheitlich. Über die Sozialpädagogik der sozialpädagogischen Theorie. In: Schweizerische Zeitschrift für Soziale Arbeit 3, 9-26

Neumann, Sascha/Sandermann, Philipp (2008): Hellsichtige Blindheit. Zur vermeintlichen sozialwissenschaftlichen Wende der sozialpädagogischen Theorie. In: Widersprüche 108, 11-30

Niemeyer, Christian (2003): Sozialpädagogik als Wissenschaft und Profession. Grundlagen, Kontroversen, Perspektiven. Weinheim/München: Juventa Verlag

Nohl, Herman (1927): Die geistigen Energien der Jugendwohlfahrtsarbeit, in: Nohl, Herman: Jugendwohlfahrt. Leipzig: Quelle & Meyer, 1-13

Otto, Hans-Uwe/Rauschenbach, Thomas (Hrsg.) (2008): Die andere Seite der Bildung. Zum Verhältnis von formellen und informellen Bildungsprozessen. 2. Auflage. Wiesbaden: VS Verlag für Sozialwissenschaften

Peters, Helge/Cremer-Schäfer, Helga (1975): Die sanften Kontrolleure. Stuttgart: Enke

Popper, Karl (1976): Logik der Forschung. 6. Auflage. Tübingen: Mohr Siebeck

Prölß, Reiner (Hrsg.) (2003): Bildung ist mehr! Die Bedeutung der verschiedenen Lernorte. Konsequenzen aus der PISA-Studie zur Gestaltung der Jugendhilfe in einer kommunalen Bildungslandschaft. Nürnberg: Emwe-Verlag

Rauschenbach, Thomas/Ortmann, Friedrich/Karsten, Maria-E. (Hrsg.) (1993): Der sozialpädagogische Blick, Weinheim/München: Juventa Verlag

Reckwitz, Andreas (2000): Die Transformation der Kulturtheorien. Zur Entwicklung eines Theorieprogramms. Weilerswist: Velbrück Verlag

Reckwitz, Andreas (2003): Grundelemente einer Theorie sozialer Praktiken. In: Zeitschrift für Soziologie, 32, H. 4, 282-301

Reckwitz, Andreas (2004): Die Kontingenzperspektive der ‚Kultur'. Kulturbegriffe, Kulturtheorien und das kulturwissenschaftliche Forschungsprogramm. In: Jäger, Friedrich/Rüsen Jörn (Hrsg.): Handbuch der Kulturwissenschaften. Band 3: Themen und Tendenzen. Stuttgart u.a.: Metzler, 1-20

Reckwitz, Andreas (2008): Unscharfe Grenzen. Perspektiven der Kultursoziologie. Bielefeld: Transcript Verlag

Reutlinger, Christian (2008): Lebensbewältigung in benachteiligten Quartieren. In: Otto, Hans-Uwe/Rauschenbach, Thomas (Hrsg.): Die andere Seite der Bildung. Zum Verhältnis von formellen und informellen Bildungsprozessen. 2. Auflage. Wiesbaden: VS Verlag für Sozialwissenschaften, 189-194

Richter, Martina (2004): Zur (Neu)Ordnung des Familialen. In: Widersprüche 92, 7-16

Rustemeyer, Dirk (2001): Sinnformen. Konstellationen von Sinn, Subjekt, Zeit und Moral. Hamburg: Meiner.

Sandermann, Philipp (2009): Die neue Diskussion um Gemeinschaft. Ein Erklärungsansatz mit Blick auf die Reform des Wohlfahrtssystems. Bielefeld: Transcript Verlag

Sandermann, Philipp/Urban, Ulrike (2007): Zur ‚Paradoxie' der sozialpädagogischen Diskussion um Sozialraumorientierung in der Jugendhilfe. In: Neue Praxis 37, 42-58

Schaarschuch, Andreas (1999): Integration ohne Ende? Soziale Arbeit in der gespaltenen Gesellschaft. In: Treptow, Rainer/Hörster, Reinhard (Hrsg.): Sozialpädagogische Integration. Entwicklungsperspektiven und Konfliktlinien. Weinheim/München: Juventa Verlag, 57-68

Steinmetz, George (1999): Introduction: Culture and the State. In Ders. (Hrsg.): State/Culture. State-Formation after the Cultural Turn. Ithaka: Cornell University Press, 1-49

Sting, Stephan/Sturzenhecker, Benedikt (2005): Bildung und offene Kinder- und Jugendarbeit, in: Deinet, Ulrich/Sturzenhecker, Benedikt (Hrsg.): Handbuch Offene Kinder- und Jugendarbeit. Wiesbaden: VS Verlag für Sozialwissenschaften, 230-247

Stövesand, Sabine (2007), Mit Sicherheit Sozialarbeit! Gemeinwesenarbeit als innovatives Konzept zum Abbau von Gewalt im Geschlechterverhältnis unter den Bedingungen neoliberaler Gouvernementalität. Münster: LIT Verlag

Sturzenhecker, Benedikt/Lindner, Werner (Hrsg.) (2004): Bildung in der Kinder- und Jugendarbeit. Vom Bildungsanspruch zur Bildungspraxis. Weinheim/München: Juventa Verlag 2004

Tenorth, Heinz-Elmar (2006): Macht und Regierung – oder die asymmetrische Ordnung der Bildung, in: Zeitschrift für Pädagogik 52, 36-42.

Tenorth, Heinz-Elmar (2007): Soziologie als Bildungstheorie, in: Aderhold, Jens/Kranz, Olaf (Hrsg.): Intention und Funktion. Probleme der Vermittlung psychischer und sozialer Systeme. Wiesbaden: VS Verlag für Sozialwissenschaften, 175-187

Thiersch, Hans (2008): Bildung als Zukunftsprojekt der Sozialen Arbeit. Eine essayistische Skizze. In: Bütow, Birgit/Chassé, Karl August/Hirt, Rainer (Hrsg.): Soziale Arbeit nach dem sozialpädagogischen Jahrhundert. Positionsbestimmungen Sozialer Arbeit im Post-Wohlfahrtsstaat. Opladen/Farmington Hills: Barbara Budrich Verlag, 107-125

Veith, Hermann (2001): Das Selbstverständnis des modernen Menschen. Theorien des vergesellschafteten Individuums im 20. Jahrhundert. Frankfurt am Main/New York: Campus Verlag

Veith, Hermann (2007): Bildungstheoretische Leitkonzepte im gesellschaftlichen Wandel, in: Harring, Marius/Rohlfs, Carsten/Palentien, Christian (Hrsg.): Perspektiven der Bildung. Kinder und Jugendliche in formellen, nicht-formellen und informellen Bildungsprozessen. Wiesbaden: VS Verlag für Sozialwissenschaften, 41-62

Wilhelm, Elena (2005): Rationalisierung der Jugendfürsorge: die Herausbildung neuer Steuerungsformen des Sozialen zu Beginn des 20. Jahrhunderts. Bern/Stuttgart/Wien: Haupt

Ziegler, Holger (2004): Jugendhilfe als Prävention. Die Refiguration sozialer Hilfe und Herrschaft in fortgeschrittenen liberalen Gesellschaftsformationen. Dissertation an der Fakultät für Pädagogik der Universität Bielefeld. Bielefeld, (http://bieson.ub.uni-bielefeld.de/volltexte/2004/533; Zugriff am 07.10.2008)

Teil III:

Kultur und Bildung
—
sozialpädagogisch beobachtet

Reflexionstheorie des Hilfesystems als Kulturtheorie? Über Möglichkeiten einer kulturtheoretisch fundierten systemtheoretischen Weiterentwicklung einer Theorie der Sozialen Arbeit

Bettina Hünersdorf

Kultur hat, wie in dem Begriff ‚Cultural Turn' zum Ausdruck kommt, wieder Hochkonjunktur. Just in dem Augenblick, in dem durch Globalisierung Kultur, Sinnsysteme und Wissensordnungen brüchig werden, wird der Blick auf sie gerichtet (vgl. Landwehr/Stockhorst 2004: 74f.). Das verbreitete Bewusstsein kultureller Kontingenz scheint die Rekonstitution von Systemen notwendig und „die Analyse der Verschiedenartigkeit kollektiver Sinnwelten, die Untersuchung der ‚kulturellen Konstitution' verschiedenster sozialer Phänomene fruchtbar" (Reckwitz 2000: 649) werden zu lassen.

Es stellt sich aber die Frage, was es der Sozialen Arbeit nützt, sich auf diese Perspektive einzulassen. Noch grundlegender muss bedacht werden, ob der ‚Cultural Turn' überhaupt die Hauptherausforderung für die Soziale Arbeit ist oder ob nicht vielmehr Phänomene sozialer Ungleichheit im Vordergrund stehen. Systemtheoretische Ansätze geraten aufgrund dessen, dass strukturelle Ungleichheiten kaum belichtet werden, für eine Theorie der Sozialen Arbeit, die sich dem Auseinanderdriften von arm und reich zu stellen hat, ins Hintertreffen. Vor dem Hintergrund, dass kulturtheoretische Zugänge ebenfalls dahin gehend kritisiert werden, dass sie Differenzen kulturalisieren (vgl. Klein u.a.: 2005), anstatt sie als sozialstrukturelle aufzuweisen, scheint eine kulturtheoretische Reformulierung der Systemtheorie unter dieser Perspektive problematisch zu sein. Andererseits muss die Frage gestellt werden, in welcher Weise das Verhältnis von Kultur und Gesellschaft beschrieben werden kann und inwieweit eine kulturtheoretische Öffnung der Systemtheorie das Phänomen sozialer Ungleichheit vielleicht nicht erklären, aber in der Bedeutung, die soziale Ungleichheit für das Hilfesystem hat, durchaus überzeugend in den Blick nehmen kann.

Ich möchte in den folgenden Ausführungen darlegen, was überhaupt unter Kultur verstanden werden kann und in welcher Form sie in der Systemtheorie aufgenommen wird (1). Im Anschluss stelle ich Soziale Arbeit als Reflexionstheorie des Hilfesystems dar und zeige, was eine kulturtheoretische Reformulierung der Systemtheorie für die Ausarbeitung einer Reflexionstheorie der Sozialen Arbeit leistet. Dazu gehe ich näher darauf ein, welche Bedeutung abweichendes Verhalten für die Soziale Arbeit bei der Entwicklung der Autonomie des Kindes bzw. Jugendlichen hat und stelle dar, wie sich daraus eine sozialpädagogisches Moratorium entwickeln kann (2). ‚Last but not least' gehe ich unter Bezugnahme auf die Diskurstheorie darauf ein, wie sich im Kontext der Sicherheitsgesellschaft (Singelnstein/Solle 2008) eine Transformation der Sozialen Arbeit vollzieht, die aber aus systemtheoretischer Perspektive die spezifische Wissensformation der Sozialen Arbeit nicht gänzlich in Frage stellt, sondern nur irritiert. In welcher Weise die Soziale Arbeit letztendlich dauerhaft auf diese Irritation reagiert, wird sich erst in den nächsten Jahren zeigen (3).

1 Kultur in der Systemtheorie

Vor dem Hintergrund des ‚Cultural Turn' können es auch Systemtheoretiker der zweiten Generation[1] nicht lassen, sich mit diesen Themen auseinander zu setzen (vgl. Koschorke/Vismann 1999; Baecker 2003; Burkart/Runkel 2004). Andererseits wird die Systemtheorie auch mit aufgenommen, wenn Handbücher über Kulturtheorien der Gegenwart herausgegeben werden (vgl. Ternes 2006). In der Systemtheorie wird darauf hingewiesen, dass „Kultur kein Grundbegriff der Systemtheorie" (Burkart 2004: 11) ist und diese auch nicht als „*Kulturtheorie* im engeren Sinne" (ebd.) verstanden werden kann. Dennoch ist die Systemtheorie eine „Theorie der Sinnsysteme, der Selbstreferenz, der Kontingenz und der Kommunikation" (ebd.), weswegen sie durchaus als Kulturtheorie im weiteren Sinne verstanden werden könnte. Uneinigkeit besteht allerdings darüber, inwieweit ein kulturtheoretischer Zugang im Rahmen der Theoriearchitektonik Luhmanns möglich ist (vgl. Baecker 1999, Baecker 2003, Wellbery 1999, Helmstetter 1999). Um diese Frage zu beantworten, muss expliziert werden, was überhaupt unter Kultur verstanden wird, denn die Bedeutungen, die diesem Begriff zugeschrieben werden, sind nicht nur im Allgemeinen, sondern auch bei Luhmann selbst sehr vielfältig (vgl. Burkart 2004: 14 ff.).

Luhmann versucht weitestgehend auf den Begriff der Kultur zu verzichten. Dennoch taucht der Begriff aber in einzelnen Aufsätzen auf. Dort wird Kultur

---

1 Angesichts dessen, dass Luhmann vor dem Gebrauch des Kulturbegriffs eher gewarnt hat (vgl. Luhmann 1995b: 341), und er sich nur in wenigen Aufsätzen systematisch damit auseinandergesetzt hat (vgl. Luhmann 1995), mag die Aussage, dass Systemtheorie eine Kulturtheorie sei, zur Verwunderung beitragen. Auch der Bildungsbegriff ist nicht derjenige, der in der sich sozialwissenschaftlich verstehenden Systemtheorie eine besondere Relevanz gewonnen hat.

verstanden als ein Doppel, da sie alles dupliziert, was ist. Praktiken können ein zweites Mal erfasst werden, indem sie als kulturelle Phänomene beschrieben werden, wodurch aber die Möglichkeit der Dekomposition aller Probleme mitgegeben ist (vgl. Luhmann 1995: 41f.). Darüber hinaus taucht der Begriff der Kultur im Zusammenhang mit der Selbstbeschreibung der Funktionssysteme wieder auf (vgl. GdG: 880). Dort bezieht er sich aber auf die jeweiligen Teilsysteme und nicht auf das ‚Ganze' der Gesellschaft. Kultur wird hier als das Ergebnis der Wiederholung und der Variation der semantischen Strukturen der Funktionssysteme beschrieben. Kultur gilt als eine Möglichkeit, mit dem Sinnüberschuss umzugehen, der bei der Wiederholung der semantischen Strukturen entsteht (vgl. GdG 881).

Aus kulturwissenschaftlicher Perspektive wird moniert, dass Luhmanns Kulturtheorie einseitig auf die gepflegte Semantik und damit auf die Schriftkultur ausgerichtet ist. Zentrale Dimensionen wie z.B. die Wahrnehmung werden hingegen kaum bzw. nur in „Die Kunst der Gesellschaft" und dort nur eingeschränkt erfasst[2] (vgl. Wellbery 1999, Helmsteller 1999: 88). Das würde erfordern, den Begriff der strukturellen Kopplung, der das soziale mit dem psychischen System in Verbindung bringt, systematisch in den Blick zu nehmen. Dies ist in der bisherigen systemtheoretischen Auseinandersetzung in der Sozialen Arbeit mit Ausnahme von Scherr (2001) noch nicht geschehen. Ich werde im Folgenden, wenn ich auf die Interaktion zwischen Professionellen (Leistungsrolle) und Klienten (Publikumsrolle) eingehe, näher auf diese kulturelle Dimension zu sprechen kommen.

2 Reflexionstheorie des Hilfesystems

Personenbezogene Funktionssysteme und damit auch das Hilfesystem kennzeichnen sich dadurch, dass sie keine symbolisch generalisierten Kommunikationsmedien[3], sondern Professionen aufweisen. Die Selbstbeschreibungen (Se-

---

2   Wahrnehmung spielt in „Die Kunst der Gesellschaft" im Kontext der ästhetischen Erfahrung bei Luhmann eine zentrale Rolle (vgl. KdG, 227), aber bei der Bestimmung der Funktion der Kunst beschränkt er Kunst auf den Einbezug des Bewusstseins in die Gesellschaft. Es interessiert ihn nur wie der Weltbezug der Kunst beschrieben beschreiben werden kann, d.h. wie Kunst eine eigene „Realität in der Welt ausdifferenziert und zugleich in sie einschließt (vgl. KdG: 229). Die mit dieser Funktionsbestimmung einhergehende Stellung der imaginären Welt zur Welt sei reduktionistisch (vgl. Wellbery 1999: 21f.). Sie müsste durch einen genealogischen Zugang zur ästhetischen Erfahrung ergänzt werden (vgl. Wellbery 1999: 26).
3   Symbolisch generalisierte Kommunikationsmedien zeichnen sich dadurch aus, dass Kommunikation auch bei hoher Wahrscheinlichkeit abgelehnt zu werden erwartbar wird (vgl. Nassehi 2004: 101). Durch sie wird der operative Charakter der Gesellschaft betont.

mantik) derjenigen Funktionssysteme, die sich durch eine privilegierte Stellung einer Profession kennzeichnen, wie klassischerweise in der Medizin oder im Recht, aber auch in der Sozialen Arbeit, sind wesentlich durch das interaktive Verhältnis zwischen Leistungs- und Publikumsrolle gekennzeichnet. Vermittelt wird dieses Verhältnis durch jeweils spezifisches Wissen, das unter Berücksichtigung der Besonderheit des Falls appliziert wird (vgl. Stichweh 1996: 59 ff.). Diese Sachbezogenheit ermöglicht die Unabhängigkeit vom politischen System, weswegen die Leistungsrollen als interessenunabhängig betrachtet werden.

Beim Fallbezug – Luhmann spricht hier von „Mikrodiversität" (EdG: 202, Luhmann 1997, Fuchs 1999: 141ff.) – kommt das Verhältnis zwischen sozialen und psychischen Systemen in Form der strukturellen Kopplung dieser beiden Systeme zum Tragen. Durch die sozialen und psychischen Systeme werden Sinnüberschüsse produziert, die in der Interaktion zwischen Professionellen und Adressaten durch Selektion eingeschränkt werden. Die Selektionen führen aber nicht zur Kontrolle der Anschlüsse der Kommunikation, wie es im Kontext symbolisch generalisierter Kommunikationsmedien möglich ist (vgl. Fuchs 1999: 143), weil bei der Interaktion die mit der Mikrodiversität einhergehenden Sinnüberschüsse bestehen bleiben. Es kann aber davon gesprochen werden, dass sich auf der Basis der Offenheit der Gesprächsituation (mikrodiverse Lagen), die mit der prinzipiellen Unbestimmtheit der Individuen einhergeht, durch Selektion eine Selbstorganisation des professionellen Interaktionssystems vollzieht. Die Unbestimmtheit der Individuen ist im Kontext der Systemtheorie nicht anthropologisch sondern differenztheoretisch zu verstehen. „Mikrodiversität leitet sich ab aus der Differenz der Individuen (aus purer diversitas), und im Kontext von Selbstordnungsprozessen kann diese diversitas als Freiheit und Unbestimmbarkeit gelesen werden, aber gerade nicht als ontologische Eigenschaft des Menschen fixiert werden" (Fuchs 1999: 155). Dabei wird in diesem Interventionssystem durch Konditionierung Unbestimmbarkeit in Bestimmbarkeit überführt. Es kommt zur besonderen Aufmerksamkeit für die Spezifität, oder mit anderen Worten ausgedrückt, für das Besondere des Falls. Es stellt sich nun die Frage wie im Kontext der Sozialen Arbeit Unbestimmtheit in Bestimmtheit überführt wird.

Dazu muss zunächst einmal das Hilfesystem in den Blick genommen werden, das sich in gewisser Weise von anderen Funktionssystemen unterscheidet. Die Besonderheit des Hilfesystems liegt darin begründet, dass es sich als letztes Funktionssystem als Reaktion auf die Ausdifferenzierung der anderen Funktionssysteme etabliert. Da die Familien mit der Bearbeitung der Probleme, die in diesen Funktionssystemen auftauchen, überfordert sind[4], entwickelte sich Er-

---

4   Die Familie stellt sich im Kontext der funktional differenzierten Gesellschaft als ein besonderes System dar, da nicht nur internes Verhalten, sondern auch externes bearbeitet wird (vgl.

satzerziehung, die sich aus der Vorherrschaft der Familie einerseits und dem politischen System andererseits als eigenständiges Hilfesystem herausdifferenzierte. Ihre Aufgabe besteht in der Exklusionsvermeidung, Inklusionsvermittlung und Exklusionsverwaltung (vgl. Bommes/Scherr 1996). Anders gesagt geht es um die Möglichkeit anschlussfähige Adressaten für andere Teilsysteme sicherstellen zu können. Im Hilfesystem verschränken sich die symbolisch generalisierten Kommunikationsmedien von Macht (politisches System) und Liebe (Familiensystem), welche sich im doppelten Mandat der Sozialen Arbeit widerspiegeln, einerseits kontrollierend, andererseits helfend zu intervenieren (vgl. Hünersdorf 2009). Während es in einer ‚funktionierenden Familie' durch Liebe zur Abweichungsverstärkung kommt, indem Abweichung als Grundlage für Individualität gesehen wird, wird Abweichung im Kontext von Macht sanktioniert. Aber in welcher Weise verschränken sich diese beiden Medien im Kontext der Sozialen Arbeit? Zwar ist mit der wohlfahrtstaatlichen Organisation der Sozialen Arbeit mit dem Subsidiaritätsprinzip der Vorrang der privaten vor der öffentlichen Fürsorge geregelt worden, um eine gewisse Unabhängigkeit von dem politischen System zu ermöglichen. Mit dieser Vorrangstellung ging aber in der Interaktion zwischen den Professionellen und den Adressaten nicht unbedingt eine Vorherrschaft des Mediums Liebe vor dem der Macht einher. Auf der Ebene der Interaktion konnte sich nur in der Selbstbeschreibung der Sozialarbeiterinnen als geistige Mütterlichkeit der Liebescode durchsetzen, aber im gesellschaftlichen Vollzug der Sozialen Arbeit spiegelt sich diese Code kaum wieder. Die geistige Mütterlichkeit stellte eine „gepflegte Semantik"[5] (Luhmann 1980: 20) dar, die aber in eine kontrollierend ausgerichtete Fürsorge eingebettet war.

Trotzdem wurde auch in den 70er-Jahren im Kontext der Lebensweltorientierung diese Semantik aufgegriffen. Allerdings wurde die Semantik der Liebe in Achtungskommunikation überführt. In dieser Transformation wird die Diffe-

---

Luhmann 1990a: 200). „Gerade der Umstand, dass man nirgendwo sonst in der Gesellschaft für alles, was einen kümmert, soziale Resonanz finden kann, steigert die Erwartungen und die Ansprüche an die Familie" (Luhmann 1990a: 208). In der Familie wird davon ausgegangen, dass durch das symbolisch generalisierte Kommunikationsmedium der Liebe die strukturelle Kopplung zwischen dem sozialen und dem psychischen Systemen funktioniert. Dadurch wird versucht zu verstehen, wie der andere denkt, so dass die Individualität der Person im Vordergrund steht. „Das Besondere an der Familie ist, dass man das, „was andere einem zumuten, als deren Eigenart auffassen kann; [...] ohne dass die Zumutung immer gleich schon die Bifurkation von Konformität oder Abweichung auslöst" (Luhmann 1990a: 211).

5   Gepflegte Semantik ist bewahrenswerte Kommunikation. Sie befasst sich „mit der Verarbeitung der Formen der Verarbeitung von aktuellem Sinn" (Luhmann 1980: 20). Sie ist nur im Erleben und Handeln real, also nur dann, wenn sie aktualisiert wird. Schrift ist die Bedingung für Reproduktion. Die gepflegte Semantik wird nur dann wahrscheinlich, wenn bestimmte Rollen, wie hier die Sozialarbeit, und bestimmte Situationen, in denen Fürsorge vollzogen wird, vorhanden sind (vgl. Luhmann 1980: 20).

renz zwischen privater Sphäre der Familie und der öffentlichen Sphäre der Sozialen Arbeit reflektiert. Sie muss so kommunizieren, als ob sie Familie wäre, d.h., sie muss die Semantik der Liebe im Sinne der Achtung des Anderen nutzen, um ein funktionales Äquivalent darzustellen, ohne dass sie deswegen zur Ersatzfamilie wird. Dann wäre sie kein funktional prinzipiell gleichwertiges Äquivalent, sondern würde vielmehr zur Ersetzung, d.h. zur Entdifferenzierung beitragen. Das wäre nur die Grenze des Möglichen, aber aus der Perspektive der funktional differenzierten Gesellschaft sehr unwahrscheinlich, da sie keine spezifisch eigene Funktion aufweisen kann (Hünersdorf 2009).

In dem Moment, in dem das symbolisch generalisierte Kommunikationsmedium der Liebe auch für die Soziale Arbeit in Anspruch genommen wird, ist sie nicht mehr das, was es war, sondern zugleich auch anders möglich (vgl. Baecker 1999: 44)[6].

Anstatt dass sich romantische Liebe spontan vollzieht, wird die Einzigartigkeit des Anderen und dessen Achtung methodisch konstruiert, indem die pädagogische Liebe zum Kind herauf beschworen wird. Dazu bedarf es einer besonderen Aufwertung dessen, was sich im Kontext dieser Ersatzerziehung vollzieht. Dies geschieht in Deutschland im Anschluss an den deutschen Idealismus durch einen eingeschränkten normativen Bildungs- und Erziehungsbegriff, wie er z.B. im Kontext der geisteswissenschaftlichen Pädagogik von Nohl verwendet wird, wenn er von Erziehungswirklichkeit spricht. Dieser basiert auf einer „Abwertung vermeintlich äußerlicher ‚Zivilisation' als Ausdruck technischer und ökonomischer Rationalität durch einen mit ‚Moral' und ‚Bildung' assoziierten Kulturbegriff" (Ort 2008: 21). Nohl zeigt die historisch gewachsene Idee auf, dass die Persönlichkeit jedes einzelnen um ihrer selbst willen, eben in Abgrenzung zur ‚Zivilisation', von zentraler Bedeutung ist und durch Pädagogik befördert werden sollte. Als Grundlage der Erziehung wird der pädagogische Bezug als „das leidenschaftliche Verhältnis eines reifen Menschen zu einem werdenden Menschen, und zwar um seiner selbst willen, daß er zu seinem Leben und seiner Form komme" (Nohl 1970: 134), bestimmt. In der Erziehung verbindet sich realistisches Sehen und idealistisches Wollen (vgl. Nohl 1970: 130). In der Lebensweltorientierten Sozialpädagogik wird einerseits an diesem Konstrukt angeknüpft, andererseits wird aber versucht, dieses Konstrukt sowohl gesellschaftstheoretisch als auch empirisch zu fundieren (vgl. Thiersch/Grunwald 2002). Dennoch bleibt bei diesem Ansatz die Idee einer humanen Entwicklung in der Vorstellung von Kulturkritik aufrechterhalten. Diese sei notwendig,

---

6 Dadurch wird die Semantik der Liebe zwischen Familie und Sozialer Arbeit vergleichbar, wodurch die Authentizität auf beiden Seiten verloren geht. Um das zu kompensieren, wird „Kultur selbst emphatisch bejaht und als Wertsphäre eigener Art gefeiert" (Burkart 2004: 16), bei gleichzeitiger Reflexion dessen, dass sie hoch kontingent ist.

um eine „gesellschaftliche Verfügung über die Entwicklungsprozesse" (Winkler 2006: 192) abzuwehren, die, wie Thiersch es ausdrückt, einer Verkümmerung des Menschen zur nützlichen Funktion Vorschub leiste (vgl. Thiersch 2006: 24), Wenn Kultur aber, wie Baecker postuliert, ein Gedächtnis eines sozialen Systems sei, „als je aktuelle Operation des Einwands ausgeschlossener Möglichkeiten gegen wahrgenommene Möglichkeiten" (Baecker 2003: 31), dann wird durch die Kulturkritik laufend ein performativer Widerspruch produziert (vgl. Baecker 2003: 81ff.). Die einzige Möglichkeit diesen Widerspruch aufzulösen besteht darin, sich in Abstand und in Widerspruch zur Gesellschaft zu bringen. In diese Struktur ist die Sozialpädagogik eingebunden. Im sozialpädagogischen Kontext wird Verhalten, das in den anderen gesellschaftlichen Teilsystemen als abweichend wahrgenommen wird, als aus der Perspektive des Kindes/Jugendlichen sinnvolle, wenn auch nicht immer gelungene Möglichkeit betrachtet, die einen Beitrag zur Entwicklung einer autonomen Person leistet (vgl. Böhnisch 1998).

3 Abweichung als Bedingung zur Entwicklung von Autonomie

Verhalten, das in der Gesellschaft als abweichendes Verhalten wahrgenommen wird, gilt im Kontext der Sozialpädagogik als Möglichkeit (vgl. Mollenhauer 1961: 356ff.), um zur Entwicklung einer autonomen Person beizutragen. Denn aus sozialpädagogischer Perspektive individualisiert Abweichung stärker als Konformität (vgl. SuM: 90). Während konformes Verhalten mühelos mit der Erwartung läuft, muss Abweichung gegen Erwartungen durchgesetzt werden. Erst in der Form der Wahrnehmung, d.h. durch Beobachtung wird das abweichende körperliche Verhalten als Zeichen für die Konstituierung einer elementaren Individualitätsfunktion ‚gesehen'[7].

Wenn die Aufmerksamkeit auf das abweichende Verhalten zur Gewohnheit wird, kann der Andere in seiner Besonderheit erst eine gewisse Objektinstanz bekommen, wenn eine Kontinuität in der Differenz der einzelnen Individualitäts-Elemente entsteht. Das setzt ein Gedächtnis voraus, welches die Eigenart des Anderen über die Zeit hinweg konstruiert. Es ermöglicht, dass Abweichungen als ‚Elemente' für den Aufbau eines autonomen Ichs mit psychischen Inhalten versehen werden. Indem Abweichung mit Libido besetzt wird, verliert sie ihren potentiell pathologischen Status. Sie erweitert das, was unter Normalität zu verstehen ist. Die Elemente können durch einen ‚bio-graphischen' Blick in eine Identitätsstruktur eingegliedert werden (vgl. Hünersdorf 2009).

---

7   Das psychische System aber „prozessiert wahrgenommene Körperzustände und nicht den ‚faktischen Körper'" (Fuchs 2004b: 96).

Dazu braucht es Sicherheitsvorkehrungen – gefordert ist ein sozialpädagogisches Moratorium –, das diesen Bezug auf Abweichung ermöglicht. Aus einer systemtheoretischen Perspektive ist das sozialpädagogische Moratorium als Kulturkritik zu verstehen: Sie bietet eine Lösung an, die dem Problem der Bereitstellung der Möglichkeit zur Inklusion in andere Teilsysteme gerecht wird. Die Jugendhilfe, insbesondere die Jugendarbeit/-bildung hat sich klassischerweise genau als jenes sozialpädagogische Moratorium verstanden, das Sozial-Räume bereitstellte, in denen Jugendliche sich selbst entfalten können. Voraussetzung ist die Freiwilligkeit der Teilnahme an Angeboten; Partizipation im Sinne der Mitgestaltungsmöglichkeiten dessen, was gelernt werden soll, und der mit der Lebensbewältigung verbundene Gegenwartsbezug. Diese Prinzipien sind für ein sozialpädagogisches Bildungsverständnis von entscheidender Bedeutung: So ermöglicht das Freiwilligkeitsprinzip eine intrinsische Lernmotivation, Partizipation ist dadurch möglich, dass keine Bildungsziele vorgegeben werden und darüber hinaus Lernleistungen nicht benotet werden müssen. Stattdessen kann in der Jugendhilfe vielmehr auf die Bedürfnisse der Jugendlichen eingegangen werden. Lernkontexte werden hier ergebnisoffen konzipiert. Ziel ist es, einen Beitrag zur gelungen Lebensbewältigung zu ermöglichen (vgl. Stolz 2006: 218f.). Anders gesagt, die Jugendhilfe stellt Räume für jugendexperimentelles Verhalten bereit und definiert dieses Verhalten als Entwicklungsphänomen dieser Altersphase (vgl. Sting 1999: 493), das nicht an sich, sondern nur als Bewältigungsstrategie von Krisen problematisch sein kann.

Deswegen basiert Soziale Arbeit in ihrem Selbstverständnis auf der Praxis von Operationen, die Sanktionsmacht als das symbolisch generalisierte Kommunikationssystem des politischen Systems ausschließen, um Integration zu ermöglichen. Im Kontext der Hilfen zur Erziehung wird versucht, auch unter den Umständen, dass hier Sanktionsmacht sehr viel wahrscheinlicher ist, diese ‚Bildungsprinzipien' aufrechtzuerhalten.

Hamburger weist darauf hin, dass zwischen funktionaler Macht, die die Institutionalisierung dieser pädagogischen Möglichkeit hervorbringt, und persönlicher Macht unterschieden werden muss. Bei der persönlichen Macht wird es „zur Frage der pädagogischen Kunstfertigkeit, die Eskalation des Bestrebens zu unterbrechen, den eigenen Willen gegen Widerstände durchsetzen zu wollen. Die Transformation des aktivierenden Aggressionspotentials in spielerische Handlungsformen ist eine davon […]. Die Stärke der affektiven und emotionalen Bindung erhöht den Spielraum für den Ausstieg aus der Eskalation" (Hamburger 2007: 69).

Aus diesem Grunde bekommen die Adressaten die Möglichkeit, ihre eigene Perspektive, wie es zu einem sozialen Problem gekommen ist, zu entfalten. Dadurch wird fremdreferentielle Zuschreibung abweichenden Verhaltens, welches Anlass für die Inanspruchnahme von Hilfe gewesen ist, in selbstreferentielle Zuschreibung des Adressaten transformiert. Das bedeutet, dass Soziale Arbeit so dargestellt wird, als ob sie auf persönlichem Vertrauen basiert und nicht in Organisationszwänge eingebunden ist, die dazu in Widerspruch stehen können. Dabei ist offensichtlich, dass der/die SozialpädagogIn dafür bezahlt wird, persönliches Vertrauen künstlich herzustellen, um die Verlaufskurve der Abweichung in eine der Integration zu transformieren (Hünersdorf 2009). Das ist aber nur möglich, wenn dieses auch durch den Adressaten validiert wird. Voraussetzung ist, dass sowohl die Leistungsrolle als auch die Publikumsrolle um den ‚Als-ob-Charakter' dieser Darstellung wissen, sich aber das Einverständnis geben, dieses Spiel[8] zu spielen und damit dem Schauspiel Vorrang vor der wirklichen Wirklichkeit geben (vgl. Baecker 2003, Wellbery 1999). Durch das Spiel entsteht eine sozialökologische Stabilität, mit der möglichst viel Umwelt im Hilfesystem Relevanz erhält. Da aber reine doppelte Kontingenz nicht möglich ist, stellt sich die Frage, in welcher Form sich hier Selektion vollzieht. Achtungskommunikation muss dann zu einem Ende kommen, wenn es nicht wie erwartet zur Integration, sondern vielmehr zur hypertrophen Abweichungsverstärkung kommt, die dazu beiträgt, dass die Bedingungen des Schauspiels selbst in Frage gestellt werden. D.h. es muss gegen Angriffe gesichert werden, indem Mitspieler ausgeschlossen werden, die sich nicht an die Spielregeln halten. Da man nicht weiß, was der Grund der Abweichung ist, da das psychische System nicht einsehbar ist, bleibt es unklar, ob das abweichende Verhalten ein Zeichen für Autonomie oder für Zerstörung der Bedingung der Möglichkeit für Autonomie ist. Ein absolutes Urteil ist nicht möglich, sondern nur ein sensibles, d.h. abtastendes Urteil. Es trägt dazu bei, dass zwischen einem latenten und einem manifesten Gehalt der Abweichungen differenziert werden kann. Dies gelingt aber nicht durch eine einmalige Entscheidung, sondern durch die Rekonstruktion, auf welche Resonanz die jeweils getroffene Entscheidung gestoßen ist. Im Fokus steht dadurch nicht die Absicht, sondern die Kommunikation, die ein Spiel als Spiel reflexiv konstituiert. Dadurch verwandelt sich das einfache Spiel [play] in ein komplexes Spiel [game], „welches nicht auf die Prämisse, ‚dies ist ein Spiel' gegründet ist, sondern sich eher um die Frage dreht, ‚Ist das ein Spiel?'" (Bateson 1992: 247). Die Autonomie des kulturellen Systems des Hilfesystems entsteht, indem es die eigene Negation enthält. „Es muss, anders gesagt, auch für den Fall der Selbstnegation selbst sorgen können" (PdG: 126). D.h. das Vertrauen, dass moralisch kommuniziert wird, ist eine Gratwanderung, die immer wieder durch Entscheidung riskiert werden muss, um ein crossing,

---

8   Das Spiel kann als die soziale Praxis schlechthin bezeichnet werden, die allen anderen sozialen Praktiken vorausgesetzt ist. Andere Praktiken kommen zustande, indem bestimmte Eigenschaften gestrichen werden (vgl. Baecker 1993: 152).

d.h. eine entscheidende Entscheidung zu ermöglichen. Vertrauen bezieht sich „auf eine kritische Alternative, in der der Schaden beim Vertrauensbruch größer sein kann als der Vorteil, der aus dem Vertrauenserweis gezogen wird" (Luhmann 1973: 24f.). Eine Absorption der Unsicherheit entsteht nicht durch Wissen, sondern durch Vertrauen als eine „durchreflektierte Kunst des Ignorierens" (OuE: 187). Dieses durchschauende Vertrauen erfordert mehr Umsicht und mehr Überlegungen (vgl. Luhmann 1973: 75). „Es vertraut nicht direkt den anderen Menschen, sondern den Gründen, aus denen das Vertrauen ‚trotzdem funktioniert'. Andere Möglichkeiten sind dabei ständig mitbewußt" (Luhmann 1973: 75).

Damit stellt dieses Schauspiel eine Korrektur der Vereinseitigung des Funktionssystems der Hilfe dar. Allerdings wird die Möglichkeit für dieses sozialpädagogische Moratorium als ein Sozialraum, der zur Bildung einer autonomen Persönlichkeit beiträgt, immer schwieriger, da sich mit dem Bedeutungszuwachs von Prävention ein Wechsel von einer Lebensbewältigungsperspektive zu einer Wahrnehmung von Entwicklungsrisiken vollzieht (vgl. Dollinger 2006). Hintergrund dieser Transformation bilden Globalisierungsprozesse mit denen Veränderungen der Arbeits- und Sozialverhältnisse einhergehen, die zu einer zunehmenden Verunsicherung und sozialer Desintegration beitragen (Böhnisch/Schröer/Thiersch 2005).

4 Von der Lebensbewältigungsperspektive der Sozialpädagogik zur Wahrnehmung von Entwicklungsrisiken: Wohlfahrtstaatliche Verschiebungen im Kontext der Sicherheitsgesellschaft

Die spezifische Wissensformation der Sozialpädagogik ist in Auflösung begriffen. Dies ist aber weniger aus sich selbst heraus zu begründen, sondern durch einen Wandel des gesellschaftlichen Kontextes, der die Auflösung ermöglicht. Gemeint ist der Wandel zur Sicherheitsgesellschaft, der nicht nur das Hilfesystem, sondern alle Funktionssysteme auf je spezifische Weise beeinflusst. Stäheli (2004) und Scherr (2004) zeigen auf, dass es wichtig sei, im Inklusionsbereich Normalisierungsprozesse zu erfassen, da diese den Inklusionsbereich entscheidend strukturieren[9]. Denn mit der Sicherheitsgesellschaft gehen Normalisie-

---

9 „Mit der Hervorhebung der Bedeutung von Inklusions- und Exklusionsprozessen ergeben sich zahlreiche Verbindungsmöglichkeiten zur Foucaultschen Diskurstheorie" (Stäheli 2004: 16). Entsprechend formuliert Bublitz, dass „der Begriff der Normalisierung(-smacht und -gesellschaft) bei Foucault differenztheoretisch jenen Selbststeuerungsprozess von Gesellschaft bezeichnen würde, „der ‚orthogonal' zur Selbstdetermination des Systems steht. Denn: Normalisierung, verstanden als Optimierungsprozess, verschränkt gemäß einer orthogonalen Artikulation individualisierende und globalisierende Machttechnologien zur Machtsteigerung

rungsstrategien einher, die Auswirkungen auf die Inklusion/Exklusion in die Funktionssysteme haben. Normalisierung baut auf einer Risikokalkulation auf, bei der die Norm abhängig von der statistischen Verteilung ist.

Diese Risikologik bekommt zwar schon Mitte des 19. Jahrhunderts Bedeutung, hat sich aber erst in den letzten 40 Jahren verselbständigt, da das Streben nach möglichst genauer Prognose selbst „zur ‚Entdeckung' täglich neuer Risikofaktoren" beiträgt (vgl. Singelnstein/Stolle 2008: 34f.). Ebenfalls führt der mit den gesellschaftlichen Transformationsprozessen (Globalisierung) einhergehende Druck sozialer Exklusion zu einer Zunahme gesellschaftlicher Verunsicherung (Castel 2005: 51).[10] Zwar steigen mit der Zunahme der Risiken auch die Sicherungsmöglichkeiten, aber zugleich wächst auch der Anspruch, vor diesen (neuen) Risiken geschützt zu werden. Damit geht einher, dass die Akzeptanz bezüglich des Eintretens einer Schädigung sinkt. D.h., dass in der Sicherheitsgesellschaft Sicherheit ein angestrebtes aber unerreichbares Ziel darstellt (vgl. Singelnstein/Stolle 2008: 40). Dabei bedeutet Sicherheit nicht mehr Schutz vor dem Eingreifen des Staates, sondern eine persönliche Sicherheit vor Bedrohungen wie Gewalt, etc. Dieser Diskurs spiegelt sich nun auch in der Jugendhilfe wieder.

Im Kontext der Kindeswohlgefährdung wird zwischen dem vernachlässigten, missbrauchten etc. Kind und dem potentiell gefährdeten Kind und seiner Familie als Träger von Risikoverhaltensweisen unterschieden. Letzterer wird erst durch den präventiven Blick und die darauf folgenden Interventionen hervorgebracht (vgl. Singelnstein/Stolle 2008: 61). Während es für diejenigen, deren Kindeswohl beeinträchtigt wurde, auf eine reaktive Intervention ankommt, ist für den Träger von Risikoverhaltensweisen das Leben, das zivilisiert werden soll, von entscheidender Bedeutung (vgl. Foucault 1994: 323). Die Verlaufskurve der Abweichung, die auf den Risikoverhaltensweisen beruht, konstituiert sich vom Ende her. Man führte sich das negative Beispiel vor Augen, um Entwicklungen in diese Richtung zu verhindern, was gemeinhin als Prävention bezeichnet wird (vgl. Böllert 2001: 1394). Dabei ist Prävention an normativen Idealbildern orientiert (vgl. Frehsee 2001: 51). Das setzt aber voraus, dass zugleich

---

des Systems, zu Gesamtdispositiven der Gesellschaft. Dispositive wären dann als Systemsteuerungsprozesse zu betrachten, in denen, trotz Heterogenität der Diskurse, zumindest fiktiv Homogenität [...] erzeugt wird" (Bublitz 2003: 324; vgl. auch Stäheli 2004: 16).

10 Castel führt in Bezug auf die Arbeitsgesellschaft aus, dass „an die Stelle der Solidarität, die früher innerhalb der Berufsstände herrschte, zunehmend eine Konkurrenz zwischen Gleichen tritt. Jeder einzelne muß vielmehr seine Differenz in den Vordergrund stellen, um seine eigenen Arbeits- und Lebensbedingungen zu sichern beziehungsweise zu verbessern" (Castel 2005: 59). Durch die Flexibilisierung und Individualisierung der Arbeitswelt sowie die Entstandardisierung der Erwerbsarbeit ist „jeder einzelne [...] für die Unwägbarkeiten seiner nunmehr diskontinuierlichen beruflichen Entwicklung verantwortlich" (Castel 2005: 61).

Wissen zur Verfügung gestellt wird, durch das Alternativen aufgezeigt werden, die es ermöglichen, von der negativen Verlaufsform Abstand zu gewinnen (vgl. EdG: 97). Dabei werden auch die ‚Ursachen' des Risikos der Entwicklung der Kinder durch die Berücksichtigung individueller und sozialer Umstände beachtet (vgl. Foucault 1994: 325). Es wird ein Zusammenhang zwischen Gesellschaftsklasse und pathogenen und sozialen Erziehungsverhältnissen hergestellt.

Der präventive Blick setzt Organisationen voraus, die die Gefährdung des Kindeswohls erkennen und Leistungen bereitstellen können, um zur gelingenden Entwicklung des Kindes beizutragen. Dadurch vollzieht sich eine universelle Zuständigkeit aller Institutionen, die mit Kindern in Kontakt stehen. Alle werden in die Pflicht genommen, zur Risikoerkennung und -prognose beizutragen. Im Zuge dessen nimmt die Bedeutung von Privatheit ab (vgl. Singelnstein/Stolle 2008: 64). Zugleich wird der öffentliche (medial inszenierte) Druck auf Einrichtungen – wie z.B. die Schule im Kontext von PISA, aber auch die Polizei im Kontext der Jugendkriminalität – erhöht, schneller auf eine Risikowahrnehmung zu reagieren. Andererseits muss die mit der universellen Zuständigkeit einhergehende Möglichkeit der potenziellen Kindeswohlgefährdung eingeschränkt werden, um selektieren zu können, wer konkret Hilfe erhalten soll. Ansonsten bestünde die Gefahr, dass die Ausgaben im Bereich der Hilfen zur Erziehung noch weiter ansteigen, wie es schon jetzt der Fall ist (vgl. Schilling 2007: 1f.).

Mit der Zunahme der Fremdmeldungen in Bezug auf Kindeswohlgefährdung muss die Selektion effektiv gestaltet werden. Darüber muss sie das Gefühl vermitteln, dass es im Kontext einer pluralen Gesellschaft nicht um eine Missachtung der Lebenskultur der Unterschicht geht, sondern vielmehr objektive Dimensionen zu Grunde liegen, die einzig und allein dem Wohl des Kindes dienen. Darüber hinaus gibt es mit dem § 8a KJHG eine neue Verantwortungszuschreibung der freien Träger in der Prävention von Kindeswohlgefährdung. Während früher nur der Allgemeine Sozialdienst (ASD) in Verantwortung gezogen werden konnte, werden nun auch die freien Träger in die Kontrollaufgabe einbezogen. Dieses gelingt, indem ihnen „Misshandlung und Vernachlässigung im Amt, fachliche Inkompetenz und Fehler vorgeworfen werden" (Wolff 2007: 133). Aus diesem Grunde suchen Fachkräfte Handlungssicherheit. Die Sozialpädagogischen Diagnosetabellen des Bayerischen Landesjugendamtes erfüllen beide dieser Dimensionen: Sie vermitteln das Gefühl, sowohl dazu beizutragen, durch Standardisierung effektiv und effizient entscheiden zu können, als auch für die professionellen Fachkräfte Handlungssicherheit zu ermöglichen.[11] Die

---

11 „Das Bayerische Landesjugendamt möchte mit den ‚Sozialpädagogischen Diagnose-Tabellen' ‚Handlungssicherheit' bei der Gewährung von Hilfen zur Erziehung erhöhen, beziehungsweise die Unsicherheiten so weitgehend wie möglich reduzieren und damit letztlich auch das in-

nach der entwicklungspsychologisch orientierten ‚Child-Behaviour Checkliste' erfassten Merkmale werden als geeignet betrachtet, um die Erziehungs- und Entwicklungsdefizite bei jungen Menschen bzw. im familiären und sozialem Umfeld erschöpfend zu beschreiben (vgl. Hillmeier u.a. 2004: 53).[12] Die Versprechung, hier nach objektiven Kriterien zu entscheiden und die Rahmung der rechtlichen Absicherung führen dazu, dass Alternativen kaum möglich werden.

Die sozialstrukturelle Dimension der Kindeswohlgefährdung und die damit verbundenen spezifischen Praktiken können in ihrer Eigenart vor diesem Hintergrund nicht systematisch in den Blick kommen. Dadurch ist es wahrscheinlicher, dass die Eigenarten der Kultur der Armut verletzt werden (vgl. Winkler 2007: 114). Damit trägt die Soziale Arbeit selbst dazu bei, dass ihre Adressaten aus dem lebensweltlichen Kontext vertrieben werden, „aus Zusammenhängen, in welchen sie materiell, sozial wie kulturell in ihren symbolischen und semantischen Aktivitäten gebunden sind" (Winkler 2007: 117).

Bei all dieser Entwicklung ist aber zu beachten, dass Funktionssysteme durch diese Diskurse zwar irritiert, aber nicht determiniert werden können. Zwar müssen sich Akteure ihre Entscheidungen selbst zurechnen lassen, wenn sie professionelle Ansprüche nicht aufgeben wollen (vgl. Wolff 2007: 135), aber die Wahrscheinlichkeit, dass Ihnen das gelingt, wird geringer, wenn die Organisationen selbst sich nicht auf diese professionellen Ansprüche stützen, sondern im Kontext des Qualitätsmanagements auf standardisiertes Expertenwissen und effizientes Arbeiten setzen. Diese weisen häufig eine autoritäre Organisationsstruktur mit einem aversiven Bias gegen Unterschichten und hoher Regelungsdichte auf (vgl. Wolff 2007: 136). Vor diesem Hintergrund steigen aber die Fremdmeldungen anstatt die Selbstmeldungen, was eine denkbar schwierige Voraussetzung für einen wirksamen Kinderschutz ist. Auch in der JES-Studie wurde auf den Zusammenhang zwischen der freiwilligen Teilnahme und dem Erfolg der Maßnahmen hingewiesen (Schmidt u.a. 2002). Das Expertenwissen kann sich den unbeabsichtigten und nicht vorhergesehenen Folgen von Entscheidungen nicht entziehen. Deswegen ist es notwendig, dass die Bedingungen

---

dividuelle Risiko der sozialpädagogischen Fachkraft begrenzen, strafrechtlich belangt zu werden" (Hillmeier u.a. 2004: 51).

12 Kurz-Adam weist auf die Probleme hin, die mit dieser Auffassung einhergehen, in dem sie die Spannungen zwischen der fachlichen und der rechtlichen Perspektive hinsichtlich der Verfahren zur Überprüfung der Berdarfsgerechtigkeit betont. Während es auch fachlicher Perspektive um einen dynamischen Prozess handelt, ist es auch rechtlicher Perspektive ein abzuschließendes Verfahren. D.h. es existieren unterschiedliche Handlungs- und Zeitauffassungen. Darüber hinaus verlässt die rechtliche im Unterschied zur fachlichen Perspektive den Einzelfall. Denn hier wird "normativ die potenzielle Gesamtheit aller Fälle erfasst" (Kurz-Adam 2006: 191), dabei bleibt in Bezug auf den Einzelfall nur ein gewisser Ermessensspielraum, der vor der Allgemeinheit zu vertreten ist.

der Entscheidungen und deren Auswirkungen mit reflektiert werden (vgl. Wolff 2007: 135).

Das Hilfesystem würde durch die starke Expertenorientierung zur Selbstgefährdung beitragen, da es dann zur starken Selektion neigt und wenig Spielraum für die Adressaten lässt. Es soll ja gerade das bearbeiten, was im Kontext der anderen Funktionssysteme als Problem erscheint. Es muss sich von den anderen Funktionssystemen dahin gehend unterscheiden, dass es mehr Umwelt und damit mehr doppelte Kontingenz als in den anderen Funktionssystemen zulässt. Es handelt sich um eine „spezifische Aspektstruktur" oder um einen sozialpädagogischen Denkstil einer Wissensformation (Ort 2008: 26).

5   Schluss

Durch die Erweiterung des Luhmannschen Kulturbegriffs von der gepflegten Semantik hin zur „praktizierten Semantik" (Helmstetter 1999: 89) kann Kultur in der Performanz der Kommunikation situiert betrachtet werden (vgl. a.a.O.: 89f.) und damit die Engführung wie in der gepflegten Semantik der ‚geistigen Mütterlichkeit' überwunden werden. Die Bedeutung der Systemtheorie für die Soziale Arbeit besteht vor diesem Hintergrund weniger darin, soziologische Begrifflichkeiten auf die Soziale Arbeit zu übertragen, um zu schauen, was durch eine funktionale Analyse gesehen werden kann, was vorher unentdeckt geblieben ist. Vielmehr kann durch die kulturtheoretische Wendung der Systemtheorie die Vollzugswirklichkeit der Sozialpädagogik empirisch in ihrer Komplexität der Verschränkung von Kommunikation, Bewusstsein und körperlichem Verhalten rekonstruiert werden. Darüber hinaus wird deutlich, dass sich sozialpädagogische Wirklichkeit erst durch abweichendes Verhalten des/r AdressatIn herstellt, da erst dieses die Voraussetzung für Autonomie schafft. Zugleich wird deutlich, dass soziale Kontrolle nicht das Andere der Sozialpädagogik ist, sondern überhaupt erst die Voraussetzung für das sozialpädagogische ‚Schauspiel' schafft. Erst dieser Umgang mit abweichendem Verhalten ermöglicht die Autonomie des Hilfesystems.

Erkennbar wird auch, dass die kulturtheoretische Fundierung die gesellschaftliche Reichweite nicht aus dem Blick verliert. Allerdings besteht bei der Systemtheorie die Gefahr, dass die gesellschaftliche Dimension durch den Bezug auf Funktionssysteme in verengter Weise hergestellt wird. Aus diesem Grunde ist eine Verbindung von Systemtheorie und Diskurstheorie durchaus sinnvoll. Aus kulturtheoretischer Perspektive stellt sich dann die Frage, in welcher Weise eine Systemtheorie zur Diskurstheorie steht und welche Implikationen sich daraus ergeben. Die obigen Ausführungen haben zeigen können, dass

Homogenität in den Systemen nicht vorausgesetzt werden kann, sondern es sich vielmehr um Homogenisierungsstrategien handelt, die versuchen, die heterogenen Diskurse fiktiv zu einer Einheit zu bündeln.

Im Kontext des Hilfesystems vollzieht sich Homogenisierung durch Normalisierungsstrategien im Inklusionsbereich. Durch den Bezug auf Diskurstheorie kann ein sozialer Wandel der Normalisierungsstrategien in den Blick genommen werden, der in der klassischen Systemtheorie analytisch nicht beschrieben werden kann. Zugleich wird aber deutlich, dass diese Diskurse selbst eine gepflegte, sicherlich auch wirkmächtige Semantik bereitstellen. Aber auf der Ebene der Vollzugwirklichkeit kann diese Semantik wiederum gebrochen werden, was in diskursanalytischen Ansätzen der Sozialen Arbeit häufig übersehen wird. Entsprechend konnte gezeigt werden, dass die Soziale Arbeit zwar insoweit vom Diskurs über die Sicherheitsgesellschaft beeinflusst ist, als auch von ihr eine deutlichere Beteiligung an Risikoprävention erwartet wird. Durch die systemtheoretische Perspektive kann jedoch deutlicher als gemeinhin auf die spezifischen Möglichkeiten und Grenzen dieses Einflusses hingewiesen werden. Die Grenzen des Einflusses liegen in der Selbstreferentialität des Hilfesystems. D.h., dass der Sozialen Arbeit nichts anderes übrig bleibt, als die Nebenfolgen, d.h. den im Anschluss an den Sicherheitsdiskurs sich vollziehenden erhöhten Ausschluss derjenigen, die die Möglichkeit der Teilhabe an den anderen Funktionssystemen erhalten sollten, in den Blick zu nehmen. Wie dieses geschieht, gilt es zukünftig genauer zu beobachten. Dabei ist auf die Dysfunktionalität dieses operativen Vollzugs hinzuweisen. D.h., dass in einer solchermaßen kulturtheoretisch fundierten systemtheoretischen Perspektive weniger das Thema der sozialen Ungleichheit als gesellschaftliches Problem an sich beobachtet wird. Stattdessen gelingt es durch sie, den eigenen Beitrag, aber auch die Widerstände der Sozialen Arbeit an der Reproduktion sozialer Ungleichheit in den Blick zu nehmen.

Literatur

Baecker, Dirk (1993): Das Spiel mit der Form. In: Backer, Dirk (Hrsg.): Probleme der Form. Frankfurt am Main: Suhrkamp Verlag, 148-158

Baecker, Dirk (1999): Unbestimmte Kultur. In: Koschorke, Albrecht/Bismann, Cornelia (Hrsg.): Widerstände der Systemtheorie. Kulturtheoretische Analysen zum Werk von Niklas Luhmann. Berlin: Akademie Verlag, 29-48

Baecker, Dirk (2003): Wozu Kultur? 3. Auflage. Berlin. Kulturverlag Kadmos.

Bateson, Greogory (1992): Eine Theorie des Spiels und der Phantasie. In: Ders.: Ökologie des Körpers. Frankfurt am Main: Suhrkamp Verlag, 241-261

Bettmer, Franz (2001): Abweichung und Normalität: In: Otto, Hans-Uwe/Thiersch, Hans (Hrsg.): Handbuch Sozialarbeit/Sozialpädagogik. 2., überarbeitete Auflage. Neuwied: Luchterhand Verlag, 1-6

Böhnisch, Lothar/Schröer, Wolfgang/Thiersch, Hans: Sozialpädagogisches Denken. Wege zu einer Neubestimmung. Weinheim: Juventa Verlag 2005.

Böhnisch, Lothar (1998): Abweichendes Verhalten. Eine pädagogische Soziologie. Weinheim: Juventa Verlag

Bommes, Michael/Scherr, Albert (1996): Exklusionsvermeidung, Inklusionsvermittlung und/oder Exklusionsverwaltung. In: Neue Praxis 26, 107-123

Bublitz, Hannelore (2003): Politik und Macht in den Theorien von Foucault und Luhmann. In: Hellmann, Kai-Uwe/Fischer, Karsten/Bluhm, Harald (Hrsg.): Das System der Politik. Niklas Luhmanns politische Theorie. Opladen: Westdeutscher Verlag, 314-325

Burkart, Günter/Runkel, Gunter (Hrsg.) (2004): Luhmann und die Kulturtheorie. Frankfurt am Main: Suhrkamp Verlag

Burkart, Günter (2004): Niklas Luhmann: Ein Theoretiker der Kultur? In: Burkart, Günter/Runkel, Gunter (Hrsg.): Luhmann und die Kulturtheorie. Frankfurt am Main: Suhrkamp Verlag, 11-39

Dollinger, Bernd (2006): Prävention. Unintendierte Nebenfolgen guter Absichten. In: Dollinger, Bernd/Raithel, Jürgen (Hrsg.): Aktivierende Sozialpädagogik. Ein kritisches Glossar. Wiesbaden: VS Verlag für Sozialwissenschaften, 145-154

Fuchs, Peter (1999): Intervention und Erfahrung. Frankfurt am Main: Suhrkamp Verlag

Fuchs, Peter (2004b): Wer hat wozu und wieso überhaupt Gefühle? In: Soziale Systeme 10, H. 4, 89-110

Hamburger, Franz (2007): ‚Ich werde Dir helfen' – Über Macht und Ohnmacht von Pädagogen in den alltäglichen Auseinandersetzungen der ‚Hilfen zur Erziehung'. In: Brumlik, Micha/Merkens, Hans (Hrsg.): Bildung – Macht – Gesellschaft. Beiträge zum 20. Kongress der Deutschen Gesellschaft für Erziehungswissenschaft. Opladen: Barbara Budrich Verlag, 59-76

Helmstetter, Rudolf (1999): Der gordische Knoten von Kultur & Gesellschaft und Luhmanns Rasiermesser. Fragen eines fluchenden Ruderers. In: Koschorke, Albrecht/Bismann, Cornelia (Hrsg.): Widerstände der Systemtheorie. Kulturtheoretische Analysen zum Werk von Niklas Luhmann. Berlin: Akademie Verlag, 77-96

Hillebrandt, Frank: Soziale Ungleichheit oder Exklusion? Zur funktionalistischen Verkennung eines soziologischen Grundproblems. In: Merten, Roland/Scherr, Albert (Hrsg.): Inklusion und Exklusion in der Sozialen Arbeit. Wiesbaden: VS Verlag für Sozialwissenschaften, 119-142

Hillmeier, Hans/Huber, Gertraud/Pschible, Kerstin (2004): ‚EST! – Evaluationsprojekt Sozialpädagogische Diagnoset-Tabellen' Bayerisches Landesjugendamt. In: Unsere Jugend 65, H. 2, 50-82

Hünersdorf, Bettina (2009): Der klinische Blick in der Sozialen Arbeit. Wiesbaden: VS Verlag für Sozialwissenschaften

Klein, Alex/Landhäußer, Sandra/Ziegler, Holger (2005): The Salient Injuries of Class: Zur Kritik der Kulturalisierung struktureller Ungleichheit. In: Widersprüche 98, 45-74

Koschorke, Albrecht/Bismann, Cornelia (Hrsg.) (1999): Widerstände der Systemtheorie. Kulturtheoretische Analysen zum Werk von Niklas Luhmann. Berlin: Akademie Verlag

Kurz-Adam, Maria (2006): Richtig, machbar oder gerecht? Bedarfsgerechtigkeit als Herausforderung in sozialräumlich organisierten Erziehungshilfe. In: Jugendhilfe 44, 190-197

Landwehr, Achim/Stockhorst, Stefanie (2004): Einführung in die Europäische Kulturgeschichte. Paderborn: UTB Wissenschaft Verlag

Luhmann, Niklas (1973): Vertrauen. Ein Mechanismus der Reduktion sozialer Komplexität. Stuttgart: Ferdinand Enke Verlag

Luhmann, Niklas (1980): Gesellschaftliche Struktur und semantische Tradition. In: Ders.: Gesellschaftsstruktur und Semantik. Studien zur Wissenssoziologie der modernen Gesellschaft. Frankfurt am Main: Suhrkamp Verlag, 9-71

Luhmann, Niklas (1990a): Sozialsystem Familie. In: Ders.; Soziologische Aufklärung Bd. 5. Opladen: Westdeutscher Verlag, 196-217

Luhmann, Niklas (1995): Soziologische Aufklärung Bd. 6. Die Soziologie und der Mensch. Opladen: Westdeutscher Verlag

Luhmann, Niklas (1995): Kultur als historischer Begriff. In: Ders.: Gesellschaftsstruktur und Semantik. Studien zur Wissenssoziologie der modernen Gesellschaft. Bd. 4. Frankfurt am Main: Suhrkamp Verlag, 31-54

Luhmann, Niklas (1995b): Die Kunst der Gesellschaft. Frankfurt am Main: Suhrkamp Verlag

Luhmann, Niklas (1997): Selbstorganisation und Mikrodiversität: Zur Wissenssoziologie des neuzeitlichen Individualismus. In: Soziale Systeme. Zeitschrift für soziologische Theorie 3, 23-32

Luhmann, Niklas (2000): Die Politik der Gesellschaft. Frankfurt am Main: Suhrkamp Verlag

Luhmann, Niklas (1997): Die Gesellschaft der Gesellschaft. Frankfurt am Main: Suhrkamp Verlag

Luhmann, Niklas (2000): Organisation und Entscheidung. Opladen: Westdeutscher Verlag

Luhmann, Niklas (2002): Das Erziehungssystem der Gesellschaft. Frankfurt am Main: Suhrkamp Verlag

Ort, Claus-Michael (2008): Kulturbegriffe und Kulturtheorien. In: Nünning, Ansgar/Nünning, Vera (Hrsg.): Einführung in die Kulturwissenschaften. Theoretische Grundlagen – Anätze – Perspektiven. Stuttgart: Verlag J.B. Metzler, 19-38

Otto, Hans-Uwe/Ziegler, Holger (2004): Sozialraum und sozialer Ausschluss. Die analytische Ordnung neo-sozialer Integrationsrationalitäten in der Sozialen Arbeit (II). In: Neue Praxis 34, 271-291

Reckwitz, Andreas (2000): Die Transformation der Kulturtheorien. Zur Entwicklung eines Theorieprogramms. Weilerswist: Velbrück Verlag

Saake, Irmhild (2003): Die Performanz des Medizinischen. In: Soziale Welt 54 (4), 429-460

Sarasin, Philipp (2003): Die Rationalisierung des Körpers. Über ‚Scientific Management' und ‚Biologische Rationalisierung'. In: Ders: Geschichtswissenschaft und Diskursanalyse. Frankfurt am Main: Suhrkamp Verlag, 61-99

Scherr, Albert (2001): Strukturelle Kopplungen und symbiotische Mechanismen. Das Problem der nicht-kommunikativen Bezüge, Voraussetzungen und Folgen der Kommunikation (unveröffentlichtes Manuskript), 1-11

Scherr, Albert (2004): Exklusionsindidvidualität, Lebensführung und Soziale Arbeit. In: Merten, Roland/Scherr, Albert: Inklusion und Exklusion in der Sozialen Arbeit. Wiesbaden: VS Verlag für Sozialwissenschaften, 55-74

Schilling, Matthias (2007): Weiterhin konstante Daten für die Kinder- und Jugendhilfe. In: Komdat 10, Nr. 3, 1-2

Schmidt, Martin u.a. (2002): Effekte erzieherischer Hilfen und ihre Hintergründe. Schriftenreihe des Bundesministeriums für Familie, Senioren, Frauen und Jugend. Band 219, Stuttgart: Kohlhammer Verlag

Singelnstein, Tobias/Stolle, Peer (2008): Die Sicherheitsgesellschaft. Soziale Kontrolle in 21. Jahrhundert. 2. vollständig überarbeitete Aufl. Wiesbaden: VS Verlag für Sozialwissenschaften

Stäheli, Urs (2004). Semantik und/oder Diskurs: ‚Updating' Luhmann mit Foucault? KultuRRevolution 47, 14-19

Stichweh, Rudolf (1996): Professionen in einer funktional differenzierten Gesellschaft. Frankfurt am Main: Suhrkamp Verlag 49-69

Sting, Stephan (1999): Suchtprävention als Bildungsaufgabe. In: Neue Praxis 29, 490-499

Stolz, Hans Jürgen (2006): Dezentrierte Ganztagsbildung. Diskurskritische Anmerkungen zu einer aktuellen Debatte. In: Otto, Hans-Uwe/Oelkers, Jürgen (Hrsg.): Zeitgemäße Bildung: Herausforderung für Erziehungswissenschaft und Bildungspolitik. München: Reinhart, 114-130

Ternes, Bernd (2006): Niklas Luhmann: Systemtheoretiker und Poet zivilklinischer Theorie. In: Moebius, Stephan/Quadflieg, Dirk (Hrsg.): Kultur, Theorien der Gegenwart. Wiesbaden: VS Verlag für Sozialwissenschaften, 503-517

Thiersch, Hans (2006). Leben lernen, Bildungskonzepte und sozialpädagogische Aufgaben. In: Otto, Hans Uwe/Oelkers, Jürgen (Hrsg.): Zeitgemäße Bildung: Herausforderung für Erziehungswissenschaft und Bildungspolitik. München: Reinhart, 21-36

Thiersch, Hans/Grunwald, Klaus/Köngeter, Stephan (2002): Lebensweltorientierte Soziale Arbeit. In: Thole, Werner (Hrsg.): Grundriss Soziale Arbeit. Ein einführendes Handbuch. Opladen: Leske + Budrich, 161-178

Treptow, Rainer (2001): Kultur und Soziale Arbeit. Aufsätze. Münster: Votum

Wellbery, David A. (1999): Die Ausblendung der Genese. Grenzen der systemtheoretischen Reform der Kulturwissenschaften. In: Koschorke, Albrecht/Bismann, Cornelia (Hrsg.): Widerstände der Systemtheorie. Kulturtheoretische Analysen zum Werk von Niklas Luhmann. Berlin: Akademie Verlag, 19-28

Winkler, Michael (2007): S' Lebbe iss doch, wie's iss. Unterschicht, Kultur und Soziale Arbeit. In: Kessl, Fabian/Reutlinger, Christian/Ziegler, Holger (Hrsg.): Erziehung zur Armut? Soziale Arbeit und die ‚neue Unterschicht'. Wiesbaden: VS Verlag für Sozialwissenschaften, 103-134

Winkler, Michael (2006): Bildung mag zwar die Antwort sein – das Problem aber ist Erziehung. In: Zeitschrift für Sozialpädagogik 4, 183-201

Wolff, Reinhart (2007): Demokratische Kinderschutzarbeit – zwischen Risiko und Gefahr. In: Forum Erziehungshilfe 13, 132-139

Surviving Culture: Kulturphänomenologie am Beispiel Sozialer Arbeit in Schulen

Florian Baier

In der seit Beginn des neuen Jahrtausends wieder intensiv geführten Diskussion um Bildung wurden theoretische Grundlagen des Bildungsbegriffs diskutiert und konzeptualisiert, Konsequenzen für die Institutionalisierung von Bildungsmöglichkeiten aufgezeigt und eingefordert, die Rolle von Bildungseinrichtungen im Kontext sozialer Gerechtigkeit problematisiert und skandalisiert sowie zukünftige Praxen professioneller Bildungsarbeit entworfen. Da im Diskurs um Bildung damit verschiedene gesellschaftliche Ebenen in den Blick genommen wurden, stellte Andresen im Rahmen des aktuellen Bildungsdiskurses die berechtigte Frage, „ob wir für einen konstruktiven Weg zu einer Chancengerechtigkeit durch Bildung im Bildungssystem nicht auch eine kulturtheoretische Perspektive einnehmen müssten und dominante Markierungen innerhalb der Kultur des Aufwachsens kritisch systematisch in den Blick zu nehmen haben" (Andresen 2004: 133). Es wird damit zur Diskussion gestellt, ob eine kulturtheoretische Perspektive dazu beitragen kann, bildungsrelevante Aspekte umfassender, anders oder neu zu verstehen und zu diskutieren. Von dieser Überlegung ausgehend wird im Folgenden der Frage nachgegangen, wie eine solche kulturtheoretische Perspektive aussehen kann und anhand eines Beispiels wird das Potenzial eines kulturphänomenologischen Ansatzes für die Reflexion Sozialer Arbeit in Schulen erläutert und diskutiert.

1 Der Kulturbegriff in Erziehungswissenschaft und Sozialer Arbeit

Bei der Klärung der Frage, wie ein angemessener kulturtheoretischer Reflexionshorizont aussehen könnte, kann auf unterschiedliche Weise vorgegangen werden. Da der zu formulierende kulturtheoretische Bezugsrahmen vornehmlich Fragestellungen im Kontext von Bildung in den Blick nehmen soll, scheint es zunächst einmal angebracht, die Verwendungsweisen des Kulturbegriffs in den Diskursen von Erziehungswissenschaft und Sozialer Arbeit zu betrachten. Dort finden sich Ausführungen z.B. zur Kulturpädagogik, soziokulturellen Animation, sozialen Kulturarbeit, kulturellen Sozialarbeit sowie zur interkulturellen

Pädagogik bzw. Sozialen Arbeit. Auch in nicht explizit kulturbezogenen Ausführungen findet der Kulturbegriff Verwendung. Dies geschieht, indem z.B. neben dem sozialen Kapital auch das kulturelle Kapital zum Ausgangspunkt sozialarbeiterischer Praxis ernannt wird (vgl. Otto/Ziegler 2005: 121), Soziale Arbeit als ‚professionelle Kultur' reflektiert wird,[1] Jugendkulturen erforscht werden (vgl. z.B. Hafeneger/Jansen 2001) und eine neue „Kultur des Aufwachsens" (BMFSFJ 1998: 297) diskutiert und eingefordert wird.

Diesen vielfältigen und umfangreichen Verwendungsweisen des Kulturbegriffs in Erziehungswissenschaft und Sozialer Arbeit stehen vergleichsweise wenige Publikationen gegenüber, die sich explizit mit dem Kulturbegriff bzw. Kulturtheorien und deren Bedeutung für die Soziale Arbeit beschäftigen (vgl. Opielka 2006; Niemeyer 2004; Küster 2003; Treptow 2001 und Liebau 1992). Bis auf wenige Ausnahmen kann daher wohl immer noch der Analyse Herzogs zugestimmt werden, dass eine „jargonhafte Verwendung des Kulturbegriffes zu beobachten ist, die kaum theoretische Ambitionen erkennen läßt, da lediglich eine modische Redeweise übernommen wird. Das ‚neue erziehungswissenschaftliche Interesse an der Kultur' ist nur marginal ein Interesse am theoretischen Potential des Kulturbegriffs. Denn zu oft bleibt undefiniert, was unter ‚Kultur' verstanden wird" (Herzog 2001: 115). Sind demnach gegenwärtige Diskurse von Erziehungswissenschaft und Sozialer Arbeit trotz vielfältiger Verwendungsweisen des Kulturbegriffs nur bedingt dazu geeignet, grundlegende Fragen nach theoretischen Dimensionen des Kulturbegriffs zu klären, bleibt noch der Blick in aktuelle Diskurse der Kultur- bzw. Sozialwissenschaften.

2 Systematisierungsversuche gegenwärtiger kulturtheoretischer Argumentationen und Positionen

Für den Bereich der Sozialwissenschaften identifizieren verschiedene Autoren einen ‚Cultural Turn', der sich bereits seit den 1980er Jahren vollziehe (vgl. Reckwitz 1999, 2000; Bender 1997; Alexander 1988). Als einen zentralen Auslöser dieses Cultural Turn in den Sozialwissenschaften macht Reckwitz eine seit den 1980er Jahren zunehmende Kritik an „mechanistischen Beschreibungen des Verhaltens" (a.a.O.: 16) und damit verbundenen theoretischen Modellen und Forschungsmethoden aus (vgl. Reckwitz 2000: 16). Auch Konersmann betont in seinem Plädoyer für eine kulturphilosophische Perspektive die Möglichkeit der Erweiterung des Verstehensspektrums: „Die kulturphilosophische Perspektive gestattet es, die lapidare Eindeutigkeitssuggestion und ‚Evidenz' des Vorgege-

---

[1] So lautete der Titel des Heftes 96 (2005) der Zeitschrift Widersprüche: „Jenseits von Status und Expertise – Soziale Arbeit als professionelle Kultur".

benen auszusetzen, weitere Aspekte hinzuzuziehen und das ganze Spektrum der Alternativen durchzuspielen" (Konersmann 2004: 354).

Reckwitz fasst das mit dem ‚Cultural Turn' einhergehende neue Erkenntnisinteresse wie folgt zusammen: „Nicht der Faktizität des Verhaltens und der sozialen Gebilde, sondern der sinnhaften Organisation der Wirklichkeit, in deren Zusammenhang Verhalten und soziale Gebilde erst möglich werden, gilt nun regelmäßig das bevorzugte sozialwissenschaftliche Interesse" (Reckwitz 2000: 16). Zentrale theoretische Bezugspunkte von Arbeiten im Rahmen des Cultural Turn sind vor allem verstehende Ansätze wie die Hermeneutik, Phänomenologie, Semiotik, der Strukturalismus und Pragmatismus sowie die Sprachphilosophie Wittgensteins (vgl. Reckwitz 2000: 21ff.).

Bei dieser Vielfalt an theoretischen Bezügen wird schon erahnbar, dass sich hinter dem Label des Cultural Turn keine einheitliche Ansammlung von Forschungsarbeiten und Argumentationen verbirgt. Um die Vielfalt von neuen Ansätzen im Rahmen des Cultural Turn zu systematisieren, arbeitete Reckwitz (1999) drei Hauptströmungen innerhalb des Cultural Turn heraus, die er als Praxis-Paradigma, Autopoiesis-Paradigma und Text-Paradigma bezeichnete.

Unter dem Praxis-Paradigma fasst er solche Ansätze zusammen, die jegliche menschliche Aktivität als praktizieren bzw. (re)produzieren von Kultur verstehen. Zentral ist in diesem Paradigma z.B. der auf dynamisches, aktives Handeln verweisende Ausdruck „doing culture" (Hörning/Reuter 2004a). Damit wird zugleich auch eine Abgrenzung gegenüber anderen Kulturverständnissen vorgenommen: „Statt Kultur als Mentalität, Text oder Bedeutungsgewebe kognitivistisch zu verengen, oder sie als fragloses Werte- Normensystem strukturalistisch zu vereinnahmen, wird in antimentalistischer und entstrukturierender Weise von Kultur als Praxis gesprochen" (Hörning/Reuter 2004b). Eine Besonderheit dieses Ansatzes ist, dass der Kulturbegriff in dieser Auffassung nicht mehr als normativer, Distinktionen ermöglichender Exklusivbegriff für das Bildungsbürgertum verstanden wird, sondern vielmehr als übergreifende Beschreibungsformel für den Horizont jeglicher menschlichen Praxis dient (vgl. Knoblauch 2005: 228ff.). Unter dem Praxis-Paradigma wird eine Vielzahl von Untersuchungen und Argumentationen zusammengefasst, die in ihrer Qualität und Argumentationsschärfe durchaus unterschiedliches Niveau erreichen. Neben Vertretern wie z.B. Bourdieu werden unter diesem Paradigma auch die sich nicht nur zunehmender Beliebtheit, sondern auch zunehmender Kritik erfreuenden cultural studies subsumiert (zur Kritik an der Epistemologie der cultural studies siehe z.B. Stäheli 2004; Baßler 2003; Göttlich 2001).

Zum Autopoiesis-Paradigma zugehörig zählt Reckwitz solche Ansätze, die ihre theoretische Verortung in den verschiedenen Versionen des Konstruktivismus haben. In diesem Paradigma stehen nicht Praktiken, sondern Kognitionen im Vordergrund, von denen aus subjektive Wirklichkeiten konstruiert werden. Kultur wird demzufolge als „kollektives Wissen definiert, das in kognitiven wie in kommunikativen Akten gleichermaßen zum Einsatz kommt" (Reckwitz 1999: 35). Auch Luhmanns Reflexionen zum Kulturbegriff können als eine besondere Form dieses Paradigmas verstanden werden. Luhmann formulierte den Kulturbegriff zwar nicht als zentralen Begriff seiner Systemtheorie (vgl. dazu Burkart/Runkel 2004), führte jedoch aus, dass Kultur als Semantik (Luhmann 1987: 224) bzw. als „Gedächtnis der Gesellschaft" (Luhmann 1997: 576ff.) verstanden werden kann.

Das dritte von Reckwitz herausgearbeitete Paradigma im Rahmen des ‚Cultural Turn' ist das Verständnis von Kultur als Text. Kennzeichnend für Ansätze im Rahmen dieses Paradigmas sind anti-subjekttheoretische Herangehensweisen. Das Subjekt erscheint hier „gerade nicht als Ursprung und Zentrum, sondern als ‚Effekt' der spezifischen Beschreibungsformen der Diskurse und Zeichensysteme" (Reckwitz 1999: 37). Zentrale theoretische Referenzen innerhalb dieses Paradigmas sind Autoren wie Saussure, Derrida, Ricoeur und Geertz. Im Mittelpunkt des Interesses steht in dieser Sichtweise von Kultur „der Ablauf des sozialen Diskurses; und das Deuten besteht darin, das ‚Gesagte' eines solchen Diskurses dem vergänglichen Augenblick zu entreißen" (Geertz 1987: 30; vgl. dazu auch Ort 2003: 33ff.). Ein solches Verständnis von Kultur hat sich insbesondere für die Literaturwissenschaften als attraktiv erwiesen, indem es dadurch möglich wurde, „literarische Texte als Medien gesellschaftlicher Selbstbeobachtung zu interpretieren und ihnen Beobachtungs- und Unterscheidungssemantiken zuzuschreiben" (Ort 2003: 34). Allerdings sind nicht nur gedruckte Schriftstücke als Text zu verstehen. Vielmehr hat sich das Verständnis von Kultur als Text seit Mitte des letzten Jahrhunderts immer weiterentwickelt, „so dass heute jedes mehr oder weniger komplexe codierte Zeichentoken ‚Text' genannt werden kann, gleich ob es ein einzelnes Verkehrszeichen, eine Sequenz von Verkehrszeichen, ein Gemälde, eine Plastik, ein Gebäude, ein Musikstück, ein Tanz oder eine sprachliche Äußerung ist" (Posner 2003: 52).

Dieser Systematisierungsversuch des ‚Cultural Turn' von Reckwitz liefert zum einen einen Überblick über die Vielfalt kulturtheoretischer Zugänge, zum anderen erkennt Reckwitz jedoch auch selbst, dass es sich hierbei um nicht ganz trennscharfe Einteilungen handelt, da sich durchaus Ansätze finden lassen, die mehr als nur einem Paradigma zugeordnet werden können (Reckwitz hebt diesbezüglich die Arbeiten von Luhmann und Foucault hervor; vgl. Reckwitz 1999: 42f.). Zudem zeigt sich, dass die Grenzen zwischen den Paradigmen z.B. dann verschwimmen, wenn Diskurse als „diskursive Praktiken" verstanden werden, „in denen tatsächlich geschrieben oder gesprochen wird" (a.a.O.: 38). Solche

Ansätze können somit sowohl dem Praxis- als auch dem Text-Paradigma zugeordnet werden.

Einen anderen umfassenden Systematisierungsversuch von theoretischen Bezugspunkten im Rahmen aktueller kulturwissenschaftlicher Diskurse legte Bachmann-Medick (2006) vor. Sie kritisiert die Einteilung verschiedener theoretischer Strömungen in Paradigmen mit dem Argument, dass sich die grundlegenden theoretischen Ausführungen von Kuhn (1979) zum Paradigmenbegriff an einem eher naturwissenschaftlichen Disziplinbegriff festmachen, die Kulturwissenschaften sich jedoch gerade durch ihre Interdisziplinarität und eine ständige Weiterentwicklung über disziplinäre Grenzen hinaus kennzeichnen. Daher sei es im Rahmen systematisierender Zugänge zu Kulturtheorien vielmehr angebracht von ‚Turns' als von Paradigmen bzw. Paradigmenwechseln zu sprechen. Bachmann-Medick machte in ihrer Analyse kulturtheoretischer Zugänge demzufolge auch nicht nur einen, sondern gleich sieben verschiedene Cultural Turn sowie einen ‚Mega'-Turn in den Kulturwissenschaften in den vergangenen 40 Jahren aus. Ausgehend vom ‚Linguistic Turn', der aufgrund seines Einflusses auf alle weiteren Turns als ‚Mega-Turn' bezeichnet wird (vgl. Bachmann-Medick 2006: 33), arbeitete Sie mit dem ‚Interpretative', dem ‚Performative', dem ‚Reflexive/Literary', dem ‚Postcolonial', dem ‚Translational', dem ‚Spatial' sowie dem ‚Iconic Turn' weitere Wendungen und Akzentverschiebungen heraus, die durch je besondere Zugänge, Reflexionen und Nuancen in der Wahl ihres jeweiligen Gegenstandes und ihres gegenstandstheoretischen Zugangs gekennzeichnet sind.

Ein dritter systematisierender Zugang zu aktuellen kulturtheoretischen Überlegungen findet sich wiederum in Reckwitz' Unterscheidung von konkreten Kulturbegriffen (Reckwitz 2004). Hier analysiert Reckwitz nicht die theoretischen Grundlagen, die hinter einem bestimmten Kulturverständnis stehen, sondern geht direkt von expliziten Kulturbegriffen aus. Auf diese Weise unterscheidet er zwischen normativen, differenzierungstheortischen, bedeutungsorientierten und holistischen Kulturbegriffen. Während in aktuellen kulturwissenschaftlichen Forschungen und Argumentationen kaum noch mit normativen Kulturbegriffen gearbeitet wird (vgl. Reckwitz 2004: 4), etablierten sich als Folge von normativen Kulturbegriffen „differenzierungstheoretische" bzw. „sektorale" Kulturbegriffe, die sich auf „das enge Feld der Kunst, der Bildung, der Wissenschaft und sonstiger intellektueller Aktivitäten" (a.a.O.: 6) beziehen. Das Untersuchungsfeld im Rahmen solcher Kulturbegriffe wurde damit streng eingegrenzt und kann sich durchaus auch auf die im Rahmen bürgerlichen Kulturbestrebens hervorgebrachten Güter, Institutionen und Denkweisen beziehen. Entgegen dieser sektoralen Eingrenzung des Kulturbegriffes auf bestimmte Aspekte, Güter oder Praktiken, zielen holistische Verständnisse von Kultur darauf, durch eine Definition des Kulturbegriffes zunächst keine zentralen Einschränkungen des Kulturbegriffes vorzunehmen. Dies verbindet sich mit der Absicht, den Kulturbegriff für die Erforschung und Reflexion einer Vielzahl von Aspekten, Praktiken und Phänomenen zu öffnen. Eine große Anzahl an Kulturbegriffen innerhalb der Ethnografie und insbesondere in den Cultural Studies können als holistische Kulturbegriffe verstanden werden, da sie jegliche menschliche Praxis als Kulturpraxis bzw. als Reproduktion von Kultur verstehen. Neben diesen sektoralen und holistischen Kulturbegriffen unterscheidet Reckwitz zusätzlich noch sogenannte ‚bedeutungsorientierte' Kulturbegriffe (vgl. a.a.O.: 7ff.). Sie sind dadurch gekennzeichnet, dass sie nicht nur darauf angelegt sind, Unterschiede zwischen verschiedenen Kulturen herauszuarbeiten, sondern darüber hinaus darauf abzielen, zu erforschen, wie kulturelle Unterschiede durch symbolische Ordnungen und spezifische Formen der Weltinterpretation entstehen. Ein Beispiel für einen solchen bedeutungsorientierten Kulturbegriff ist das berühmte Verständnis von Kultur bei Geertz: „Der Kulturbegriff, den ich verwende, [...] bezeichnet ein historisch überliefertes System von Bedeutungen, die in symbolischer Gestalt auftreten, ein System überkommener Vorstellungen, die sich in symbolischen Formen ausdrücken, ein System, mit dessen Hilfe die Menschen ihr Wissen vom Leben und ihre Einstellungen zum Leben mitteilen, erhalten und weiterentwickeln" (Geertz 1987: 46). Holistische und bedeutungsorientierte Kulturbegriffe stellen jedoch keine konträren und unvereinbaren Kulturverständnisse dar, sondern können durchaus zu einem gemeinsamen Reflexionshorizont miteinander verbunden werden. So ist es z.B. möglich, das holistische Praxis-Paradigma mit einem bedeutungsorientierten Kulturbegriff zusammenzubringen, etwa wenn gefragt wird, welche Praktiken aus bestimmten Bedeutungszuschreibungen resultieren und welche Bedeutungen diese Praktiken wiederum für wen haben. Somit wird nicht nur die aus einer subjektiven Bedeutungsbeimessung (Autopoiesis-Paradigma) resultierende Praxis, sondern bereits die subjektive Produktion von Bedeutungen als Praxis verstehbar, was wiederum verdeutlicht, dass es nicht unbedingt erkenntnisfördernd ist, strikt zwischen einem praxisorientierten, einem bedeutungsorientierten und einem konstruktivistischen Kulturverständnis zu unterscheiden bzw. sich nur im Rahmen eines einzigen Verständnisses zu bewegen.

3 Vielfalt theoretischer Bezüge und Konsequenzen für die Soziale Arbeit

Vor dem Hintergrund des skizzierten Diskussionstands im Feld kulturtheoretischer Positionen lässt sich nun in Bezug auf die Eingangsüberlegung die Frage stellen, was ein solcher Stand kulturtheoretischer Argumentationen und Reflexionen für den (sozial)pädagogischen Diskurs um Bildung bedeutet und welche Erkenntnis fördernden Potenziale möglicherweise in ihm enthalten sind. Auf der einen Seite ließe sich mit Skepsis formulieren, dass der gegenwärtige Stand der Kulturtheorieentwicklung zu wenig kohärent ist, um für (sozial)pädagogische Reflexionen nutzbar zu sein. Dies würde jedoch zugleich bedeuten, sich einer Weiterentwicklung kulturtheoretischer Überlegungen zu verschließen, was bei einer Teilung dieser Auffassung über disziplinäre Grenzen hinweg zu einem Abschied kulturtheoretischer Reflexionen führen würde. Wird der oben angeführte, sicherlich inkohärente, widersprüchliche und unabgeschlossene Stand der Theorieentwicklung hingegen nicht als Zeugnis der Unbrauchbarkeit des Kulturbegriffes, sondern als mit interessanten Nuancen versehener Diskurszusammenhang verstanden, dessen Potenzial es weiter auszuloten gilt, so besteht für kulturtheoretische Reflexionen in den Erziehungs- und Sozialwissenschaften die Herausforderung, an den bisherigen Stand der Überlegungen anzuknüpfen und viel versprechende bzw. neue Wege der Theoriebildung und Forschung weiter zu diskutieren und zu entwickeln. Gleichzeitig würde dies bedeuten, sich damit auch auf unsicheres, da wenig theoretisch und empirisch abgesichertes, Terrain zu begeben. Im Folgenden wird ein solcher Versuch beschrieben. Ausgehend von einem explizit formulierten Kulturbegriff werden theoretische Bezüge des gewählten Kulturverständnisses erörtert und anschließend dargelegt, wie im Bereich der Forschung mit einem solchen Kulturbegriff als Heuristik gearbeitet werden kann und zu welchen Ergebnissen dies führt.

4 Kultur als Überlebensstrategie

Grundlegend für die folgenden Ausführungen ist ein Verständnis von Kultur als Überlebensstrategie einer Gesellschaft bzw. einer Gruppe oder einer einzelnen Person.[2] Ein Verständnis von Kultur als Überlebensstrategie findet sich z.B. in den literaturwissenschaftlichen Analysen von Bhabha (2000: 257) sowie in Ingleharts Ausführungen zum Wertewandel (vgl. Inglehart 1998: 80). Während das Verständnis von Kultur als Überlebensstrategie bei Inglehart jedoch eher eine theoretische Rahmung seiner durchaus kritikwürdigen Forschungen zum Wertewandel ist und Inglehart somit nicht explizit als Kulturtheoretiker, der sich mit verschiedenen Kulturbegriffen auseinandersetzt bzw. diese diskutiert, auftritt, ist das Verständnis von Kultur als Überlebensstrategie bei Bhabha das Resultat umfangreicher kulturtheoretischer Reflexionen, innerhalb derer ver-

---

2   Eine ausführliche Diskussion zu theoretischen Bezügen eines Verständnisses von Kultur als Überlebensstrategie findet sich bei Baier 2007.

schiedene kulturtheoretische Positionen diskutiert und miteinander in Beziehung gesetzt werden.

In Bezug auf die eingangs angeführten Strömungen gegenwärtiger Kulturtheorie lässt sich formulieren, dass ein Verständnis von Kultur als Überlebensstrategie anschlussfähig an verschiedene kulturtheoretische Strömungen ist. Es ermöglicht einen Bezug zum Verständnis von Kultur als Praxis, indem die beobachtbare Lebenspraxis als Überlebenspraxis einer Gesellschaft betrachtet werden kann. Zudem ist jedoch auch ein Bezug zum Verständnis von Kultur als Text möglich, indem analysiert wird, welche Ideen der Überlebenspraxis bzw. -strategie zu Grunde liegen und in welchem Verhältnis Ideen zur realen Praxis stehen. Dies verweist darauf, dass konkret beobachtbare Überlebenspraxis auch in einem Widerspruch zur angestrebten Lebenspraxis stehen kann (Pseudokonkretheit) und das Verhältnis zwischen empirisch wahrnehmbarer und mental angestrebter Lebenspraxis somit zunächst weiter klärungsbedürftig ist (vgl. dazu auch Beer 2003: 65). Bhabha legt daher seinem Verständnis von Kultur als Überlebensstrategie auch das ‚Kultur als Text'-Verständnis zu Grunde, um auf diese Weise Zusammenhänge zwischen praktizierter und angestrebter Überlebenspraxis in den Blick nehmen und Praxis prägende Ideen analysieren zu können. Eine Fokussierung auf ‚Texte', also symbolisch oder sprachlich vermittelte Inhalte, versucht die Frage zu klären, „welche Begriffe gebildet werden können und welche Strategien verfolgt werden – und in welchen Modalitäten das jeweils geschehen kann" (Knoblauch 2005: 211). Zudem lässt sich bei Bhabhas Verständnis von Kultur als Überlebensstrategie auch das von Reckwitz so bezeichnete Autopoiesis-Paradigma erkennen. Bhabha stellt heraus, „dass das Andere nie außerhalb oder jenseits von uns verortet ist" (Bronfen 2000: XI) und somit zumindest an den konstruktivistischen Grundgedanken des Autopoiesis-Paradigmas anschlussfähig ist.

Bei einem Verständnis von Kultur als Überlebensstrategie handelt es sich somit um einen eher offenen Kulturbegriff, der eine Vielzahl von theoretischen Bezügen ermöglicht und vor allem darauf angelegt ist, keine systematisierenden Einschränkungen vorzunehmen und damit das Spektrum des Erkennbaren möglicherweise schon im Voraus zu verengen. Es grenzt sich lediglich von normativen Kulturbegriffen ab, indem es keine inhaltlichen Vorgaben dazu enthält, wie eine bestimmte Überlebensstrategie bzw. kulturelle Praxis auszusehen hat. Durch diese Konzeption eignet sich ein Verständnis von Kultur als Überlebensstrategie nicht als normative Orientierung oder Maßstab für gesellschaftliche oder individuelle Lebenspraxis. Vielmehr liegt das Potenzial dieses Kulturverständnisses in der in ihm angelegten offenen Heuristik für Forschungsvorhaben, indem Forschungsdaten hinsichtlich ihrer Aussagen in Bezug auf zu Grunde liegende Strategien und damit im Zusammenhang stehende Praktiken rekonstruiert werden können. Es handelt sich somit um eine Heuristik, von der aus Praktiken des Überlebens sowie Ideen zur Gestaltung des Überlebens und deren Kontexte als Kultur(en) verstanden, untersucht, beschrieben und im Horizont weiterer Diskurse kontextualisiert werden können.

Wird die Institutionalisierung von Bildung sowie die in Bildungsinstitutionen geleistete Praxis als Teil der Überlebensstrategie einer Gesellschaft begriffen und somit als Bestandteil der Kultur einer Gesellschaft versteh- und beschreibbar, bzw. werden Veränderungen in diesem Bereich als kultureller Wandel hervorgehoben, so lässt sich mit der Heuristik von Kultur als Überlebensstrategie im Rahmen von Forschungsarbeiten analysieren, welche Strategien einem solchen Wandel und damit verbundenen Praktiken und Institutionalisierungen zu Grunde liegen.

5 Kulturtheorie, Phänomenologie und Erkenntnistheorie

Das skizzierte Verständnis von Kultur als Überlebensstrategie lässt sich mit epistemologischen Überlegungen aus der Phänomenologie verbinden. In seinen Grundlegungen zur Phänomenologie versteht Husserl Phänomene synonym zu Erscheinungen. Phänomene bzw. Erscheinungen sind demnach all das, was Subjekte als in der Welt befindlich wahrnehmen, zunächst auch unabhängig davon, ob diese Wahrnehmung von Anderen geteilt wird oder nicht. Phänomene sind also „nichts anderes als das in der Welt ‚an sich' Seiende, aber rein so, wie es sich in der situativen Jeweiligkeit des subjektiven ‚Für mich' zeigt" (vgl. Held 2002: 16).

Zentral daran ist, dass auch Husserl eine Unterscheidung zwischen den Erscheinungen bzw. Phänomenen von etwas und dem Etwas an sich, dem Wesen, vornimmt. Diese Unterscheidung geht zurück auf ältere Erkenntnistheorien. John Locke unterschied diesbezüglich bereits zwischen der Realessenz und der Nominalessenz eines Gegenstandes, wobei die Realessenz die Konstitution der Dinge bzw. die Summe von notwendigen Eigenschaften bezeichnet, die dem Ding objektiv, also unabhängig von jeder Definition zukommen (vgl. Hügli/Lübke 1991: 618). Diese Eigenschaften bleiben jedoch unbekannt. „Die Nominalessenz umfaßt demgegenüber diejenigen Eigenschaften, die zur Definition eines Begriffes benutzt werden bzw. die (bekannten) Charakteristika eines Seienden, aufgrund derer man dieses Seiende mit einem bestimmten Namen bezeichnet" (vgl. ebd.; dazu auch Gabriel 1998: 91ff.). Bei Kant wird dieser Zusammenhang zwischen dem, was erkannt werden kann und dem, was sich dahinter verbirgt, noch deutlicher herausgearbeitet. Kant nennt wahrnehmbare Charakteristika „Erscheinung" (Kant 1966: 81). Diese Erscheinungen können begrifflich gefasst werden, allerdings betont auch Kant, dass durch eine Begriffsformulierung nicht das ‚Ding an sich' begrifflich geklärt ist, sondern lediglich das, was dem Subjekt ausgehend von seinen eigenen Kognitionen als solches erscheint: „es sind uns Dinge als außer uns befindliche Gegenstände unserer Sinne gegeben, allein von dem, was sie an sich selbst sein mögen, wissen wir nichts, sondern kennen nur ihre Erscheinungen, d.i. die Vorstellungen, die sie in uns bewirken, indem sie unsere Sinne affizieren" (Kant 1989: 48). Kant unterscheidet demnach zwischen dem ‚Ding an sich' und deren ‚Erscheinungen', wobei das ‚Ding an sich' nicht erkennbar ist.

Einer solchen Perspektive stehen die Überlegungen aus der Phänomenologie gegenüber. Husserl argumentierte, dass das Wesen (Eidos), das sich hinter den Erscheinungen verbirgt, doch erkennbar ist. Husserl bezeichnete das dafür notwendige Vorgehen als „Wesensschauung durch eidetische Reduktion" (vgl. Husserl 1998: 255ff.), durch das unterschieden werden könne, welche Eigenschaften einem Gegenstand „notwendig zukommen und welche sich wegdenken lassen, ohne daß der Gegenstand dabei sein Wesen, d.h. seine Zugehörigkeit zu einer bestimmten Klasse, verliert" (vgl. Hügli/Lübke 1991: 618).

Zentrale erkenntnistheoretische Reflexionen, so unterschiedlich sie in ihren weiteren Konsequenzen auch sein mögen, stimmen demnach in dem Punkt überein, dass es auf der einen Seite so etwas wie ‚das Ding an sich' bzw. das ‚Wesen' von etwas gibt und auf der anderen Seite so etwas wie wahrnehmbare Erscheinungen des Dinges bzw. Wesens. Differenzen ergeben sich dann hinsichtlich der Frage, was auf welche Weise überhaupt erkannt werden kann. Für die folgenden Überlegungen ist dabei zweierlei von Bedeutung: zum einen wird deutlich, dass Dinge auf unterschiedliche Weise erscheinen können, zum anderen folgt daraus, dass sich das Gesamtspektrum von Erscheinungen differenziert betrachten lässt und einzelne Erscheinungen, bzw. die Wahrnehmung von einzelnen Erscheinungen genauer analysiert werden kann. Die Frage, ob es möglich ist, durch bestimmte Verfahren nicht nur die Erscheinungen von etwas zu analysieren, sondern auch das dahinter stehende Wesen von etwas zu erkennen, spielt für die folgenden Ausführungen zunächst keine Rolle.

Zentral für das Folgende ist jedoch auch die Argumentation aus der Phänomenologie, dass Dinge im Spektrum dessen, als was sie erscheinen können, begrenzt sind und somit nicht beliebig viele Wahrnehmungen hervorrufen können. Husserl spricht diesbezüglich von ‚Schranken', (in) denen sich die Dinge er(?)geben und Ricouer verweist darauf, dass Phänomenologie erst dort beginnt, wo nicht nur die Phänomene betrachtet werden, sondern gleichfalls ihre Konstitutionsbedingungen, also ihr Logos in das Zentrum des Interesses rückt (vgl. Waldenfels: 19). Die Wahrnehmung von Phänomenen hängt somit zum einen von den subjektiven Kognitionen, zum anderen von in der Welt befindlichen

Aspekten ab, die das Spektrum der Erscheinungen eines Wesens bzw. Dings eingrenzen. Diese Wechselbeziehung zwischen Subjekt und Phänomen bezeichnete Husserl auch als universales Korrelationsapriori (vgl. Held 2002: 16), das die Wechselwirkung zwischen Subjekt und Welt beschreibt und aus dem heraus die konkrete Wahrnehmung eines Phänomens resultiert.

Werden diese kulturtheoretischen und phänomenologischen Überlegungen nun im Kontext von Bildung miteinander verbunden und konkretisiert, lässt sich die These formulieren, dass Überlebensstrategien in ihrer praktischen Realisierung gesellschaftliche Phänomene erzeugen, die als institutionalisierte Bildung wahrnehmbar werden. Am Beispiel zu Forschungen im Bereich Sozialer Arbeit in Schulen wird im Folgenden exemplarisch erläutert, wie die angeführten kultur- und erkenntnistheoretischen Überlegungen im Sinne eines kulturphänomenologischen Ansatzes auf ein bestimmtes Handlungsfeld im Bereich institutionalisierter Bildung bezogen und somit für Forschungen brauchbar gemacht werden können.

6 Kulturphänomenologische Betrachtung institutionalisierter Bildung: Das Beispiel ‚Soziale Arbeit in Schulen'

Soziale Arbeit in Schulen wird in Deutschland auf unterschiedliche Weise praktiziert und hinsichtlich verschiedener Aspekte diskutiert. Im Diskurs um solche Kooperationen von Jugendhilfe und Schule finden sich unterschiedliche Bezeichnungen wie ‚Schulsozialarbeit', ‚sozialpädagogischer Hort an einer Ganztagsschule', ‚schulbezogene Jugendhilfe', ‚Schuljugendarbeit' etc., die sich unter den Sammelbegriff ‚Soziale Arbeit in Schulen' subsumieren lassen. In phänomenologischer Terminologie lässt sich so bereits formulieren, dass das Phänomen ‚Soziale Arbeit in Schulen' zahlreiche, jedoch anscheinend auch nicht beliebig viele unterschiedliche Erscheinungen annehmen kann.[3] Auf der phänomenologischen Suche nach dem Logos hinter diesen unterschiedlichen Erscheinungen bzw. Phänomenen stellen sich die beiden Fragen, welche Erscheinungsformen Soziale Arbeit in Schulen genau annimmt und wie es dazu kommt, dass Soziale Arbeit in Schulen ebendiese Erscheinungsformen annimmt.

Um dieser Frage weiter nachzugehen wird an dieser Stelle Bezug auf die oben angeführten erkenntnistheoretischen Überlegungen genommen. Dort wurde erläutert, dass verschiedene Erkenntnistheoretiker herausgestellt haben, dass sich Erscheinungen von etwas so lange legitim reduzieren lassen, so lange der Gegenstand durch Reduktionen nicht die Zugehörigkeit zu einer bestimmten

---

3   Auch Fend weist darauf hin, dass das Bildungswesen als Kulturphänomen verstanden werden kann (vgl. Fend 2006: 164).

Klasse und somit sein Wesen verliert. Diese vage und sicherlich auch streitbare Überlegung ist jedoch grundlegend für die folgende Analyse des gesamten Feldes ‚Soziale Arbeit in Schulen', denn es kann ausgehend von dieser erkenntnistheoretischen Denkfigur gefragt werden, was allen unterschiedlichen Erscheinungen von Sozialer Arbeit in Schulen gemeinsam ist und welches spezifische Besonderheiten sind, über die sich zunächst hinwegsehen lässt, ohne dass damit der Gegenstand zentrale Charakteristika verliert.

Kommunikationstheoretisch gewendet kann im Rahmen einer solchen Reduktion formuliert werden, dass Soziale Arbeit in Schulen zunächst einmal als ein Diskurskonstrukt verstanden werden kann, also als ein Konstrukt, über das geschrieben und gesprochen wird. In Verbindung mit dem hier zu Grunde liegenden Kulturverständnis lässt sich dann die These formulieren, dass mit dem Diskurskonstrukt ‚Soziale Arbeit in Schulen' unterschiedliche individuelle wie auch kollektive Überlebensstrategien verknüpft werden können. Darauf aufbauend lässt sich wiederum der Bezug zur Phänomenologie herstellen, indem nun die These formuliert werden kann, dass die wahrnehmbaren Erscheinungen von Sozialer Arbeit in Schulen von den Überlebensstrategien abhängen, die mit dem Diskurskonstrukt ‚Soziale Arbeit in Schulen' tatsächlich verknüpft werden.

Aufgabe einer empirisch orientierten Kulturphänomenologie ist es dann, vor dem Hintergrund dieser thesenartig dargestellten Heuristik sowohl empirisch wahrnehmbare Erscheinungen von Sozialer Arbeit in Schulen als auch Überlebensstrategien zu rekonstruieren, die diese Erscheinungen bedingen.

Auf die Frage, warum Soziale Arbeit in Schulen unterschiedliche Erscheinungsformen annehmen kann, lässt sich dann auf theoretischer Ebene bereits die vorläufige Antwort geben, dass dies mit unterschiedlichen Überlebensstrategien zusammenhängt, die mit diesem Diskurskonstrukt verbunden werden. Wie dies im Detail aussieht, ist jedoch eine empirisch zu beantwortende Frage. Um diese Frage exemplarisch zu beantworten, werden im Folgenden einige Daten herangezogen, die im Rahmen von Forschungen zur Sozialen Arbeit in Deutschland und der Schweiz erhoben wurden (vgl. Baier 2007, 2009). Aus diesen Daten wurde rekonstruiert, wie verschiedene Beteiligte Soziale Arbeit in Schulen wahrnehmen, um auf diese Weise deren Wahrnehmung des Phänomens ‚Soziale Arbeit in Schulen' zu rekonstruieren. Weiterhin wurden die vorhandenen Daten hinsichtlich der Frage interpretiert, welche Überlebensstrategien zu einer bestimmten Erscheinung von Sozialer Arbeit in Schulen geführt haben könnten und auf welche Weise diese Überlebensstrategien mit dem Diskurskonstrukt ‚Soziale Arbeit in Schulen' verbunden sind.

6.1 Unterschiedliche Erscheinungsformen des kulturellen Phänomens ‚Soziale Arbeit in Schulen'

Im Folgenden werden Erscheinungsformen Sozialer Arbeit in Schulen dargestellt, wie sie aus empirischen Daten sowie für das Handlungsfeld relevanten Diskursen und Strukturen herausgearbeitet werden konnten (ausführliche Beschreibungen dazu siehe auch Baier 2007). Ausgehend von diesen unterschiedlichen Erscheinungsformen werden jeweils damit zusammenhängende Überlebensstrategien rekonstruiert.

6.1.1 Soziale Arbeit in Schulen erscheint auch als Teil der kollektiv geteilten Überlebensstrategie ‚Sozialstaat'

Eine grundlegende Erscheinungsform des kulturellen Phänomens ‚Soziale Arbeit in Schulen' ist diejenige des Teils der kollektiv praktizierten Überlebensstrategie ‚Sozialstaat'. Soziale Arbeit in Schulen ist somit in die Strategie ‚Sozialstaat' eingebunden, durch die der soziale Zusammenhalt der Gesellschaft sowie die grundlegende Existenzsicherung des Einzelnen gewährleistet werden soll. Deutlich wird dies durch die relativ einfache Beobachtung, dass verschiedene Formen Sozialer Arbeit in Schulen in – Sozialstaaten kennzeichnende – sozialpolitische Programme und zum Teil auch in die Sozialgesetzgebung eingebettet sind. Die Konstitution einer Gesellschaft als ‚Sozialstaatliche Gesellschaft' kann als Überlebensstrategie einer Gesellschaft und somit als Bestandteil der Kultur einer Gesellschaft verstanden werden.

Auch Fachkräfte in der Sozialen Arbeit in Schulen können ihr eigenes Handlungsfeld als Bestandteil sozialstaatlichen Agierens wahrnehmen. Dies wird z.B. in folgender Aussage einer Fachkraft aus der Schulsozialarbeit deutlich: „Grundlage ist das Kinder- und Jugendhilfegesetz, ist klar, mit den Paragraphen 11 und 13" (vgl. Baier 2007: 196). Hier zeigt sich, dass gesetzliche Vorgaben als Grundlage der Arbeitsgestaltung angesehen werden.

6.1.2 Soziale Arbeit in Schulen erscheint auch als corporate identity von Schulen

Im Kontext des demographischen Wandels, der sich u.a. durch einen Rückgang an SchülerInnenzahlen kennzeichnet, kommt es vermehrt zu Zusammenlegungen und Schließungen von Schulen. Eine Überlebensstrategie, die Schulen in diesem Kontext wählen, besteht darin, die eigene Schule gegenüber anderen, konkurrierenden Standorten, attraktiv zu halten. Hornstein beschrieb bereits 1992, dass der demographische Wandel dazu führt, „dass Schulen ihr Angebot erweitern, um zu überleben, um attraktiv zu sein und in der Konkurrenz zu bestehen" (Hornstein 1992: 117). Soziale Arbeit in Schulen kann für Schulen eine Möglichkeit sein, ihre Attraktivität zu steigern.

Zudem kann Soziale Arbeit in Schulen auch in der inhaltlichen Ausrichtung der Arbeit in schulische Strategien zur Steigerung der Attraktivität der Schule eingebunden sein. So beschrieb z.B. eine Schulsozialarbeiterin, dass sie gerne für die ganze Schule ein Projekt ‚Schule ohne Rassismus' durchführen wollte, von der Schulleitung stattdessen jedoch die Aufgabe bekam, ein Projekt zum Thema ‚Schüler unterrichten Senioren' zu gestalten, da dies eine positivere Resonanz in der Öffentlichkeit hervorrufe (vgl. Baier 2007: 197).

6.1.3 Soziale Arbeit in Schulen erscheint auch als ‚Stabilisieren von Elend'

In einem Interview hat eine Schulsozialarbeiterin ihren Berufseinstieg in die Schulsozialarbeit beschrieben und erläutert, welche inhaltliche Ausrichtung die Schulsozialarbeit hatte, bevor sie diese von ihrer Vorgängerin übernahm. Sie trifft die Unterscheidung, dass die Schulsozialarbeit vor ihrem Stellenantritt die Funktion des ‚Stabilisierens von Elend' erfüllte und sie selbst nun anstrebt, konstruktive Wege zu finden: „Wir wollen zielgerichtet arbeiten und wir wollen auch Resultate sehen. Wir wollen nicht Kinder in ihrer ganzen Misere so lassen und nicht daran rühren und Hauptsache keiner kriegt es richtig mit. Das ist unserer Meinung nach Stabilisieren von Elend und das ist nicht unsere Aufgabe" (vgl. Baier 2007: 200). Somit kann Soziale Arbeit in Schulen auch in Strategien eingebunden sein, die zum Ziel haben, ‚Elend' in unterschiedlicher Form nicht eskalieren zu lassen, sondern zu stabilisieren, ohne jedoch Wege aus dem ‚Elend' heraus anbieten zu wollen bzw. zu können.

Eine andere Form des ‚Stabilisierens von Elend' beschrieb eine Fachkraft aus einem Hort an einer offenen Ganztagsschule, indem die Fachkraft betonte, dass die Soziale Arbeit dort weniger mit Bildung oder Erziehung, als vielmehr mit grundlegender Essensversorgung beauftragt ist (vgl. Baier 2007: 199). Soziale Arbeit in Schulen kann somit in Strategien eingebunden sein und inhaltlich so ausgerichtet sein, dass sie primär damit beauftragt ist, dramatische Folgen von Elend (Verhungern, soziale Unruhe) zu verhindern, ohne das Elend jedoch grundlegend zu beseitigen.

6.1.4 Soziale Arbeit in Schulen erscheint auch als Beschwichtigung im Rahmen bildungspolitischer Calming-Strategien

Soziale Arbeit in Schulen kann auch in bildungspolitische Strategien eingebunden sein, die lediglich darauf abzielen, von Seiten der Politik aus der (besorgten) Öffentlichkeit zu signalisieren, dass gegen Probleme und Missstände an Schulen etwas getan werde. Solche bildungs- und sozialpolitischen Beschwichtigungsstrategien (‚calming') werden insbesondere dann deutlich, wenn an Schulen Probleme eskalieren und eine Schule in Folge dessen in den Blickpunkt der Öffentlichkeit gerät. Hat sich das öffentlich-mediale Interesse an einer bestimmten ‚Problemschule' wieder gelegt, wird die Soziale Arbeit an diesen Schulen nicht selten wieder eingestellt. Dies macht den Beschwichtigungscharakter einer solchen Maßnahme deutlich und verweist auf dahinter liegende politische Überlebensstrategien (Kulturen).

6.1.5 Soziale Arbeit in Schulen erscheint auch als professionelles Handlungsfeld Sozialer Arbeit

Dort, wo Sozialer Arbeit in Schulen die notwendigen Rahmenbedingungen für professionelles Handeln zu Grunde liegen, wird sie als professionell gestaltetes Handlungsfeld Sozialer Arbeit wahrnehmbar. Ist Soziale Arbeit in Schulen in solchen Kontexten etwas unabhängiger von externen (politischen) Einflüssen, können sowohl die Profession als auch die Disziplin Sozialer Arbeit eigene Strategien mit dem Diskurskonstrukt ‚Soziale Arbeit in Schulen' verbinden und realisieren.

6.1.6 Soziale Arbeit in Schulen erscheint auch als Beitrag dazu, Schule als einen angenehmen Ort des Lernens und Lebens zu begreifen

Aus der Sicht von Schülerinnen und Schülern wird Soziale Arbeit in Schulen vielfach als positive Ergänzung des Schulalltages wahrgenommen. Dies lässt sich beispielhaft an folgenden Aussagen verdeutlichen:

> „Ich finde es super, dass wir einen Schulsozialarbeiter haben, weil du über Sachen reden kannst, die du mit z.B. LehrerInnen, Schwester, Bruder und Mutter nicht bereden kannst"

„Die Schulsozialarbeit ist sehr hilfreich. Da ich noch sehr jung bin, habe ich nicht so viele Probleme. Wenn ich welche hätte würde ich sofort mit dem Schulsozialarbeiter darüber reden!"

Beide Aussagen (vgl. dazu Baier 2009) weisen darauf hin, dass auch Schülerinnen und Schüler ihre eigenen Überlebensstrategien mit dem Diskurskonstrukt ‚Soziale Arbeit in Schulen' verbinden (möchten) und somit einen Beitrag zum konkreten Erscheinungsbild Sozialer Arbeit in Schulen beitragen.

6.1.7 Soziale Arbeit in Schulen erscheint auch als Mensch gewordener Rohrstock

Soziale Arbeit in Schulen wird nicht nur damit beauftragt, einen Beitrag zum Wohlbefinden in Schulen zu leisten, sondern kann auch als disziplinierende Instanz gegenüber Schülerinnen und Schülern in Anspruch genommen werden. Das Diskurskonstrukt Soziale Arbeit in Schulen wird dann mit der schulischen Strategie der Aufrechterhaltung von Ordnung verbunden. Die Praktiken der Aufrechterhaltung schulischer Ordnung sind in historischer Perspektive durch die Abschaffung des Rohrstocks um ein wirkungsvolles Machtmittel reduziert worden, ohne dass sich damit jedoch zwangsläufig auch das Verhalten von Schülerinnen und Schülern verändert hat. Sozialdisziplinierende Maßnahmen traten fortan an die Stelle körperlicher Züchtigungen. Dass Soziale Arbeit in Schulen auch in schulische Strategien ‚zeitgemäßer' Disziplinierung eingebunden sein kann, zeigt sich empirisch z.B. in der Aussage eines Schulleiters, der als einen der Gründe für die Einführung der Schulsozialarbeit an seiner Schule anführt, dass der schulische ‚Strafkatalog' nicht mehr gegriffen habe. Dementsprechend lobt er nun die Möglichkeit, die neu eingeführte Schulsozialarbeit in disziplinierende Strategien einbeziehen zu können: „Oder penetranten Schülern, renitenten Schülern, die einfach auch Lust daran hatten, Randale zu machen, dem konnten wir gleich begegnen. Entweder du benimmst dich hier ordentlich, oder du gehst raus. Wir hatten jetzt die Möglichkeit" (vgl. Baier 2007: 208).

Wird mit dem Diskurskonstrukt ‚Soziale Arbeit in Schulen' die schulische Überlebensstrategie der Aufrechterhaltung von schulischer Ordnung verbunden, kann dies auch dazu führen, dass Schülerinnen und Schüler nicht mehr freiwillig ihre eigene Überlebensstrategie mit der Sozialen Arbeit in Schulen verknüpfen: „Ich war ein paar Mal beim Schulsozialarbeiter. Man hatte mich hingeschickt. Er hat bloß total klischeehafte Ratschläge gegeben und einen absolut unangebrachten Vorschlag gebracht" (Aussage eines Schülers, vgl. dazu Baier 2009).

6.1.8 Soziale Arbeit in Schulen erscheint auch als Ausdruck einer zunehmenden Professionalisierung des LehrerInnenberufs

Professionstheoretisch lässt sich formulieren, dass sich Berufe in ihrer Entwicklung hin zu einer Profession durch eine zunehmende Binnendifferenzierung und eine damit verbundene Kompetenzverteilung kennzeichnen (vgl. Abbott 1988). Konkret bedeutet dies, dass Professionelle in ihren jeweiligen Handlungsfeldern und Zuständigkeitsbereichen nicht mehr alle Tätigkeiten selbst ausführen müssen, sondern solche Tätigkeiten, die kein umfassendes Wissen erfordern, an andere Arbeitskräfte abgeben können. Die Kontrolle über diese Tätigkeiten bleibt dann jedoch trotzdem bei den Professionellen. So müssen z.B. Ärzte im Krankenhaus nicht selbst die Betten der Patienten umher schieben oder Formalia zur Patientenaufnahme bearbeiten, weil es dafür Pflegepersonal, Zivildienstleistende und administratives Personal gibt. Auch in Schulen werden die Herausforderungen des Berufsalltages komplexer, was sich allein schon in der Weiterentwicklung der jeweiligen Fachdidaktik zeigt. Somit können auch Lehrkräfte daran interessiert sein, ihre Hauptaufgabe im Schulhaus möglichst intensiv und gewissenhaft zu betreiben und müssen sich dabei von Aufgaben lossagen, die bislang auch zu ihrem Arbeitsspektrum gehört haben. So kommt es, dass Soziale Arbeit in Schulen mit der Pausenaufsicht, der Hausaufgabenhilfe, der Einzelfallhilfe sowie der Elternarbeit betraut wird. Aus Sicht der Lehrkräfte ist damit eine Entlastung verbunden, da sie sich wieder ihrem „Kerngeschäft Unterricht" (vgl. Städeli/Obrist 2008) widmen können. Mit der Übertragung von Aufgaben, die vormals zum Aufgabenspektrum der Lehrkräfte gehörten, an die Soziale Arbeit, ist jedoch auch die Möglichkeit einer Etablierung von Hierarchien in der Schule gegeben. Ein Schulleiter beschreibt eine solche Strategie von Lehrkräften und nimmt dabei zugleich eine hierarchische Einordnung der Sozialen Arbeit vor: „Das Kollegium hat sofort, vom ersten Tag an, dieses Projekt als Hilfe, als Unterstützung gesehen, als eine Institution will ich mal nicht sagen, aber einen Ort gesehen, an den sie mal ein Problem abgeben konnten" (Baier 2007: 135). In einer solchen Lesart kann das Kulturphänomen ‚Soziale Arbeit in Schulen' also auch in Professionalisierungsstrategien und -versuche von Lehrkräften eingebunden werden und zu entsprechenden Erscheinungen bzw. Phänomenen führen.

6.1.9 Weitere Erscheinungsformen Sozialer Arbeit in Schulen

Zusätzlich zu diesen exemplarisch angeführten Erscheinungsformen Sozialer Arbeit in Schulen gibt es noch eine ganze Reihe weiterer Erscheinungsformen, die von Überlebensstrategien abhängen, die mit Sozialer Arbeit in Schulen verbunden werden. So verknüpfen z.b. auch Berufstätige in der Sozialen Arbeit in Schulen ihre individuelle Überlebensstrategie zur Sicherung des Lebensunterhaltes mit dem Diskurskonstrukt ‚Soziale Arbeit in Schulen', was bedeutet, dass das Diskurskonstrukt ‚Soziale Arbeit in Schulen' auch als Medium zur Existenzsicherung wahrgenommen werden kann. Zudem kennzeichnet sich das Handlungsfeld ‚Soziale Arbeit in Schulen' auch durch eine inhaltliche Offenheit, so dass Fachkräfte in diesem Berufsfeld das Diskurskonstrukt ‚Soziale Arbeit in Schulen' auch zur Realisierung eigener Wissensinhalte nutzen können, indem sie ihre individuellen Wissensinhalte und ‚Lieblingsmethoden' anwenden können und somit auch das Erscheinungsbild Sozialer Arbeit in Schulen prägen. Dies kann dazu führen, dass Soziale Arbeit in Schulen an einer Schule z.B. als vorrangig beraterisch ausgerichteter Kriseninterventionsdienst erscheint, an der nächsten Schule vielleicht eher als erlebnis- oder theaterpädagogisches Angebot. Auch Lehrkräfte können einige weitere Strategien mit dem Diskurskonstrukt ‚Soziale Arbeit in Schulen' verknüpfen, z.B. wenn es darum geht, ungeliebte Tätigkeiten oder ebensolche SchülerInnen an die Soziale Arbeit abzugeben, ohne dass dahinter die oben beschriebene Strategie zur Professionalisierung des LehrerInnenberufs steht.

Auf diese Weise lassen sich verschiedene Erscheinungsformen Sozialer Arbeit in Schulen herausarbeiten und dahinter liegende Strategien interpretieren. Im Folgenden werden weitere Aspekte eines solchen kulturphänomenologischen Ansatzes in theoretisch generalisierter Form weiter diskutiert.

7 Diskussion und Perspektiven eines kulturphänomenologischen Ansatzes

Einleitend zu diesem Aufsatz wurde die Frage gestellt, ob und was ein Bezug auf Kulturtheorien zur Erweiterung des Reflexionsspektrums auf institutionalisierte Bildung beitragen kann. Um diese Frage abschließend aufzunehmen, werden die oben erläuterten kulturphänomenologischen Reflexionen noch einmal zusammenfassend erläutert: Ausgehend von der erkenntnistheoretischen Überlegung, dass sich Erscheinungen (Phänomene) von etwas reduzieren lassen, wurde die Ausgangsthese formuliert, dass Soziale Arbeit in Schulen zunächst als ein Diskurskonstrukt verstanden werden kann. Darauf aufbauend wurde das

Verständnis von Kultur als Überlebensstrategie angeführt und es konnte so formuliert werden, dass mit dem Diskurskonstrukt ‚Soziale Arbeit in Schulen' individuelle wie auch kollektive Überlebensstrategien verbunden werden können, die dann wiederum zu konkreten Erscheinungen bzw. Phänomenen führen. Die Wahrnehmung des Phänomens ‚Soziale Arbeit in Schulen' hängt somit nicht nur von den individuellen Kognitionen der Betrachtenden ab, sondern wird gleichfalls von den Überlebensstrategien vorstrukturiert und eingegrenzt, die mit diesem Diskurskonstrukt verbunden sind. In einer machttheoretischen Perspektive lässt sich darüber hinaus formulieren, das die Frage, wer welche Überlebensstrategien mit einem Diskurskonstrukt verbinden kann, von der Machtposition abhängt, von der aus jemand eine Überlebensstrategie mit einem Diskurskonstrukt verbinden möchte. Kulturelle Praxis ist damit auch durch ein Aufeinandertreffen von Überlebensstrategien gekennzeichnet. Während Geertz in seiner Definition von Kultur noch betont hat, dass Menschen in selbstgesponnene Bedeutungsgewebe verstrickt sind (vgl. Geertz 1987: 9), kann mit der hier angeführten Terminologie analog formuliert werden, dass sowohl Menschen als auch Phänomene in verschiedene individuelle und kollektive Überlebensstrategien eingebunden sind und dadurch sowohl Synergieeffekte als auch Probleme entstehen können. Kulturelle Praxis ist somit durch ein Aufeinandertreffen von Überlebensstrategien gekennzeichnet.

Um diesbezüglich das Potenzial solcher kulturphänomenologischer Reflexionen für eine Erweiterung des Diskurses von Erziehungswissenschaft und Sozialer Arbeit zu skizzieren, werden im Folgenden einige Beispiele skizziert, anhand derer das reflexive Potenzial dieses Ansatzes in Bezug auf bereits vorhandene Diskurse herausgestellt wird.

- *Soziale Arbeit im Widerspruch:* Die Thematisierung der Eingebundenheit Sozialer Arbeit in gesellschaftliche Widersprüche ist fester Bestandteil moderner Reflexionen zur Sozialen Arbeit. Es wäre zu prüfen, ob die angeführten kulturphänomenologischen Überlegungen einen Erkenntnis erweiternden Beitrag zu dieser Diskussion leisten können, da sie darauf verweisen, dass Widersprüche auch dadurch entstehen, dass selten nur eine einzige, sondern in der Regel mehrere, auch gegensätzliche Strategien mit dem Diskurskonstrukt ‚Soziale Arbeit in Schulen' verknüpft werden.

- *Kulturphänomenologie und reflexive Professionalität:* Durch den hier skizzierten kulturphänomenologischen Ansatz kann ein systematischer Beitrag zum Ansatz reflexiver Professionalisierung geleistet werden, indem Konstitutionsbedingungen von Praxis strukturiert herausgearbeitet werden. Die Erkenntnis der Eingebundenheit Sozialer Arbeit in verschiedene Überlebensstrategien kann Professionellen dabei behilflich sein, inhaltliche Vorgaben und strukturelle Rahmenbedingungen aus einer Distanz heraus zu reflektieren und Konsequenzen für das eigene Handeln zu ziehen.

- *Der NutzerInnenbegriff in der Sozialen Arbeit:* Mit der Weiterentwicklung Sozialer Arbeit verändert sich auch die Sichtweise auf und die Rede über das Klientel mit entsprechenden Konsequenzen für Praxis und Forschung. Wird durch eine kulturphänomenologische Analyse deutlich, dass verschiedene Personen(gruppen) das Diskurskonstrukt ‚Soziale Arbeit in Schulen' für ihre eigene Überlebensstrategie nutzen, so sind im hermeneutischen Sinne auch Berufstätige in der Sozialen Arbeit, politisch Verantwortliche, Lehrkräfte, Schulleiter etc., also all diejenigen, die ihre eigene bzw. eine kollektive Überlebensstrategie mit dem Diskurskonstrukt verbinden, aktive NutzerInnen des Diskurskonstruktes. Aus Sicht einer so skizzierten Kulturphänomenologie wäre demnach zu differenzieren zwischen NutzerInnen, also all denjenigen, die ihre Überlebensstrategien mit dem Diskurskonstrukt absichtlich in Verbindung bringen und denjenigen, die Zielgruppe bzw. KlientInnen eine bestimmte Dienstleistung in Anspruch nehmen.
- *Gesellschaftliche Funktion von Sozialer Arbeit (in Schulen):* Fend hebt in seiner Theorie der Schule hervor, dass es für eine vertiefte Diskussion über die Schule unerlässlich ist, die gesellschaftliche Funktion von Schule zu kennen (vgl. Fend 1981: 7). Analog für die Soziale Arbeit argumentiert bedeutet dies, dass durch das Herausarbeiten von verschiedenen Erscheinungen Sozialer Arbeit in Schulen auch erkannt werden kann, welche unterschiedliche Funktionen dieses Handlungsfeld einnehmen kann und in welcher Weise diese von der Kultur, mithin: von den mit dem Diskurskonstrukt verbundenen Überlebensstrategien abhängen.
- *Bildungs- und Kulturbegriff als heuristische Klammerbegriffe:* Eine Besonderheit des Bildungs-, als auch des Kulturbegriffes liegt darin, dass sie beide für Forschungen konkretisiert werden müssen um anwendbar zu sein. Im Bereich der Bildungsforschung werden dann Konkretisierungen des Bildungsbegriffs wie z.B. Kompetenzen, Aneignungsprozesse, didaktische Vorgehensweisen etc. erforscht, im Bereich der Kulturforschung solche Dinge wie Überlebensstrategien, Bedeutungszuschreibungen und Alltagspraktiken. Die Pointe beider Begriffe liegt dann darin, dass sie eigentlich für die konkrete Forschung gar nicht gebraucht werden, da jeweils ihre Konkretisierung untersucht wird und es zunächst auch ausreichend und sogar präziser wäre, über die jeweiligen Konkretisierungen zu sprechen. Eine Rückübersetzung des Untersuchten in die Terminologie von Bildung und

Kultur verdeutlicht dann jedoch wiederum den Charakter beider Begriffe als heuristische Klammern, bzw. als aus einer Vielzahl unterschiedlicher Aspekte zusammengesetzte Deutungsmuster, die eine kommunikative Anschlussfähigkeit von Einzelaspekten ermöglichen.

Literatur

Abbott, Andrew (1988): The system of professions. An essay on the division of expert labor. Chicago/London: The University of Chicago Press

Alexander, Jeffrey C. (1988): The new theoretical movement. In: Smelser, Neil J. (Hrsg.): Handbook of Sociology. Beverly Hills: SAGE Publications, 77-101

Andresen, Sabine (2004): Bildungstheoretische Überlegungen im Kontext der Wissensgesellschaft. In: Otto, Hans-Uwe/Rauschenbach, Thomas (Hrsg.): Die andere Seite der Bildung. Zum Verhältnis von formellen und informellen Bildungsprozessen. Wiesbaden: VS Verlag für Sozialwissenschaften, 133-144

Bachmann-Medick, Doris. (2003): Kulturanthropologie. In: Nünning, Ansgar; Nünning, Vera (Hrsg.): Konzepte der Kulturwissenschaften. Stuttgart: J. B. Metzler-Verlag, 86-107

Baier, Florian (2007): Zu Gast in einem fremden Haus. Theorie und Empirie zur Sozialen Arbeit in Schulen. Bern, Berlin, Bruxelles, Frankfurt am Main/New York/Oxford/Wien: Peter Lang Verlag

Baier, Florian (2009): Schulsozialarbeit in der Schweiz. Die Praxis im Spiegel der Evaluationsforschung. [i. E.]

Baßler, Moritz (2003): New Historicism, Cultural Materialism und Cultural Studies. In: Nünning, Ansgar/Nünning, Vera (Hrsg.): Konzepte der Kulturwissenschaften. Stuttgart/Weimar: J. B. Metzler-Verlag, 132-155

Beer, Bettina (2003): Ethnos, Ethnie, Kultur. In: Fischer, Hans/Beer, Bettina (Hrsg.): Ethnologie. Einführung und Überblick. Berlin: Dietrich Reimer Verlag. Neufassung, 53-72

Bender, Thomas (1997): Politics, Intellect, and the American University. In: Daedalus, Winter 1997, 1-38

Bhabha, Homi K. (2000): Die Verortung der Kultur. Tübingen: Stauffenburg Verlag.

BMFSFJ (1998): Zehnter Kinder- und Jugendbericht. Bericht über die Lebenssituation von Kindern und die Leistungen der Kinderhilfen in Deutschland. Bonn: Eigenverlag

Bronfen, E. (2000): Vorwort. In: Bhabha, Homi K. (2000): Die Verortung der Kultur. Tübingen: Stauffenburg Verlag, IX-XIV

Burkart, Günter/Runkel, Gunter (2004): Luhmann und die Kulturtheorie. Frankfurt am Main: Suhrkamp Verlag

Fend, Helmut (1981): Theorie der Schule. München: Verlag Urban & Schwarzenberg.

Fend, Helmut (2006): Neue Theorie der Schule. Einführung in das Verstehen von Bildungssystemen. Wiesbaden: VS Verlag für Sozialwissenschaften.

Gabriel, Gottfried (1998): Grundprobleme der Erkenntnistheorie. Von Descartes zu Wittgenstein. 2. Aufl. Paderborn/München/Wien/Zürich: UTB Wissenschaft Verlag

Geertz, Clifford (1987): Dichte Beschreibung. Beiträge zum Verstehen kultureller Systeme. Theorie. Frankfurt am Main: Suhrkamp Verlag

Göttlich, Udo (2001): Zur Epistemologie der Cultural Studies in kulturwissenschaftlicher Absicht: Cultural Studies zwischen kritischer Sozialforschung und Kulturwissenschaft. In: Göttlich, Udo/Mikos, Lothar/Winter, Rainer (Hrsg.): Die Werkzeugkiste der Cultural Studies. Perspektiven, Anschlüsse und Interventionen. Bielefeld: Transcript Verlag, 15-42

Hafeneger, Benno/Jansen, Mechtild M. (2001): Rechte Cliquen: Alltag einer neuen Jugendkultur. Weinheim/München: Juventa Verlag

Held, Klaus (2002): Einleitung. In: Husserl, Edmund: Die phänomenologische Methode. Ausgewählte Texte I. Stuttgart: Reclam Verlag, 5-52

Herzog, Walter (2001): Das Kulturverständnis in der neueren Erziehungswissenschaft. In: Appelsmeyer, Heide/Billmann-Mahecha, Elfriede (Hrsg.): Kulturwissenschaft. Weilerswist: Velbrück Verlag, 97-124

Hörning, Karl H./Reuter, Julia (Hrsg.) (2004a): Doing Culture. Neue Positionen zum Verhältnis von Kultur und sozialer Praxis. Bielefeld: Transcript Verlag

Hörning, Karl H./Reuter, Julia (2004b): Doing Culture: Kultur als Praxis. In: Hörning, Karl H./Reuter, Julia (Hrsg.): Doing Culture. Neue Positionen zum Verhältnis von Kultur und sozialer Praxis. Bielefeld: Transcript Verlag, 9-18

Hornstein, Walter (1992): Aufweichung der Grenzen zwischen Schule und Jugendarbeit. In: Brenner, Gerd/Nörber, Martin (Hrsg.): Jugendarbeit und Schule: Kooperation statt Rivalität um die Freizeit. Weinheim/München: Juventa Verlag, 117

Hügli, Anton/Lübke, Poul (Hrsg.) (1991): Philosophielexikon. Personen und Begriffe der abendländischen Philosophie von der Antike bis zur Gegenwart. Reinbek bei Hamburg: Rowohlt Verlag

Husserl, Edmund (1998): Die phänomenologische Methode. Ausgewählte Texte I. Stuttgart: Reclam Verlag

Inglehart, Ronald (1998): Modernisierung und Postmodernisierung. Kultureller, wirtschaftlicher und politischer Wandel in 43 Gesellschaften. Frankfurt am Main/New York: Campus Verlag

Kant, Immanuel (1966) [1787]: Kritik der reinen Vernunft. Stuttgart: Reclam Verlag.

Kant, Immanuel (1989) [1783]: Prolegomena zu einer jeden zukünftigen Metaphysik, die als Wissenschaft wird auftreten können. Stuttgart: Reclam Verlag

Knoblauch, Hubert (2005): Wissenssoziologie. Konstanz: UVK Verlag

Konersmann, Ralf (2004): Kultur als Metapher. In: Konersmann, Ralf (Hrsg.): Kulturphilosophie. Leipzig: Reclam Verlag, 327-354

Kuhn, Thomas S. (1976): Die Struktur wissenschaftlicher Revolutionen. 2. Auflage. Frankfurt am Main: Suhrkamp Verlag

Küster, Ernst-Uwe (2003): Fremdheit und Anerkennung. Ethnografie eines Jugendhauses. Weinheim/Basel/Berlin: Beltz Votum Verlag

Liebau, Eckhard (1992): Die Kultivierung des Alltags. Das pädagogische Interesse an Bildung, Kunst und Kultur. Weinheim/München: Juventa Verlag

Luhmann, Niklas (1987): Soziale Systeme. Grundriß einer allgemeinen Theorie. Frankfurt am Main: Suhrkamp Verlag
Luhmann, Niklas (1997): Die Gesellschaft der Gesellschaft. Frankfurt am Main: Suhrkamp Verlag
Niemeyer, Christian (2004): Kulturkritik, Kulturpädagogik, Sozialpädagogik. Traditionslinien eines Gegenwartsdiskurses. In: Hörster, Reinhard/Küster, Ernst-Uwe/Wolff, Stephan (Hrsg.): Orte der Verständigung. Beiträge zum sozialpädagogischen Argumentieren, 35-55
Opielka, Michael (2006): Culture matters - aber wie? Zu Kritik von Kulturkonzepten. In: Neue Praxis. Sonderheft 8/2006, 28-39
Ort, Claus-Michael (2003): Kulturbegriffe und Kulturtheorien. In: Nünning, Ansgar/Nünning, Vera (Hrsg.): Konzepte der Kulturwissenschaften. Weimar: Metzler Verlag, 19-38
Otto, Hans-Uwe/Ziegler, Holger (2005): Sozialraum und sozialer Ausschluss. Die analytische Ordnung neo-sozialer Integrationsrationalitäten in der Sozialen Arbeit. In: Anhorn, Roland/Bettinger, Frank (Hrsg.): Sozialer Ausschluss und Soziale Arbeit. Positionsbestimmungen einer kritischen Theorie und Praxis Sozialer Arbeit. Wiesbaden: VS Verlag für Sozialwissenschaften, 115-145
Städeli, Christoph/Obrist, Willy/Sägesser, Peter (2008): Kerngeschäft Unterricht. Ein Leitfaden für die Praxis. 3. Auflage. Bern: Hep Verlag
Posner, Roland (2003): Kultursemiotik. In: Nünning, Ansgar/Nünning, Vera (Hrsg.): Konzepte der Kulturwissenschaften. Stuttgart/Weimar: Metzler Verlag, 39-72
Reckwitz, Andreas (1999): Praxis - Autopoisis - Text: Drei Versionen des Cultural Turn in der Sozialtheorie. In: Reckwitz, Andreas/Sievert, Holger (Hrsg.): Interpretation, Konstruktion, Kultur: Ein Paradigmenwechsel in den Sozialwissenschaften. Opladen: Westdeutscher Verlag, 19-49
Reckwitz, Andreas (2000): Die Transformation der Kulturtheorien. Zur Entwicklung eines Theorieprogramms. Weilerswist: Velbrück Verlag.
Reckwitz, Andreas (2004): Die Kontingenzperspektive der Kultur. Kulturbegriffe, Kulturtheorien und das kulturwissenschaftliche Forschungsprogramm. In: Jaeger, Friedrich/Rüsen, Jörn (Hrsg.): Handbuch der Kulturwissenschaften, Band III: Themen und Tendenzen. Stuttgart/Weimar: Metzler Verlag, 1-20
Stäheli, Urs (2004): Subversive Praktiken? Cultural Studies und die Macht der Globalisierung. In: Hörning, Karl H./Reuter, Julia (Hrsg.): Doing Culture. Neue Positionen zum Verhältnis von Kultur und sozialer Praxis. Bielefeld: Transcript Verlag, 154-169
Treptow, Rainer (2001): Kultur und Soziale Arbeit. Gesammelte Beiträge. Münster: Votum Verlag
Waldenfels, Bernhard (2001): Einführung in die Phänomenologie. München: UTB Wissenschaft Verlag

Die Wirklichkeit von Bildung? Erfahrungswissenschaftliche Erkundungen vor dem Hintergrund sozialpädagogischer Bildungsforschung

Christian Haag

Einleitung

Die Begriffskonstellation ‚sozialpädagogische Bildungsforschung' bezeichnet ein sehr ambitioniertes, mit Blick auf die Bildungsreformdebatten berechtigtes Forschungsprogramm. Es erweckt das Interesse an einer forschungsstrategischen Weiterentwicklung der mit ihm artikulierten Perspektiven auf den Gegenstand ‚Bildung'. Dass am Ende dieses Beitrags keine eindeutige Forschungsstrategie stehen kann, sollte vorweg genommen werden. Es ist mit diesem Diskussionsbeitrag vielmehr der Anspruch verbunden, über die richtungsweisenden Momente einer solchen Forschungsstrategie nachzudenken. Um die Erörterung in einem handhabbaren Rahmen zu halten, ist es erforderlich, im Raum möglicher Perspektiven eine bestimmte zu aktualisieren. Der Beitrag macht sich dabei zunächst auf den Weg, die im Rahmen der Bildungsreformdebatten ausgedrückte Perspektive einer sozialpädagogischen Bildungsforschung in ihren Grundzügen und markanten Ansatzpunkten, sprich: ihren Leitbegriffen und paradigmatischen Orientierungen aufzugreifen und danach zu fragen, welche Relevanz der Begriff der ‚Bildung' dabei erfährt bzw. erfahren kann. Ein Teil des von einer sozialpädagogischen Bildungsforschung adressierten Gegenstandsbereichs – der familiäre Kontext – wird anschließend aus einer sozialwissenschaftlichen Perspektive auf Bildung beleuchtet, um daran anknüpfend zentrale Frage- und Problemstellungen zu verdeutlichen, die es im Kontext einer sozialpädagogischen Bildungsforschung aufzugreifen gilt. Die in der Überschrift aufgeworfene Frage nach der ‚Wirklichkeit von Bildung' dient dabei als Anlass der Reflexion für eine abschließende Vergewisserung und weiterführende Überlegungen über Möglichkeiten und Grenzen einer Forschungsstrategie, die sich auf das Programm einer sozialpädagogischen Bildungsforschung stützt.

Die Einführung der Begriffskonstellation ‚sozialpädagogische Bildungsforschung' in den Diskussionszusammenhang der Erziehungswissenschaft lässt sich zurückverfolgen anhand eines Beitrags von Franz Hamburger mit dem gleichnamigen Titel (Hamburger 2006), der im Herausgeberband „Erziehungswissenschaft und Bildungsforschung" (Merkens 2006a) erschienen ist. Dieser

Band versammelt die Beiträge einer Tagung der Deutschen Gesellschaft für Erziehungswissenschaft (DGfE) vom 17. Juni 2005 und geht von der gegenwärtigen interdisziplinären Struktur der Bildungsforschung aus, wie sie bereits in den 1970er Jahren in den Empfehlungen des Deutschen Bildungsrates formuliert wurde. Dort hatte man gefordert, dass neben der Unterrichtsforschung das gesamte Bildungswesen sowie außerschulische Bildungsprozesse für die Bildungsforschung Relevanz erfahren sollten. Der genannte Band von Merkens widmet sich demgemäß der Frage, welchen Beitrag die Erziehungswissenschaft und ihre Teildisziplinen für die Bildungsforschung leisten können (vgl. Merkens 2006b: 10f.). Hamburger (2006) versucht in seinem Beitrag aus der Perspektive der Sozialpädagogik in einer ersten Annäherung der Frage nachzugehen, auf welchen Gegenstandsbereich sich eine sozialpädagogische Bildungsforschung beziehen kann und welche paradigmatische Orientierung dafür die Grundlage bildet (vgl. zum Begriff sozialpädagogische Bildungsforschung auch Honig 2007; Neumann 2008: 293ff.). Diese Überlegungen bilden den Anknüpfungspunkt der folgenden Auseinandersetzung.

1 Das Bildungsverständnis einer sozialpädagogischen Bildungsforschung

Unter dem Begriff ‚sozialpädagogische Bildungsforschung' ist zunächst kein fest verankerter und in der Bildungsforschung institutionalisierter Forschungszweig zu verstehen. Vielmehr verweist der Begriff vor dem Hintergrund der Bildungsreformdiskussion auf ein Forschungsprogramm mit einer spezifischen Perspektive und Problemstellung. Eine sozialpädagogische Bildungsforschung möchte dabei Desiderate der herkömmlichen Bildungsforschung aufgreifen und bearbeiten. Leitend für ein Programm sozialpädagogischer Bildungsforschung ist die Prämisse eines erweiterten Bildungsverständnisses, das eine Positionierung gegenüber den Hauptströmungen der Bildungsforschung ermöglicht und somit darauf abzielt, den mehrheitlich engen Fokus auf die Schule und das Bildungssystem zu überwinden. Ausgehend von einem solchen erweiterten Bildungsverständnis widmet sich eine sozialpädagogische Bildungsforschung über die Schule hinausgehend den Objektbereichen Familie, Freundschaften, Freizeit sowie den Institutionen der Kinder- und Jugendhilfe. Diese Sozialisationsinstanzen werden als Bildungsorte, Bildungsgelegenheiten und als für individuelle Bildungsprozesse relevante Umwelten verstanden. Konturen gewinnt das Forschungsfeld mit Hilfe einer Kategorisierung von Bildungsprozessen als ‚formale, non-formale und informelle Bildung', die als denkbare Leitbegriffe einer sozialpädagogischen Bildungsforschung aufgegriffen werden (vgl. Hamburger 2006: 58f.) und in dieser Form bereits in einer Expertise zu konzeptionellen

Grundlagen für eine Bildungsberichterstattung in Deutschland expliziert wurden (vgl. Rauschenbach u.a. 2004). Hierbei handelt es sich um eine – wenn auch noch unscharfe – Kategorisierung, die darauf abzielt, als terminologische Denkkonstruktion und Komplexitätsreduktion im Rekurs auf Bildung empirische Anschlussfähigkeit innerhalb der Bildungsforschung zu ermöglichen.

Diese theoretische Konstruktion verweist mit dem Ausdruck ‚formale Bildung' auf die curricular organisierten Institutionen des Bildungssystems, also primär die Schule als Ort formaler Bildung; die Bezeichnung ‚non-formale Bildung' verweist ebenfalls auf Formen organisierter Bildung und Erziehung, gewinnt ihre Abgrenzung zu formaler Bildung jedoch durch ihren freiwilligen Charakter und ihre Angebotsform, vor allem repräsentiert durch die Kinder- und Jugendhilfe; die dritte Kategorie der ‚informellen Bildung' wird zunächst in Abgrenzung zu den beiden bisher genannten Modalitäten von Bildung definiert, denn hier vollziehen sich Prozesse des bewusst oder unbewusst praktizierten Lernens außerhalb institutionell organisierter Settings und curricular, intentional organisierter Lernveranstaltungen (vgl. Rauschenbach u.a. 2004: 29). Lernprozesse informeller Bildung werden in der hier vorgeschlagenen Terminologie als von den Interessen der Individuen gesteuert angesehen. Ein solches Lernen wird verstanden als ein implizites und unbeabsichtigtes Lernen, als ein „(freiwilliges) Selbstlernen" (a.a.O.: 29). Verortet werden diese Bildungs- und Lernprozesse in lebensweltlichen Zusammenhängen und der unmittelbaren sozialen Umwelt der Personen. In dieser Dimension werden Lebensbereiche als Bildungsräume gefasst. Als prominent und bedeutsam gelten dabei die Familie und die Gruppe der Gleichaltrigen. Sie werden „als typische Orte und Gelegenheiten informeller Bildung im Kindes- und Jugendalter" (a.a.O.: 13) hervorgehoben. Jedoch beruht der Begriff ‚informelle Bildung' nicht zwangsläufig auf einer Grenzziehung, die diese Bildungsprozesse ausschließlich außerhalb von Institutionen verorten lässt. Informelle Bildung ist vielmehr aufzufassen als eine „bestimmte Art, Bedeutungen zu schaffen, Sinnstrukturen herzustellen bzw. Erfahrungen zu organisieren" (Honig 2007: 36). Sie ist in diesem Sinne konstitutiv für jegliche Formen von Lern- und Bildungsprozessen und verdeutlicht sich somit in ihrer Institutionen und Orte übergreifenden Relevanz.

In dieser Konstruktion von Bildungsorten und der Charakterisierung der an diesen Orten stattfindenden Bildungsprozesse artikuliert sich die Kritik an einem allgemein vorherrschenden Bildungsverständnis der Bildungsforschung. Wenn in der Expertise von Rauschenbach u.a. (2004) die Rede von einem erweiterten Bildungsverständnis ist, dann ist dies zugleich als eine Problematisierung des allgemein vorherrschenden Begriffs von Bildung zu verstehen, der sich nahezu ausschließlich auf die Schule konzentriert, sich also auf formalisierte Bildung in Institutionen des Bildungssystems bezieht. „In der fachwissenschaftlichen Diskussion über informelles Lernen wird ein Unbehagen an den Modalitäten und Ergebnissen des formalisierten Lernens artikuliert" (Rauschenbach u.a. 2006: 8). Allerdings handelt es sich bezüglich der Erweiterung um Prozesse informellen Lernens und informeller Bildung um eine „vernachlässigte Dimension der Bildungsdebatte" (ebd.). Das kann auch erklären, warum es in Deutschland bisher zu diesem Bereich wenig Forschung gibt: Sowohl die politische und öffentliche wie auch die wissenschaftliche Aufmerksamkeit galt bisher vor allem dem institutionalisierten Bildungssystem; außerschulische Lebenszusammenhänge, wie etwa die Familie oder die Gruppe der Gleichaltrigen als Orte des Lernens, wurden bisher kaum beachtet (vgl. auch Grunert 2006). Darin ist der Anlass dafür zu sehen, lebensweltliche Kontexte und Erfahrungsräume verstärkt als Bildungsräume in den Blick zu nehmen und unter einer bildungstheoretischen Fragestellung zu untersuchen. Neben der Frage nach der Bildungsbedeutsamkeit der Gleichaltrigenwelt gerät dabei vor allem die Bildungsbedeutsamkeit der Familie in den Fokus. Damit ist auch die Frage aufgeworfen, inwiefern die Familie eine „*Bildungsinstitution eigener Art*" darstellt (Büchner/Krah 2006: 123).

Rauschenbach u.a. (2004) weisen in ihrer Expertise zudem darauf hin, dass es sich in der Rede von Bildung nicht vermeiden lässt, mit normativen Zielbestimmungen zu operieren. Als allgemeines Ziel wird hier eine autonome Lebensführung in einem gegebenen gesellschaftlichen Kontext ausgewiesen. „Freie und selbstbestimmte Entwicklung und Entfaltung der Persönlichkeit, Mündigkeit des Subjekts als Verständnis und Ziel von Bildung machen ein weites Verständnis davon notwendig, wie individuelle Bildungsprozesse verlaufen können und welche Anregungen, Gelegenheiten und institutionelle Vorgaben dafür erforderlich sind. Handlungsfähigkeit, Kritikfähigkeit, Fähigkeit zur Selbstbestimmung und zur selbständigen Lebensführung erfordern mehr als die Vermittlung und den Erwerb von Wissen" (a.a.O.: 22f.). Diese Zielbestimmungen werden in der Argumentation der Expertise jedoch nicht finalisiert, sondern sind eingebettet in ein Verständnis von Bildung als eines offenen und dauerhaften Prozesses der Auseinandersetzung des Einzelnen mit sich und der Welt. Bildung in diesem Sinne versteht sich als Transformationsprozess der Persönlichkeit im wechselseitigen Bezug zur dinglichen und sozialen Umwelt. Um für die empirische Bildungsforschung ansatzweise anschlussfähig zu werden, erfordert die Konstruktion der Orte und Modalitäten informeller und non-formaler Bildung vor und neben der Schule eine entsprechende, auf die Aneignung von Fähigkeiten bezogene Präzisierung. „Innerhalb dieses [Transformationsprozesses] werden Kompetenzen erworben, die – verstanden als habitualisierte Fähigkeiten zur Erzeugung von Verhalten und damit als Persönlichkeitspotenziale – es dem Menschen erlauben, mit neuen und/oder problematischen Situationen umzugehen" (Grunert 2005: 11; Einfügung d. Verf.). Die entsprechenden denkbaren und empirisch erfassbaren Kompetenzen werden als Sozial-, Selbst-, Sach- und Methodenkompetenzen ausgewiesen, deren Ausbildung sich letztlich nicht nur auf Bildungsprozesse in formalen Bildungsinstitutionen zurückführen lassen.

Die hier skizzierte Kritik am gegenwärtigen Bildungsdiskurs in Bildungspolitik und Bildungsforschung richtet sich explizit gegen einen Bildungsbegriff, der sich zum einen nur auf die institutionellen Kontexte der Bildung bezieht und zum anderen gegen ein Verständnis, das Bildung lediglich in seiner ökonomischen Verwertbarkeit und in seiner Bedeutung für die nationalstaatliche Wettbewerbsfähigkeit sieht. Jedoch versucht die Argumentation der Expertise von Rauschenbach u.a. (2004) eine entgegen gesetzte, rein individualistische Reduktion auf Bildung oder Bildungsprozesse zu vermeiden. Darum wird in diesem Zusammenhang von der „Doppelfigur von Bildung" (a.a.O.: 22) gesprochen, die Bildung sowohl von der Seite des Subjekts her versteht, als auch die gesellschaftliche Seite und den damit verbundenen Anspruch an Bildung berücksichtigt. Ausgedrückt wird diese Doppelfigur durch das Begriffspaar „Autonomie" auf der einen Seite und „Solidarität" auf der anderen. Der gesellschaftliche Anspruch auf Bildung wird somit nicht verleugnet. Das hier vertretene Bildungsverständnis bezieht sich in dieser doppelten Referenz sowohl auf das Individuum als auch auf die Gesellschaft, beinhaltet in dieser normativen Ausrichtung somit die Gleichzeitigkeit von gesellschaftlichen Ansprüchen und Erfordernissen sowie die autonome, auf Emanzipation abzielende Persönlichkeitsentwicklung jedes Einzelnen.

2 Die Sozialpädagogik der sozialpädagogischen Bildungsforschung

In den Leitbegriffen einer sozialpädagogischen Bildungsforschung reflektiert sich gleichsam unter der Hand eine traditionelle Auffassung vom Gegenstand der Sozialpädagogik. Deutlich wird dies insbesondere an der Kategorie „non-formale Bildung", die sich vor allem auf Bildungsgelegenheiten im institutionellen Kontext der Kinder- und Jugendhilfe bezieht, also auf jenes Feld, als dessen wissenschaftliche Beobachterin sich die Sozialpädagogik am Beginn des 20. Jahrhunderts ins Gespräch gebracht hat. Die Begriffstrias zur Kategorisierung von Bildung „atmet [dabei] noch den Geist des alten institutionenbezogenen Sozialpädagogikverständnisses, wie es dereinst paradigmatisch in Gertrud Bäumers Definition zum Ausdruck kam" (Neumann 2008: 292; Einfügung des Verf.). Die Rede von einem erweiterten Bildungsverständnis, dass sich über non-formale Bildung hinaus auch auf die Kontexte formaler und informeller

Bildung sowie deren Interdependenz beziehen möchte, scheint jedoch vor dem Hintergrund des damit transportierten Verständnisses von Sozialpädagogik erläuterungsbedürftig.

Betrachtet man die divergenten disziplininternen Auslegungen des Begriffs ‚Sozialpädagogik', verdeutlicht sich ein entscheidendes Defizit sozialpädagogischer Forschung, das Walter Hornstein wie folgt formuliert: „Der grundlegende und schwerwiegendste Mangel der Forschung in der Sozialpädagogik besteht darin, dass es zu wenig, um nicht zu sagen: kaum Forschung gibt, die ihre leitenden Perspektiven und Fragestellungen aus einem explizit gemachten und begründeten Verständnis dessen, was Thema und Problem der Sozialpädagogik heute ist und sein kann, entwickelt" (Hornstein 1998: 60). Eine paradigmatische Klärung der Grundlage sozialpädagogischer Forschung, der mit ihr verwendete Begriff von Sozialpädagogik und die Beschreibung der Forschungsperspektive scheinen somit geboten – das erst recht, wenn solch ein ambitionierter Begriff wie sozialpädagogische Bildungsforschung aufgeworfen wird. Programmatisch kann ‚sozialpädagogische Bildungsforschung' nicht bedeuten, dass damit die Bildungsforschung ‚neu erfunden wird' und fortan alle relevanten Fragen von der Sozialpädagogik allein bearbeitet werden müssen. Dennoch rufen die Ausführungen Hornsteins eine wichtige Aufgabe in Erinnerung: Für erziehungswissenschaftliche Forschung aus der Perspektive der Sozialpädagogik ist es dringend notwendig, ein spezifisches Erkenntnisinteresse und eine eigene Problemstellung zum Ausdruck zu bringen, um sich von anderen Forschungszugängen unterscheiden zu können (vgl. a.a.O.: 63). Bezogen auf das Programm einer sozialpädagogischen Bildungsforschung muss demnach verdeutlicht und expliziert werden, was ihre ‚sozialpädagogische' Perspektive, ihre eigene Problemstellung im Kontext der – von mehreren Disziplinen verfolgten – Bildungsforschung ausmacht und auf welchen Erkenntnisgewinn sie damit abzielt.

Im Rahmen der Formulierung eines Forschungsprogramms sozialpädagogischer Bildungsforschung scheint somit zunächst eine Vergewisserung darüber notwendig, welches Verständnis, welcher Begriff von Sozialpädagogik einer solchen Forschung zugrunde gelegt werden kann. Als theorie- und ideengeschichtliche Optionen werden in den disziplinären Selbstvergewisserungsdebatten im wesentlichen zwei zentrale Positionen verhandelt: einerseits eine Begriffstradition von Sozialpädagogik, die einen gesetzlich definierten Objektbereich der Institutionen der Kinder- und Jugendfürsorge repräsentiert und die sich als eine Wissenschaft für die Praxis versteht; andererseits eine ältere Begriffstradition, die den Begriff ‚Sozialpädagogik' in einer universalen Bestimmung fasst. Sozialpädagogik macht in diesem das auf Bildung bezogene Wechselverhältnis zwischen Individuum und Gesellschaft zu ihrem zentralen Thema. Personifiziert wird die erste Position durch Gertrud Bäumer, die Sozialpädagogik *ex negativo* als jedwede gesellschaftliche und staatliche Erziehung und Erziehungsfürsorge definiert, die sich weder in der Schule noch in der Familie vollzieht (vgl. Bäumer 1929: 3). Hier lässt sich ein Begriff von Sozialpädagogik ausmachen, der gesetzespositivistisch begründet wird und identisch ist mit einem bestimmten professionalisierten Praxisfeld. Die zweite Position hingegen rekurriert auf ein Selbstverständnis von Sozialpädagogik, das vor allem an Paul Natorp anschließt. Das Thema der Sozialpädagogik ist dabei sowohl die Bedeutung des Sozialen für die Konstitution der Bildung des Menschen sowie die Bedeutung der Bildung des Menschen für die Konstitution des Sozialen (vgl. Natorp 1899: 79).

Auch Hornstein greift diese gegensätzlichen Begriffstraditionen auf und vollzieht anhand dieses Gegensatzes die paradigmatische Zuordnung bestehender sozialpädagogischer Forschung innerhalb der Erziehungswissenschaft. Hornstein sieht im Natorpschen Begriff der Sozialpädagogik, der die Erziehung im Ganzen betrachtet, also „die sozialen Voraussetzungen der Bildungsprozesse" und „die Bildungsvoraussetzungen des Sozialen" (Hornstein 1998: 66) den zentralen Punkt der (Sozial)Pädagogik, nämlich das „Verhältnis von Individuum und Gesellschaft unter dem Gesichtspunkt seiner Bildung" (a.a.O.: 68). Es geht dabei um die gesellschaftlichen Bedingungen für die Bildung von Individuen und zum anderen um die Ermöglichung gesellschaftlichen Zusammenlebens durch die Bildung von Individuen. Unter den sozialen Voraussetzungen der Bildungsprozesse sieht Hornstein Fragen verankert, welche „die soziokulturellen Milieus und Gegebenheiten in ihrer Rolle für die Ermöglichung oder Verhinderung von Bildungsprozessen untersuchen" (a.a.O.: 66). Unter dem Gedanken der Bildungsvoraussetzungen des Sozialen sieht Hornstein Fragen versammelt, die „das Zusammenleben der Menschen, also soziale Kommunikation, Solidarität und Zusammenhalt der Gesellschaft" (a.a.O.: 67) in ihrer Abhängigkeit von individuellen Bildungsprozessen behandeln.

Der auf Natorp zurückgehende Begriff von Sozialpädagogik ist jedoch nur ein Ausschnitt einer Theorie- und Ideengeschichte, die in sich eine ganze Reihe „sozialpädagogischer Denkformen" (Reyer 2002) vereint. Jürgen Reyer expliziert anhand dieser Denkformen einen gemeinsamen Themenkomplex, der auf nichts anderes als „das *sozialpädagogische Problem der Moderne*" (a.a.O.: 4; Hervorhebung i. Orig.) überhaupt verweist. Reyer plädiert von hier aus für eine Orientierung „an einem älteren Begriffsverständnis, wonach es Sozialpädagogik mit dem pädagogisch vermittelten Verhältnis zwischen dem *freien, selbsttätigen Individuum*, in neuerer bildungstheoretischer Terminologie: dem sich selbst entwerfenden *Subjekt*, und den überindividuellen Sozial- und Gemeinschaftsformen zu tun hat" (a.a.O.: 4f.; Hervorhebung i. Orig.). Sozialpädagogische Denkformen lassen sich verstehen als spezifische Problem- und Fragestellungen der

Erziehungswissenschaft und beziehen sich dabei auf zwei für die Moderne entscheidende krisenhafte Phänomene: „Mit dem Zerfall des ‚praktischen Zirkels' und der Geburt des modernen Individuums sind systematisch zwei Krisen angelegt – aus der Perspektive des Individuums die *Emanzipationskrise*, aus der Perspektive der sich nun formierenden bürgerlichen Gesellschaft die *Integrationskrise*" (a.a.O.: 7). Sozialpädagogische Denkformen stellen sich mit Reyer in ihrer historischen Zusammenschau als eine mehr oder weniger geschlossene theoretische Einheit dar, die sich kritisch gegen jene pädagogischen Vorstellungen wenden, welche Erziehung und Bildung lediglich auf das einzelne Individuum beziehungsweise auf das Verhältnis von Erzieher und zu Erziehenden reduzieren. Ohne die Individualität des Menschen preiszugeben, sind sozialpädagogische Denkformen in ihrer historischen Gestalt darauf gerichtet, die überindividuellen Formen der Vergesellschaft im pädagogischen Denken in Anschlag zu bringen. Sozialpädagogisches Denken rückt entsprechend den spannungsreichen Zusammenhang von Individuation und Vergesellschaftung in den Blick.

Was sich in der Dichotomie der traditionellen Begriffsbestimmungen Bäumers und Natorps gegenübersteht und als mögliche Orientierung für eine sozialpädagogische Bildungsforschung in Frage kommt, sind zwei koexistierende Paradigmen der Sozialpädagogik, die unterschiedliche thematische und gegenstandtheoretische Optionen nahe legen. Christina Köpp und Sascha Neumann verdeutlichen dieses Gegensatzpaar wie folgt: einerseits Sozialpädagogik als „Realitätsperspektive", die auf eine aus der sozialpädagogischen Denktradition heraus generierten „Ideenreserve" zurückgreifen kann und welche die Frage nach dem Sozialen als pädagogisches Problem stellt; andererseits Sozialpädagogik als bereichsorientierte Praxiswissenschaft, die den Begriff Sozialpädagogik gleichsetzt mit einem disparaten, institutionellen Objektbereich und Handlungsfeld öffentlicher Kinder-, Jugend- und Armenfürsorge (vgl. Köpp/Neumann 2003: 20; vgl. auch Neumann 2003). Diese beiden entgegen gesetzten Paradigmen sind der zentrale Gegenstand im sozialpädagogischen Diskussionszusammenhang, der sich theoriegeschichtlich und gegenstandstheoretisch mit der Frage nach der kognitiven Identität der Sozialpädagogik auseinandersetzt (vgl. hierzu auch Hornstein 1995). Folgt man der Dichotomie der Begriffstraditionen, so ergeben sich daraus zunächst zwei Möglichkeiten, wie sich eine sozialpädagogische Bildungsforschung positionieren kann. Entweder definiert sie sich durch institutionelle Grenzen und die Aufgabe, „Bildungsprozesse in als sozialpädagogisch definierten Einrichtungen und als Folge sozialpädagogischer Handlungskonstellationen zu untersuchen" (Hamburger 2006: 56); oder aber als ein Forschungsprogramm, das institutionelle Fragen zum Gegenstand haben kann, in seiner Ganzheit jedoch „keine institutionelle, dimensionale oder biografische

Eingrenzung" (a.a.O.: 56) kennt. Für Hamburger scheint es angebracht, das Forschungsprogramm einer sozialpädagogischen Bildungsforschung auf die letztgenannte, weit gefasste und Institutionen übergreifende Basis zu stellen. Diese forschungsstrategische Entscheidung wird plausibel, wenn man sich die vorgestellten Leitbegriffe in Erinnerung ruft, mit denen sozialpädagogische Bildungsforschung auf die Desiderate der Hauptströme der Bildungsforschung reagieren möchte: ein weit gefasstes Bildungsverständnis, das über die Schule hinaus reicht und das die Berücksichtigung sozialer, überindividueller ebenso wie individueller Voraussetzungen und Zugangsbedingungen zu Bildung in den Blick nehmen möchte.

3   Eine sozialwissenschaftliche Perspektive: Bildung und Milieu

Die deutschen Ergebnisse der ersten Welle von PISA haben erneut die Brisanz des starken Zusammenhangs zwischen sozialer Herkunft und Bildung zum Ausdruck gebracht und eine verstärkte Aufmerksamkeit für diese Problemstellung erzeugt (vgl. Baumert/Schümer 2001). Neben dem im internationalen Vergleich schlechten Abschneiden deutscher Schülerinnen und Schüler gerät seitdem der familiäre Kontext stärker in den Fokus der Forschung. Die Herkunftsfamilie stellt sich als ein zentraler Aspekt innerhalb des Problemfeldes von Bildung und sozialer Ungleichheit dar (vgl. Büchner 2003: 17ff.). Darüber hinaus zeichnet sich eine verstärkte Sensibilität für die Bedeutsamkeit der Familie im Kontext informeller Bildungsprozesse ab (vgl. Büchner/Krah 2006). Den familiären Kontext unter Gesichtspunkten der Bildung zu betrachten, wirft dabei die zentrale Frage auf, wie sich der forschende Zugriff auf diesen sozialen Ort vollziehen kann und wie dieser einer erfahrungswissenschaftlichen Beobachtung zugänglich wird. Dabei lässt sich feststellen, dass es unzureichend erscheint, den familiären Kontext lediglich als ‚Hintergrundvariable' zu betrachten und den Zusammenhang zu Bildung nur über eine sozialstrukturelle Perspektive herzustellen, welche diesen Kontext lediglich in einer wissenschaftlichen Logik der Strukturierung sozialer Schichten nach objektiven sozioökonomischen Merkmalen in die Analyse einfließen lässt. So konnte in vertiefenden Analysen anhand der ersten PISA-Daten deutlich gemacht werden, dass eine Erweiterung der Bestimmung der sozialen Herkunft nach sozioökonomischem Status durch solche Merkmale, die eine Interpretation soziokulturell vermittelter, familiärer Prozesse erlaubt, deutlicher die herkunftsbedingten Auswirkungen auf die Fähigkeiten Heranwachsender hervortreten lässt (vgl. Baumert u.a. 2003; ebenso Watermann/Baumert 2006). Hier wird die Herkunft näher bestimmt durch

Merkmale, die auf Prozesse sozialer und kultureller Praktiken innerhalb familiärer Kontexte schließen lassen.

Tiefer gehend sind dabei solche Versuche, die den Modi sozialer und kultureller Prozesse und Praktiken in Familien auf den Grund gehen, also danach fragen, wie sich Austauschprozesse sozialer und kultureller Ressourcen im Familienzusammenhang in der Form informeller Lern- und Bildungsprozesse vollziehen (vgl. Brake/Büchner 2003; Büchner/Krah 2006). In einer solchen Forschungsperspektive findet dabei eine mikrosoziale Vergewisserung über die Familie als Bildungsort statt und Formen alltäglicher Interaktion und Kommunikation im Familienzusammenhang werden in ihrer Bildungsrelevanz beleuchtet. In diesem Verständnis ließe sich die Familie als sozialer Kontext verstehen, in dem sich in Generationenbeziehungen sowohl inter- als auch intragenerationale Lernprozesse konstituieren, durch die ein Transfer nicht-materieller, sozialer und kultureller Ressourcen im Sinne eines Prozesses des „Ererbens" stattfindet (Lüscher/Liegle 2003: 173). Die Fokussierung familiärer Praktiken, in denen sich dieser Transfer vollzieht, sieht sich jedoch mit der Herausforderung verbunden, dass solche Prozesse vermehrt einen impliziten, präreflexiven Charakter aufweisen, das heißt sich zwar systematisch, aber umso weniger intentional gesteuert vollziehen. Solche Prozesse folgen einer eigenen, der Alltäglichkeit des familiären Kontexts entsprechenden Logik und Rationalität und manifestieren sich in ihrer Wirksamkeit als zum größten Teil vorbewusste, auf soziale Akteure zurechenbare habitualisierte Dispositionen des Wahrnehmens, Denkens und Handelns (vgl. Bourdieu 1987: 101f.). In einem solchen Verständnis verdeutlicht sich gleichsam einer der entscheidenden Unterschiede zwischen institutionell organisierter, formaler Bildung und Institutionen übergreifender, informeller Bildung. Dieser Unterschied lässt sich darauf zurückführen, dass sich diese Bildungsmodalitäten vor allem in ihrer Handlungslogik unterscheiden und diesbezüglich einer je eigenen Gesetzmäßigkeit folgen. Mit Blick auf die Interdependenz zwischen formaler Bildung in der Schule und informeller Bildung im familiären Kontext verdeutlicht sich, dass sich hier differente, zum Teil inkommensurable „Bildungsrationalitäten" der schulischen sozialen Praktiken und der familiären sozialen Praktiken gegenüberstehen (vgl. Grundmann u.a. 2003).

Diese Perspektive auf informelle Bildungsprozesse im Vollzug familiärer Praxis bedarf jedoch einer notwendigen Differenzierung, denn schließlich widerstreitet eine soziokulturelle, auf die Praxis sozialer Akteure bezogene Sichtweise nicht einem Denken in sozialen Strukturen. Soziokulturelle Praktiken werden vielmehr so aufgefasst, dass sie einer Logik sozialer Strukturierung folgen, zu deren Reproduktion sie selbst beitragen. Dies erklärt auch, warum es sich bei dem vielfach belegten Zusammenhang zwischen sozialer Herkunft und Bildung nicht um einen zufälligen, sondern um einen systematischen Zusammenhang handelt, der sich wiederum – vor allem zum Nachteil für untere soziale Schichten und deren Bildungsbeteiligung – in einer Persistenz an Chancenungleichheit im Bildungssystem bemerkbar macht (vgl. etwa Schimpl-Neimanns 2000). Zwar ließe sich soziale Ungleichheit in Bezug auf Bildung – hier im Besonderen bezüglich der Relevanz des familiären Kontextes – subjekt- bzw. individualisierungstheoretisch analysieren und interpretieren, jedoch würde damit die sozialstrukturelle Reproduktion sozialer Ungleichheit in den Bereich des Unbeobachtbaren verlagert (vgl. Bittlingmeyer 2006: 38). Die Herausforderung besteht demzufolge darin, die „Vermittlung einer struktur- und einer subjekttheoretischen Perspektive" (Bauer 2002) zu Wege zu bringen, die es erlaubt, familiäre soziale Praktiken, in denen sich ein sozialer Akteur bewegt, sozialstrukturell relational zu denken. Ein solcher Denk- und Erkenntnismodus des Sozialen geht auf Pierre Bourdieu zurück und wird von ihm mit dem Terminus der ‚Sozialpraxeologie' bezeichnet (vgl. hierzu etwa Bourdieu/Wacquant 1996).

Erfahrungswissenschaftliche Zugänge, welche gleichzeitig eine sowohl struktur- wie auch subjekttheoretische Perspektive einnehmen und für die soziologische Ungleichheitsforschung fruchtbar machen möchten, stellen Ansätze zur (Re)Konstruktion sozialer Milieus dar, auf welche die Arbeiten Pierre Bourdieus einen entscheidenden heuristischen Einfluss genommen haben (vgl. für die Bildungsforschung Barz 2002; vgl. zum Milieubegriff auch Hradil 2001). Eine solche Ungleichheitsforschung bezieht sich dabei in der Analyse auf die Lebenswelt von Personen in einer doppelten Referenz. Sie verortet die soziale Position von sozialen Akteuren in einem zweidimensionalen Raum der vertikalen sozioökonomischen Schichtung und der horizontalen Differenzierung nach Lebensstilen und Wertorientierungen. Innerhalb der Sozialisationsforschung wurde aus der Tradition der sozialstrukturellen Sozialisationsforschung (vgl. hierzu Grundmann 1994) heraus ein Milieukonzept entwickelt, das sich explizit auf außerschulische Bildungsprozesse bezieht und sich mit einer ganz eigenen Perspektive an der wissenschaftlichen Debatte um Bildung und soziale Ungleichheit beteiligt. Dieses Konzept, das auf Matthias Grundmann und seine Kollegen zurückgeht, kennzeichnet die spezifisch bildungsbezogene Perspektive der Analyse und spricht darum explizit von „Bildungsmilieus" (vgl. Grundmann u.a. 2003; vgl. Grundmann u.a. 2006). Der theoretisch-methodologische Ansatz der Konstruktion von Bildungsmilieus ist dabei zu lokalisieren im Überschneidungsbereich von Ungleichheits-, Bildungs- und Sozialisationsforschung (vgl. Grundmann u.a. 2006) und folgt einem Verständnis des oszillierenden Wechselverhältnisses zwischen sozialem Akteur und Sozialstruktur, Person und Umwelt, Individuation und Vergesellschaftung (Bauer 2002). Die Konstruktion von Bildungsmilieus mediatisiert dabei zwischen der Singularität einzelner sozialer

Akteure und kollektiven, auf der Ebene von Milieus aggregierten Ähnlichkeiten. Auf methodologischer Ebene stellen sie eine konstruierte Perspektive auf die Realität dar, folgen somit – aufgrund der Komplexität empirischer Wirklichkeit – einer notwendigen Abstraktion. Sie „bezeichnen wissenschaftliche Verdichtungen sozialer Merkmale je nach Erkenntnisinteresse und Hintergrund des jeweiligen Forschers" (Bittlingmeyer 2006: 50). Eine solche Konstruktionslogik folgt damit einer Unterscheidung zwischen der Realität wissenschaftlichen Denkens und der Realität der Empirie.

Die Konstruktion von Bildungsmilieus rekurriert neben sozioökonomischen Momenten der sozialstrukturellen Position vor allem auf soziokulturelle Merkmale, die explizit in einem Zusammenhang stehen zu bildungsrelevanten Erfahrungen innerhalb des milieuspezifischen Sozialisationskontextes. Durch die Ergänzung einer „vertikalen Logik" (soziale Schichtung) durch eine „horizontale Logik" (kulturelle Praktiken, Lebensstile) zeichnen sich solche Milieuansätze durch eine besondere „soziokulturelle Sensitivität" für Momente sozialer Ungleichheit aus (Betz 2008: 178). Es geht also nicht darum, die mit der vertikalen Logik einhergehende Verkürzung mit der Alternative horizontaler Logik zu beantworten, sondern beide zu integrieren, um somit Mechanismen der Reproduktion sozialer Ungleichheit zu verdeutlichen. So erfassen die soziokulturellen Eigenschaften das bildungsbezogene Erfahrungsklima des Milieus, indem sie zum einen das vorhandene, institutionalisierte kulturelle Kapital (vgl. Bourdieu 1992) durch den familiären Bildungshintergrund erfassen. Darüber hinaus werden als soziokulturelle Merkmale des Bildungsmilieus solche Aspekte aufgegriffen, die Rückschlüsse auf die in ihnen vorherrschenden Kommunikations- und Interaktionsprozesse zulassen. Exemplarisch lassen sich hier die alltagskulturellen Praktiken wie die Freizeitgestaltung oder die Art der Einbettung in soziale Netzwerke, Erziehungsvorstellungen, Bildungsaspiration und Wertorientierungen nennen (vgl. Grundmann/Bittlingmeyer 2006). Darauf aufbauend werden Eigenschaften unterschiedlicher Sozialisationsinstanzen wie der schulische Kontext oder auch der Lebensbereich der Gruppe der Gleichaltrigen auf ihre milieuspezifischen Ausprägungen hin untersucht und in ihren Differenzen analysiert (vgl. Grundmann u.a. 2003).

Die Ebene des familiären sozialen Ortes spannt in diesem Verständnis einen spezifischen Erfahrungsraum auf, in dem sich in alltagspraktischen Formen der Interaktion gelebter Beziehungen ein Prozess der „Sedimentierung von Erfahrung" (Bittlingmeyer 2006: 42) und der sowohl impliziten wie auch expliziten Akkumulation von Wissensvorräten und Kompetenzen vollzieht, auf dessen Grundlage sich eine lebensweltliche Orientierung für Handlungen sozialer Akteure manifestiert (vgl. ebd.). Diese mikrosoziale Dimension der erfahrungsweltlichen Interaktion, hier verstanden als informeller Bildungsprozess, wird nun gebrochen durch die sozialstrukturelle Dimension, indem sich die sozialen Orte der Interaktion, die damit einhergehenden Erfahrungsräume sowie die in ihnen erworbenen lebensweltlichen Handlungsorientierungen milieuspezifisch verdichten. An dieser Stelle kommt der Bourdieusche Habitusbegriff ins Spiel, der als Vermittler zwischen sozialer Struktur und individueller Praxis fungiert (vgl. etwa Bourdieu 1987: 97ff.). Interaktionen, lebensweltlich vermittelte Erfahrungen und Handlungsorientierungen nehmen je nach Herkunft eine spezifische Form an und lassen sich nun vor dem Hintergrund der jeweiligen sozialen Position der Herkunftsfamilie als kohärente, milieuspezifische Muster rekonstruieren (vgl. Bittlingmeyer 2006).

Bildungsmilieus stellen unterscheidbare Kontexte dar, in denen sich die individuelle biografische Erfahrung zu einer Ausprägung unterscheidbarer Relevanzsetzungen verdichtet. Vor diesem Hintergrund bilden sich typische und unterscheidbare Muster von Präferenzen sozialer Akteure als impliziter wie auch expliziter habitueller Wissensvorrat heraus. „In Auseinandersetzung mit den jeweiligen sozialisatorischen Hintergründen entwickeln Heranwachsende [...] auf der Grundlage unterschiedlicher Anerkennungsmuster differente Relevanzstrukturen, die zu abgrenzbaren Präferenzordnungen führen" (Bittlingmeyer 2006: 42). Formen der Anerkennung, die sich bildungsmilieuspezifisch unterscheiden lassen, strukturieren als gegebene Erfahrung die Interaktionsformen und Handlungsorientierungen der Heranwachsenden als milieuspezifische Dispositionen. Ausgehend von einer differenten Anerkennungslogik unterschiedlicher Milieus entstehen entsprechende unterscheidbare Handlungsrationalitäten in unterschiedlichen lebensweltlichen Erfahrungsräumen. Diese wirken nicht deterministisch, sondern verweisen auf einen Möglichkeitshorizont, der ebenso Freiraum lässt für „regelhafte Improvisation" (Bourdieu 1987: 106). Dieser Aspekt verweist auf den Habitusbegriff, der verstanden wird als Handlungsgrammatik, in der bestimmte Handlungsmuster sozial beeinflusst, jedoch durch die individuelle Praxis im Horizont möglicher Handlungen neu hervorgebracht werden können, die wiederum strukturierend auf die Praxis wirken (vgl. Grundmann u.a. 2006: 21). In der Interdependenz von „individueller Lebensführung und sozialer Grenzziehung" liegt im Kern die Analyse der Bildungsbedeutsamkeit von Milieus begründet (a.a.O.: 22).

In Bezug auf die gegenwärtige Debatte um den Zusammenhang von sozialer Herkunft und Bildung ist nun in einer ungleichheitstheoretischen Argumentation herauszustellen, dass sich – ausgehend von der Konstruktion von Bildungsmilieus – zwischen unterschiedlichen Sozialisationsinstanzen differente Anerkennungslogiken und Handlungsrationalitäten eruieren lassen. Illustrativ ist dabei in Bezug auf PISA die Feststellung des Wissenschaftlichen Beirats für Familienfragen (2002: 32), dass in der „Passung" zwischen dem „Habitus" der

Familie und dem von der Schule erwarteten „Habitus" eine „wesentliche Voraussetzung für Schulerfolg" liegt. Ebenso instruktiv ist die Feststellung im Rahmen von PISA, dass sich diese Passungsproblematik darüber hinaus „an den Schwierigkeiten von Schülerinnen und Schülern [verdeutlicht], die sich bewusst einer Gegenkultur zur bürgerlichen Kultur von Elternhaus und Schule verschrieben haben" (Baumert/Schümer 2001: 329; Einfügung d. Verf.). Die Passung oder Nicht-Passung zwischen dem Kontext der Herkunftsfamilie und dem Kontext institutioneller Bildung trägt in diesem Sinne entscheidend zur Verfestigung von Bildungsungleichheiten bei (vgl. Grundmann u.a. 2007: 65). Der familiäre Kontext wird dabei an den Anforderungen formaler Bildung gemessen und Abweichungen demzufolge als defizitäre Formen hervorgehoben. „Die Institution [Schule] muss als Standardisierungsinstanz des Wissens mit offensivem Neutralitätsanspruch verstanden werden, die *bestimmte* Wissensformen vermittelt und die *besondere* kindliche und jugendliche Handlungsstrategien belohnt oder bestraft" (Grundmann u.a. 2006: 16; Einfügung d. Verf.; Hervorhebung i. Orig.). Die Schule verkörpert vorstrukturierte, standardisierte und selektionswirksame Kontextbedingungen der Vermittlung, die sich eben dadurch von Vermittlungsformen in der Alltagspraxis des Zusammenlebens und unter anderem in Abstraktionsgrad und Erfahrungsnähe unterscheiden. Darin ist der zentrale Anspruch zu sehen, die Wechselwirkung zwischen unterschiedlichen Sozialisationsinstanzen in den Blick zu nehmen. Allerdings ist der gegenwärtigen Bildungsdebatte um die Interdependenz zwischen Schule und Familie ein *Defizitverständnis* inhärent. Die Intention der Konstruktion von Bildungsmilieus liegt hingegen, neben der weiter reichenden Berücksichtigung schulsystemexterner Effekte auf Bildungsprozesse durch die Analyse von Handlungskontexten wie Familie und Gleichaltrigen, in der deskriptiv-analytischen Betrachtung. Sie geht von einem *Differenzverständnis* aus: Kinder und Jugendliche „aus unterschiedlichen Milieus erwerben in ihrer Sozialisation zunächst *differente* und nicht zwingend *defizitäre* Wissensformen" (Bittlingmeyer 2006: 43; Hervorhebung i. Orig.).

Die Logiken der Annerkennung in Bildungsmilieus führen zunächst zu milieuangepassten Handlungsorientierungen und habituellen Wissensvorräten. Diese können unterschiedliche Anschlussfähigkeiten an schulische Handlungsorientierungen und Wissensanforderungen bieten. Aufgrund der unterschiedlichen Logiken formaler und informeller Bildungsprozesse gilt es folglich in der Analyse zwischen ihnen zu trennen. Getrennt werden somit arrangierte Bildungsprozesse und -inhalte gegenüber lebensweltlich vermittelten Bildungsprozessen und -inhalten, die zum Erwerb von Fähigkeiten führen, die an das jeweilige soziale Milieu angepasst sind und damit nicht zwangsläufig konform sind zu gesellschaftlichen Erwartungen und Ansprüchen. Familiäre Bildungsprozesse stellen in diesem Sinne eine Anpassung an die milieuspezifische Lebenswelt dar, die nicht zwangsläufig mit der Rationalität institutioneller Bildung kongruent sein muss. Dementsprechend ist anzunehmen, dass es zu einer Herausbildung unterschiedlicher Lebensführungskompetenzen kommt, die vor allem mit den milieubezogenen, sozialen Lebensumständen harmonisieren. In diesem konfligierenden Verhältnis schulischer und alltäglicher Handlungsrationalitäten liegen im Kern die Ursachen für die Reproduktion und Verfestigung von Bildungsungleichheiten, die gleichsam in das Herkunftsmilieu hineinwirken. Bildungsstrategien vollziehen sich dabei unter Rückbezug auf die milieuspezifische Situation und deren Relevanz für Bildungsentscheidungen von Personen (vgl. Grundmann u.a. 2007: 65). Erst durch diese analytische Trennung unterschiedlicher Rationalitäten können die Wechselwirkungen zwischen den institutionellen und lebensweltlichen Bildungsorten adäquat erfasst und beschrieben werden.

Die Konstruktion von Bildungsmilieus als Basis einer ungleichheitstheoretischen Perspektive auf die Genese von Bildungsungleichheit folgt demnach dem Anspruch, auf normative Maßstäbe wie ‚legitime Kultur' oder ‚legitime Sozialisation' zu verzichten. Dies geschieht, indem sie an der Beschreibung von Bildungsmilieus ansetzt, bevor Schlüsse darüber gezogen werden, ob es sich bei den dort ablaufenden Praktiken um defizitäre Formen handelt oder nicht. Dieses Vorgehen verweist auf ein erweitertes, von normativen Ansprüchen befreites Bildungsverständnis. Dieses Verständnis von Bildung als Auseinandersetzung mit den jeweils gegebenen Lebensumständen, mit der gegebenen, durch soziale Interaktionen vermittelten Umwelt folgt der Einsicht, „dass Bildung und Wissen immer schon *in soziale Praktiken eingebettet* sind" (Grundmann u.a. 2003: 40; Hervorhebung i. Orig.) und sich familiäre soziale Praktiken nicht zwangsläufig nach schulischen oder gesellschaftlichen Maßstäben ausrichten. Eine ungleichheitstheoretische Forschungsstrategie, die auf Bildungsmilieus aufbaut, widmet sich der „systematischen Erforschung milieu- und bereichsspezifischer Bildungsprozesse, -strategien und -bedürfnisse […], ohne sie vorschnell und einseitig an den schulischen Bildungsanforderungen oder den spezifischen Bildungsprozessen einzelner Milieus zu messen" (a.a.O.: 40). Milieuspezifische Bildungsprozesse unterscheiden sich nicht in ihrer Quantität im Sinne eines Mehr oder Weniger an Bildung, sondern sie unterscheiden sich aufgrund einer „qualitativ ganz andere[n] Bildung" (a.a.O.: 40; Einfügung. d. Verf.). In allen Bildungsmilieus vollzieht sich die komplexe Entwicklung von Handlungskompetenzen und -strategien. Unterschiede entstehen jedoch in der jeweils gegebenen herkunftsspezifischen Wertschätzung und Anerkennung unterschiedlicher Kompetenzen. „Milieus […] unterscheiden sich nach konkreten Inhalten des Wissensvorrats, nach sedimentierten Annerkennungsstrukturen sowie nach unterschiedlichen milieuspezifischen Handlungserfordernissen, denen Individuen im

Verlauf ihrer Sozialisation durch die Erlangung milieuspezifischer Handlungsbefähigung entgegen kommen" (Bittlingmeyer 2006: 47f.).

Begriffe wie ‚kulturelle Teilhabefähigkeit' oder ‚soziale Anschlussfähigkeit' für eine zufrieden stellende Lebensführung (vgl. etwa Büchner/Krah 2006: 123), erfahren hierbei eine deutlich andere Konnotation. Dies gilt insofern, als vor der gesamtgesellschaftlichen Perspektive der Anschlussfähigkeit zunächst nach der jeweils im sozialen Nahraum notwendigerweise zu vollziehenden Anschlussfähigkeit gefragt wird. Der schulische Kontext wird dabei nicht aus der Analyse eliminiert, sondern als ebenso relevanter Lebensbereich Heranwachsender in die Analyse einbezogen, ohne jedoch als universelle Referenz der Bewertung familiärer Praktiken zu fungieren. Die Einsicht, dass ein Zusammenhang zwischen sozialer Herkunft und Bildung besteht, ist eine wichtige Erkenntnis. *Wie* man diesen Zusammenhang ungleichheitstheoretisch, sprich in einem Erkenntnismodus der Interdependenz von sozialer Struktur und sozialer Praxis aufspüren kann, ist dabei ein weitaus bedeutender Erkenntnisanspruch, dem sich eine milieu-methodologische Forschung verpflichtet fühlt. Sie versucht dabei, nicht die Defizite sozialer Praxis in Bezug auf einen übergeordneten normativen Maßstab zu eruieren, sondern verhält sich einem solchen gegenüber zunächst indolent, um die Eigenständigkeit der Logik sozialer Praxis in ihrer eigenen Rationalität herauszustellen.

4   Schlussbetrachtung: Die Wirklichkeit von Bildung?

Diesem knappen Überblick über den Bildungsmilieuansatz lassen sich mindestens auf zwei Ebenen Konsequenzen entnehmen, die im Rückblick auf die sozialpädagogische Bildungsforschung und der für dieses Programm notwendigen Forschungsstrategie fundamental zu sein scheinen: zum einen auf der Ebene des Versuchs, die soziale Wirklichkeit der Bildung einzuholen; zum anderen auf der Ebene der Reflexion des damit einhergehenden Modus einer wissenschaftlichen Beobachtung dieser sozialen Wirklichkeit. In dem hier erörterten Bildungsmilieuansatz zur Vergewisserung über die soziale Bedingtheit von Bildung ist zumindest ansatzweise und implizit die Problemstellung erkennbar, die „sozialen Bedingungen der Möglichkeit ihrer Beobachtung" (Neumann 2008: 294) reflexiv einzuholen. Die Schlussüberlegungen zielen auf eine Sensibilisierung dafür ab, dass „das ‚Soziale' nicht nur Gegenstand der Beobachtung, sondern auch empirische Bedingung der Möglichkeit von Beobachtung ist" (Honig 2007: 34). Daraus lässt sich schließen, dass die Herausforderung einer sozialpädagogischen Bildungsforschung vor allem darin besteht, „auf ihren Wirklichkeitszugang zu reflektieren" (a.a.O.: 34).

Es wurde deutlich, dass sozialpädagogische Denkreserven vorhanden sind, von denen aus die Formulierung des Programms einer sozialpädagogischen Bildungsforschung berechtigt erscheint. Sie verweisen auf das Wechselverhältnis zwischen Individualität und Sozialität im Rekurs auf Bildung. Dieses Wechselverhältnis ist dabei jedoch nicht als pädagogische Gestaltungsaufgabe zu verstehen, sondern bezeichnet eine übergreifende erziehungswissenschaftliche Problemstellung. Die Herausforderung besteht vor allem darin, dieses Wechselverhältnis aus seinem sozialphilosophischen Begründungszusammenhang herauszulösen und in eine sozialwissenschaftlich zu bearbeitende Problemstellung zu transformieren. Entscheidend ist in diesem Zusammenhang die Semantik des Begriffs ‚Sozialität'.

Die bisherigen Ausführungen versuchten ansatzweise deutlich zu machen, wie ein sozialphilosophisch motivierter Anspruch auf die sozialen Bedingungen der Bildung bzw. die Bildungsbedeutsamkeit des Sozialen erfahrungswissenschaftlich und deskriptiv-analytisch einzulösen ist. Die wissenschaftliche Beobachtung richtet dabei ihr Augenmerk auf das Soziale und dessen Relevanz für individuelle Bildungsprozesse. Auf diesem Wege wird eine Perspektive eröffnet, mit der „Bildung als Form des Sozialen" (Honig 2007: 38) beschrieben werden kann, eine Perspektive, die eine einengende Fokussierung auf Bildungsinstitutionen überwindet, indem sie auf die Ebene sozialer Praxis diesseits und jenseits institutionalisierter Bildungsprozesse rekurriert. Die analytische Einbettung von Bildung in soziale Kontexte stellt somit einen Ansatz da, die „Sozialität von Bildung" (Neumann 2008: 296) zu beobachten und dabei zugleich „das Soziale [...] anders denn als Gesellschaft [zu] denken" (a.a.O.: 296; Einfügung d. Verf.). Das Soziale findet hier Berücksichtigung in seiner auf Bildung bezogenen Eigenlogik und praktischen Rationalität, ohne das diese vorschnell mit einer gesamtgesellschaftlichen, normativen Rationalität von Bildung identifiziert wird. Eine solche Auffassung von Sozialität oktroyiert dem Sozialen kein Verständnis von Bildung auf, sondern macht sich auf die Suche nach den im Sozialen selbst angelegten Bildungsmaßstäben, wie sie etwa mit dem Blick auf unterschiedliche soziale Milieus namhaft gemacht werden können. Eine solche Vorgehensweise sensibilisiert dabei für Probleme, die entstehen, wenn Bildung als ein Anspruch, als ein ‚Seinsollen' bestimmt wird, gegenüber dem die Wirklichkeit nur in ihrer Konformität oder defizitären Abweichung beobachtbar wird.

Im Zugriff auf Sozialität scheint es angebracht, der Versuchung zu widerstehen, den Bezug auf Bildung von einem gesellschaftlichen Erwartungshorizont herzustellen, der als implizite Zweckbestimmung wirksam wird. Die Rede vom *erweiterten Bildungsverständnis* gilt es dabei radikal ernst zu nehmen: Nicht um einen gesellschaftlich vorherrschenden Anspruch an Bildung auf weitere Sozialisationskontexte zu übertragen oder diesen Anspruch als evaluativen Maßstab anzuwenden, sondern um diese sozialen Kontexte in ihrer Eigenlogik und im Vollzug sozialer Praktiken zu beobachten. Ein so verstandenes *erweitertes Bildungsverständnis* darf sich in diesem Sinne nicht in terminologische Bestimmungen einschließen, die vorwegnehmen, ‚was Bildung ist', sprich: Es geht nicht darum, Bildung nur an ihren Möglichkeiten zu bemessen. Denn in der Aktualisierung von dem was Bildung ‚ist', schwingt zwangsläufig immer auch das mit, was Bildung eben ‚nicht ist' (vgl. hierzu Neumann 2008: 144). Bleibt man bei dieser Strategie, kann sich die Wirklichkeit von Bildung lediglich als defizitäre Variante des Möglichen ausweisen.

Der Bildungsmilieuansatz distanziert sich in seinem Standpunkt explizit von einer Vorgehensweise, die einem *Defizitverständnis* von Bildung folgt – Defizite, die sich in den semantischen Operationen der Möglichkeiten von Bildung manifestieren – und bezieht einen Standpunkt, der hingegen ein *Differenzverständnis* vertritt. Dieser Standpunkt macht auf diesem Wege implizit darauf aufmerksam, welche Relevanz der wissenschaftlichen Bestimmung von Bildung zukommt. Er möchte sich nicht damit zufrieden geben, die mit dem Bildungsbegriff mitschwingende Zweckbestimmung hinzunehmen, sondern äußert sein Misstrauen gegenüber solchen hingenommenen Voraussetzungen. Das Hinterfragen dessen, ‚was Bildung ist', geschieht hier zwar zunächst im Lichte einer alternativen Antwort; jedoch spricht sich in diesem Standpunkt in Abgrenzung zu anderen Standpunkten der entscheidende Hinweis aus, dass diese Frage aufgrund der Kontingenz ihrer Beantwortung selbst in Frage zu stellen ist. Dies kann dann aber wiederum auf die entscheidende Aufgabe aufmerksam machen, die Modi des wissenschaftlichen Zugriffs auf die Wirklichkeit selbst zum Gegenstand der Auseinandersetzung zu machen und daran aufzuzeigen, wie sich im Vollzug dieser Modi der Zugriff auf den Gegenstand verändert.

Daran wird deutlich, wie markant die Unterschiedlichkeit eines wissenschaftlichen Zugriffs auf die Wirklichkeit ausfällt, wenn man diese unterschiedlichen Standpunkte in Rechnung stellt. Die damit einhergehenden Perspektivverschiebungen lassen sich dann als entscheidender Hinweis lesen, dass es notwendig wird, den wissenschaftlichen Wirklichkeitszugang selbst zu reflektieren. Es scheint somit ratsam, die unterschiedlichen Perspektiven auf Bildung in Rechnung zu stellen. Zum einen die Perspektive sozialer Akteure, auf die der Bildungsmilieuansatz Bezug nimmt. Es geht aber vor allem darum, auch jene Perspektiven der Wissenschaft, der Politik oder der pädagogischen Praxis in Bildungsinstitutionen forschend in den Blick zu nehmen, mit denen Bildung als solche wahrgenommen, über sie nachgedacht und gesprochen wird. Das „Feld der Bildung" (vgl. Neumann 2008: 293) zeichnet sich vor dem Hintergrund dieser Überlegungen nicht nur durch die Wirksamkeit sozialer Praktiken des

,Bildens' aus, sondern gleichsam auch durch die Wirkungen des Bildungsdiskurses. Die darin enthaltenen Perspektiven und Standpunkte etwa in Politik und Wissenschaft, die auf soziale Praxis des ‚Bildens' rekurrieren, greifen zugleich auf sie zu und verändern dadurch wirksam die Wahrnehmung sozialer Praxis und damit schließlich diese soziale Praxis selbst. Es geht folglich darum, die Frage nach der Sozialität von Bildung mit der Frage nach der Sozialität ihrer Beobachtung zu verschränken.

Literatur

Barz, Heiner (2002): Kultur und Lebensstile. In: Rudolf Tippelt (Hrsg.): Handbuch Bildungsforschung. Opladen: Leske + Budrich, 725-744
Bauer, Ullrich (2002): Selbst- und/oder Fremdsozialisation: Zur Theoriedebatte in der Sozialisationsforschung. Eine Entgegnung auf Jürgen Zinnecker. In: Zeitschrift für Soziologie der Erziehung und Sozialisation 22, 118-141
Bäumer, Gertrud (1929): Die historischen und sozialen Voraussetzungen der Sozialpädagogik und die Entwicklung ihrer Theorie. In: Herman Nohl/Ludwig Pallat (Hrsg.): Handbuch der Pädagogik. Band 5: Sozialpädagogik. Langensalza: Beltz, 3-17
Baumert, Jürgen/Schümer, Gundel (2001): Familiäre Lebensverhältnisse, Bildungsbeteiligung und Kompetenzerwerb. In: Deutsches PISA-Konsortium (Hrsg.): PISA 2000 – Basiskompetenzen von Schülerinnen und Schülern im internationalen Vergleich. Opladen: Leske+Budrich Verlag, 323-407
Baumert, Jürgen/Watermann, Rainer/Schümer, Gundel (2003): Disparitäten der Bildungsbeteiligung und des Kompetenzerwerbs. Ein institutionelles und individuelles Mediationsmodell. In: Zeitschrift für Erziehungswissenschaft 6, 46-71
Betz, Tanja (2008): Ungleiche Kindheiten. Theoretische und empirische Analysen zur Sozialberichterstattung über Kinder. Weinheim/München: Juventa Verlag
Bittlingmeyer, Uwe H. (2006): Grundzüge einer mehrdimensionalen sozialstrukturellen Sozialisationsforschung. In: Grundmann, Matthias/Dravenau, Daniel/Bittlingmeyer, Uwe H. /Edelstein, Wolfgang (Hrsg.): Handlungsbefähigung und Milieu. Berlin: LIT, 37-55
Bourdieu, Pierre (1987): Sozialer Sinn. Kritik der theoretischen Vernunft. Frankfurt am Main: Suhrkamp Verlag
Bourdieu, Pierre (1992): Ökonomisches Kapital – Kulturelles Kapital – Soziales Kapital. In: Ders.: Die verborgenen Mechanismen der Macht. Hamburg: VSA, 49-79
Bourdieu, Pierre/Wacquant, Loïc J. D. (1996): Reflexive Anthropologie. Frankfurt am Main: Suhrkamp Verlag
Brake, Anna/Büchner, Peter (2003): Bildungsort Familie: Die Transmission von kulturellem und sozialem Kapital im Mehrgenerationenzusammenhang. Überlegungen zur Bildungsbedeutsamkeit der Familie. In: Zeitschrift für Erziehungswissenschaft 6, 618-638

Büchner, Peter (2003): Stichwort: Bildung und Soziale Ungleichheit. In: Zeitschrift für Erziehungswissenschaft 6, 5-24

Büchner, Peter/Krah, Karin (2006): Der Lernort Familie und die Bildungsbedeutsamkeit der Familie im Kindes- und Jugendalter. In: Rauschenbach, Thomas/Düx, Wiebken/Sass, Erich (Hrsg.): Informelles Lernen im Jugendalter. Vernachlässigte Dimensionen der Bildungsdebatte. Weinheim/München: Juventa Verlag, 123-154

Grundmann, Matthias (1994): Das „Scheitern" der sozialstrukturellen Sozialisationsforschung oder frühzeitiger Abbruch einer fruchtbaren Diskussion? In: Zeitschrift für Soziologie der Erziehung und Sozialisation 14, 163-186

Grundmann, Matthias/Bittlingmeyer, Uwe H. (2006): Bildungsmilieuspezifische Erfahrungsinhalte. Zur Bestimmung der isländischen Sozialisationsmatrix. In: Grundmann, Matthias/Dravenau, Daniel/Bittlingmeyer, Uwe H./Edelstein, Wolfgang (Hrsg.): Handlungsbefähigung und Milieu. Berlin: LIT, 155-189

Grundmann, Matthias/Bittlingmeyer, Uwe H./Dravenau, Daniel/Groh-Samberg, Olaf (2007): Bildung als Privileg und Fluch – Zum Zusammenhang zwischen lebensweltlichen und institutionalisierten Bildungsprozessen. In: Becker, Rolf/Lauterbach, Wolfgang (Hrsg.): Bildung als Privileg? Erklärungen und Befunde zu den Ursachen der Bildungsungleichheit. 2., aktualisierte Auflage. Wiesbaden: VS Verlag für Sozialwissenschaften, 43-70

Grundmann, Matthias/Dravenau, Daniel/Bittlingmeyer, Uwe H./Edelstein, Wolfgang (2006): Handlungsbefähigung und Milieu. Zur Analyse milieuspezifischer Alltagspraktiken und ihrer Ungleichheitsrelevanz. Berlin: LIT Verlag

Grundmann, Matthias/Groh-Samberg, Olaf/Bittlingmeyer, Uwe H./Bauer, Ullrich (2003): Milieuspezifische Bildungsstrategien in Familie und Gleichaltrigengruppe. In: Zeitschrift für Erziehungswissenschaft 6, 25-45

Grunert, Cathleen (2005): Kompetenzerwerb von Kindern und Jugendlichen in außerunterrichtlichen Sozialisationsfeldern. In: Sachverständigenkommission Zwölfter Kinder- und Jugendbericht (Hrsg.): Kompetenzerwerb von Kindern und Jugendlichen im Schulalter. München: DJI, 9-94

Grunert, Cathleen (2006): Bildung und Lernen – ein Thema der Kindheits- und Jugendforschung? In: Rauschenbach, Thomas/Düx, Wiebken/ Sass, Erich (Hrsg.): Informelles Lernen im Jugendalter. Vernachlässigte Dimensionen der Bildungsdebatte. Weinheim/München: Juventa Verlag, 15-34

Hamburger, Franz (2006): Sozialpädagogische Bildungsforschung. In: Hans Merkens (Hrsg.): Erziehungswissenschaft und Bildungsforschung. Wiesbaden: VS Verlag für Sozialwissenschaften, 55-68

Honig, Michael-Sebastian (2007): Wunsch und Wirklichkeit sozialpädagogischer Bildungsforschung. In: Homfeldt, Hans Günther (Hrsg.): Soziale Arbeit im Aufschwung zu neuen Möglichkeiten oder Rückkehr zu alten Aufgaben? Baltmannsweiler: Schneider Hohengehren, 32-43

Hornstein, Walter (1995): Zur disziplinären Identität der Sozialpädagogik. In: Sünker, Heinz (Hrsg.): Theorie, Politik und Praxis Sozialer Arbeit. Einführungen in Diskurse und Handlungsfelder der Sozialarbeit/Sozialpädagogik. Bielefeld: Kleine, 12-31

Hornstein, Walter (1998): Erziehungswissenschaftliche Forschung und Sozialpädagogik. In: Rauschenbach, Thomas/Thole, Werner (Hrsg.): Sozialpädagogische Forschung.

Gegenstand und Funktionen, Bereiche und Methoden. Weinheim/München: Juventa Verlag, 47-80

Hradil, Stefan (2001): Soziale Ungleichheit in Deutschland. 8. Auflage. Opladen: Leske + Budrich

Köpp, Christina/Neumann, Sascha (2003): Sozialpädagogische Qualität. Problembezogene Analysen zur Konzeptualisierung eines Modells. Weinheim/München: Juventa Verlag

Lüscher, Kurt/Liegle, Ludwig (2003): Generationenbeziehungen in Familie und Gesellschaft. Konstanz: UVK Verlag

Merkens, Hans (Hrsg.) (2006a): Erziehungswissenschaft und Bildungsforschung. Wiesbaden: VS Verlag für Sozialwissenschaften

Merkens, Hans (2006b): Bildungsforschung und Erziehungswissenschaft. In: Ders. (Hrsg.): Erziehungswissenschaft und Bildungsforschung. Wiesbaden: VS Verlag für Sozialwissenschaften, 9-20

Natorp, Paul (1899): Erziehung und Gemeinschaft. Sozialpädagogik. In: Ders.: Sozialpädagogik. Theorie der Willenserziehung auf der Grundlage der Gemeinschaft. Stuttgart: Frommanns, 68-80

Neumann, Sascha (2003): Sozialpädagogik als empirische Sozialwissenschaft: Perspektiven einer Theorie des sozialpädagogischen Feldes. Arbeitspapier II-15, Zentrum für sozialpädagogische Forschung, Fachbereich I – Pädagogik, Universität Trier

Neumann, Sascha (2008): Kritik der sozialpädagogischen Vernunft. Feldtheoretische Studien. Weilerswist: Velbrück Verlag

Rauschenbach, Thomas/Düx, Wiebken/Sass, Erich (2006): Einleitung. In: Dies. (Hrsg.): Informelles Lernen im Jugendalter. Vernachlässigte Dimensionen der Bildungsdebatte. Weinheim/München: Juventa Verlag, 7-14

Rauschenbach, Thomas/Leu, Hans Rudolf/Lingenauber, Sabine/Mack, Wolfgang/Schilling, Matthias/Schneider, Kornelia/Züchner, Ivo (2004): Non-formale und informelle Bildung im Kindes- und Jugendalter. Konzeptionelle Grundlagen für einen nationalen Bildungsbericht. 2. Auflage. Berlin: BMBF

Reyer, Jürgen (2002): Kleine Geschichte der Sozialpädagogik. Individuum und Gemeinschaft in der Pädagogik der Moderne. Baltmannsweiler: Schneider Hohengehren

Schimpl-Neimanns, Bernhard (2000): Soziale Herkunft und Bildungsbeteiligung. Empirische Analysen zu herkunftsspezifischen Bildungsungleichheiten zwischen 1950 und 1989. In: Kölner Zeitschrift für Soziologie und Sozialpsychologie 52, 636-669

Watermann, Rainer/Baumert, Jürgen (2006): Entwicklung eines Strukturmodells zum Zusammenhang zwischen sozialer Herkunft und fachlichen und überfachlichen Kompetenzen: Befunde national und international vergleichender Analysen. In: Baumert, Jürgen/Stanat, Petra/Watermann, Rainer (Hrsg.): Herkunftsbedingte Disparitäten im Bildungswesen: Differenzielle Bildungsprozesse und Probleme der Verteilungsgerechtigkeit. Vertiefende Analysen im Rahmen von PISA 2000. Wiesbaden: VS Verlag für Sozialwissenschaften, 61-94

Wissenschaftlicher Beirat für Familienfragen beim BMFSFJ (Hrsg.) (2002): Die bildungspolitische Bedeutung der Familie. Folgerungen aus der PISA-Studie. Stuttgart: Kohlhammer Verlag

AutorInnenverzeichnis

Florian Baier, Jg. 1972, Prof. Dr. phil., ist Hochschullehrer für das Themengebiet Jugendhilfe und Schule an der Fachhochschule Nordwestschweiz, Hochschule für Soziale Arbeit, Institut Kinder- und Jugendhilfe. Arbeitsschwerpunkte: Schulsozialarbeit, Tagesschulen, Bildungs-, Gerechtigkeits- und Professionsforschung. Kontakt: florian.baier@fhnw.ch

Georg Cleppien, Jg. 1971, Prof. Dr. phil., ist Vertretungsprofessor für Sozialpädagogik an der Universität Rostock, Institut für Allgemeine Pädagogik und Sozialpädagogik. Arbeitsschwerpunkte: Theorie der Sozialpädagogik, Bildungstheorie. Kontakt: georg.cleppien@uni-rostock.de

Bernd Dollinger, Jg. 1973, Prof. Dr. phil., ist Leiter der Abteilung Sozialpädagogik an der Pädagogischen Hochschule Freiburg. Arbeitsschwerpunkte: Theorie und Geschichte der Sozialpädagogik, Sucht und Devianzforschung, sozialpolitische Grundlagen der Sozialpädagogik. Kontakt: bernd.dollinger@ph-freiburg.de

Christian Haag, Jg. 1980, Dipl.-Päd., ist Doktorand/Assistent an der Universität Luxemburg, Fakultät für Sprachwissenschaften und Literatur, Geisteswissenschaften, Kunst und Erziehungswissenschaften, Forschungseinheit INSIDE (Integrative Research Unit on Social and Individual Development). Arbeitsschwerpunkt: Bildungs- und Sozialberichterstattung. Kontakt: christian.haag@uni.lu

Bettina Hünersdorf, Jg. 1969, Prof.'in Dr. phil., ist Vertretungsprofessorin für Sozialpädagogik an der Universität der Bundeswehr München, Pädagogisches Institut. Arbeitsschwerpunkte: Theorie und Empirie der Sozialpädagogik, Kinder- und Jugendhilfe, insbesondere aktuelle Herausforderungen in den Hilfen zur Erziehung. Kontakt: bettina.huenersdorf@unibw.de

Petra Jung, Jg. 1957, Dr., Dipl.-Päd., StR, ist Lehrbeauftragte an der Universität Koblenz-Landau, Allgemeine Erziehungswissenschaft. Arbeitsschwerpunkte: Ethnografie pädagogischer Felder, Kindheitstheorie und -forschung, Institution und Organisation der Erziehung. Kontakt: PJung-Saarbruecken@gmx.de

Fabian Kessl, Prof. Dr. phil., ist Hochschullehrer an der Universität Duisburg-Essen, Fachbereich Bildungswissenschaften, Institut für Soziale Arbeit und Sozialpolitik. Arbeitsschwerpunkte: Machtanalytische Ansätze Sozialer Arbeit, Sozialpädagogische Transformationsforschung, Empirie der Lebensführung, Sozialraumforschung. Kontakt: fabian.kessl@uni-due.de

Sascha Neumann, Jg. 1975, Dr. phil, ist Akademischer Rat am Institut für Erziehungswissenschaft der Pädagogischen Hochschule Ludwigsburg, Abteilung Frühkindliche Bildung und Erziehung. Arbeitsschwerpunkte: Theorie und Geschichte der Sozialpädagogik, Qualität und Evaluation im Erziehungs- und Bildungswesen, Erziehungswissenschaftliche Kindheitsforschung.
Kontakt: neumann@ph-ludwigsburg.de

Philipp Sandermann, Jg. 1977, Dr. phil., ist wissenschaftlicher Mitarbeiter an der Freien Universität Berlin, Fachbereich Erziehungswissenschaft und Psychologie, Arbeitsbereich Sozialpädagogik. Arbeitsschwerpunkte: Theorie und Empirie des Wohlfahrtssystems, Theorie der Sozialen Arbeit, Betroffenenrechte in der Jugendhilfe. Kontakt: philipp.sandermann@fu-berlin.de

Rainer Treptow, Jg. 1954, Prof. Dr. habil., Dipl.-Päd., ist Hochschullehrer an der Eberhard Karls Universität Tübingen, Institut für Erziehungswissenschaft. Arbeitsschwerpunkte: Theorie und Geschichte der Sozialen Arbeit, Kulturelle Bildung, International vergleichende Sozialpädagogik.
Kontakt: rainer.treptow@uni-tuebingen.de

Lehrbücher Soziale Arbeit

Karl-Heinz Braun / Martin Felinger /
Konstanze Wetzel
Sozialreportage
Einführung in eine Handlungs- und Forschungsmethode der Sozialen Arbeit
2009. ca. 220 S. Br. ca. EUR 19,90
ISBN 978-3-531-16332-1

Karl August Chassé
Unterschichten in Deutschland
Materialien zu einer kritischen Debatte
2009. ca. 150 S. Br. ca. EUR 16,90
ISBN 978-3-531-16183-9

Katharina Gröning
Pädagogische Beratung
Konzepte und Positionen
2006. 166 S. Br. EUR 16,90
ISBN 978-3-531-14874-8

Christina Hölzle / Irma Jansen (Hrsg.)
**Ressourcenorientierte
Biografiearbeit**
Einführung in Theorie und Praxis
2009. ca. 250 S. Br. ca. EUR 19,90
ISBN 978-3-531-16377-2

Fabian Kessl / Melanie Plößer (Hrsg.)
**Differenzierung, Normalisierung,
Andersheit**
Soziale Arbeit als Arbeit mit den Anderen
2009. ca. 200 S. Br. ca. EUR 19,90
ISBN 978-3-531-16371-0

Erhältlich im Buchhandel oder beim Verlag.
Änderungen vorbehalten. Stand: Januar 2009.

Michael May
**Aktuelle Theoriediskurse
Sozialer Arbeit**
Eine Einführung
2., überarb. und erw. Aufl. 2009. 321 S.
Br. EUR 29,90
ISBN 978-3-531-16372-7

Brigitta Michel-Schwartze (Hrsg.)
Methodenbuch Soziale Arbeit
Basiswissen für die Praxis
2., überarb. u. erw. Aufl. 2009. 346 S.
Br. EUR 19,90
ISBN 978-3-531-16163-1

Herbert Schubert (Hrsg.)
Netzwerkmanagement
Koordination von professionellen Vernetzungen – Grundlagen und Praxisbeispiele
2008. 272 S. Br. EUR 19,90
ISBN 978-3-531-15444-2

Mechthild Seithe
Engaging
Möglichkeiten Klientenzentrierter
Beratung in der Sozialen Arbeit
2008. 141 S. Br. EUR 14,90
ISBN 978-3-531-15424-4

Wolfgang Widulle
**Handlungsorientiert Lernen
im Studium**
Arbeitsbuch für sozialpädagogische Berufe
2009. ca. 210 S. Br. ca. EUR 19,90
ISBN 978-3-531-16578-3

www.vs-verlag.de

VS VERLAG FÜR SOZIALWISSENSCHAFTEN

Abraham-Lincoln-Straße 46
65189 Wiesbaden
Tel. 0611.7878 - 722
Fax 0611.7878 - 400

Handbücher Soziale Arbeit

Kirsten Aner / Ute Karl (Hrsg.)
Handbuch Soziale Arbeit und Alter
2009. ca. 550 S. Br. ca. EUR 39,90
ISBN 978-3-531-15560-9

Soziale Arbeit für und mit älteren und alten Menschen meint mehr als nur Altenhilfe. Vor dem Hintergrund des demografischen Wandels, der vor allem eine Zunahme der Altenpopulation mit sich bringt, eröffnet sich ein breites Handlungsfeld für die Soziale Arbeit. Mit dem Handbuch werden zum einen die gegenwärtigen Strukturprobleme sozialer Altenarbeit aufgezeigt und gleichzeitig wird das Spektrum, das weit über die reine ‚Altenpflege' hinaus geht, vorgestellt.

Bernd Dollinger /
Henning Schmidt-Semisch (Hrsg.)
Handbuch Jugendkriminalität
Kriminologie und Sozialpädagogik im Dialog
2010. ca. 650 S. Br. ca. EUR 49,90
ISBN 978-3-531-16067-2

Kriminalität Jugendlicher erweist sich regelmäßig als mediales und politisches Ereignis. Wenig relevant sind in diesen Zusammenhängen kriminologische und sozialpädagogische Befunde, die wissenschaftlich fundiert tatsächlich vorliegen. An einer Schnittstelle von Sozialpädagogik und Kriminologie setzt dieses Handbuch an und fasst die gegenwärtigen Diskurse für die (Fach-)Öffentlichkeit zusammen. Thematisiert werden zentrale Diskussionsfelder der aktuellen Auseinandersetzung um die Erscheinung und Bearbeitung jugendlicher Kriminalität.

Ulrich Deinet /
Benedikt Sturzenhecker (Hrsg.)
Handbuch Offene Kinder- und Jugendarbeit
3., völlig überarb. Aufl. 2005. 662 S.
Geb. EUR 59,90
ISBN 978-3-8100-4077-0

Barbara Kavemann /
Ulrike Kreyssig (Hrsg.)
Handbuch Kinder und häusliche Gewalt
2., durchges. Aufl. 2007. 475 S.
Br. EUR 39,90
ISBN 978-3-531-15377-3

Werner Thole (Hrsg.)
Grundriss Soziale Arbeit
Ein einführendes Handbuch
2., überarb. und akt. Aufl. 2005. 983 S.
Br. EUR 44,90
ISBN 978-3-531-14832-8

Der „Grundriss Soziale Arbeit" ist ein sozialpädagogisches Lehrbuch mit der Funktionalität eines Nachschlagewerks und ein sozialpädagogisches Nachschlagewerk mit ausgesprochenem Lehrbuchcharakter.

Erhältlich im Buchhandel oder beim Verlag.
Änderungen vorbehalten. Stand: Januar 2009.

www.vs-verlag.de

VS VERLAG FÜR SOZIALWISSENSCHAFTEN

Abraham-Lincoln-Straße 46
65189 Wiesbaden
Tel. 0611.7878 - 722
Fax 0611.7878 - 400

MIX
Papier aus verantwortungsvollen Quellen
Paper from responsible sources
FSC® C105338

If you have any concerns about our products,
you can contact us on
ProductSafety@springernature.com

In case Publisher is established outside the EU,
the EU authorized representative is:
**Springer Nature Customer Service Center GmbH
Europaplatz 3, 69115 Heidelberg, Germany**

Printed by Libri Plureos GmbH
in Hamburg, Germany